# Schicksalskinder

*Eva, Mark und Hana*

Wendy Holden

# Schicksalskinder

## Die KZ-Babys von Mauthausen

Aus dem Englischen von
Ulrike Strerath-Bolz

Weltbild

Die englische Originalausgabe erschien 2015 unter dem Titel *Born Survivors.*


First published in Great Britain in 2015 by Sphere,
an imprint of Little, Brown Book Group

Übersetzung: Dr. Ulrike Strerath-Bolz, Friedberg/Bayern
Projektleitung und Redaktion: usb bücherbüro, Friedberg/Bayern
Umschlaggestaltung: atelier seidel, teising
Umschlagmotive: Vorderseite: © Thinkstockphoto (Krzysztof Szampera;
v_zaitsev; tuja66); Rückseite: © Professor Albert Lichtblau
Gesamtherstellung: GGP Media GmbH, Pößneck

Printed in the EU
978-3-8289-2986-9

2018 2017 2016 2015
Die letzte Jahreszahl gibt die aktuelle Lizenzausgabe an.

Einkaufen im Internet:
*www.weltbild.de*

Manchmal verlangt schon das bloße Leben sehr viel Mut.
*Seneca*

Dieses Buch ist dem Mut und der Zähigkeit
dreier Mütter gewidmet. Und ihren Kindern,
hineingeboren in eine Welt, die sie nicht wollte.

Drei schwangere verheiratete Frauen.
Drei Ehepaare, die um eine glücklichere Zukunft beten.
Drei Kinder, geboren mit wenigen Wochen Abstand unter unvorstellbaren Bedingungen.
Als sie auf die Welt kamen – jedes von ihnen wog weniger als drei Pfund –
waren ihre Väter von den Nazis ermordet worden.
Und ihre Mütter waren »lebende Skelette«,
die in einem Konzentrationslager von einem Augenblick zum anderen lebten.
Irgendwie gelang es allen drei Frauen, zu überleben.
Und entgegen alle Wahrscheinlichkeit überlebten auch ihre Kinder.
Siebzig Jahre später treffen sich diese Geschwister des Herzens
zum ersten Mal wieder,
um ihre bemerkenswerte Geschichte zu erzählen:
Die Geschichte ihrer Mütter, die dem Tod trotzten,
um ihnen das Leben zu schenken.
Alle drei wurden geboren, um zu überleben.

Inhalt

DÄNEMARK
NORDSEE
Hamburg
Westerbork
NIEDERLANDE
Hannover
Berlin
DEUTSCHLAND
Leipzig
Dresden
Freiberg
Bonn
BELG.
Theresien
Most
Frankfurt
Pra
LUX.
Horní
Plzeň
Metz
FRANKREICH
Nürnberg
Linz
Mauthaus
München
Basel
ÖST
SCHWEIZ

OSTSEE
Danzig
Kolberg
OST-
PREUSSEN
Chelmno
Warschau
Łódź
Pabianice
litz
Breslau
POLEN
dec
ové
Trebechovice
pod Oredem
Auschwitz
Krakau
TSCHECHOSLOWAKEI
Brno
Zlaté Moravce
Wien
Bratislava
Sered'
CH
UNGARN

Die Geschichten dieser Überlebenden sind sorgfältig zusammengetragen worden: aus ihren Erinnerungen, aus Briefen und Überlieferungen, die in ihren Familien kursierten, aber auch aus Berichten, die sie Forschern und Historikern über die Jahre hinweg gaben. Sie wurden durch genaue Nachforschungen und durch die Zeugnisse anderer – noch Lebender und Toter bestätigt.

Wo es möglich war, sind diese Erinnerungen mit den Aussagen unabhängiger Zeugen, durch Archivmaterial und historische Berichte abgestützt. Wenn bestimmte Einzelheiten oder Gesprächsinhalte nicht mehr genau erinnert werden konnten oder über die Jahre hinweg mit kleinen Variationen wiedergegeben wurden, sind sie aufgrund der vorliegenden Informationen zusammengefasst worden. Sie müssen nicht unbedingt den Erinnerungen anderer Personen entsprechen.

# Vorwort

Wir schulden Wendy Holden Dank für ihr ungeheures Mitgefühl mit unseren Müttern und für ihre unermüdliche Energie, mit der sie den erschütternden Wegen dieser Frauen im Krieg nachgegangen ist. Dabei hat sie uns nicht nur bislang unbekannte Informationen zuteil werden lassen, sondern uns drei »Babys« auch als »Geschwister« näher zusammengebracht.

Wir danken ihr aber auch, dass sie das selbstlose Verhalten der tschechischen Bewohner von Horní Bříza erforscht hat. Diese Menschen sind bis zum Äußersten gegangen, um unsere Mütter mit Nahrung und Kleidung zu versorgen, ebenso wie die Häftlinge aus zwei weiteren Lagern, die mit dem »Todeszug« ins Konzentrationslager Mauthausen unterwegs waren. Und wir bewundern immer noch die Zähigkeit, Sorgfalt und Geschicklichkeit, mit der Wendy die Bemühungen der Mitglieder der 11. Armeedivision der 3. US-Armee aufgespürt und beschrieben hat, die einen entscheidenden Beitrag zur Befreiung von Mauthausen geleistet haben und unseren Müttern – und uns eine zweite Überlebenschance gaben.

Unsere Mütter würden sich geehrt fühlen, weil ihre Geschichten endlich, nach so vielen Jahren, vollständig erzählt werden. Jede ihrer Geschichten nimmt ein Drittel dieses Buchs ein, das zu unserem siebzigsten Geburtstag und zum siebzigsten Jahrestag des Kriegsendes erscheint.

Wir danken Dir, Wendy, unserer Schwester ehrenhalber, im Namen all jener, die unter einem mörderischen Regime geboren wurden und heute zu den letzten Überlebenden des Holocaust gehören.

*Hana Berger Moran, Mark Olsky und Eva Clarke*
*im Frühjahr 2015*

# 1

## Priska

*Priska Löwenbeinová – Passfoto*

*»Sind Sie schwanger, fesche Frau?« Die Frage richtete sich an Priska Löwenbeinová, und der SS-Mann, der sie stellte, lächelte. Breitbeinig stand er vor ihr und sah sie von oben bis unten an, mit der Faszination eines Gerichtsmediziners.*

*Dr. Josef Mengele war vor der achtundzwanzigjährigen slowakischen Lehrerin stehen geblieben, die nackt und zitternd vor Scham auf dem Appellplatz des Konzentrationslagers Auschwitz II-Birkenau stand. Sie war an diesem Tag im Oktober 1944 erst vor ein paar Stunden angekommen.*

*Priska war nicht einmal eins fünfzig groß und wirkte jünger, als sie war. Neben und hinter ihr standen etwa fünfhundert weitere nackte Frauen; die wenigsten kannten sich untereinander. Sie waren alle Jüdinnen, und sie waren wie betäubt nach dem Transport in dieses Lager im besetzten Polen. Sie kamen aus Städten und Ghettos in ganz Europa, jeweils etwa sechzig Menschen in versiegelten Güterwagen, in Zügen mit bis zu fünfundfünfzig Wagen.*

*Von dem Moment an, da sie nach Luft ringend auf die »Rampe« im Herzen des effizientesten Vernichtungslagers der Nationalsozialisten gekommen waren – das in seiner Gesamtheit als Auschwitz bekannt werden sollte –, waren sie von allen Seiten angeschrien worden: »Raus! Schnell, Judenschwein!«*

*Verwirrung und Tumult kennzeichneten die Menschenflut, die von Funktionshäftlingen mit ausdruckslosen Gesichtern und schmutzigen gestreiften Uniformen über raues Gelände geführt wurde, während die SS-Männer in makellosen Uniformen und mit Wachhunden an den Leinen daneben standen. Zeit, um nach bekannten Gesichtern zu suchen, blieb den Frauen kaum. Sie waren sofort von ihren Männern getrennt worden, und die Kinder wurden zu den Kranken und Alten geschoben.*

*Wer zu schwach zum Stehen war oder nach den vielen Tagen in der Enge der stickigen Wagen noch nicht richtig gehen konnte, wurde mit Gewehren gestoßen oder mit Peitschen angetrieben. Markerschütternde Schreie – »Meine Kinder! Meine Babys!« durchdrangen wie ein böses Omen die Dunkelheit.*

*Vor den langen Reihen der Entrechteten waren zwei niedrige Ziegelgebäude zu sehen. Jedes hatte einen riesigen Schornstein, der fetten schwarzen Rauch in den bleigrauen Himmel spie. Alles war grau, und in der Luft hing ein widerlich süßer Verwesungsgeruch, der die Nase angriff und sich in der Kehle festsetzte.*

*Getrennt von Freunden und Verwandten wurden Dutzende junger Frauen vom Teenager bis zum Alter von über fünfzig Jahren durch einen schmalen Gang mit elektrischem Zaun geschleust, wie er auch das riesige Lager umgab. Schweigend und wie unter Schock stolperten sie übereinander, als sie an den Schornsteinen und einigen tiefen Teichen vorbeigetrieben wurden, bis sie vor einem gro-*

*ßen, einstöckigen Empfangsgebäude ankamen – Sauna oder Badehaus genannt –, das zwischen den Birken versteckt lag.*

*Dort wurden sie ohne große Umstände in das Leben eines KZ-Häftlings überführt: Zunächst mussten sie ihre letzte Habe abgeben und ihre gesamte Kleidung ablegen. Da sie aus den verschiedensten Ländern stammten, protestierten sie in einer Kakofonie von Sprachen, aber die SS-Wachen sorgten mit Schlägen und Einschüchterung schnell dafür, dass sie gehorchten.*

*Nackt wurden sie dann durch ein großes Tor in ein Gebäude getrieben, wo fast allen diesen Müttern, Töchtern, Ehefrauen und Schwestern grob die Haare abrasiert wurden – auch die Körperbehaarung. Die Arbeit wurde von männlichen und weiblichen Häftlingen getan, während die deutschen Wachen anzüglich grinsten.*

*Nachdem die elektrischen Rasierapparate ihr Werk vollbracht hatten, erkannten die Frauen sich kaum noch wieder. In Fünferreihen wurden sie auf den Appellplatz gebracht, wo sie barfuß auf dem kalten, nassen Lehmboden standen und eine Stunde lang auf die zweite »Selektion« warteten. Diese Selektion nahm jener Mann vor, den man später den »Todesengel« nennen würde.*

*Dr. Mengele, makellos gekleidet in seiner eng geschnittenen graugrünen Uniform mit den glänzenden Rangabzeichen und silbernen Totenköpfen auf dem Kragenspiegel, hielt ein Paar ziegenlederne Handschuhe mit großen Stulpen in der Hand. Sein braunes Haar war mit Pomade eng an den Kopf frisiert, und er warf die Handschuhe lässig von der linken in die rechte Hand, während er die Reihen abschritt, um jeden neuen Häftling zu betrachten. Vor allem fragte er eine Reihe von Frauen, ob sie ein Kind erwarteten.*

*Als Priska Löwenbeinová an die Reihe kam, hatte sie kaum mehr als eine Sekunde, um zu entscheiden, welche Antwort sie dem lächelnden Offizier mit der Lücke zwischen den Schneidezähnen geben sollte. Ohne zu zögern, schüttelte sie schnell den Kopf, und sprachbegabt wie sie war, antwortete sie ihm auf Deutsch: »Nein.«*

*Tatsächlich war sie im zweiten Monat. Sie und ihr Mann Tibor – von dem sie hoffte, er wäre irgendwo hier im Lager und lebte noch – erwarteten ihr lang ersehntes Kind. Sie hatte keine Ahnung, ob die Wahrheit sie retten könnte oder ihr Kind und sie einem unbekannten Schicksal überantworten würde. Aber sie wusste, dass sie in Gefahr war. Den einen Arm schützend über ihre Brüste gelegt und den anderen über den Rest ihres Schamhaars, betete sie, dass Mengele ihr Nein akzeptieren würde. Der SS-Offizier mit dem weltmännischen Aussehen blieb eine Sekunde stehen und sah der jungen »feschen Frau« ins Gesicht – dann ging er weiter.*

*Ein paar Schritte weiter in der Reihe quetschte er einer Frau grob die Brust. Sie fuhr zurück. Als ein paar Tropfen Milch ihm verrieten, dass sie mindestens im fünften Monat war, zuckte sein Handschuh kurz nach links, und sie wurde aus der Reihe gezerrt und in eine Ecke des Appellplatzes gebracht, wo bereits einige Schwangere standen.*

*Keine der entsetzten Frauen konnte zu diesem Zeitpunkt wissen, dass die eine Richtung Leben bedeutete, die andere etwas ganz anderes. Das Schicksal der Frauen, die Mengele an diesem Tag aussuchte, ist unbekannt.*

Josef Mengele stellte die bisher größte Bedrohung für Priskas junges Leben dar, aber sie hatte keine Vorstellung davon, was sie noch erleben würde. In den kommenden Monaten wurde der Hunger zu ihrem gefürchteten Feind. Tatsächlich schien der Hungertod der wahrscheinlichste Ausweg aus ihrem Leiden. Der Bruder des Hungers – der Durst – würde sie in ihrer Zeit in den Lagern ebenso grausam quälen, zusammen mit Erschöpfung, Angst und Krankheiten. Aber das nagende, schmerzliche Verlangen ihres schwangeren Körpers nach Nahrung brachte sie fast um.

Es gab nur eine Erinnerung, die Priska durch den schlimmsten Hunger hindurchhalf: Die Vorstellung, wie sie sich die Nase an einer Konditorei auf dem Weg zur Schule platt gedrückt hatte, bevor sie hineinging und sich etwas Süßes gönnte, beispielsweise eine *Babka,* ein Zimtbrötchen mit Streuseln. Die Erinnerung daran, wie sie das blättrige Gebäck aufbrach und wie ihr die Krümel über die Bluse fielen, wenn sie in Zlaté Moravce in der Bäckerei stand – eine Zusammenfassung ihrer glücklichen Kindheit im Südwesten der heutigen Slowakischen Republik.

Etwa 100 Kilometer von Bratislava gelegen, war die Region, in der Priska aufgewachsen war, bekannt für ihre Goldvorkommen. Der Name eines Flusses, Zlatnanka, ist von dem slowakischen Wort für Gold abgeleitet. Die Stadt Zlaté Moravce war fast so wohlhabend, wie der Name erwarten ließ. Sie hatte eine eindrucksvolle Kirche, Schulen und Geschäftsstraßen, Kaffeehäuser, Restaurants und ein Hotel.

Priskas Eltern, Emanuel und Paula Rona, besaßen eines der angesehensten koscheren Cafés in der Stadt, ein Treffpunkt, in dem sich ein Großteil des Stadtlebens abspielte. In bester Lage am Hauptplatz, hatte das Kaffeehaus auch einen hübschen Hof. Emanuel Rona hatte die Gelegenheit, das Café zu pachten, 1924 in der Zeitung entdeckt; damals war er Ende dreißig gewesen. Und da er endlich sein Glück machen wollte, traf er die kühne Entscheidung, mit Frau und Kindern aus dem 250 Kilometer entfernt gelegenen Stopkov in den östlichen Bergen nahe der polnischen Grenze hierher zu ziehen.

Priska, am Sonntag, dem 6. August 1916 geboren, war zur Zeit des Umzugs acht Jahre alt, aber sie kehrte mit ihrer Familie immer wieder nach Stropkov zurück, wenn sie den verwitweten Großvater mütterlicherseits David Friedman besuchten. Ihm gehörte ein Gasthaus, und er war außerdem als Autor polemischer Pamphlete bekannt.

Das Café in Zlaté Moravce, so erzählte Priska später, war schön und wurde von ihren schwer arbeitenden Eltern und einer Schar treu ergebener weiblicher Angestellter stets makellos sauber gehalten. Es verfügte über ein Gesellschaftszimmer, das ihre Mutter stolz als »chambre séparée« bezeichnete. Es war durch einen Vorhang abgetrennt, und darin traten oft acht Musiker in dunklen Anzügen auf und spielten für die Gäste. »Wir hatten gute Musik und wunderbare Tänzerinnen. Damals war das Leben im Kaffeehaus etwas sehr Wichtiges. Ich habe meine Jugend sehr genossen.«

Priskas Mutter war vier Jahre jünger und »einen Kopf größer« als der Vater. Sie war eine sehr schöne Frau und auf eine stille Weise ehrgeizig. Paula Ronová, die bei ihrer Heirat das traditionelle slowakische »-ová« an ihren Namen angehängt hatte, war eine großartige Ehefrau, Mutter und Köchin, eine »hochanständige Frau«, die wenig sprach, aber viel nachdachte. »Meine Mutter war auch meine beste Freundin«, pflegte Priska zu sagen.

Ihr Vater war sehr auf Disziplin bedacht. Wenn er nicht wollte, dass die Kinder ihn verstanden, sprach er Deutsch oder Jiddisch mit seiner Frau. Priska, die sich von früh auf mit Sprachen sehr leichttat, verstand jedes Wort, ließ ihn das aber nicht wissen. Emanuel Rona war nicht besonders fromm, aber er hielt den Schein aufrecht und ging an allen hohen jüdischen Feiertagen mit seiner Familie in die Synagoge.

»Als ich jung war, mussten wir uns immer schrecklich gut benehmen wegen des Kaffeehauses«, berichtete Priska. »Wir mussten gut sein: eine gute Familie, gute Freunde und gute Wirtsleute, sonst wären die Gäste weggeblieben.«

Priska, die offiziell Piroska hieß, war das vierte von fünf Kindern. Andrej, genannt Bandi, war der Älteste. Dann kam die Schwester Elisabeth, genannt Boežka, dann Anička, die »kleine Anna«. Vier Jahre nach Priska wurde Eugen geboren, der Jüngste, den alle Janičko oder Janko nannten. Ein sechstes Kind dazwischen war früh gestorben.

In Zlaté Moravce lebte die Familie in einer Wohnung hinter dem Café, die so groß war, dass jedes Kind ein eigenes Zimmer bekam. Es gab auch einen großen Garten bis hinunter zum Fluss. Priska war sportlich und mutig und schwamm dort oft mit ihren Freunden. Im Garten wurde auch Tennis gespielt. Sie war ein gesundes, glückliches Kind mit schwarz schimmernden Haaren, und sie war ebenso wie ihre Schwestern im Ort sehr beliebt. Die Kinder nannten sie zärtlich »Piri« oder »Pira«.

»Mir war es egal, ob sie jüdisch waren oder nicht, ich war mit allen gut Freund. Es gab keine Unterschiede zwischen uns«, erzählte sie später.

Gemeinsam mit ihren Geschwistern wuchs sie in der Obhut »guter Frauen« auf, die sich um den Haushalt kümmerten und als Ersatzmütter fungierten. Die Familie liebte gutes Essen; bei fast jeder Mahlzeit wurde koscheres Fleisch »elegant« aufgetischt. Oft gab es nach dem saftigen Braten noch ein Dessert aus dem Café. Priska aß gerne Süßigkeiten, am liebsten Sachertorte, einen üppigen Schokoladenkuchen mit Baiser und Aprikosenmarmelade.

Die Kinder hatten in der Schule zwar keinen Religionsunterricht, wurden aber zum Gebet am Freitagabend angehalten. Bevor man sich an den elegant gedeckten Shabbat-Tisch mit den speziellen Kerzen setzte, wurden besonders gründlich die Hände gewaschen.

In der Schule war Priska eins von gerade sechs Mädchen unter den dreißig Schülern. Ihre Schwester Boežka war eine »echte Intellektuelle«, die Sprachen mühelos lernte, ja, sie förmlich aufsaugte. Bücher interessierten Boežka aber weniger – sie interessierte sich viel mehr für künstlerische Dinge, vor allem Handarbeiten, für die sie sehr begabt war.

Priska musste fleißiger für die Schule arbeiten, aber sie war sehr gewissenhaft, und bald stellte sich heraus, dass Bildung ihre Leidenschaft war. In ihrem Wunsch, die Welt besser zu verstehen, unterschied sie sich auch von ihrer hübscheren Schwester Anna, die sich gern schön kleidete und mit Puppen spielte. »Ich fand es gut, viel zu wissen«, gab Priska gern zu. Schon früh interessierte sie sich für die christliche Religion und schlich sich auf dem Heimweg von der Schule oft auf den katholischen Friedhof in Zlaté Moravce. Sie bewunderte vor allem die eindrucksvollen Grabmäler und Mausoleen und war immer ganz fasziniert, wenn es einen »Neuzugang« gab, über den und dessen Leben sie sich allerlei Geschichten ausdachte.

Ihre Mutter Paula förderte den Wissensdurst ihrer Tochter und war stolz, Priska als erstes Kind aus der Familie Rona auf die höhere Schule zu schicken: das Gymnazíum Janka Krála. Das Gymnasium war in einem schönen dreistöckigen Gebäude mit weißem Stuck untergebracht. Es war 1906 gegründet worden und befand sich gegenüber dem Friedhof und dem Rathaus. Unter den etwa fünfhundert Schülerinnen und Schülern zwischen zehn und achtzehn Jahren lernte Priska Englisch und Latein zusätzlich zu den Pflichtsprachen Deutsch und Französisch. Ihre Geschwister besuchten die Mittelschule, mit Ausnahme von Bandi, der zur Wirtschaftsschule ging.

Priska, die von Natur aus ehrgeizig war, gewann viele Preise, und ihre Lehrer waren sehr angetan von ihren Fortschritten. Doch die Musterschülerin genoss auch die Aufmerksamkeit der Jungen in ihrer Klasse, die sie immer wieder baten, ihnen in Englisch zu helfen und sich ehrfürchtig in ihrem Garten versammelten, wenn sie dort Nachhilfeunterricht gab. »Ich habe ausschließlich wunderbare Erinnerungen an Zlaté Moravce«, sagte sie.

Priskas beste Freundin in der Schule war ein Mädchen namens Gizelle Ondrejkovičová, das von allen Gizka genannt wurde. Gizka war nicht nur hübsch, sondern auch sehr beliebt. Sie war die Tochter des nicht-jüdischen Bezirkspolizisten, und sie war bei Weitem nicht so fleißig wie Priska. So besuchte ihr Vater eines Tages Priskas Eltern, um ihnen einen Vorschlag zu unterbreiten: »Wenn Priska dafür sorgt, dass Gizka die Schule schafft, verschaffe ich Ihnen eine Genehmigung, das Café unbegrenzt offen zu halten.« Er würde auch regeln, dass dafür keine zusätzlichen Gebühren bezahlt werden müssten.

Und so kam es, dass das vierte Kind der Familie Rona plötzlich für das bescheidene Familienunternehmen sehr wichtig wurde. Solange Priska als inoffizielle Lehrerin ihrer Klassenkameradin fungierte, würde das Kaffeehaus alle anderen in der Stadt übertrumpfen. Sie nahm diese Verantwortung sehr ernst. Jetzt hatte sie zwar nur noch wenig Zeit für ihre vielen Freunde, aber sie liebte Gizka und freute sich, ihr helfen zu können. Die beiden Freundinnen saßen nebeneinander in einer Schulbank und machten irgendwann auch zusammen Abitur.

Nach der Schule wurde Priska Lehrerin, und es schien, als

wäre ihr Weg als Sprachlehrerin am Gymnasium vorgezeichnet. Da sie sehr gern sang, trat sie einem Lehrerchor bei, der überall im Land auftrat und Lieder voller Nationalstolz sang: »Ich bin Slowake und will es bleiben«, sang sie stolz, und sie sang es bis zu ihrem Lebensende.

In Zlaté Moravce genoss sie hohes Ansehen und wurde stets zuerst gegrüßt, wenn sie auf der Straße Bekannten begegnete. In der Slowakei ist das ein traditionelles Zeichen für Respekt. Außerdem gab es einen nicht jüdischen Lehrer, der sie sehr verehrte und ihr jeden Samstagabend seine Aufwartung machte, um sie zum Kaffee oder zum Tanzen einzuladen, gelegentlich auch zu einem Abendessen im Hotel am Ort.

So gab es wenig Anlass, sich vorzustellen, dass dieses angenehme Leben irgendwann enden würde. Obwohl in ganz Europa Juden immer wieder verfolgt worden waren und vor allem unter den russischen Pogromen im frühen 19. Jahrhundert sehr gelitten hatten, integrierten sie sich leicht in den neu gebildeten Nationalstaaten Europas nach dem Ersten Weltkrieg und dem Zusammenbruch des deutschen, österreichisch-ungarischen und russischen Reiches. In der Tschechoslowakei waren sie sehr angesehen und vollkommen assimiliert. Juden spielten nicht nur eine Schlüsselrolle in Industrie und Wirtschaft, sondern trugen zu allen Gebieten von Kultur, Wissenschaft und Kunst bei. Neue Schulen und Synagogen wurden gebaut, und auch im Kaffeehaus-Leben spielten die Juden eine wichtige Rolle. Mit echtem Antisemitismus war Familie Rona in ihrem engeren Umfeld kaum konfrontiert.

In Deutschland jedoch, auf der anderen Seite der Grenze, veränderte die schwere Wirtschaftskrise nach dem Ersten Weltkrieg die Stimmung. Adolf Hitler, der seit 1921 die Nationalsozialistische Deutsche Arbeiterpartei Deutschlands (NSDAP) führte, beschuldigte die Juden, den Wohlstand der Nation zu kontrollieren und das Land in den Abgrund zu führen. Nach den Reichstagswahlen 1933, bei denen die Nazis 17,2 Millionen Stimmen erhielten, bildeten sie eine Koalitionsregierung, und

Hitler wurde Reichskanzler. Sein Aufstieg zur Macht war gleichzeitig das Ende der Weimarer Republik und der Beginn dessen, was man als »Drittes Reich« bezeichnete.

Hitlers radikale Reden griffen den Kapitalismus an, verurteilten aber auch all jene, die sich mit Bolschewiken, Kommunisten und der Roten Armee Russlands verbündet hatten, um an der Revolution teilzunehmen. 1925 bezeichnete er in seinem autobiografischen Manifest *Mein Kampf* die Juden als Personifikation des Teufels und als Symbol alles Bösen. Er versprach, die Juden und andere »unerwünschte Elemente« im Zuge einer »Endlösung« aus Deutschland zu vertreiben.

Im Zuge der Errichtung seiner »neuen Ordnung«, die die von vielen Deutschen so empfundenen aufgezwungenen Ungerechtigkeiten nach dem Ersten Weltkrieg beenden sollten, forderte er seine braunen Sturmtruppen dazu auf, Juden zu verfolgen und ihre Geschäfte zu blockieren oder zu boykottieren. Angefeuert von seiner indoktrinierten Hitlerjugend, dröhnte sein Kriegsruf »Sieg Heil« von Berlin aus auch über die Grenzen hinweg. In relativ kurzer Zeit schien Hitler seine Versprechen wahr zu machen und setzte eine wirtschaftliche Erholung in Gang, die ihm ein hohes Maß an Unterstützung sicherte. Gestützt von diesem Erfolg, erließ seine Regierung eine Reihe von Gesetzen, die Juden aus dem politischen, wirtschaftlichen und gesellschaftlichen Leben ausschlossen. »Entartete« jüdische Bücher wurden verbrannt, Nicht-Arier wurden aus den Universitäten entfernt und prominenten Juden im Ausland – darunter auch Albert Einstein – wurde die Rückkehr verwehrt.

Die Eskalation des deutschen Antisemitismus führte zur Schändung von Synagogen, viele wurden abgebrannt, manchmal mitsamt den Menschen, die sich darin befanden. Die Straßenpflaster in vielen Städten waren übersät mit Glasscherben, und die Fenster jüdischer Geschäfte wurden mit dem Davidsstern und wilden Beschimpfungen beschmiert. »Arier«, wie die Nazis die Nicht-Juden nannten, wurden aufgefordert, Juden zu denunzieren. In dieser Atmosphäre von Verrat und Misstrauen mussten Menschen, die viele Jahre friedlich mit ihren Nachbarn Tür an Tür gelebt hatten, erleben, dass sie auf der Straße angespuckt, geschlagen oder verhaftet wurden. Überall gab es Denunzianten, die bereitwillig ihre Nachbarn anschwärzten in der Hoffnung, an ihren Besitz zu kommen. Hunderte von Wohnungen und Häusern wurden systematisch geplündert.

Die Wohnungen jüdischer Familien wurden zwangsenteignet und mussten geräumt werden. Die neuen Bewohner zogen gelegentlich so schnell ein, dass das »Brot aus dem Backofen noch nicht kalt war«. Die Entrechteten mussten in kleinere Wohnungen in den ärmsten Stadtvierteln ziehen und wurden aus ihrem bisherigen Leben verbannt.

Körperlich und geistig Behinderte gleich welcher Religion oder Herkunft wurden zu »unwertem Leben« erklärt, und viele wurden in Lager deportiert oder gleich hingerichtet. Der Rest der Bevölkerung musste sich wohl oder übel den Bestimmungen der Nürnberger Rassengesetze beugen, die gnadenlos durchgesetzt wurden und vor allem ein Ziel hatten: Juden und andere Bevölkerungsgruppen einander zu entfremden. Die »Rassenlehre« der Nazis sollte die »Reinheit« des deutschen Blutes erhalten; die Bestimmungen der neuen Gesetze definierten, was »rassisch akzeptabel« war, und beschnitten die Grundrechte von »Juden, Zigeunern, Negern und Mischlingen«. Das »Gesetz zum Schutz des deutschen Blutes und der deutschen Ehre« erklärte alle »Mischehen« für ungültig und drohte Juden die Todesstrafe an, wenn sie sexuelle Beziehungen zu Deutschen unterhielten – um »Rassenschande« und »rassische Verschmutzung« zu vermeiden. Juden verloren das Bürgerrecht, und jeder, der als »asozial« oder »Volksschädling« angesehen wurde – ein nebulöser Begriff, der Kommunisten, politische Aktivisten, Alkoholiker, Prostituierte, Bettler und Obdachlose ebenso umfasste wie Angehörige der Zeugen Jehovas, die Hitlers Autorität nicht anerkannten –, wurde verhaftet und in die ersten Konzentrationslager gebracht, die bald mit der Abkürzung KZ versehen wurden und häufig in ehemaligen Kasernen errichtet wurden.

Arier durften keine Juden mehr beschäftigen, und schrittweise wurde den Juden auch die Berufsausübung als Rechtsanwälte, Ärzte oder Journalisten verboten. Jüdische Kinder durften nur noch bis zu einem Alter von vierzehn Jahren zur Schule gehen. Allmählich wurde Juden der Zutritt zu staatlichen Krankenhäusern verboten, sie durften nicht mehr weiter als 30 Kilometer von ihrem Wohnort reisen, öffentliche Parks, Spielplätze, Flüsse, Schwimmbäder, Strände und Büchereien waren ihnen nicht mehr zugänglich. Die Namen aller jüdischen Soldaten wurden von den Kriegerdenkmälern des Ersten Weltkriegs entfernt, obwohl viele in diesem Krieg »für Kaiser und Vaterland« gekämpft hatten.

Als die ersten Lebensmittelkarten und Versorgungsmarken ausgegeben wurden, bekamen Juden nur die Hälfte der normalen Ration. Sie durften auch nur an bestimmten Orten einkaufen, und dies nur zwischen 15 und 17 Uhr, wenn die meisten frischen Lebensmittel bereits ausverkauft waren. Kinos und Theater durften sie ebenso wenig betreten wie die vorderen Wagen der Straßenbahn. Sie waren auf die hinteren Plätze angewiesen, wo es oft voll und stickig war. Auch ihre Radios mussten sie bei der Polizei abliefern, und es gab eine streng bewachte Ausgangssperre für Juden in der Zeit von 20 Uhr bis 6 Uhr morgens.

Aufgeschreckt durch die neue Politik, suchten Tausende in Frankreich, den Niederlanden und Belgien Schutz. Auch die Tschechoslowakei, wie das Land seit 1918 hieß, wurde zu einem begehrten Zufluchtsort. Sie verfügte über starke Grenzen und mächtige Verbündete, darunter Frankreich, Großbritannien und Russland. Wie die meisten dort, fühlte sich auch Priskas Familie sicher.

Aber im März 1938 musste ein zitterndes Europa mit ansehen, wie Hitler Österreich annektierte: der sogenannte »Anschluss«. Unter Berufung auf das deutsche Recht auf Selbstbestimmung forderte er mehr »Lebensraum« für sein Volk. Später in diesem Jahr wurden die Aufenthaltsgenehmigungen für alle Ausländer im »Reich« widerrufen.

Der britische Premierminister Neville Chamberlain, der so kurz nach einem Weltkrieg unbedingt den Frieden bewahren wollte, führte internationale Gespräche, die im September 1938 in das sogenannte Münchener Abkommen mündeten. Ohne die Russen oder die Tschechen in ihre Verhandlungen einzubeziehen, gaben die europäischen Großmächte Hitler praktisch die Erlaubnis, die Regionen im Norden, Süden und Westen der Tschechoslowakei zu besetzen, die als »Sudetenland« bezeichnet wurden und in denen hauptsächlich Deutsch gesprochen wurde. Viele Tschechen bezeichneten dieses Abkommen als »Verrat von München«. Ihr Land hatte damit seine strategischen Grenzen verloren.

Im November 1938 verübte der Sohn einer polnischen jüdischen Familie, die aus Deutschland nach Polen deportiert worden war, einen Anschlag auf einen deutschen Beamten in Paris. Die Rache folgte unmittelbar: Die nationalsozialistischen Behörden inszenierten die Reichspogromnacht, auch als »Kristallnacht« bekannt. In einer einzigen Nacht wurden Tausende von jüdischen Wohnungen, Synagogen und Geschäften zum Ziel von Anschlägen, mindestens neunzig Menschen wurden ermordet und dreißigtausend verhaftet. In den folgenden Monaten kam es zu weiteren antisemitischen Aufständen.

Tiso und seine Kollaborationsregierung unterwarfen sich Hitlers Forderungen fast augenblicklich, und Tiso wurde zum Präsidenten des neu gegründeten, formal unabhängigen slowakischen Staates, ohne dass die Nazis weiter eingriffen. Nach einem Herzanfall stimmte am nächsten Tag auch der sechsundsechzigjährige Präsident Hácha den deutschen Bedingungen zu. Es gab aber erhebliche Widerstände in der Bevölkerung, und so marschierten am 16. März 1939 deutsche Truppen in die sogenannte Tschechei ein, und das Land wurde zum Protektorat Böhmen und Mähren erklärt. Sechs Monate später überfiel Hitler Polen; dann marschierten von Osten her die Sowjets in Polen ein, die inzwischen einen Geheimpakt mit den Deutschen geschlossen hatten, den sogenannten Hitler-Stalin-Pakt. Großbritannien und Frankreich erklärten Deutschland den Krieg. Von diesem Moment an veränderte sich das Leben der Menschen in Europa von Grund auf.

Die Juden in den unterworfenen Ländern wurden über Nacht zu Ausgestoßenen. »Juden nicht zugänglich« lauteten plötzlich die Aufschriften an zahlreichen öffentlichen Gebäuden. Manchmal hieß es auch »Für Hunde und Juden verboten«. Als die Menschen von den Schrecken erfuhren, die ihren Glaubensgenossen in Deutschland, Österreich und Polen widerfuhren, stürmten sie die ausländischen Botschaften und baten um Visa, aber die weitaus meisten wurden abgewiesen. Angesichts des unausweichlichen Schicksals, das ihnen drohte, begingen viele Selbstmord.

Priska und ihre Familie mussten sich mit dem neuen Regime und den vielen neuen Bestimmungen arrangieren. Dabei schmerzten die scheinbar nebensächlichen Dinge am allermeisten. Der Lehrer lud sie nicht mehr zum Tanzen ein; Menschen, die sie bis dahin immer zuerst gegrüßt hatten, schienen sie plötzlich nicht mehr zu kennen oder schauten weg, wenn sie auf der Straße an ihnen vorbeiging. »Es gab viele Unannehmlichkeiten, aber man akzeptierte sie automatisch – man wollte ja überleben.« Andere Freunde, darunter Gizka und eine andere Mitschülerin, deren Eltern einen Bauernhof hatten und die Familie weiterhin mit frischer Milch versorgten, hielten ihr die Treue. Sie grüßten ihre jüdischen Bekannten weiterhin in der Öffentlichkeit und boten ihnen jede erdenkliche Hilfe an.

Als Gerüchte aufkamen, die Juden würden zwangsweise in andere Gebiete »umgesiedelt«, fingen viele an, Lebensmittel und andere Vorräte zu horten. Sie vergruben ihre Wertsachen oder baten Freunde, sie zu verstecken, obwohl darauf die Todesstrafe stand. Wer konnte, floh ins britisch kontrollierte Mandatsgebiet Palästina, wo man hoffte, irgendwann einen jüdischen Staat errichten zu können. Auch Priskas Bruder Bandi schloss sich den Auswanderern an und verließ die Familie 1939. Er sagte, er habe »die Zeichen auf der Wand« gelesen. Ohne Abschied flüchtete Priskas Verlobter nach Belgien und von dort aus nach Chile. Er war jung und wohlhabend, und ihre Heirat war bereits verabredet, aber er verschwand einfach von einem Tag auf den anderen.

Die übrige Familie versuchte irgendwie durchzukommen. Priskas Schwester Anička hatte 1932 im Alter von neunzehn Jahren geheiratet, um der Arbeit im Kaffeehaus zu entkommen. Sie und ihr Mann hatten einen Sohn namens Otto, aber die Ehe ging nicht gut. Nach der Scheidung änderte Anna ihren Namen in Helena Hrubá – das klang weniger jüdisch – und suchte sich Arbeit in einem anderen Café. Priskas Bruder Janko, der eine Ausbildung als Elektrotechniker hatte, wurde zur Arbeit in einer jüdischen Brigade zwangsverpflichtet und war nun ein »Robotnik Zid«, ein »Arbeitsjude«, der in seiner blauen Uniform die niedrigsten Arbeiten verrichten musste. Boežka, die inzwischen in den Dreißigern war und nie geheiratet hatte, blieb zu Hause und nähte Kleider für Verwandte und Freunde.

Priska, die immer so stolz auf ihre jüdische Nase – ihren hübschen Gesichtserker, wie sie es nannte – war, freute sich über Boežkas Kreationen, in denen sie nicht ganz so sehr aussah wie eine Ausgestoßene. »Ich war nie besonders hübsch, aber ich kümmerte mich um mein Aussehen«, sagte sie später. »Und die Leute in unserer Stadt haben mich immer gut behandelt, weil ich die ehrenwerte Tochter des Kaffeehausbesitzers war.«

Mit dieser Ehre war es nun bald vorbei. 1940 verbot man ihren Eltern den Betrieb des Kaffeehauses, das sie über sechzehn Jahre hinweg so mühevoll aufgebaut hatten. Da sie keine Ausbildung und auch kaum andere Begabungen hatten, wussten sie nicht, wie es weitergehen sollte. »Sie verloren alles«, erzählte Priska. »Dabei waren sie so gute Menschen.« Der arische »Treuhänder«, der mit der Verwaltung ihres Betriebs beauftragt wurde, war unerwartet freundlich zu Priska und wusste ihre Sprachkenntnisse zu schätzen: Englisch, Französisch, Ungarisch und Deutsch. »Es war wichtig und wertvoll, dass ich so viele Sprachen konnte«, sagte sie.

Da sie keinem Beruf mehr nachgehen konnten, zogen Priska und der Rest ihrer nächsten Familie nach Bratislava, in die neue slowakische Hauptstadt an der Donau. Priskas Großvater David Friedmann, dem man sein Gasthaus genommen hatte, floh aus seiner Heimatstadt Stropkov und schloss sich ihnen an. Sie hatten ein wenig Geld retten können und hofften, in der großen Stadt würden sie weniger auffallen. Und so war es auch. 1939 lebten etwa fünfzehntausend Juden in Bratislava, das entsprach 12 Prozent der Bevölkerung. Sie waren gut assimiliert, und es gab wenig Antisemitismus in der Stadt.

Obwohl sich unter der nationalsozialistischen Herrschaft viel verändert hatte, fand die Familie eine Wohnung in der Špitálskastraße, und Priska konnte als Privatlehrerin arbeiten und wieder einmal das Kaffeehausleben genießen, das sie seit ihrer Kindheit kannte. Am liebsten ging sie ins Astorka-Kaffeehaus, wo die Intelligenz saß und wo sie in verschiedenen Sprachen plaudern konnte. In diesem Café fiel ihr Blick im Oktober 1940 auf einen schlanken Mann mit Schnurrbart, der am Nebentisch saß und mit Freunden von ihr plauderte.

»Er sprach sehr eindringlich und lebhaft auf meine Freundin Mimi ein, die Apothekerin war. Plötzlich stand sie auf und kam zu mir, um mir zu sagen, dass er mich sehr anziehend fände.« Priskas kühner Bewunderer kam daraufhin selbst an ihren Tisch und stellte sich vor. Tibor Löwenbein war ein jüdischer Journalist polnischer Abstammung. Er kam aus der Stadt Púchov im Nordwesten der Slowakei und sprach fließend Deutsch und Französisch. Sie hatte den Eindruck, dass er einen kleinen Schwips hatte, und so sagte sie ihm, sie hielte nichts von Männern, die trinken. Um sie zu beeindrucken, versprach Tibor ihr, er würde nie mehr ein Glas Alkohol anrühren. Und er hielt sein Versprechen.

Allerdings rauchte er Pfeife und besaß eine Sammlung von vierzig Pfeifen, die Priska auf keinen Fall anfassen durfte. Er achtete auch sehr auf seine Kleidung: In seinem Schrank hingen vierzig Oberhemden. Oft saß er da und kritzelte etwas in ein kleines Notizbuch. Tatsächlich fühlte er sich als aufstrebender Schriftsteller. Und er sammelte Briefmarken – obwohl Priska später immer mit einem Lächeln sagte, nachdem er sie kennengelernt habe, sei sie sein einziges Hobby geworden.

Tibor war das einzige Kind von Heinrich Löwenstein und seiner Frau Elizabeth, die Berta genannt wurde. Der Vater besaß einen kleinen Bauernhof, aber Tibor, der kein Bauer sein wollte, war nach Bratislava gezogen und schrieb für die dort ansässige *Allgemeine Jüdische Zeitung,* vor allem über Sport und Lokalpolitik. Außerdem hatte er ein Büchlein mit dem Titel *Slovensko-Židovské hnutie a jeho poslanie* (Die slowakisch-jüdische Bewegung und ihr Anliegen) verfasst, in dem es um die Assimilation der Juden in der Slowakei ging.

Als er infolge der Nürnberger Rassengesetze nicht mehr für die Zeitung arbeiten konnte, bot ihm der freundliche griechische Besitzer der Dunajská Bank in Bratislava eine Stelle an. Tibor war schlank und gepflegt, hatte angenehme Umgangsformen, blonde Haare und helle Haut. Er sah auf den ersten Blick nicht jüdisch aus – was zu dieser Zeit sehr viel ausmachte. In der Bank war er so angesehen, dass man ihn bald auf Geschäftsreisen nach Prag und Brno (Brünn) schickte, was angesichts der Reisebeschränkungen für Juden eigentlich unmöglich war. Aber sein Chef hatte gute Verbindungen, und Tibor kam immer irgendwie durch. Als Journalist schien er alle möglichen Leute zu kennen, und man begegnete ihm mit großer Höflichkeit, ihm und bald auch der beeindruckenden jungen Frau an seiner Seite.

Jeden Morgen brachte Tibor auf dem Weg zur Arbeit Priska ins Astorka-Café, wo sie ihren Vormittagskaffee und ein Stück Kuchen genoss. Wenn er ging, stand er immer kurz vor ihr in Habachtstellung und salutierte, worüber sie stets lachen musste. Abends nach der Arbeit spazierten sie an der Donau entlang, wo viele Paare unterwegs waren. Dort lauschten sie den Straßenmusikern und beobachteten, wie das Mondlicht sich auf dem

*Priskas Mann, der Journalist und Schriftsteller Tibor Löwenbein*

Wasser spiegelte. Frachtschiffe und Fähren tuckerten langsam an ihnen vorbei.

In den ersten sechs Monaten schrieb Tibor seiner Priska jeden Tag einen Brief. Er nannte sie seine »Goldene«, und sie gab ihm den Namen »Tibko« oder »Tiborko«. Verliebt, wie sie war, hob sie alle seine Briefe auf. Einige waren nur kurz, aber alle waren voller Wärme und Zärtlichkeit. Fast alle diese Briefe haben den Krieg überstanden. Am 10. März 1941 schrieb Priska:

Mein Tibko, ich bin so glücklich, wenn ich Post von Dir bekomme, vor allem über die langen Briefe … Ich will Dir gleich meine guten Neuigkeiten mitteilen! Von Donnerstag an habe ich nämlich frei, wir können uns also vier Tage nacheinander sehen. Was für ein Luxus in diesen Zeiten. … Du willst wissen, was ich von Deinen Briefen halte? Sie sind wunderbar. Ich staune, dass Du, der Du doch so ernst und gelegentlich pessimistisch bist und die derzeitige Lage ganz schwarz siehst, so wunderbare Zeilen schreiben kannst. … Ich denke viel an Dich und weiß, dass Du Trost in Deinen Büchern findest. Ich bin ein wenig eifersüchtig, weil sie bei Dir sein dürfen, während ich so weit fort bin. Aber ich verspreche, das ist nur vorübergehend.

Bitte grüße Deine Bücher von mir, die Dir wertvolle Gesellschaft leisten, wenn ich nicht bei Dir bin. Ich sende Dir eine Million Küsse.

Deine Pira

Tibors Antwort datiert vom 12. März:

Meine Goldene Pirečka, ich war sehr glücklich, Deinen Brief zu lesen. Was für ein Glück. In der traurigen Wirklichkeit meines Alltags waren Deine Worte wie ein Sonnenstrahl, der die dunklen Wolken durchbricht. Ich versuche, meine Dankbarkeit und Freude zu beschreiben … aber es will mir gar nicht recht gelingen. Ich erwarte Dich morgen um halb fünf bei mir und denke an dieses freudige Ereignis, aber ich muss auch daran denken, was das Schicksal für uns bereithält. Dieser Gedanke kam mir, als ich sah, dass wir zu unserem fünfmonatigen Jubiläum nicht zusammen sein können. So werde ich mir die Worte, die ich Dir sagen will, für den Nachmittag aufsparen, wenn ich Dich endlich wiedersehe. … Ich kann es gar nicht erwarten, Dich in meinen Armen zu halten … Bis morgen, meine Liebste … und bis dahin sende ich Dir viele Küsse.

Dein Tibor

Am Samstag, dem 21. Juni 1941 fand die Hochzeit in der Synagoge von Bratislava statt, einem beeindruckenden Bau im maurischen Stil mit zwei Türmen. Die Braut war fünfundzwanzig Jahre alt und trug einen weißen Mantel, einen weißen Pillbox-Hut, Perlen und weiße Schuhe zu einem gemusterten Kleid. Als sie dem jüdischen Ehevertrag Ketubah zustimmte, hatte sie einen Strauß weiße Gladiolen im Arm. Der Bräutigam war siebenundzwanzig Jahre alt, und trug einen schicken Anzug mit weiten Hosen und einen Hut.

Priskas Eltern Emanuel und Paula fanden diesen Schwiegersohn perfekt, gaben dem Brautpaar ihren Segen und freuten sich, dass es endlich mal wieder etwas zu feiern gab. Tibors Familie war bei der Hochzeit nicht dabei – sein Vater hatte sich

Anfang des Jahres auf seinem Hof bei Püchov das Leben genommen, und die Mutter war jetzt allein. Der entsetzte Tibor war sofort zu ihr gefahren, musste aber bald nach Bratislava zurückkehren, weil er sich eigentlich ohne Erlaubnis nicht von seinem Wohnort entfernen durfte. Priska und ihre Eltern mussten ihm die eigene Familie ersetzen.

Die Ehe war sehr glücklich, die beiden Frischvermählten passten gut zusammen. »Nie gab es Streit zwischen uns«, sagte Priska und beschrieb ihren Mann als »sensationell«. Sie mochte seine korrekte slowakische Aussprache. Das war keine Selbstverständlichkeit, bei vielen Leuten mischten sich deutsche oder ungarische Einsprengsel darunter. »Er war wundervoll zu mir und sehr beeindruckt über meine Sprachkenntnisse. Ich habe nur schöne Erinnerungen an meinen Tiborko. So einen guten Ehemann findet man nicht leicht.«

Aber der Krieg überschattete das junge Glück. Am Tag nach der Hochzeit überfielen die Deutschen die Sowjetunion: Hitlers

*1941: Priska und Tibor heiraten in der Synagoge in Bratislava.*

»Unternehmen Barbarossa« zur Eroberung russischen Territoriums hatte begonnen. Priska und Tibor, die immer noch das Beste hofften und nicht ahnten, was ihnen bevorstand, zogen in eine Wohnung in der Rybárska Brána (später Fischertorgasse) 7 unweit des Hauptplatzes der Stadt, Hlavné Námestie. Dort waren sie sehr glücklich, trotz aller Bedrohungen. Priska wünschte sich unbedingt eine Familie und wurde auch bald schwanger. Das Paar war überglücklich, und Tibor war angesichts des Familienzuwachses froh über sein festes Einkommen. Auch im September 1941, als die slowakischen Juden mit fast dreihundert neuen gesetzlichen Einschränkungen durch den sogenannten Židovský Kódex (zu Deutsch »Judengesetze«) konfrontiert wurden, behielt er seine Stelle.

Diese Gesetze, die offiziell definierten, wer als Jude zu gelten hatte, führten die Jahrhunderte alte Praxis wieder ein, die Juden zum Tragen demütigender Abzeichen zu zwingen. Solche Bestimmungen hatte man seit dem 9. Jahrhundert weithin erlassen, an so weit entfernten Orten wie England und Bagdad gleichermaßen. Wer jüdischer Herkunft war, musste seinen Pass und andere Dokumente mit einem großen J markieren lassen. Außerdem mussten alle Juden Armbinden oder Sterne zum Aufnähen kaufen, die von riesigen Rollen mit gestempeltem Stoff abgeschnitten wurden und in den Fabriken hergestellt wurden, wo viele von ihnen einst ihren Lebensunterhalt verdient hatten. Die Abzeichen mussten auf Höhe des Herzens auf alle Kleidungsstücke genäht werden.

Die öffentliche Verfolgung der Juden verstärkte sich, nachdem sie nun deutlich erkennbar waren. Nicht nur ihre Geschäfte und Büros wurden ständig angegriffen und geplündert, sie waren auch immer in Gefahr, sobald sie den Schutz ihrer Wohnungen verließen. Viele Freunde von Tibor und Priska bezahlten hohe Summen für falsche Papiere, aber das Risiko, damit aufzufallen, war groß. Tibors Arbeitgeber sorgte für Ausnahmegenehmigungen, sodass Tibor keinen Stern tragen musste und auch einige andere Bestimmungen umgehen konnte, aber

Priska genoss diesen Schutz nicht. Wenn sie nach Beginn der Ausgangssperre hinausgingen oder einen Ort betraten, der für Juden nicht mehr zugänglich war, hielt sie ihre Handtasche oder ihren Kragen so, dass man den Stern nicht sah.

Nicht lange nach dem Inkrafttreten der neuen Gesetze wurden die Juden angewiesen, das Stadtzentrum von Bratislava zu verlassen und in die ärmeren Vororte zu ziehen. Priska fand eine Stelle an einer Grundschule in Pezinok, 20 Kilometer außerhalb der Hauptstadt; Tibor fuhr jeden Tag zur Arbeit nach Bratislava. Um sechs Uhr morgens verließ er das Haus. »Er liebte seine Arbeit, und außerdem musste er ja arbeiten, wir erwarteten ja ein Kind.« Priskas Eltern, ihr Großvater und ihre Schwester Boežka konnten in Bratislava bleiben. Sie hatten eine Wohnung am Ufer der Donau, und Boežka arbeitete weiter als Schneiderin. So kam die Familie einigermaßen zurecht und ließ die Hoffnung nicht sinken.

Priska unterrichtete an der Grundschule bis zu dem Tag, als die Behörden anordneten, Nicht-Arier dürften arische Kinder nicht mehr unterrichten. Sie nahm zärtlichen Abschied von ihren Schülerinnen und Schülern und sagte, sie habe noch Glück gehabt: Ein Engländer, der eine Sprachenschule leitete, lud sie ein, dort zu unterrichten. Sie verdiente sogar etwas mehr Geld als an der Grundschule. »Ich hatte ja durchaus noch Möglichkeiten. Ich hatte viele Privatschüler, die immer noch zu mir kamen, und so kam es mir vor, als wäre gar nichts passiert. Ich habe nicht darunter gelitten. Sie haben mich bezahlt, und von dem Geld konnte ich leben.«

Entschlossen, weniger glückliche Familien zu unterstützen, unterrichtete sie viele ihrer früheren Schüler ohne Bezahlung oder las ihnen deutsche, französische und englische Klassiker vor.

Dann verlor sie das Kind.

Das Paar trauerte in aller Stille, aber gleichzeitig wurde der Alltag immer schwieriger, denn die Nazi-Gesetze wurden immer strenger angewendet. Die Behörden zwangen die Juden, ihre Wertgegenstände – Silber, Kunst, Schmuck und anderes mehr – aufzulisten und bei den Banken abzuliefern, wo die Sachen beschlagnahmt wurden. Pelze und feine Winterkleidung folgten. Juden durften keine Haustiere mehr halten und mussten Katzen, Hunde, Kaninchen und Vögel bei Sammelstationen abgeben. Sie sahen ihre Lieblinge nie wieder.

Der slowakische Staat unter Jozef Tiso wurde zu einem der ersten Verbündeten, die den SS-»Aktionen« zustimmte und zuließ, dass Juden in »Umsiedlungsgebiete« oder Arbeitslager deportiert wurden, um den Krieg der Deutschen im Osten zu unterstützen. Um ihre nicht-jüdischen Bürger vor einem derartigen Schicksal zu bewahren, zahlte die slowakische Regierung für jeden Juden, den die Nazis außer Landes brachten, 500 Reichsmark. Im Gegenzug wurde von deutscher Seite garantiert, dass die »umgesiedelten Parasiten« nicht zurückkehren oder ihren Besitz wieder beanspruchen würden. In der bedrückenden Atmosphäre dieser Tage und Wochen wurden Zehntausende von Juden von slowakischen *Gardista* und anderen Milizionären zusammengetrieben und in Arbeitslagern »konzentriert«, vor allem in Sered', Vyhne und Novaky.

Mehrere Tausend Insassen blieben in diesen Lagern und fertigten dort »kriegswichtige Güter« für die Deutschen an, aber etwa achtundfünfzigtausend wurden in weiter östlich gelegene Lager geschickt. Die Deutschen nannten diese Deportationen »Osttransporte«. Allgemein vermutete man, es handele sich um Arbeitslager in der Nähe von Waffen- und Munitionsfabriken im besetzten Polen, wo die Insassen als Zwangsarbeiter lebten. Immer wieder wurde auch behauptet, sie würden bei der Ernte eingesetzt oder sollten helfen, neue jüdische Staaten im Osten zu errichten.

Verlassen und hilflos fügten sich die slowakischen Juden in ein zunehmend düsteres Schicksal. Sie erwarteten harsche Lebensbedingungen und Entbehrungen aller Art, hofften aber auch, zu ihrem normalen Leben zurückzukehren, sobald der Krieg zu Ende war. Ganze Familien meldeten sich freiwillig, wenn einzelne Familienmitglieder aufgerufen wurden, weil sie glaubten, es wäre besser, zusammen zu bleiben. Andere versprachen, Geld, Briefe und Essenspakete zu schicken. Sie glaubten tatsächlich, diese Sendungen würden ihren Bestimmungsort erreichen.

Im März 1942, fast auf den Tag genau neun Monate nach der Hochzeit und zu der Zeit, als sie eigentlich die Geburt ihres ersten Kindes hatten feiern wollen, erfuhr Priska, dass ihre älteste Schwester Boežka bei einer der »Aktionen« verhaftet worden war. Die slowakischen Behörden hatten sich bereit erklärt, tausend gesunde, alleinstehende Frauen zu »liefern«. Als Priska von Boežkas Schicksal hörte, eilte sie zum Bahnhof in Bratislava, um sie zu retten. Das hätte sie ohne Weiteres das Leben kosten können. Sie fand den überfüllten Personenzug abfahrbereit, konnte ihre Schwester aber unter den verängstigten, verwirrten Gesichtern nirgends entdecken. »Ich kannte keinen der Gardistas, flehte sie aber an, meine Schwester freizulassen. Sie brüllten mich an und sagten zu mir: ›Wenn du unverheiratet bist, steig ein. Wenn du verheiratet bist, geh nach Hause.‹ Ich war überrascht, dass sie mich nicht einfach dort ließen, aber das taten sie nicht.«

Die gefürchteten slowakischen Hlinka-Garden in ihren auffallenden schwarzen Uniformen waren zu einem Großteil von der SS ausgebildet worden. Priska wurde verhaftet und über Nacht eingesperrt. Am nächsten Morgen erhielt ihr entsetzter Ehemann Tibor, der keine Ahnung hatte, wo sie sich befand, eine Nachricht: »Holen Sie Ihre Frau ab, sie ist eine Unruhestifterin.« Auf der Polizeiwache angekommen, überredete er die Polizisten, sie ohne Geldbuße freizulassen, aber er war so wütend auf sie, dass er kein Wort mit ihr sprach. Sein Zorn hielt aber nur einen halben Tag lang an, denn seine junge Frau war außer sich, weil sie ihre liebe Boežka nicht hatte retten können.

Wenig später wurde Priska wieder schwanger. Obwohl sich ihr Leben immer mehr aufzulösen schien, waren die beiden Eheleute überglücklich. Sie unterschätzten die Gefahr der Blitzrazzien in jüdischen Häusern, bei denen immer wieder tausend Personen für einen Transport zusammengetrieben wurden. Einmal konnten Priskas Eltern sich nur durch einen Sprung aus einem Erdgeschossfenster vor den Schergen des Regimes retten.

Am 17. Juli 1942 war das Glück nicht mehr auf ihrer Seite. Emanuel und Paula Rona, beide Mitte fünfzig, wurden von den neuen Herren über Leben und Tod ohne Vorwarnung verhaftet. Priska erfuhr erst davon, als es zu spät war. Sie hatte keine Möglichkeit, sich von ihnen zu verabschieden, und konnte sie ebenso wenig retten wie ihre Schwester. Und sie verlor auch ihr zweites Kind durch eine Fehlgeburt. »Eigentlich hatte ich das Gefühl, ich sollte mitfahren in den Osten«, sagte sie. »Mir war jetzt alles egal.«

Tibor musste feststellen, dass seine Mutter Berta ebenfalls ins polnische Schlesien deportiert worden war. Sie war eine ältere, alleinstehende Frau gewesen, und er musste damit rechnen, jetzt ganz ohne Familie zu sein. Von alten Freundinnen wie Gizka erfuhr Priska, dass die gesamte jüdische Bevölkerung von Zlaté Moravce ebenfalls verschwunden war, darunter auch Freunde und Familienmitglieder.

So spielte es für sie kaum noch eine Rolle, dass ihre Eltern Gizka ihre wichtigsten Besitztümer noch zur Aufbewahrung übergeben hatten und dass ihre Freundin, die sie durch die Schule gebracht hatte, ihr Leben riskierte, um die Sachen zu verstecken. Was bedeuteten schon ein paar Stücke Porzellan und Familiensilber, wenn ihre Eltern und ihre Schwester verschwunden waren und die übrigen Geschwister weit verstreut lebten? An ihrem Sabbat-Tisch würden sich auch nach dem Krieg keine Familienmitglieder mehr versammeln.

Ihre Schwester Anna war von nichtjüdischen Freunden in die Hohe Tatra gebracht worden, wo sie unter neuem Namen als Kellnerin arbeitete und bei einem Onkel mütterlicherseits lebte: Dr. Gejza Friedman, einem Lungenspezialisten, der in einem Sanatorium für Tuberkulosekranke arbeitete. Er hatte auch seinen dreiundachtzigjährigen Vater David Friedman aufgenommen, Priskas Großvater, der allein geblieben war, als die Eltern verhaftet worden waren. Annas elfjähriger Sohn Otto wurde von katholischen Nonnen versteckt.

Priskas ältester Bruder Bandi hatte sich nach Palästina retten können. Janko war aus der Arbeitseinheit geflüchtet und hatte sich den Partisanen angeschlossen, um Anschläge gegen die Hlinka-Garden und gegen die pro-deutsche Regierung durchzuführen. Sie hatten seit Monaten nichts mehr von ihm gehört.

Priska, die sich schon als Kind fürs Christentum interessiert hatte, ließ sich in einer evangelischen Kirche taufen und hoffte, das würde sie retten. Tibor, der aus einer frommen jüdischen Familie stammte, glaubte nicht daran, und letztlich hielten sie sich auch beide an die wichtigsten jüdischen Traditionen. Trotz aller Unsicherheit um sie herum – oder vielleicht gerade deshalb – wurde Priska bald wieder schwanger, doch sie verlor auch dieses Kind.

Im Herbst 1942 kamen die Deportationen Richtung Osten zum Stillstand. Die politische und religiöse Elite des Landes und die jüdischen Untergrundorganisationen hatten eine sogenannte »Arbeitsgruppe« gegründet, die starken Druck auf die Tiso-Regierung ausübte, nachdem sich der Verdacht erhärtete, dass die Mehrzahl der achtundfünfzigtausend deportierten slowakischen Juden – darunter mehr als siebentausend Kinder – ermordet worden war. Die slowakische Regierung änderte daraufhin ihre Politik und weigerte sich, die verbleibenden vierundzwanzigtausend Juden deportieren zu lassen, sodass sie eine Weile in relativer Sicherheit waren. Die Arbeitsgruppe unternahm alles, um die Juden dauerhaft zu retten, nicht zuletzt durch die Bestechung von wichtigen Vertretern des Regimes. Vertreter der Arbeitsgruppe verhandelten sogar direkt mit der SS und mit Hauptsturmführer Dieter Wislieceny, dem slowakischen Berater der Nazis für jüdische Angelegenheiten. Im Zuge dieser Verhandlungen, die den Namen »Europa-Plan« bekamen, wurden Wislieceny Millionenbeträge angeboten, aber schließlich wurde Wislieceny versetzt, und damit gerieten die

Verhandlungen in eine Sackgasse. In der Zwischenzeit waren die antisemitischen Gesetze leicht abgemildert worden und die Verfolgungen ließen nach, aber ein Gefühl drohenden Unheils blieb dennoch.

Tibor hatte nach wie vor Arbeit und Priska konnte immer noch unterrichten, und so kehrten sie nach Bratislava zurück und zogen in eine Wohnung in der Edlova-Straße. Es gab zwar Lebensmittelrationierungen, und sie konnten auch nicht überall und zu jeder Zeit einkaufen, aber verglichen mit Tausenden von Leidensgenossen in ganz Europa ging es ihnen gut. Wenn Priska Lust auf etwas Süßes hatte, konnten sie sich in ihrem neuen Lieblingscafé, dem historischen Štefanka-Kaffeehaus, ein Stück Kuchen teilen.

Wie die meisten ihrer jüdischen und nichtjüdischen Freunde versuchten sie, sich möglichst wenig Sorgen um die Zukunft zu machen, und hofften auf ein baldiges Ende des Krieges. 1943

*Priska und Tibor in Bratislava, 1943*

schien sich das Blatt zugunsten der Alliierten zu wenden. Die wenigen noch erlaubten Radios berichteten von Aufständen in Polen und vom allmählichen Vorrücken der Roten Armee. Die Deutschen hatten nach einem brutalen, fünf Monate dauernden Feldzug Stalingrad aufgeben müssen. Die Alliierten hatten Libyen erobert und die deutschen Truppen in Afrika zur Kapitulation gezwungen. Italien hatte Deutschland den Krieg erklärt, und aus Berlin wurde gemeldet, dass die Zivilisten aus der Stadt evakuiert wurden. War das Kriegsende in greifbare Nähe gerückt? Oder würde sich die Situation noch verschlimmern?

Niemand konnte wissen, was passieren würde. Und was mit ihren Lieben passiert war, wussten sie auch nicht. Sie hatten nichts mehr von ihnen gehört. Seit Monaten kursierten Gerüchte in der Stadt, in denen von Lagern die Rede war, in die Juden und andere gebracht wurden. Doch nur selten gab es Berichte von den Transporten. Angeblich ließ man die Leute sich zu Tode schuften oder verhungern, oder sie wurden auf grausame Weise hingerichtet. Nachrichten aus Amerika und Großbritannien besagten schon seit 1942, dass gerade die Juden systematisch ermordet wurden. Und nachdem im April 1944 die slowakischen Häftlinge Rudolf Vrba und Alfréd Wetzler aus einem bisher unbekannten Lager im Süden Polens entkommen waren und von Massenvernichtungen mithilfe von Gaskammern und Krematorien berichteten, wurden die Gerüchte noch wilder. Der detaillierte, mit Zeichnungen versehene Bericht über Auschwitz-Birkenau, den die beiden Männer verfasst hatten, fand allerdings eine ganze Weile kaum Verbreitung, und viele glaubten nicht, was da zu lesen war. Allerdings wurden die Menschen jetzt misstrauischer und mieden die Transporte nach Osten um jeden Preis.

Priska und Tibor ließen sich nicht darauf ein, diesen Gerüchten Glauben zu schenken. Sie kamen ihnen viel zu weit hergeholt vor. In ihrem Freundeskreis herrschte die Meinung vor, es handele sich um Geschichten von Männern, die durch die Haft verrückt geworden waren, oder um übertriebene Anti-Nazi-Propaganda. Allen Entbehrungen und Verfolgungen zum Trotz, konnten sie sich einfach nicht vorstellen, dass Hitler wirklich meinte, was er sagte: dass er alle Menschen mit unerwünschter Herkunft vom Erdboden vertilgen wollte, um eine Herrenrasse zu erschaffen. Die Deutschen galten immer noch als eines der kultiviertesten und zivilisiertesten Völker der Welt. Die Nation, die Bach und Goethe, Mozart und Beethoven, Einstein, Nietzsche und Dürer hervorgebracht hatte, konnte doch keinen so monströsen Plan verfolgen! Oder doch?

Priska und Tibor erhielten sich die Hoffnung auf ein baldiges Ende dieses Krieges, den sie kaum verstanden, und versuchten, so gut wie möglich weiterzuleben. Mitte Juni 1944, einen Monat vor ihrem dritten Hochzeitstag, beschlossen sie einen neuen Versuch, ein Kind zu bekommen. Zwei Monate später wurde die relative Ruhe, die sie fast zwei Jahre lang erlebt hatten, durch den Slowakischen Nationalaufstand erschüttert, einen bewaffneten Aufstand gegen die Marionettenregierung in Bratislava. Priskas Bruder Janko gehörte zu den Tausenden von Bürgern und Partisanen, die alles taten, um die faschistische Herrschaft zu beenden.

Der Aufstand begann am 29. August 1944 in der Niederen Tatra und breitete sich schnell aus, bis die deutsche Wehrmacht ihn zwei Monate später brutal niederschlug. Tausende Slowaken fanden den Tod. Danach änderte sich die Lage radikal. Das Land wurde besetzt, die Gestapo übernahm die Regie und nahm grausame Vergeltung an allen, die es gewagt hatten, dem »Führer« ungehorsam zu sein. Eine der ersten Aufgaben bestand darin, Präsident Tiso zur Wiederaufnahme der Deportationen zu zwingen. Tausende slowakische Juden tauchten unter oder flohen nach Ungarn oder in andere Länder, wo sie sich sicher wähnten.

Priska und ihr Mann versuchten angesichts dieses zunehmend unausweichlichen Schicksals immer noch, optimistisch zu sein, und blieben in Bratislava. Schließlich waren sie genau hier über Jahre hinweg der Verfolgung entgangen. Jeder Tag, den sie unentdeckt überlebten, schien ihnen wie ein Geschenk, vor allem nachdem jede Woche mehr gute Nachrichten über die Kriegslage die Stadt erreichten. Paris war befreit, ebenso wie einige wichtige Häfen in Frankreich und Belgien. Die Alliierten hatten mit Luftangriffen auf die Niederlande begonnen. Nun würde doch Deutschland bald kapitulieren!

Am Dienstag, dem 26. September 1944, feierte das Paar Tibors dreißigsten Geburtstag. Er fiel in diesem Jahr mit Jom Kippur zusammen, dem »Sabbat aller Sabbate«, einem Buß- und Fastentag und dem heiligsten aller jüdischen Feiertage. Sie wuschen sich gründlich die Hände, wie es Brauch war, saßen zusammen und genossen ein Festmahl aus dem wenigen, was sie hatten ergattern können. Sie feierten an diesem Tag nicht nur Tibors Geburtstag, sondern auch das kleine Leben, dass Priska nun seit gut acht Wochen unter ihrem Herzen trug. Und sie beteten, dass dieses Kind, ihr viertes Baby, überleben möge.

Zwei Tage später wurden ihre Hoffnungen zerstört, als drei Mitglieder der Freiwilligen SS – einer Einheit, die im Wesentlichen aus Slowaken bestand – in ihre Wohnung eindrang und ihnen befahl, ihre Sachen in zwei kleine Koffer zu packen, zusammen nicht mehr als 50 Kilo.

»Sie waren entsetzlich«, sagte Priska. »Sehr arrogant. Sie sprachen fast nichts, und ich sagte auch nichts. Ich wusste, dass man in solchen Situationen besser die Ruhe bewahrt, um keinen Ärger zu machen.«

An einem schönen Septembertag und zu einem Preis von 1000 Reichsmark wurden Priska und Tibor Löwenbein aus ihrer Wohnung gezerrt und gezwungen, einen großen schwarzen LKW zu besteigen. Tibors Briefmarkensammlung, seine Pfeifen, Hemden, Bücherregale und Notizbücher mit Manuskripten aus vielen Jahren mussten sie zurücklassen.

Das junge Paar wurde zunächst in die große orthodoxe Synagoge in der Heydukova-Straße gefahren. Dort mussten sie gemeinsam mit Dutzenden anderen auf dem Boden oder auf ihrem Gepäck sitzend warten. Sie fürchteten um ihr Leben, aber Priska litt außerdem unter einem Anfall von Übelkeit – zum ersten Mal. Sie klammerte sich an Tibor, der ihr immer wieder sagte, sie solle an das Kind denken. »Mein Mann streichelte mich und sagte immer wieder: ›Vielleicht lassen sie uns ja wieder nach Hause gehen, Pirečko.‹ Ich dachte die ganze Zeit nur an das Baby. Ich wünschte mir dieses Kind doch so sehr.«

Später an diesem Tag wurden sie gemeinsam mit zweitausend weiteren Juden in Bussen zu dem kleinen Bahnhof von Lamač gefahren und von dort in das 60 Kilometer entfernte Arbeits- und Durchgangslager Sered' gebracht, das in der Donauebene lag. Sered' war ein ehemaliges Militärlager und hatte bis zum Beginn des Aufstands unter der Bewachung der Hlinka-Garden gestanden, war inzwischen aber der Aufsicht des SS-Offiziers Alois Brunner unterstellt, einem Assistenten von Adolf Eichmann, einer der Schlüsselfiguren bei der »Endlösung der Judenfrage«.

Brunner war nach Sered' geschickt worden, um die Deportation der letzten slowakischen Juden persönlich zu überwachen. Er hatte eine ähnliche Aktion bereits erfolgreich in Frankreich durchgeführt. Man geht davon aus, dass Brunner, der oft in einer weißen Uniform auftrat, für die Deportation von mehr als hunderttausend Personen nach Auschwitz verantwortlich war.

In Sered' angekommen, wurden die Neuankömmlinge in Holzbaracken gebracht, doch es waren bald schon zu viele. Die Entmenschlichung der Gefangenen begann mit den Zählappellen am frühen Morgen und setzte sich mit harter Arbeit fort. Sie wurden in die Baracken gestopft, wo noch ein wenig Platz war, und bekamen nicht mehr zu essen und zu trinken als eine Tasse bitteren Ersatzkaffee, eine wässrige Suppe und etwas altes Brot. Einige fromme Juden benutzten das warme Wasser, das als Suppe bezeichnet wurde, um sich die Hände zu waschen, bevor sie ihre übrigen mageren Rationen sorgfältig in Stücke schnitten und miteinander teilten.

*Juden verlassen in Auschwitz einen Viehwaggon.*

An Jom Kippur, dem Buß- und Fastentag, den Priska und ihr Mann noch in Bratislava begangen hatten, hatten die Nazis in Sered' ein ganzes Schwein mitten im Lager gebraten und die halb verhungerten Juden lachend eingeladen, etwas davon zu essen. Trotz des grausamen Hungers hatte niemand die Einladung angenommen.

Die ersten Transporte von Sered' Richtung Osten begannen kurz nach der Ankunft von Priska und Tibor. Alois Brunner überwachte die »Liquidation« des Lagers, wohl wissend, dass bald die nächsten Häftlinge ankommen würden. Am 30. September 1944 wurden die fast zweitausend Juden aus Bratislava mitten in der Nacht von slowakischen und ungarischen SS-Leuten aus ihren Baracken geholt und in militärischer Formation aufgereiht, bevor sie in Güterwaggons gedrängt wurden. In jedem dieser fensterlosen Kastenwagen befanden sich achtzig bis hundert Personen. Es gab kaum Luft zum Atmen, und man konnte sich nicht bewegen. Sobald die schweren Holztüren zugeschoben waren, hoben die erstickenden Menschen im Halbdunkel die kleineren Kinder über die Köpfe hinweg zu denen, die am Ende des Wagens ein wenig Platz zum Sitzen hatten. Alle anderen konnten nur stehen oder hocken.

Die einzigen sanitären Einrichtungen waren ein leerer Eimer aus Holz und eine Blechdose mit Wasser. Der Wagen stank bald, weil bei jedem Ruckeln der Inhalt des Eimers herausschwappte; die hygienischen Verhältnisse waren unbeschreiblich. Einige versuchten, sich durch das winzige Fenster zu erleichtern, aber ein Gitter aus Stacheldraht sorgte dafür, dass sich das Fenster nicht ganz öffnen ließ. Die meisten mussten sich also erleichtern, wo sie standen, und ihre Kleider besudeln.

Ohne Essen, Frischluft und Wasser taumelten die schwitzenden, verzweifelten Menschen immer wieder gegeneinander. Diejenigen, die durch die schmalen Ritzen im Holz etwas sehen konnten, riefen die Namen der Städte aus, durch die der Zug fuhr, 300 Kilometer Richtung Nordosten. Als sie die polnische Grenze überquerten, rezitierten einige Ältere das jüdische Totengebet und schwiegen dann. Wer unterwegs starb, wurde beim nächsten Halt aus dem Wagen geworfen; so gab es für die Lebenden etwas mehr Platz. Wie so viele der Tausenden von Juden, die in den letzten Monaten des Jahres 1944 unter unbeschreiblichen Bedingungen von Sered' aus weitertransportiert wurden, begriffen auch diese achtzehnhundertsechzig Menschen, dass sie an einen Ort gebracht wurden, an dem sie grausam behandelt und höchstwahrscheinlich sterben würden.

Priska und Tibor hatten ebenso viel Angst wie alle anderen, aber sie versuchten sich immer noch gegenseitig zu versichern, dass alles gut würde und dass sie mit ihrem Kind nach Hause zurückkehren würden. Vor allem Priska war entschlossen, auf keinen Fall aufzugeben: »Ich liebte mein Leben doch so sehr.« Sie erinnerte Tibor daran, dass sie mit ihren Fremdsprachenkenntnissen in der Lage sein würde, mit anderen Häftlingen und sogar mit den SS-Leuten zu sprechen, sodass sie sie vielleicht mit etwas mehr Respekt behandeln würden. Sie hatte einen klugen Kopf und wusste, wie man ihn einsetzte.

Ihr Glaube war ihr immer wichtig gewesen, und sie stützte

sich auch in den dunklen Stunden auf ihn, während der Zug nach Nordosten fuhr. »Der Glaube an Gott ist das Wichtigste überhaupt. Wer Glauben hat, muss ein anständiger Mensch sein und wissen, wie man sich benimmt. Jede Nacht vor dem Einschlafen spreche ich mit Gott.« Sie war evangelisch getauft und betrachtete sich eigentlich nicht als Jüdin. Die Ironie des Schicksals entging ihr nicht. »Es ist furchtbar, was den Juden angetan wurde«, sagte sie. »Furchtbar. Sie haben sie behandelt wie Tiere. Menschen sind Menschen, und gegenüber Menschen muss man sich anständig benehmen. Sie haben die Juden fürchterlich behandelt. Wir wurden in einen Güterwaggon gesteckt und dann … dort hinausgeworfen. Sie haben sich entsetzlich benommen.«

Die Reise dauerte mehr als vierundzwanzig Stunden. Die Menschen in dem Waggon fragten sich, wohin sie gebracht würden und ob sie dort wohl ihre Lieben wiedersehen würden, die vor zwei Jahren deportiert worden waren. Würde Priska ihre Schwester Boežka und ihre Eltern wiedersehen? Würde sie ihre Freunde aus Zlaté Moravce wiedersehen, mit denen sie schwimmen gegangen war, mit denen sie gesungen, englisch und deutsch gesprochen hatte? Würde Tibor endlich seine verwitwete Mutter in die Arme schließen können?

Tibor, der sich immer mehr Sorgen machte, glaubte nicht daran und konnte es kaum ertragen, seine Frau leiden zu sehen. Sie musste immer wieder würgen, es gab kein Wasser für sie, und sie kämpfte in dem dunklen, stinkenden Güterwagen um Luft zum Atmen, während er sie in den Armen hielt, ihr Haar küsste und versuchte, sie zu trösten. Er sprach ständig auf sie ein und bat sie, die Hoffnung nicht zu verlieren und nur an schöne Dinge zu denken. Wie in seinen Briefen, wo er davon gesprochen hatte, dass sie wie ein Lichtstrahl die dunklen Wolken durchbrach, so versuchte er jetzt, ihre Hoffnung wach zu halten.

Während der Zug unerbittlich ratternd weiterfuhr, verlor er allmählich den Mut. Wenn man sie schon hier so behandelte, welche Grausamkeiten erwarteten sie an ihrem Bestimmungsort? Er zog Priska noch fester an sich und betete, dass wenigstens sie und das lang ersehnte Kind überleben möchten. Als ihnen klar wurde, dass dies vielleicht ihre letzte Chance wäre, darüber zu sprechen, beschlossen sie, an diesem schrecklichen Ort einen Namen für ihr Kind festzulegen. Flüsternd vereinbarten sie, dass es nach Priskas Großtante Hanka (der Kosename für Hana) heißen sollte, wenn es ein Mädchen würde, und Miško (der Kosename für Michael), wenn es ein Junge würde.

Neben dem jungen Paar im Dunkeln stand Edita Kelamanová, eine dreiunddreißigjährige, unverheiratete Ungarin, die in Bratislava gelebt hatte. Sie hörte die Unterhaltung der beiden und war tief bewegt. Über das Rattern des Zuges hinweg sagte sie zu Tibor: »Ich verspreche Ihnen, dass ich bei Ihrer Frau bleibe und auf sie aufpasse.« Edita kam aus einer wohlhabenden, gebildeten Familie. Sie hielt ihr Versprechen nicht nur für eine moralische oder religiöse Pflicht, sondern hoffte auch, dass sie, wenn sie dieses Gelübde erfüllte, doch noch einen Mann finden würde. Tibor dankte der freundlichen Fremden, und Priska, die den ungarischen Akzent erkannt hatte, fügte ein leises »Köszönöm« – ungarisch für »danke« – hinzu.

Als der Zug an einem Depot an der deutsch-polnischen Grenze plötzlich stehen blieb, schrien alle auf. Hier wurden die Häftlinge formell übergeben. Der Wagen stand auf einem Nebengleis, aber die Türen gingen nicht auf, und sie hatten keine Ahnung, was mit ihnen passierte. Dann ruckte der Zug wieder an und fuhr weiter. Ein paar Stunden später bog er abrupt ab und blieb mit einem Kreischen an der Rampe mitten im Lager Auschwitz II-Birkenau stehen. Es war Sonntag, der 1. Oktober 1944. Die Menschen konnten die Geräusche der Gewalt hören: Gebrüll und Hundegebell. Sie wussten, jetzt waren sie angekommen.

»Alles wird gut, meine Goldene!«, versprach Tibor seiner Frau, unmittelbar bevor die Türen mit einem Krachen aufgerissen wurden. Während sie ins Unbekannte taumelten, rief er noch einmal: »Verlier nicht die Hoffnung, Piroška! Denk immer nur an schöne Dinge!«

## 2

## Rachel

*Rachel Abramczyk*

*»Guten Morgen, hübsche Dame, sind Sie schwanger?«*

*Rachel Friedman hörte diese Frage im Herbst 1944, als Mengele ihr dieses ganz spezielle Schmunzeln schenkte, das er wohl für die rasierten, nackten Frauen reserviert hatte, die wie Mannequins in Auschwitz II-Birkenau an ihm vorbeizogen.*

*Rachel wusste nicht, was sie sagen und wohin sie blicken sollte, also schaute sie auf den Boden und presste das Kinn an ihre Brust. Um sie herum standen Hunderte Leidensgenossinnen. Sie alle standen schon seit Stunden auf dem offenen Appellplatz, und sie alle empfanden es als zutiefst demütigend, ohne Kleider vor so vielen*

*Fremden zu stehen. Sie war fünfundzwanzig Jahre alt, und in diesem Moment war sie dankbar, dass ihr Mann Monik nicht mit ihr zusammen aus dem Ghetto im besetzten Polen hierher gebracht worden war. Wenigstens sah er nicht, was man hier mit ihr machte.*

*Genau wie Priska Löwenbeinová, die mit Tausenden anderen Frauen ihr Schicksal teilte, blieben Rachel nur wenige Sekunden, um zu entscheiden, was sie dem hochrangigen Nazi antworten sollte, der mit einer lässigen Handbewegung über Leben und Tod entschied. Sie wusste nicht einmal sicher, ob sie ein Kind von Monik erwartete; wenn ja, dann war sie erst seit wenigen Wochen schwanger. Und sie hatte auch keine Ahnung, was passieren würde, wenn sie Ja sagte.*

*Sie hatte fürchterliche Geschichten aus den Lagern der Nazis gehört, aber sie hatte einfach nicht glauben können, was da erzählt wurde. Und so absurd diese Gerüchte auch klangen, von Dr. Mengele und den Schwangeren in seiner Obhut, von den brutalen Experimenten mit Kindern, vor allem mit Zwillingen, war nicht die Rede gewesen. Davon sollte die Welt erst später erfahren.*

*Rachel wusste nur eins, als sie diesen sehr gepflegten Arzt beobachtete, der persönlich Dutzende von weiblichen Häftlingen inspizierte: Sein Lächeln erreichte die Augen nicht. Sein Benehmen glich dem eines tüchtigen Bauern, der sein Vieh untersuchte, wenn er schamlos die Figur eines errötenden jungen Mädchens pries oder grob nach den Brüsten einer reiferen Frau griff.*

*Mit seinen auf Hochglanz polierten Stiefeln und der frisch gebügelten Uniform sah er aus wie ein Mann, der Disziplin und Routine liebte. Einige der stiernackigen Nazis, die am Rande des schlammigen Appellplatzes herumlungerten, schienen betrunken zu sein oder Schlimmeres, aber Mengele hatte es offenbar nicht nötig, sich zu betäuben. Im Gegenteil, er schien seine Arbeit zu genießen. Manchmal pfiff er leise vor sich hin, während er an den Frauen vorbeiging. Dann wieder gab er irgendwelche Befehle an andere Häftlinge, die gestreifte Kleidung trugen.*

*Die Frauen, die offensichtlich schwanger waren oder deren Zustand an einigen Tropfen Muttermilch erkennbar war, wurden von diesen Männern mit den versteinerten Gesichtern weggebracht. Die Frauen selbst waren allerdings alles andere als versteinert. Die Angst in ihren Augen genügte Rachel, um zu wissen, was sie antworten musste.*

*Als Mengele sie fragte und ungeduldig seine Handschuhe von einer Hand in die andere warf, legte sie ihre Hände schützend über ihre Brüste und sagte: »Nie – nein.«*

*Mengele rührte sie nicht an. Er ging weiter zu seinem nächsten Opfer und sah die schwangere Rachel Friedman nicht mehr an.*

Rachel wuchs in einer großen, »glücklichen und schönen« Familie auf, in der die Kinder zusammen spielten, lachten und sangen. Ein langes, gutes Leben lag vor ihnen allen.

Ihr offizieller Name war Rachel Abramczyk, aber später wurde sie immer Ruze oder »Rushka« genannt. Als ältestes von neun Kindern war sie einen Monat nach dem Ende des Ersten Weltkriegs geboren, zu Silvester 1918, und zwar in Pabianice bei Łódź, der zweitgrößten Stadt in Polen.

Pabianice war eine der ältesten Siedlungen im Land, ein wohlhabender Ort mit alter Textilindustrie. Dabei war es aber recht ländlich geblieben; so gab es zum Beispiel nur zwei Autos in der Stadt, von denen eines dem Arzt gehörte. Seit langer Zeit hatten die Juden in diesem Teil Osteuropas Diskriminierungen erlebt, aber inzwischen waren sie einigermaßen assimiliert und bildeten etwa 16 Prozent der Bevölkerung. Orthodoxe und chassidische Juden mit ihren schwarzen Gewändern und Hüten wurden wesentlich mehr diskriminiert als säkular lebende Familien wie die Abramczyks, die sich als kulturell jüdisch oder als »Reformjuden« bezeichneten, bevor die Reformbewegung im Judentum überhaupt begonnen hatte.

Zu Hause wurde jiddisch gesprochen, und man feierte den Sabbat und andere religiöse Feiertage mit koscherem Essen und Kerzen, aber die Familie ging selten in die Synagoge, und die Kinder wuchsen nicht mit dem Gefühl auf, besonders fromm zu sein. Allerdings besuchten sie eine jüdische Schule.

Rachels Vater Shaiah arbeitete als Textilingenieur in der Firma seiner Schwiegereltern. Diese Tätigkeit stand ihm und seinen Glaubensgenossen offen. Die Firma besaß eigene Webstühle und stellte, weitgehend als Familienbetrieb, Wandteppiche, Vorhänge und Möbelstoffe her. Die Familie war recht wohlhabend, vor allem dank der Eltern von Shaiahs Frau Fajga, und lebte in einer geräumigen Drei-Zimmer-Wohnung mit zwei Balkons und einem großen Garten.

Shaiha Abramczyk war schon achtundvierzig Jahre alt, als sein erstes Kind geboren wurde. Er war außerordentlich gebildet und betrachtete sich als Intellektuellen. Er war im Wesentlichen Autodidakt, las sehr viel und stürzte sich förmlich in die Klassiker: Geschichte, Literatur und bildende Künste waren seine Themen. Auch seine Kinder leitete er dazu an, fleißig zu lernen, und förderte ihre Deutschkenntnisse. Schließlich galt das Deutsche als die Sprache der Gebildeten.

Rachel respektierte ihren Vater und hatte seinen Bildungshunger geerbt. Sie war eine gewissenhafte Schülerin; gemeinsam mit ihren Geschwistern ging sie jeden Tag einen Kilometer bis zur Schule. Der Unterricht dauerte von acht Uhr bis halb eins, am Nachmittag hatten sie frei und konnten spielen oder lesen.

Wie damals üblich, war ihre Mutter Fajga bei ihrer Heirat noch sehr jung gewesen, viel jünger als ihr Mann. Sie war, so erinnerte sich Rachel an ihre Kindheit, eigentlich immer schwanger. Obwohl sie ihre Kinder heiß und innig liebte, warf sie ihrem Mann gelegentlich vor, dass er sich zu sehr um seinen Geist kümmerte und zu wenig um effektive Geburtenkontrolle. Darüber wurde im Familien- und Freundeskreis auch offen gesprochen.

Fajga war eine freundliche, sanftmütige Frau, die stolz auf ihr Leben war. »Unser Zuhause ist unsere Burg«, sagte sie oft zu ihren Kindern. Die Wohnung war mit allerlei Kunstwerken, Porzellan und sonstigem Schmuck eingerichtet, und zu Pessach gab es immer frische Blumen. Wenn Freunde oder Verwandte zu Besuch kamen, staunten sie immer über die Ordnung bei den

Abramczyks und das gute Benehmen der Kinder. Dafür war im Wesentlichen Rachel verantwortlich, denn ihre Mutter war schüchtern und nicht besonders streng. Sobald sie alt genug war, ein Baby im Arm zu halten, wurde Rachel zur Ersatzmutter. Sie half beim Kochen und bei der Hausarbeit ebenso wie bei der Beaufsichtigung ihrer jüngeren Geschwister.

Wenn sie von der Schule nach Hause kamen, machte sie das Mittagessen und schickte die anderen dann nach draußen zum Spielen. Gelegentlich kam eine Haushaltshilfe, aber die meiste Arbeit blieb an der ältesten Tochter hängen. Die zweite Tochter Sala, zwei Jahre jünger als Rachel, erinnerte sich: »Eine von uns hatte immer eins von den Kleinen im Arm oder machte die Wäsche. Wir hatten noch ein Waschbrett.« Die jüngeren Schwestern Ester und Bala wurden ebenfalls zur Arbeit herangezogen, sobald sie alt genug dazu waren. Die Brüder Bernard, genannt »Berek«, und Moniek halfen, wo es ihnen möglich war. Die drei Jüngsten waren noch zu klein dazu: Dorcka, genannt »Dora« und ihr Zwillingsbruder Heniek waren 1931 geboren, die kleine Anička, »Maniusia« genannt, war Jahrgang 1933.

Rachel spürte durchaus die Last ihrer Verantwortung. »Wir waren alle sehr brave Kinder und hatten selten Streit«, erinnerte sie sich. Ihre Mutter hatte sie gebeten, dafür zu sorgen, dass sich die jüngeren Geschwister gut benahmen und ihre Aufgaben erledigten. Diese Rolle der ältesten Schwester blieb ihr ein Leben lang. Vielleicht lag es auch an den vielen Pflichten, dass sie so mager war, viel dünner als alle anderen Familienmitglieder. Die lebhafte, hübsche Sala, die in mehreren Theatergruppen am Ort sang und tanzte, sagte einmal: »Rachel musste immer ein bisschen aufgepäppelt werden.«

Weitgehend finanziert durch Fajgas wohlhabende Eltern, gab es gutes Essen bei den Abramczyks: Pierogi und Fleischgerichte wie z.B. Ente mit Äpfeln oder Huhn mit Pflaumen. Die Mahlzeiten waren immer der Höhepunkt des Tages, und die Erinnerungen an diese Mahlzeiten hielten Rachel und ihre Familie in der schlimmen Kriegszeit am Leben.

Die vier ältesten Schwestern waren sehr beliebt bei ihren Mitschülern. Sie waren gut erzogen, gut gekleidet und zweisprachig aufgewachsen; ihre zahlreichen Freunde kamen aus allen Glaubensrichtungen. Sala galt als eine solche Schönheit, dass die Kunstlehrerin ihrer Schule einmal ein Porträt von ihr malte. »Das war eine große Ehre, aber ich war auch immer ihr Liebling«, erinnerte sie sich einmal.

Das Familienunternehmen florierte, und sie führten ein modernes, glückliches Haus. Trotzdem waren die Abramczyks als Juden in Polen immer bedroht. Vorurteile waren weit verbreitet, und sie konnten dagegen nur vor ihrem eigenen Gemeindegericht oder dem Rabbi etwas unternehmen. Wenn ein Nichtjude ihnen etwas wegnehmen wollte, konnte er das ungestraft tun. Viele machten sich Sorgen darüber, und vor allem die junge Generation sprach oft davon, das Land zu verlassen und an einem anderen Ort ein neues Leben anzufangen, ohne die ständige Bedrohung. Der Zionismus, der im 19. Jahrhundert seinen Anfang genommen hatte, erlebte in den Dreißigerjahren in Osteuropa einen großen Aufschwung. Die idealistischen Vorstellungen von einem neuen Leben ohne Diskriminierung in »Erez Israel«, dem jüdischen Stammland, sprachen vor allem diejenigen an, die ihre Machtlosigkeit schmerzhaft spürten.

Die älteren und frommen Juden träumten davon, nach Palästina auszuwandern, um »näher bei Gott« zu sterben – das galt als starkes Statussymbol. Einige andere, z. B. Rachels Vater, stellten sich eher eine Auswanderung nach Azerbaidschan vor, wo man den Juden sichere Bedingungen versprochen hatte. Den Jüngeren war Religion eher gleichgültig, sie wollten nur endlich an einem Ort leben, an dem ihre Kinder in Sicherheit aufwachsen konnten und wo alle die gleichen Rechte hatten.

Seit einem Alter von sechzehn Jahren war Rachel Mitglied des Jüdischen Nationalfonds, der Geld für den Landerwerb in Palästina sammelte. Auch sie träumte davon, eines Tages dort zu leben und Gutes zu tun. Ihre Kindheit und Jugend hatte sie weitgehend als Kindermädchen verbracht; nun beschloss sie für sich, einen reichen Mann zu heiraten, sobald ihr das möglich war. Und als sie die Schule hinter sich hatte, war der Moment dafür gekommen. Der Name ihres Bräutigams war Moshe Friedman, auch Morris oder »Monik« genannt. Er war ein gut aussehender junger Mann Jahrgang 1916, der mit seiner verwitweten Mutter Ita und den beiden älteren Brüdern David und Avner eine große Textilfabrik besaß. So groß, dass sogar Nichtjuden dort arbeiteten, was höchst ungewöhnlich war.

Moniks unbeugsame Mutter Ita, eine gebürtige Ungarin, hatte die Fabrik am Laufen gehalten, nachdem ihr Mann Shimon an Tuberkulose gestorben war. Sie selbst hatte die Krankheit nur durch großes Glück überlebt, und ihre Gesundheit hatte schweren Schaden genommen. Doch sie wurde »die Chefin ihres gesamten Besitzes«. Als hingebungsvolle Mutter, die ihre drei Söhne förmlich anbetete, war Ita entschlossen, das Geschäft voranzubringen und so das Erbe ihrer Nachkommen zu sichern.

Monik und Rachel heirateten im März 1937, sobald Rachel mit der Oberschule fertig war. Inzwischen war sie ein bisschen fülliger geworden, und so war sie eine sehr hübsche Braut. Ihr junger Ehemann war erst einundzwanzig Jahre alt, und die achtzehnjährige Rachel wurde eine unterwürfige, traditionelle jü-

*Rachels Mann Monik Friedman*

dische Ehefrau. Zu diesem Zeitpunkt hatte ihre leidgeprüfte Mutter Fajga noch die sechsjährigen Zwillinge und die vierjährige Maniusia zu Hause. Sie muss Rachel schmerzlich vermisst haben.

Monik Friedman teilte das Interesse seiner Braut am Zionismus. Sie waren beide Mitglieder der Jugendorganisation Gordonia, benannt nach dem progressiven Zionisten A.D. Gordon, die sich der Kibbuz-Bewegung und der Wiederbelebung der hebräischen Sprache verschrieben hatte. Ganz im Einklang mit diesen Vorstellungen hatte sich das junge Paar eine schlichte Hochzeit gewünscht. Moniks einflussreiche Mutter jedoch legte Wert darauf, dass ihre Söhne einen ihrem Wohlstand angemessenen Lebensstil pflegten, und so führten auch ihr jüngster Sohn und seine Frau ein beneidenswertes Leben in ihrer neuen Wohnung in Łódź. Die Inflation und die Weltwirtschaftskrise, die Millionen Menschen in ganz Europa ruiniert hatten, waren kein großes Problem für diejenigen, die klug genug gewesen waren, in Gold oder Immobilien zu investieren.

»Ich hatte einen sehr reichen Mann geheiratet und musste nicht arbeiten«, erinnerte sich Rachel. »Wir führten ein besseres Leben als die meisten Leute.« Sie beschlossen auch, nicht gleich eine Familie zu gründen, sondern erst einmal ihr Zusammensein zu genießen und das Familienunternehmen tatkräftig zu unterstützen. Außerdem hatte Rachel fürs Erste auch genug von Babys.

Łódź mit seiner bunt gemischten Geschichte mit preußischen, deutschen und polnischen Herrschern war eine der am dichtesten besiedelten Industriestädte weltweit. Diese beeindruckende Stadt mit ihren großartigen Gebäuden, Boulevards im Pariser Stil und schönen öffentlichen Plätzen war auch die Heimat der zweitgrößten jüdischen Gemeinde in Polen nach der in Warschau. Etwa ein Drittel der eine Million Einwohner war jüdisch. Die übrige Bevölkerung setzte sich aus nichtjüdischen Polen und einer deutschen Minderheit zusammen. Es gab etwa zwölfhundert Textilbetriebe mit mehr als einer Million

Spindeln: Łódź war seit der Industriellen Revolution die Krone des polnischen Handelsimperiums und ein Anziehungspunkt für geschickte Arbeitskräfte.

Im kosmopolitischen Łódź hatten Rachel und Monik viel mehr Möglichkeiten als in Pabianice. Von Haushaltspflichten und Schule befreit, konnte sich Rachel auch auf ihre Spendensammlung für Palästina konzentrieren, während bei den Friedmans darüber diskutiert wurde, eine weitere Fabrik in Warschau zu eröffnen, 130 Kilometer weit weg. Eine Wohnung hatten sie dort schon. Alle diese Pläne wurden aber durch die Ereignisse der Weltgeschichte zum Stillstand gebracht. Als Adolf Hitler im Jahr 1938 Österreich annektierte und alle Polen des Landes verwies, wurde auch dem Letzten klar, dass man den deutschen Reichskanzler nicht länger ignorieren konnte. Und nach der sogenannten »Kristallnacht« wusste man auch, dass seine Drohungen keine leeren Worte waren. Juden überall in Deutschland, Österreich und dem Sudetenland gerieten in Panik und bereiteten sich auf die Flucht vor. Auch Rachel und Monik dachten daran, das Land zu verlassen, solange es noch möglich war. Schließlich waren sie Zionisten, und ein Teil ihrer Freunde wanderte nach Palästina aus. Aber was sollten sie in der Levante, weit weg von ihren Lieben? Wie und wo sollten sie im heißen, lebensfeindlichen Nahen Osten leben?

So verführerisch eine Flucht vor der Politik der Nationalsozialisten auch schien: Hitler und seine Fanatiker waren noch weit weg, und sie hofften, er würde sich mit dem zufrieden geben, was er bisher erobert hatte. Auch wenn sich sein Einfluss bis nach Polen erstreckte, glaubten sie doch, die Verfolgung würde nur religiöse Juden treffen, keine wohlhabenden, assimilierten Familien wie sie.

Nach einigem Nachdenken beschlossen Rachel und Monik, in ihrem Heimatland zu bleiben. Sie sahen deutsch aus und sprachen deutsch. Sie waren finanziell besser gestellt als die meisten anderen und hatten viele nichtjüdische Freunde. Erst als die blank geputzten schwarzen Stiefel durch ihre Stadt marschierten, begriffen sie, dass sie persönlich bedroht waren. Wie Rachel später sagte: »Die Brutalität der Nazis überraschte mich nicht. Ich hatte mir nur nicht vorstellen können, dass Deutsche so etwas tun.« Bis dahin konnte sich das junge Paar nicht vorstellen, irgendwo ein besseres Leben zu führen als hier. Sie glaubten, dass sie auf jeden Fall irgendwie durchkommen würden, auch wenn sie Teile ihres Besitzes verloren.

Diese Hoffnungen wurden zerstört, als die Deutschen am 1. September 1939 in Polen einmarschierten und ihre massive militärische Überlegenheit zeigten. Die Infanterie überschritt im Norden und Süden des Landes die Grenze, mehrere Städte wurden bombardiert, darunter auch Wieluń, eine Stadt gerade eine Stunde von Pabianice entfernt, die dabei zu 90 Prozent zerstört wurde. Dreizehnhundert Menschen kamen ums Leben. Ganze Ortschaften flohen auf Fahrrädern, zu Fuß oder auf Karren und beteten, die polnische Armee möge das Vorrücken der Deutschen aufhalten. Viele gingen über die Grenze nach Rumänien, Litauen oder Ungarn. Auch Warschau wurde von der Luftwaffe angegriffen; sowohl zivile als auch militärische Ziele wurden hart getroffen. Zehntausende Menschen wurden getötet, viele weitere verletzt.

Rachel in Łódź und ihre Familie in Pabianice hörten die Flugzeuge und suchten die Schutzräume auf, wenn die Sirenen neue Angriffe ankündigten. Als Großbritannien und Frankreich am 3. September Deutschland den Krieg erklärten, war es für das junge Paar schon zu spät, um noch zu fliehen.

Als die Bombardierungen endlich aufhörten, wurde Warschau drei Wochen lang belagert, bis die polnischen Soldaten kapitulierten. Hunderttausend Kriegsgefangene wurden nach Deutschland abtransportiert. Am nächsten Tag, dem 1. Oktober 1939, rollten deutsche Panzer durch die Straßen: Die Wehrmacht besetzte die Stadt. Hitler erklärte später (am 30. Januar 1940 bei einer Rede im Berliner Sportpalast) triumphierend: »Der Staat, dem England die Garantie gegeben hat, ist ohne Erfüllung dieser Garantie in achtzehn Tagen von der Landkarte weggefegt worden. Damit ist die erste Phase dieses Kampfes beendet. Und die zweite beginnt.« Er versicherte seinen jubelnden Anhängern, Deutschland sei jetzt die größte Weltmacht.

Nach dem ersten Schock setzten die antisemitischen Verfolgungen ein. Vom ersten Tag an war den beiden Familien klar, dass das »schöne Leben« der Vergangenheit angehörte. Polen wurde zwischen Deutschland und der Sowjetunion aufgeteilt, beide ließen nichts Gutes erwarten. Alle Juden zwischen vierzehn und sechzig Jahren wurden sofort zur Zwangsarbeit verpflichtet, und viele Angehörige der deutschen Minderheit in Polen, die Hitlers Armee begeistert begrüßt hatten, wurden über Nacht wieder zu Deutschen und zettelten eine rassistische Kampagne der öffentlichen Demütigung gegen diejenigen an, die sie insgeheim verachteten.

Vor allem die Männer aus der Gruppe der chassidischen Juden wurden immer wieder auf offener Straße angegriffen. Sie wurden angehalten und beleidigt, mit Gewehrkolben geschlagen, ihnen wurden die Bärte abgeschnitten oder manchmal sogar ausgerissen, und sie wurden gezwungen, das Straßenpflaster mit Zahnbürsten oder ihren Gebetsschals zu putzen. Viele wurden ohne Grund gehängt. Wohnungen wurden geplündert, die Fenster von Geschäften und Synagogen eingeworfen. Alle jüdischen Feiertage wurden abgeschafft, und die Zwangsarbeit für Juden führte dazu, dass sie ihrer normalen Arbeit in der Textilindustrie nicht mehr nachgehen konnten. Wer nicht gleich verhaftet wurde, bekam den Befehl, sämtlichen Besitz abzuliefern. Transaktionen mit Geld wurden verboten.

Tausende verloren binnen weniger Tage nach dem Einmarsch der Deutschen ihren Lebensunterhalt und den größten Teil ihrer Habe. Frühere Nachbarn schlossen sich zusammen, um jüdische Wohnungen zu stürmen und auszurauben. Porzellan und Wäsche wurde ebenso gestohlen wie Bilder und Möbel. Selbst die Trauringe zog man den Beraubten vom Finger. Alle Juden mussten zunächst gelbe Armbänder, dann gelbe Sterne tragen und wurden damit als Ausgestoßene kenntlich gemacht.

In dem Teil Polens, in dem Rachel und ihre Familie lebten, wurde Deutsch zur offiziellen Sprache erklärt. Städte- und Straßennamen wurden geändert: Pabianice wurde zu Pabianitz, Łódź wurde in Litzmannstadt umbenannt, nach einem General aus dem Ersten Weltkrieg. Als die Hauptstraße der Stadt in Adolf-Hitler-Straße umbenannt wurde, wussten Rachel und Monik, die Deutschen würden nicht so bald wieder abziehen.

Mit sehr viel Geld besorgte Monik sich falsche Papiere, die ihn als »Volksdeutschen« auswiesen. Mit seiner hellen Haut und den grünen Augen verschaffte ihm das selbst unter den nichtjüdischen Polen eine starke Stellung. Für Rachel ließ er ähnliche Papiere anfertigen, sodass sie ungehindert zwischen Łódź und der Wohnung in Warschau hin und her reisen konnten. Außerdem blieben sie so vor den immer stärkeren Einschränkungen bewahrt, die den Juden inzwischen auferlegt wurden. Hätten sie nicht so viel Verantwortung für ihr Geschäft und die Familien empfunden, sie hätten viel weiter wegziehen können. Unter anderen Umständen wäre es ihnen sicher gelungen, den Krieg unentdeckt zu überstehen.

Von Freunden hörte Rachel, dass ihre hart getroffene Familie in Pabianice noch lebte. Aber jeder direkte Kontakt mit ihren Lieben hätte sie verraten. Inzwischen war auch von einem Ghetto in einem kleinen Teil der alten Stadt die Rede. Einige waren bereits freiwillig dorthin gezogen, weil sie hofften, unter ihresgleichen in Sicherheit zu sein. Die Behörden erklärten, das Ghetto sei nötig, um Juden vor Angriffen zu schützen und gleichzeitig dafür zu sorgen, dass sie nicht mit den »Feinden des Reiches« kollaborierten. Außerdem hieß es, man müsse sie isolieren, weil sie Krankheiten verbreiteten. Anfang 1940 zog Rachels Familie mit Tausenden anderen aus Pabianice und dem weiteren Umkreis in eines der ersten Ghettos. Wer versuchte, die schwer bewachte Grenze des Ghettos zu überschreiten, wurde mit dem Tod bedroht.

Ganze Familien wurden innerhalb weniger Tage umgesiedelt und durften nur ihr Bettzeug und ein paar Habseligkeiten mitnehmen. Im Dezember 1940 lebten in diesem Ghetto mit seinen engen, kopfsteingepflasterten Gassen etwa achttausend Menschen in kleinen Zimmern und Wohnungen, die ihnen von den Behörden zugewiesen worden waren. Die Abramczyks hatten zum Glück Freunde, die innerhalb des Ghettos ein Haus besaßen und ihnen ein großes Zimmer anboten. Es war spärlich möbliert, hatte aber eine kleine Küchenzeile. Andere hatten weniger Glück, und viele Familien wurden getrennt oder gezwungen, auf engstem Raum mit Fremden in baufälligen Lagerhäusern oder düsteren Wohnblocks zusammenzuhausen. Die meisten Häuser verfügten weder über Elektrizität noch über fließendes Wasser.

Unter der Herrschaft der Nationalsozialisten musste für sämtliche Nahrungsmittel und alles Brennmaterial mit Naturalien oder Arbeit bezahlt werden. Alle waren also zur Arbeit verpflichtet. Die Bedingungen, die mit dem von den Nazis eingesetzten »Judenrat« ausgehandelt wurden, sahen vor, dass man für einen Tag Arbeit eine Portion Suppe bekam. Wer nicht bis zum Ende seiner Schicht durchhielt, dem drohte der Hungertod. Einige Leute schufteten in Fabriken außerhalb des Ghettos, andere arbeiteten zu Hause. Sala und ihre Brüder Moniek und Berek arbeiteten in einer Fabrik, die Kleidung, Uniformen und Luxusgüter herstellte. Fajga blieb mit den kleinen Kindern zu Hause, und Shaiah tat, was er konnte, um für alle etwas zu essen zu besorgen und das Zimmer bewohnbar zu machen. Die Familie lebte von dünner Brühe oder Eintopf und etwas Brot. Um Gemüse, etwas Fleisch oder Eier zu bekommen, mussten sie betteln, Tauschhandel betreiben oder den Abfall durchstöbern. Aber selbst das gelang nicht immer.

Von abends um fünf Uhr bis morgens um acht mussten sämtliche Bewohner des Ghettos in ihren Quartieren bleiben, die im Sommer stickig und heiß waren. Es gab keine Kanalisation, als Toiletten wurden hölzerne Eimer benutzt, die schnell überliefen und jeden Tag in stinkende Latrinentanks und -wagen ausgeleert werden mussten, die von dem unglücklichen »Scheißkommando« durch die Gassen geschoben wurden.

Rachels Familie versuchte, das Beste aus ihrer Situation zu machen. Sie beteten, dass es bald wieder besser würde, hielten die Moral aufrecht und sagten sich immer wieder: »Noch eine Woche, dann dürfen wir wieder wie Menschen leben.« Aber die Wochen wurden zu Monaten, und nichts änderte sich. Sie magerten ab, wurden krank, und die Stimmung verschlechterte sich zusehends. Rachels Schwester Sala sagte: »Sie hatten uns den Stolz genommen, und wir erholten uns nicht davon, sosehr wir es auch versuchten.«

Im Februar 1940 wurde ein ähnliches Ghetto mit einer Fläche von etwa 2,5 mal 2,5 Kilometern in den heruntergekommenen Stadtvierteln Bałuty und Stare Miasto für die einhundertvierundsechzigtausend Juden von Łódź errichtet. Rachel und Monik beschlossen, die Stadt zu verlassen, solange es noch möglich war, und zogen mit seiner Mutter und den beiden Brüdern in die Warschauer Wohnung um. Hier hofften sie, weniger aufzufallen. »Wir haben gedacht, der Krieg dauert vielleicht noch zwei, drei Monate«, sagte Rachel.

Die Menschen in der Hauptstadt waren sehr nervös. Von allen Seiten strömten Flüchtlinge in die Stadt und suchten Schutz; das Leben war nicht so leicht, wie die Friedmans gehofft hatten. Jeden Tag kamen mehr hölzerne Karren in die Stadt, gezogen von Pferden oder Menschen und hoch beladen mit allem, was man hatte zusammenpacken können. Töpfe und Pfannen baumelten laut klappernd an den Seiten. Die Lebensmittelvorräte waren extrem knapp, und selbst mit falschen Papieren lief man ständig Gefahr, verhaftet oder erschossen zu werden.

Im April 1940 wurden die Mauern des geplanten Warschauer Ghettos hochgezogen, in dem die vierhunderttausend Juden der Stadt auf engstem Raum zusammengepfercht werden sollten: das größte Ghetto in den Ländern unter deutscher Besatzung. In den Folgemonaten setzte große Panik ein. Viele flohen weiter nach Osten in der Hoffnung, von dort aus nach Palästina oder an einen anderen sicheren Ort weiterziehen zu können. Auch Rachel, Monik und seine Brüder reisten bis an die Grenze, um herauszufinden, welche Möglichkeiten es gab. Unterwegs begegneten sie langen Trecks von Flüchtlingen, die ihre gesamte Habe mitschleppten und hofften, irgendwo im Ausland Schutz zu finden.

Moniks verwitwete Mutter Ita hatte sich geweigert, ihr Zuhause zu verlassen, und nachdem sich seit der Invasion ihre Gesundheit weiter verschlechtert hatte, fühlte sich Monik verpflichtet, ihr beizustehen. Wenn sie flüchteten, würden sie ein unstetes Wanderleben führen müssen, und das war mit Ita nicht möglich. »Es war schwer«, sagte Rachel. »Für sie war es zu schwer, und so kehrten wir nach Warschau zurück und beschlossen, bei ihr zu bleiben.«

Im November 1940 wurden alle Juden in Warschau im Ghetto zusammengetrieben. Wer einen Fluchtversuch unternahm, wurde erschossen. Hinter drei Meter hohen, stacheldrahtbewehrten Mauern vegetierten Hunderttausende Bewohner auf einem Gebiet von gerade 2,09 Quadratkilometern dahin. Die große Wohnung der Friedmans lag innerhalb des Ghettos, sodass sich zunächst wenig änderte. »Das Leben ging fast normal weiter«, sagte Rachel. »Wir hatten nicht viel zu tun und lebten vom Geld meiner Schwiegermutter.« Lebensmittel und Päckchen von außen waren erlaubt, und wer über polnisches oder deutsches Bargeld verfügte, konnte sich auf dem Schwarzmarkt sogar mit Luxusgütern versorgen. Die Monate vergingen, und es änderte sich nicht viel – bis die Familie eines Tages den Befehl bekam, die Wohnung zu verlassen, weil sie für vier Personen zu groß sei. Ein Kunde aus Friedenszeiten schlug ihnen freundlicherweise vor, ein Zimmer in seiner Wohnung zu beziehen, und sie nahmen sein Angebot dankend an.

Inzwischen brachen immer öfter Menschen auf der Straße zusammen, und die Zahl der Toten aufgrund von Hunger, Erschöpfung und Krankheiten wie Tuberkulose und Typhus stieg auf zweitausend pro Monat an. Rachel beschloss, für die weniger glücklichen Mitglieder ihrer Familie Hilfe zu organisieren, vor allem für diejenigen aus Pabianice. »Viele von ihnen waren sehr arm und litten Hunger. Ein paar von uns organisierten eine Küche, damit sie wenigstens einmal am Tag einen Teller Suppe und ein Stück Brot bekamen. Einige bezahlten etwas für das Essen, und davon konnten wir wieder Lebensmittel kaufen. Wir versorgten auf diese Weise jeden Tag bis zu siebzig Personen.«

Der »Judenrat«, der das Leben im Ghetto organisierte, stellte Rachel und ihren Freiwilligen eine größere Küche für die Armenspeisung zur Verfügung, aber das war auch die einzige materielle Hilfe, die sie bekamen. »Wir hielten sechs Monate durch, dann hatten wir kein Geld mehr und mussten schließen.«

Rachel kümmerte sich jetzt um Kleidung für diejenigen, die im Winter zu erfrieren drohten. Brennmaterial zum Heizen und Kochen war knapp, schon lagen die ersten Toten auf den Straßen, und der kleine Friedhof füllte sich so schnell, dass man auf Massengräber ausweichen musste. Rachels Sorge galt vor allem den Kindern im Ghetto, die kaum noch Widerstandskräfte hatten, weil sie halb verhungert und krank waren. Mit ein paar Freunden besuchte sie Janucz Korczak, den zweiundsechzigjährigen Arzt, Erzieher und Kinderbuchautor, der im Jahr 1912 sein erstes Waisenhaus in Warschau gegründet hatte. Korczak hatte mehrere Gelegenheiten verstreichen lassen, aus dem Ghetto zu fliehen, weil er seine zweihundert Straßenkinder nicht im Stich lassen wollte.

In seinem Waisenhaus in der Dzielna-Straße boten die Frauen ihre Hilfe an, und Korczak bat sie, warme Kleider für seine Kleinen zu organisieren. Und so geschah es. In diesen Kleidern und Mänteln verließen die Kinder am Ende, ein Jahr später, wohl auch das Ghetto. Korczak hatte ihnen gesagt, sie sollten sich ihre besten Sachen anziehen. Inzwischen hatten die Transporte nach Osten begonnen, und die jüngsten, ältesten und kranken Ghettobewohner wurden als erste abgeholt. Korczak hatte immer gesagt: »Wo meine Kinder hingehen, da muss ich auch hingehen.« Und so blieb er bei ihnen, als sie in Zweierreihen auf den »Umschlagplatz« beim Warschauer Güterbahnhof marschieren mussten, von wo aus sie mit einem Zug in die Gaskammern des Vernichtungslagers Treblinka gebracht wurden. Er starb an ihrer Seite.

Adam Czerniaków, der Vorsitzende des Judenrats, dem es nicht gelang, die Nazis von ihrer Forderung nach sechstausend Deportierten pro Tag abzubringen, brachte sich mit Zyankali um. Im Abschiedsbrief an seine Frau schrieb er: »Sie verlangen von mir, mit eigenen Händen die Kinder meines Volkes umzubringen. Es bleibt mir nichts anderes übrig, als zu sterben. … Länger kann ich das nicht ertragen. Meine Tat wird alle die Wahrheit erkennen lassen und vielleicht auf den rechten Weg des Handelns bringen.«

Die Grenzen des Ghettos waren schwer bewacht, aber mit korrekten Papieren konnte man durchaus hinaus- und hineinkommen. Die nicht-jüdische Bevölkerung Warschaus, die die Waren vermisste, die sie bisher bei jüdischen Händlern gekauft hatte, musste auf den Schwarzmarkt zurückgreifen. Manche, die Mitgefühl mit den Eingeschlossenen hatten, riskierten sogar ihr Leben, um lebenswichtige Dinge wie Essen und Brennmaterial hineinzubringen, und Männer und Jungen krochen durch Tunnel und Kanäle, um Post und Waren zu transportieren.

Mit seinen falschen Dokumenten riskierte Monik gelegentlich einen Ausflug auf die andere Seite der Mauer, um wichtige Vorräte einzukaufen oder nachzuforschen, wie es Rachels Familie in Pabianice ging. Jedes Mal, wenn er ging, wusste Rachel, dass es das letzte Mal sein konnte. Und sie war immer erleichtert, wenn er zu ihr zurückkehrte. Dann lagen sie beieinander und flüsterten sich zu, dass der Albtraum bald zu Ende sein würde. Selbst als die Deportationen begannen, sagten sie sich: »Das geht vorüber.« Auch als die Nazis denjenigen, die sich freiwillig umsiedeln ließen, größere Lebensmittelrationen und die Chance auf Arbeit in der Landwirtschaft oder in Urlaubsorten versprachen, hielten sie durch. Sie waren entschlossen, zusammen zu bleiben, bis man sie zwang zu gehen. Die ganze Zeit klammerten sie sich an die Hoffnung, der Krieg könne jeden Tag zu Ende gehen.

Aber man spürte deutlich, dass die Schrauben angezogen wurden. SS-Männer und jüdische Polizisten mit ihren speziellen Hüten und Uniformen mit gelbem Stern verhafteten immer wieder Leute, und es gab Hinrichtungen von »subversiven Elementen«. Auf dem Hauptplatz des Ghettos wurden Menschen öffentlich aufgehängt. Die Familien schreckten bei jedem Klopfen an der Tür auf, vor allem abends nach Beginn der Ausgangssperre. Die Schmuggler im Ghetto wurden verhaftet und erschossen, sodass der Kontakt zur Außenwelt fast zum Erliegen kam. Allmählich wurde es zu riskant, die falschen Papiere zu benutzen, und immer mehr Juden starben, weil die Ernährungslage sich weiter verschärfte.

Monik, der die Hilflosigkeit immer mehr spürte, wusste, dass er und seine junge Frau fliehen mussten. Mit dem letzten Geld der Familie heuerte er einen Schmuggler an, der Rachel unter größter Gefahr für sie beide aus dem Ghetto bringen sollte. Der Schmuggler, vermutlich ein nichtjüdischer Pole, kam mit einem Pferdewagen, nahm Rachel und eine weitere Frau mit und fuhr mit ihnen seelenruhig durchs Tor, um sich dann auf die 120 Kilometer lange Reise nach Pabianice zu machen. »Drei Tage waren wir unterwegs«, berichtete Rachel. »Wir haben uns nicht versteckt, sondern uns als Bauersfrauen verkleidet.« Zwei Wochen später holte er auch Monik ab.

Moniks Mutter Ita blieb mit seinem Bruder Avner in Warschau. Der andere Bruder, David, war nach Osten in die Sowjetunion geflohen, wo sich seine Spur verlor. Avner folgte ihm später nach und kam wohl bis Kiew. Vermutlich haben beide Männer den Krieg nicht überlebt.

Rachel hatte ihre Familie seit zwei Jahren nicht mehr gesehen, und so gab es ein rührendes Wiedersehen im Ghetto von Pabianice. Shaiah Abramczyk war inzwischen Mitte sechzig, seine Frau in den Vierzigern, aber beide sahen wesentlich älter aus. Gebrechlich waren sie geworden, ihre Gesichter wächsern und die Augen matt. Die Freude, an die sich Rachel aus ihrer Kindheit erinnerte, war verschwunden. Aber sie waren begierig auf

Neuigkeiten und erzählten stolz, wie es ihnen gelungen war, ihre Silberhochzeit mit kleinen Geschenken und einem etwas besseren Essen zu feiern.

So glücklich Rachel war, ihre Familie wiederzusehen, begriff sie schnell, ebenso wie ihr Mann, dass das Leben in Pabianice genauso schwer war wie in Warschau. Dann kam die Nachricht, dass alle Juden aus Pabianice ins Ghetto von Łódź gebracht werden sollten, wo die Verhältnisse eher noch schlimmer waren. Schweren Herzens verließen Rachel und Monik die Familie. Sie sahen keine andere Möglichkeit, als sich wieder nach Warschau zurückschmuggeln zu lassen, wie sie hinausgekommen waren. Dort ließen sie sich aus Sicherheitsgründen in unterschiedlichen Häusern nieder. Monik wurde wie besprochen von Freunden aufgenommen, aber die Tür zu Rachels »sicherem Haus« war verriegelt, die Bewohner hatten Angst und ließen sie nicht herein. Das Risiko einer Verhaftung war zu groß, und so sah sie keine andere Möglichkeit, als den Schmuggler zu überreden, sie wieder zu ihren Eltern zu bringen.

Kurz nach ihrer Rückkehr, am Samstag, dem 16. Mai 1942, umzingelten Soldaten und Polizisten das Ghetto von Pabianice mit dem Auftrag, es zu »liquidieren«. Die Behörden ließen den Bewohnern vierundzwanzig Stunden Zeit, ihre wenigen Habseligkeiten zusammenzupacken. Die Gewehre der Nazis vor Augen und das drohende Gebell der Schäferhunde in den Ohren, mussten sich alle in militärischer Formation aufstellen. Die elf Mitglieder der Familie Abramczyk, darunter auch Rachel, blieben dicht beieinander, als sie zum Sportstadion der Stadt marschierten, wo sie eingesperrt und gezählt wurden.

Einen ganzen Tag und eine Nacht saßen sie dort. Es gab nichts zu essen, und einige von ihnen wurden geschlagen oder auf andere Weise gedemütigt. Irgendwann hieß es, sie würden mit Bussen und Straßenbahnen nach Łódź gebracht. Als sie in endlosen Reihen da standen und auf die Fahrzeuge warteten, traten plötzlich deutsche Soldaten zwischen sie, um zu sehen, wer für Sklavenarbeit taugte und wer nicht. »Alte Leute und

Kinder bis zum Alter von sieben oder acht Jahren nahmen sie mit und ließen sie nicht in den Bus einsteigen«, berichtete Sala. »Wir hatten Glück, unsere Jüngsten waren inzwischen elf Jahre alt und wir durften sie bei uns behalten.«

Ein Tumult brach aus, weil die Frauen sich weigerten, ohne ihre Kinder abzufahren. Rachel und ihre Familie sahen voller Entsetzen, wie einer der Soldaten einer Frau einen Säugling aus den Armen riss und in die Luft warf. Sie bekamen nicht mehr mit, wo das Kind landete, aber es war klar, dass es nicht überlebt haben konnte. »Das vergesse ich nie«, sagte Sala. »Danach gaben einige Mütter ihre Babys den Großmüttern mit und baten sie, auf sie aufzupassen. Sie wussten ja nicht, wohin sie gingen und was passieren würde.«

Binnen zwei Tagen wurden viertausend Kinder, Alte und Kranke rücksichtslos »selektiert« und einem unbekannten Schicksal überantwortet. Das Weinen ihrer Angehörigen war weit über die Grenzen des Stadions hinaus zu hören, ebenso wie die Schüsse, mit denen diejenigen, die protestierten, an Ort und Stelle hingerichtet wurden.

Während die Familie noch auf ihren Transport wartete, riefen deutsche Offiziere junge Männer auf, sich freiwillig zu melden, um mit den Kindern und Alten zu reisen. »Wichtige Arbeit« warte auf sie. Entsetzt musste Rachel mit ansehen, wie ihr achtzehnjähriger Bruder Moniek aufsprang und seine Dienste anbot. Er meinte, die Kinder würden sich nicht ganz so sehr fürchten, wenn er sie begleitete. »Wir sagten: ›Geh nicht, bleib bei uns‹, aber er antwortete uns: ›Nein, ich muss gehen und helfen.‹ Sie nahmen ihn mit, und er ging mit den Kindern.« Das war das letzte Mal, dass sie ihn sahen. Der gut aussehende junge Moniek fuhr in einem Bus voller Kinder davon und sang Kinderlieder, um die Kleinen zu beruhigen.

Die verzweifelte Familie hatte zu diesem Zeitpunkt keine Ahnung, was passieren würde. Die Selektierten wurden nach Chełmno gebracht, das die Deutschen in Kulmhof umbenannt hatten. Dort, etwa 200 Kilometer nordwestlich von Łódź, befand sich ein Tötungszentrum der SS, in dem während des Krieges etwa hundertfünfzigtausend Menschen ermordet wurden. Sie mussten sich entweder am Rand der Massengräber aufstellen und wurden erschossen, oder sie wurden in speziell ausgerüstete Lastwagen eingesperrt und mit Abgasen vergast, während der Wagen auf eine Lichtung im Wald von Rzuch'w fuhr. Etwa siebzigtausend Opfer kamen aus Łódź. Erst viele Jahre nach dem Krieg erfuhr die Familie, was ihrem geliebten Moniek widerfahren war.

»Sie brachten sie in einen Wald und erschossen sie alle«, berichtete Sala. »Mein Bruder musste mit den anderen Männern die Leichen wegräumen; danach wurden auch sie alle erschossen. Sie befahlen ihm, seine Kleider auszuziehen, man hat sie später gefunden. Er war der erste aus unserer Familie, der ermordet wurde.«

Von all dem wusste die Familie zwar nichts, aber die Trauer war trotzdem groß. So erlebten sie die Fahrt nach Łódź in einer Art Dämmerzustand.

Die Verhältnisse in dem neuen Ghetto, das in einem der Elendsviertel der Altstadt untergebracht war, schockierten Rachel, obwohl sie doch Warschau erlebt hatte, wo in den Jahren 1941 und 1942 etwa siebzigtausend Menschen verhungert waren. Sie berichtete später, sie habe nie gewusst, was Hunger war, bis sie in Łódź ankam. Große Schilder an den schwer bewachten Toren warnten: »Jüdisches Wohngebiet, Eintritt verboten.« Alle 500 Meter standen Wachposten, die strikte Anweisung hatten, jeden zu erschießen, der einen Fluchtversuch unternahm.

Innerhalb des Stacheldrahts lebten etwa zweihundertdreißigtausend Menschen auf engstem Raum unter unbeschreiblichen Bedingungen in alten Mietskasernen. Die Straßen waren ungepflastert oder hatten Kopfsteinpflaster. Häuser ohne ein einziges Fenster beherbergten ganze Gemeinden. Die Luft stank nach Abwasser und Verwesung. Die Menschen sahen aus wie Vogelscheuchen, offenbar waren sie zu erschöpft, um noch auf ihre äußere Erscheinung zu achten. Schlaffe Haut hing an ihnen wie

Stofffetzen, und viele sahen im Gegenlicht so substanzlos aus, dass man denken konnte, ein Windhauch würde sie wegblasen. Sala erzählte: »Je länger die Leute dort waren, desto schlimmer sahen sie aus. Sie waren unterernährt und waren aufgetrieben von Hungerödemen, sie konnten kaum laufen und hatten hängende, gelbliche Gesichter. Mitleiderregend!«

Drei hohe Holzbrücken überquerten die Hauptstraßen des Ghettos, die von Juden nicht mehr betreten werden durften. Unten fuhren Straßenbahnen, deren Passagiere nicht aussteigen durften und nur hilflos zusehen konnten, wie sich die Verhältnisse im Ghetto immer mehr verschlimmerten. Die Abramczyks, die in einem bunten, lebendigen Umfeld gewohnt hatten, waren jetzt umgeben von Schattengestalten und Düsternis, als wären die Farben des Lebens von Hunger und Kälte ausgebleicht worden.

Wie in fast allen Ghettos, die sie geschaffen hatten, bestanden die Nazis auch hier darauf, dass die Juden für ihren Unterhalt aufkamen. Es ging also vor allem darum, Arbeit zu schaffen, um zu überleben. Innerhalb der Ghettomauern befanden sich mehr als hundert Industriebetriebe, und alle Personen im Alter von zehn bis fünfundsechzig Jahren mussten arbeiten. Täglich gab es Ankündigungen durch die Lautsprecher auf dem größten Platz des Ghettos, dem Platz vor der Feuerwache auf der Lutomierska-Straße. Dort wurden Neuankömmlinge aufgefordert, sich zu melden, bevor die Fabriksirenen heulten. Die Nazis setzten einen Betrag von etwa 30 Pfennig pro Tag und Person für die Überlebensrationen fest, die von den Gemeinschaftsküchen ausgegeben wurden, und jeder Ghettobewohner musste arbeiten, um dieses »Darlehen« zurückzuzahlen. Rachel und ihre Familie wurden sofort dazu zwangsverpflichtet, Material für die deutsche Kriegsmaschinerie herzustellen, darunter Textilien, Schuhe, Rucksäcke, Sättel, Gürtel und Uniformen. Im Gegenzug stellten die Nazis eine gewisse Grundversorgung und gerade genug Lebensmittel zur Verfügung, dass die Menschen überleben konnten – und auch das nicht immer.

*Fußgängerbrücke im Ghetto von Łódź mit dem Ziel, Juden von »arischen« Straßen fern zu halten*

Wer die Hälfte seiner Schicht absolviert hatte, bekam einen Teller Suppe oder Brühe und ein kleines Stück Brot. Jede Woche standen die Menschen an, um weitere Lebensmittel abzuholen: Steckrüben, Kartoffeln, Kohl, Gerste oder Zwiebeln, was auch immer zu bekommen war. Wenn die Behörden gerade großzügig waren, gab es auch einmal eine kleine Wurst von zweifelhafter Herkunft, ein Stück Margarine, etwas Mehl, Kunsthonig oder winzige, stinkende Fische. Mit diesen Lebensmitteln mussten die Menschen dann lange auskommen. Milch wurde gelegentlich am Tor angeliefert, aber im Sommer wurde sie schnell sauer. Frischwaren verdarben ohnehin schnell.

Jeder musste selbst zusehen, wie er mit seinem Wochenvorrat zurechtkam. Einige tauschten Schuhe, Kleidung, Zigaretten, Bücher oder andere wertvolle Habseligkeiten gegen kleine Extrarationen ein: Rettichblätter, um eine Suppe gehaltvoller zu machen, oder Wurzelgemüse, das normalerweise als Viehfutter diente. Rachels Vater Shaiah, der Kettenraucher war, tauschte seine Lebensmittelrationen oft gegen Zigaretten ein. Kein Wunder, dass ihm bald seine Kleider zu groß wurden.

Bei alldem stand für Rachel und ihre Familie später eine Erinnerung im Vordergrund: »Ständige Arbeit und ständiger Hunger.« Sie wurden hohläugig, ihre Hüftknochen staken heraus. Die Gürtel wurden enger geschnallt, bald mussten neue Löcher hineingebohrt werden, und die wenigen Kleidungsstücke, die sie besaßen, wurden immer dünner und standen vor Schmutz. Alle litten unter Bauchschmerzen, und ihre Füße waren wie Blei. Wie schon in Warschau, hielt nur der Schwarzmarkt die Menschen am Leben, denn die Verteilungsstellen für Lebensmittel und die Kartoffelspeicher fielen zunehmend Korruption und Diebstahl zum Opfer. Hunderte litten unter eitrigen Abszessen, geschwollenen Füßen, Beinen und Leibern, alles Folgen der Mangelernährung. »Manche Leute konnten kaum noch laufen, weil sie ihren leeren Magen immer wieder mit Wasser füllten und viel zu viel tranken«, erinnerte sich Sara. »Irgendwann konnte ich mich gar nicht mehr auf den Beinen halten. Meine Mutter gab mir irgendein dunkles Öl und braunen Zucker als Stärkungsmittel. Ich habe keine Ahnung, warum, aber es wirkte.«

Etwa 20 Prozent der Ghettobewohner starben an Erschöpfung, Hunger oder Krankheiten. In den eisigen Wintern erfroren manche im Schlaf in ihren Betten. Einige brachten sich um, indem sie aus dem Fenster sprangen, Gift nahmen oder sich aufhängten. Manche Eltern töteten ihre Kinder und dann sich selbst. Andere liefen »in den Zaun«, das heißt, sie rannten auf die Absperrungen zu in der Hoffnung, eine Kugel der Wachmannschaften würde ihrem Leiden ein Ende bereiten. Später in den Lagern benutzten verzweifelte Häftlinge eine ähnliche Methode, indem sie sich in die elektrischen Zäune warfen, um endlich zu sterben.

Mordechai Chaim Rumkowski, ein kinderloser dreiundsechzigjähriger polnischer Geschäftsmann, war von den Nazis zum

»Judenältesten« ernannt worden. Ähnlich wie Czerniaków in Warschau, erhielt er die Aufgabe, von seinem Büro am Bałuty-Platz aus den Betrieb des Ghettos aufrechtzuerhalten. Und letztlich musste er damit über das Schicksal aller Männer, Frauen und Kinder im Ghetto entscheiden. Rumkowski war Textilfabrikant und Leiter eines Waisenhauses gewesen, und nun wurde er durch seine Zusammenarbeit mit den Nazis zu einer umstrittenen Figur: Die einen betrachten ihn bis heute als gescheiterten Helden, die anderen als tyrannischen Verräter.

Der weißhaarige Mann mit den blauen Augen glaubte, mit seinem Verhandlungsgeschick, das er sich als Leiter des größten Waisenhauses der Stadt angeeignet hatte, könne er helfen, die Juden in seiner Stadt zu retten, indem er sie als Arbeitskräfte einsetzte. Sein Motto lautete: »Unser einziger Weg ist Arbeit.« Er erklärte, solange das Ghetto hoch produktiv bliebe, könnten es sich die Nazis nicht leisten, diese wertvollen Arbeitskräfte zu verlieren. Und viele glaubten, dass diese Haltung sie zwei Jahre am Leben erhielt, als die Ghettos in Warschau und einigen anderen Städten bereits zerstört waren.

Aber Rumkowski etablierte auch eine klare Klassengesellschaft im Ghetto mit einer herrschenden Elite, die eng mit dem »Judenrat« verbunden war. Diese Männer und Frauen, die am Betrug an ihren Leidensgenossen, an ihrem Hunger und ihrer Ausbeutung beteiligt waren, lebten in komfortablen Wohnungen, tranken Wodka und aßen, was eigentlich für andere bestimmt war. Einige verfügten sogar über Wochenendhäuser in der früheren Kleingartensiedlung Marysin. Sie beschäftigten Musik- und Hebräischlehrer für ihre Kinder, hatten Zugang zu so luxuriösen Dingen wie heißem Wasser und Seife, ließen sich Waren von außen anliefern und gingen zu Konzerten und Bällen, während die restliche Bevölkerung in düsteren Verschlägen hauste und sich den Schorf von den Wunden kratzte. Im Winter, wenn nur die Suppenküchen und Bäckereien Brennmaterial verbrauchen durften, konnte die Elite sich warme Wohnungen leisten, während alle anderen den letzten Kohlenstaub aus den

Güterwaggons fegten oder baufällige Gebäude nach den letzten Holzstücken durchsuchten.

Rachel und acht Mitglieder ihrer Familie teilten sich ein großes Zimmer in einer besseren Wohnung in der Pfeffergasse, die im Zentrum des Ghettos lag. Sie waren besser gestellt als viele andere. Aber auch sie schliefen nebeneinander auf Matratzen, um sich gegenseitig warm zu halten und aus Platzgründen. Rachels Bruder Berek, der als junger, kräftiger Mann sofort nach der Ankunft zu schwerer Arbeit abgeordnet worden war, schlief anderswo. Die Familie bekam ihre wöchentliche Brotration aus einem Lebensmittelladen in der Nähe, und man schickte immer den jüngsten Sohn Heniek, damit er sich in die Schlange stellte, in der Hoffnung, der Ladenbesitzer würde mit dem kleinen Kerl Mitleid haben und ihm ein etwas größeres Brot geben. Wenn Heniek das kostbare Brot endlich nach Hause brachte, schnitt Fajga es sorgfältig in neun Stücke. Das größte bekam immer ihr Vater, der »König des Hauses«.

Jeden Abend, wenn die älteren Familienmitglieder von der Arbeit kamen, bekamen sie Suppe, die Fajga aus allen möglichen Resten gekocht hatte. Manchmal gab es Kartoffeln, allerdings waren sie im Winter steinhart gefroren und faulten, sobald sie auftauten, und mussten vergraben werden, damit sich niemand daran vergiftete. Gelegentlich gab es auch Steckrüben. Außerdem war Kaffeeersatz Teil der Rationen. Fajga vermischte das Pulver mit etwas Wasser und machte weiche Frikadellen daraus, mit denen sie ihre Kinder aufpäppelte. Noch viele Jahre später sollte der Duft von Kaffee Rachel und ihre Schwestern an diese Erfindung erinnern.

»Wir hatten Hunger, aber wir versuchten, uns unser glückliches Naturell nicht nehmen zu lassen«, berichtete Sala. »Wir dachten immer noch, bald würde sich alles zum Guten wenden.

Shaiah Abramczyk, der ein erstaunlich praktischer Mann mit großer Erfindungsgabe war, arbeitete den ganzen Tag in einer Werkstatt und nutzte seine Fähigkeiten nach Feierabend zu

Hause. Er trennte einen Teil des Zimmers ab, um etwas mehr Privatsphäre zu schaffen, reparierte die abgetretenen Schuhe seiner Kinder, baute Regale und zapfte irgendwo eine Stromquelle an, sodass sie Licht und Strom für die Nähmaschine hatten. Das war besonders gut für Sala, die als geschickte Schneiderin Kleider und Hüte für die Deutschen anfertigte. Wenn sie ihre Schicht in der schlecht beleuchteten Fabrik hinter sich hatte, kam sie mit müden Füßen und Augen nach Hause, aß ihre Suppe und begann, aus alten Stoffen Kleider zu nähen, die sie einer besser gestellten Familie gegen ein paar Lebensmittel verkaufte.

»Meine Arbeit bestand darin, elegante Damenkleider zu nähen, die in Deutschland verkauft wurden«, sagte Sala. »Manchmal führte ich die Modelle auch vor, wenn Einkäufer aus Deutschland sie sehen wollten. Zu Hause machte ich Kleider aus dem wenigen, das wir hatten. Einmal gab es sehr viel grünen Stoff, erinnere ich mich.«

Die Arbeitsverpflichtung hatte nicht nur wegen des Essens Bedeutung, sondern auch, um der ständigen Bedrohung durch die »Umsiedlung in Arbeitslager« zu entgehen, von der seit Januar 1942 immer wieder die Rede war. Zu diesem Zeitpunkt waren Rachel und ihre Familie noch gar nicht in Łódź gewesen. Seit Ende 1941 kamen sehr viele Juden, aber auch Sinti und Roma aus ganz Europa in das Ghetto, und Rumkowski und seine Leute hatten Order, täglich tausend Menschen für die Deportation auszusuchen, um Platz zu schaffen. Wenn sie die Quoten nicht erreichten, drohte man ihnen mit der Deportation ihrer Frauen und Kinder. Rumkowski stand vor einem entsetzlichen Dilemma, sah aber keinen Ausweg. Von Anfang an war ihm klar, dass diese Leute, die wild entschlossen waren, die Juden zu vernichten, ihn einfach durch eine willigere Person ersetzen würden, falls er sich weigerte. Er hoffte auf eine Möglichkeit, durch Verhandlungen die Zahlen zu verringern.

Vor jedem Transport durchforsteten deutsche Polizisten begleitet von Männern des jüdischen Ordnungsdienstes die Straßen auf der Jagd nach »Frischfleisch«. Wer sich widersetzte, wurde erschossen. Sobald die Namen für den Transport feststanden, kamen die Uniformierten mit Lastwagen, umzingelten Wohnhäuser und zerrten alle Bewohner auf die Straße, oft nur im Nachthemd. Wenn die Leute nicht selbst öffneten, wurden die Türen eingetreten.

Die Unglücklichen, die auf den Transportlisten standen, wurden zunächst im Ghetto-Gefängnis in der Czarnecki-Straße eingesperrt und dann mit Straßenbahnen zum Bahnhof Radogoszcz in Marysin, gleich außerhalb der Ghettomauern gebracht. Schätzungsweise zweihunderttausend Juden wurden im Laufe der Jahre durch den »Bahnhof Radegast«, wie ihn die Deutschen nannten, geschleust. Solange sie in der Czarnecki-Straße festgehalten wurden, bestand noch etwas Hoffnung. In den wenigen verbleibenden Stunden oder Tagen versuchten ihre Lieben im Ghetto verzweifelt, jemanden mit »Verbindungen« und Einfluss zu finden, den sie anflehen oder bestechen konnten, die Transportlisten zu ändern. Meistens scheiterten diese

*Zwangsarbeiter im Ghetto von Łódź*

Versuche, und wenn sie gelangen, bedeutete das nur, dass jemand anderer den Platz des Geretteten einnehmen musste.

Gelegentlich ließen die Razzien nach, aber letztlich lebten alle Ghettobewohner mit der ständigen Aussicht auf Abtransport und Tod. Auch in Rachels Familie schwand die Hoffnung. Alle waren nur noch darauf konzentriert, so lange wie möglich am Leben zu bleiben und ihre Lieben zu beschützen. Shaiah Abramczyk, der zunehmend fürchtete, einen Teil seiner Familie oder alle bei diesen mehr oder weniger zufälligen Selektionen zu verlieren, unternahm etwas Praktisches, um sie davor zu bewahren. Dieser Mann, dessen Erfindungsgabe seine Kinder immer wieder rühmten, zog die Trennwand in ihrem Zimmer ganz durch und stellte einen Schrank davor. In den unteren Teil des Schranks baute er eine Geheimtür ein, durch die die Familie verschwinden konnte, wenn Polizei und SS kamen. »Dahinter war gerade genug Platz für uns alle«, berichtete Sala. »Aber wenn dann jemand in unser Zimmer kam, musste er den Eindruck haben, es sei leer. Vater hängte sogar Bilder an die Wand, damit sie echt aussah.«

Als die Deportationen aus dem Ghetto im September 1942 wieder aufgenommen wurden, erwies sich das Versteck als von unschätzbarem Wert. Wenn die Lastwagen herbeigerattert kamen und das Geräusch der Stiefel die Ankunft der Nazi-Schergen verkündete, wenn wieder einige Nachbarn an einen unbekannten Ort verschleppt wurden, krochen die Abramczyks durch die kleine Tür im Schrank und drängten sich eng zusammen. Sie versuchten, ihre Ohren zu verschließen, wenn draußen das Flehen und die Schreie der Frauen und das sadistische Gelächter der Wachen zu hören war. »Die Deutschen kamen herein und brüllten die Menschen an: ›Raus! Raus!‹« Dann suchten sie sich die Leute aus, die sie mitnehmen wollten. Fünfzig oder sechzig nahmen sie in Bussen mit«, berichtete Sala. »Und so ging es immer wieder.« Den Abramczyks blieb nichts anderes übrig, als sich still von Freunden und Nachbarn zu verabschieden, die sie nie wiedersehen würden.

Nur wenige Ghettobewohner wussten, was draußen in der Welt passierte, oder hatten eine Vorstellung davon, was ihren Lieben bevorstand, die abgeholt wurden. Sie lebten wie unter einer Käseglocke und hatten keine Ahnung, dass die Wahl lediglich darin bestand, durch eine Kugel zu sterben oder durch das Kohlenmonoxid im Vernichtungslager Chełmno. In den Ritzen einiger Viehwaggons, die leer aus dem Osten zurückkamen, fanden sich geheime Botschaften mit Hinweisen auf die Schrecken, die ihnen bevorstanden, und Warnungen vor einem Besteigen der Züge. Kleidung und Besitztümer der Deportierten aus ganz Europa kamen ebenfalls ins Ghetto zurück, um dort für die Deutschen aufbereitet zu werden, und hier und da fand sich der Name eines Bekannten. So wuchs auch im Ghetto von Łódź das Misstrauen, und man begann, den schrecklichen Gerüchten zu glauben.

Rumkowski und seine Ratsmitglieder, die die Vergeltung der Nazis fürchteten, wenn sie die Quoten nicht erreichten, versicherten den Ghettobewohnern immer wieder, dass man sich in den neuen Lagern um die Deportierten kümmern werde und dass Familien zusammen bleiben dürften. Die Lebensbedingungen wären besser, die Menschen seien in umgebauten Kasernen untergebracht und würden kriegswichtige Arbeiten erledigen, versprachen sie. Aber als die Transporte unerbittlich weitergingen und man nie wieder ein Wort von den Deportierten hörte, glaubten viele den Worten des Judenrats nicht mehr, und selbst Rumkowski gab seine Bemühungen auf, die Leute zu beruhigen.

Sein Masterplan stand vor dem Scheitern. Er hatte im Ghetto von Łódź ein Musterlager mit eigenen Schulen, Krankenhäusern, Feuerwehr und Polizei errichten wollen, eine Gemeinschaft, in der er der unumschränkte Herrscher war. Sogar Trauungen nahm er vor. Aber seine Autorität wurde systematisch untergraben. Nicht nur, dass Tausende Menschen abtransportiert wurden – die Nazis lieferten auch nie genug Lebensmittel für die Arbeitskräfte im Ghetto. In einem verzweifelten Versuch, die zunehmenden Streiks und Hungerdemonstrationen niederzuschlagen, wurde Rumkowski immer tyrannischer und drohte damit, diejenigen zu verhaften, die sich seinem Versuch widersetzten, das Ghetto in Gang zu halten.

Die Nazis, die die Vernichtung der Juden nun beschleunigen wollten, hielten sich nicht mehr an die Abmachungen mit ihm und forderten immer noch höhere Transportzahlen. Und dann kam die grausamste Forderung überhaupt: Alle Kinder unter zehn Jahren und alle Erwachsenen über fünfundsechzig Jahren sollten deportiert werden: dreitausend Menschen pro Tag über eine Woche hin.

Die Abramczyks retteten sich am 5. September 1942 einmal mehr in ihr Versteck, als um 17 Uhr die »Allgemeine Gehsperre« begann. In dieser Woche wurden mehr als zwanzigtausend Menschen abgeholt, nur wenige Familien kamen ohne Verluste davon.

Nachdem Rumkowski – der immer seine besondere Liebe zu Kindern betont hatte – seine deutschen Herren tagelang mit dem Hut in der Hand angefleht hatte, den Befehl zurückzunehmen oder wenigstens die Quoten zu reduzieren, musste er schließlich akzeptieren, dass er die Nazis niemals umstimmen konnte. Als »vernichteter Jude«, wie er von sich selbst sagte, versammelte er die Ghettobewohner am Tag vor der »allgemeinen Gehsperre« auf dem Platz vor der Feuerwache. An diesem feuchten Herbstnachmittag atmete er tief durch und erklärte dann der Versammlung: »Das Ghetto ist von einem schweren Schmerz getroffen. Man verlangt von ihm das Beste, was es besitzt – Kinder und alte Menschen. Niemals habe ich mir vorgestellt, dass meine eigenen Hände das Opfer zum Altar bringen müssten. Nun, im Alter, muss ich meine Hände ausstrecken und betteln: Brüder und Schwestern, gebt sie mir! Väter und Mütter, gebt mir eure Kinder!«

Während die Menschen laut aufschrien und -heulten, sagte er ihnen, er habe nur eine kleine Senkung der Quote von ursprünglich vierundzwanzigtausend erreichen können, und außerdem den Verzicht auf die zehnjährigen Kinder. Die jüngeren Kinder und Alten würden zusammen eine Zahl von dreizehntausend ergeben, der Rest müsse anderweitig abgedeckt werden. Er habe die Kranken ausgesucht, sagte er, »um die Gesunden zu retten«.

Wenn es Widerstand gegen die Deportationen gäbe, so habe man ihm versichert, dass sie mit äußerster Brutalität durchgeführt würden.

Rachels jüngste Schwester Maniusia war elf Jahre alt und fiel nicht mehr unter den unaussprechlichen Befehl. Aber das verringerte das Grauen dieser Forderung nicht, und die Art und Weise, wie sie erfüllt wurde, tat ein Übriges. Rachel berichtete später: »Wir hatten wirklich geglaubt, sie schickten die Leute zum Arbeiten, bis sie die Kinder und die Kranken mitnahmen. Da wussten wir, dass sie sie einfach umbringen wollten. Und die Art und Weise, wie sie sie mitnahmen, war so schrecklich. Kinder wurden aus dem Fenster auf die Lastwagen geworfen. Uns war klar, dass es furchtbar enden würde.«

Einige Eltern, die ohnehin schon durch die Lebensbedingungen im Ghetto an den Rand des Wahnsinns gebracht worden waren, verloren wirklich den Verstand, als sie die Kinder verloren, die sie so lange mit größter Mühe beschützt hatten. Es gab Gerüchte über Mütter, die ihre Kinder lieber selbst erschlagen hatten, statt sie den Nazis zu überantworten, die mit Waffen und Hunden die Straßen durchkämmten.

Sala berichtete später: »Wir gingen in unser Versteck, wenn wir hörten, dass die Deutschen wieder auf Menschenjagd gingen, und blieben dort, bis wir uns in Sicherheit glaubten.« Wenn nach einer Stunde alles wieder ruhig war, krochen sie durch den Schrank zurück ins Zimmer und gingen durchs Haus, um nachzusehen, wer diesmal abgeholt worden war. Der Anblick einer eingetretenen Wohnungstür, die noch in den Angeln hing, war ein Zeichen, dass die Nachbarn nicht zurückkommen würden, und so nahmen sie sich Lebensmittel und Gegenstände, die sie gebrauchen konnten. »So überlebten wir diese Wochen. Wir nahmen es und aßen wie Tiere, nicht wie Menschen.«

Die Gefangenen von Łódź lebten nur noch von einem Tag zum anderen, manchmal von Minute zu Minute, und in jedem Fall von Mahlzeit zu Mahlzeit. Bargeld, seien es polnische Zlotys, deutsche Reichsmark oder das Ghettogeld, das nach Chaim Rumkowski den Namen »Rumskies« oder »Chaimkas« bekommen hatte, wurde weitgehend bedeutungslos, die einzige Währung waren Lebensmittel. Man wusste nie, wann es wieder etwas geben würde, und man wusste auch nicht, was es sein würde, denn die Nazis kürzten die Rationen vor jedem Transport, um den Widerstand zu schwächen. Dann gab es freie Mahlzeiten für alle, die sich zu einer freiwilligen »Umsiedlung« bereit erklärten. Für die Bleibenden waren ohnehin nur noch ein Drittel der Rationen verfügbar, weil die wachsende Korruption dafür sorgte, dass viele Lebensmittel in dunklen Kanälen verschwanden.

Diejenigen, die am schlimmsten unter der Mangelernährung litten, oft barfuß und in Lumpen und mit missgestalteten Körpern, wurden als »Stundenglas-Leute« bezeichnet. Diese halb toten Seelen mit ihren aufgetriebenen Bäuchen und Beinen legten sich irgendwann mit fieberglänzenden Augen hin und starben einfach. Krätze, Typhus und Tuberkulose rafften ebenfalls Hunderte hinweg. Als die Bedingungen sich noch weiter verschlechterten, schwor der bedrängte Rumkowski, er werde die Industrie im Ghetto am Leben erhalten. In einer anderen Rede erklärte er: »Ich kann nicht alle retten, aber bevor ich alle dem langsamen Hungertod aussetze, werde ich wenigstens die oberen Zehntausend retten.«

In den Straßen brachen die Menschen zusammen, im Sommer ein Raub der Fliegen, im Winter bald von Eis bedeckt. Der Gedanke an Essen beherrschte alles. Selbst ein paar Gemüseschalen oder eine verfaulte Kartoffel konnte alles bedeuten.

Rachel, eine junge Frau aus einer ehemals wohlhabenden, ge-

*Der Bahnhof Radegast bei Łódź, von dem aus Rachel und zweihunderttausend weitere Juden abtransportiert wurden*

achteten Familie, war in einer glücklicheren Situation als viele andere, weil sie über Verbindungen verfügte. Aber auch sie musste arbeiten: Zwölf Stunden am Tag im Büro einer Strohfabrik, die Fußbekleidung für die Soldaten an der Ostfront herstellte. Diese riesigen Überschuhe waren so starr, dass man darin fast nicht gehen konnte, aber sie schützten vor dem Frost. Drei von Rachels Schwestern, darunter auch die jüngste, arbeiteten ebenfalls in dieser Fabrik.

Außerhalb des Ghettos versuchte Rachels Ehemann Monik verzweifelt, seine Frau zu retten. Nachdem er mit seinen falschen Papieren aus dem Warschauer Ghetto entkommen war, setzte er alles auf eine Karte und fuhr nach Łódź, um sie wenigstens einmal zu sehen. »Er dachte, ich sei zu schwach, um ohne ihn im Ghetto zu überleben, aber er fand keine Möglichkeit, mich rauszuholen«, berichtete Rachel später. »Mein Bruder Berek, der in einem nahe gelegenen Lager arbeitete, sah ihn, wie er immer wieder mit der Straßenbahn hin und her fuhr. Am Ende riskierte er sein Leben und kam trotz all der deutschen Wachen durch den Stacheldraht ins Ghetto, weil er glaubte, ich hätte eine bessere Chance zu überleben, wenn er bei mir war. Er wollte nicht ohne mich leben, deshalb kam er zu mir an diesen schrecklichen Ort.«

Damit war seine letzte Chance zu entkommen verloren. Monik zog zu Rachels Familie in das ohnehin schon überbelegte Zimmer. Sein größtes Problem bestand darin, dass er sich illegal im Ghetto aufhielt. Sein Name tauchte auf den Listen dieses minutiös verwalteten Nazi-Systems nicht auf. Vor dem Krieg war Rumskowski ein Bekannter von Moniks Mutter Ita gewesen, und so bat die Familie den »König des Ghettos« um einen Gefallen. Rumskowski erklärte Monik, der einzige Ort, wo ihn niemand fragen würde, woher er käme, wäre die jüdische Sonderpolizei. Monik erklärte sich bereit, dort Dienst zu tun, und wurde dort einquartiert. »Er hat alles getan, was man von ihm verlangte«, erinnerte sich Rachel. Wie alle anderen, die unter der Herrschaft der Nationalsozialisten ums Überleben kämpften, blieb ihm kaum eine Wahl.

Monik arbeitete auch bei der freiwilligen Feuerwehr, gemeinsam mit Rachels Bruder Berek. Die selbst verwaltete Gemeinschaft im Ghetto hatte sich gezwungenermaßen auf eigene Notfalldienste einlassen müssen. Wer das Glück hatte, einen solchen Posten zu bekommen, wurde im Polizeihauptquartier oder bei der Feuerwehr untergebracht und bekam dort auch etwas mehr zu essen. Rachel bekam ein kleines Zimmer für sich allein in einer nahe gelegenen Wohnung. So konnte sie endlich einmal mit ihrem Mann allein sein, wenn er die Zeit dazu fand.

Es gab auch andere Überraschungen. »Jemand, der für unsere Firma vor dem Krieg als Vertreter gearbeitet hatte, brachte uns in einen großen Lagerraum und gab uns Kleider und Decken. Wir hatten ja nur das bei uns gehabt, was wir am Leibe trugen.« An diesem Ort, der im Winter fest im Griff von Kälte und Frost war, wenn die Schneestürme alles mit ihrer weißen, gefährlich verführerischen Pracht bedeckten, konnte eine zusätzliche Wolldecke zwischen Tod und Leben entscheiden.

Im Übrigen taten alle, was sie konnten, um die Moral aufrechtzuerhalten, auch durch musikalische und kulturelle Veranstaltungen. Es gab Jazzbands und klassische Konzerte, Theater und Pantomime für die Kinder. Sala, die seit ihrer Kindheit in Amateurtheatergruppen gesungen und getanzt hatte, spielte in einigen solchen Vorführungen die Hauptrolle. Auch die Bildung geriet nicht ganz in Vergessenheit, und in Rachels Fabrik wurden Lehrer damit beauftragt, den Kindern während der Arbeit Unterricht zu erteilen. »Sie machten das ohne Bücher und Papier, nur durch Erzählen, Zuhören und Erklären.«

Von September 1942 bis Mai 1944 waren die jüdischen Arbeitskräfte für die SS so wichtig, dass kaum noch Transporte stattfanden. Aber das Blatt wendete sich. Jetzt bombardierten die Alliierten zum ersten Mal deutsche Städte, darunter auch Hamburg und das Ruhrgebiet. Tausende wurden getötet oder verletzt. Im Mai 1944 befahl Heinrich Himmler, der zweitmächtigste Mann des Reiches, die Liquidation des Ghettos. In den nächsten drei Monaten wurden siebentausend Juden nach Chełmno gebracht und dort ermordet. Als die Todeswagen die große Zahl von Menschen nicht mehr bewältigen konnten, wurden die Transporte nach Auschwitz umgeleitet. Die unglücklichen Ghetto-Postboten, deren Aufgabe es war, die Transportbefehle zuzustellen, bekamen den Beinamen »Todesengel«.

Die Nahrungsmittel waren nach wie vor knapp, und so wurden immer wieder viele Kinder und Alte ins Unbekannte geschickt. Die jüngsten Mitglieder von Rachels Familie hätten eigentlich auch schon dabei sein müssen, aber in ihrem Versteck hinter der falschen Wand hatten sie sich immer retten können. Dann gab es einen Transport mit kräftigen, leistungsfähigen Männern. Berek und Monik entgingen ihm, weil sie bei der Polizei und bei der Feuerwehr tätig waren, aber ihre Familien konnten sie nicht mehr schützen. Es gab kein Entkommen mehr.

Jahrelang war es Rachel und ihrer Familie gelungen zusammen zu bleiben und den Häschern zu entgehen. Und eines Tages im August 1944 kam Berek – »der beste Bruder in der Welt« und ein Mann, der alles getan hatte, um seine Familie zusammenzuhalten – zu ihnen und brachte die gute Nachricht, dass es keine Transporte mehr geben würde.

Die Behörden hatten den Feuerwehrleuten versichert, die Familien der wichtigsten Arbeitskräfte seien in Sicherheit. Sie müssten nur aus dem Versteck kommen und sich auf dem Hauptplatz vor der Feuerwache versammeln, damit sie registriert werden konnten und damit man feststellen konnte, wie viele Lebensmittel man brauchte.

Doch wie so vieles in Łódź war auch dieses Versprechen eine einzige Lüge.

»Wir gingen von der Feuerwache nach Hause, als wir von Männern in SS-Uniformen aufgehalten wurden«, berichtete Sala. »Mutter war mit einigen von den jüngeren Kindern zu Hause geblieben, und ich sagte zu einem der Deutschen: ›Meine kleine Schwester Maniusia muss nach Hause laufen, um meiner Mutter zu sagen, dass wir verhaftet worden sind.‹ Ich hoffte, sie könnte sich mit dem Rest der Familie verstecken, aber stattdessen kam Mutter mit ihnen zu uns geeilt, und so gingen wir alle zusammen. Wir wurden zu den Zügen gebracht. Niemand sagte ein Wort. Wir wussten nicht, wohin man uns bringen würde und was mit uns passieren würde. Ich hielt meine kleine Schwester im Arm wie ein Baby. Dann machten sie die Türen der Güterwaggons auf.«

Rachel Friedman war fünfundzwanzig Jahre alt, als sie nach Auschwitz II-Birkenau gebracht wurde. Sie gehörte zu den letzten Juden, die das Ghetto von Łódź verließen, das letzte seiner Art in Polen. Es war Montag, der 28. August 1944. Seit ein paar Stunden hatte sie Monik nicht mehr gesehen, sie wusste nicht, ob er ebenfalls verhaftet worden war und in einem anderen Wagen saß oder ob er sich noch irgendwo im Ghetto versteckte. Sie hatten nie Gelegenheit, sich noch einmal ihrer Liebe zu versichern oder auch nur Abschied zu nehmen.

Ihr Bruder Berek, der die Möglichkeit gehabt hätte, mit siebenhundertfünfzig Juden des Aufräumkommandos in Łódź zu bleiben, beschloss stattdessen, mit seiner Familie zu gehen. Er war jung und kräftig und hoffte, er könnte seinem Vater Shaiah helfen, die schlimmsten Härten eines Arbeitslagers zu überleben. Und es wäre ihm auch beinahe gelungen.

Mit ihnen fuhren in einem der letzten Züge, die die Stadt in dieser Augustnacht verließen, Chaim Rumkowski, seine Frau und drei weitere Mitglieder seiner Familie. Einige meinten, er hätte sich freiwillig gemeldet und gehofft, er hätte eine Chance. Alle anderen Ghettos im besetzten Polen waren inzwischen liquidiert. Der »König von Łódź« hatte, auf welche Weise auch immer, seine Leute lange Zeit am Leben erhalten. Sein Leben endete in den Gaskammern, in die er gezwungenermaßen schon Tausende Menschen geschickt hatte. Vielleicht wurde er auch bereits auf der Fahrt dorthin von denen ermordet, die ihm die Schuld am Tod ihrer Lieben gaben. Wir wissen es nicht.

*In solchen Güterwaggons wurden die Transporte abgewickelt.*

Von den mehr als zweihunderttausend Menschen, die im Laufe der Zeit im Ghetto von Łódź lebten, haben kaum tausend überlebt. Die Liquidation dieses Ghettos war einer der größten Erfolge der Nationalsozialisten bei der Vernichtung der europäischen Juden. In einem geschlossenen Güterwaggon zusammengepfercht wie Tiere auf dem Weg zum Schlachthof, blieben Rachel und ihre Familie zusammen. In einer dunklen Ecke aneinandergedrückt, mit sehr wenig Platz, ohne Essen und ohne einen Tropfen Wasser, versuchten sie herauszufinden, wohin man sie brachte. »Wir waren sehr verängstigt und wagten gar nicht zu reden in diesem geschlossenen Zug, aus dem man nicht einmal hinausschauen konnte«, berichtete Rachel später. Ohne jegliche Privatsphäre litten die Juden von Łódź gemeinsam, während der Toiletteneimer allmählich überfloss und dann mit lautem Getöse umfiel. Der Geruch trieb ihnen die Tränen in die Augen. Verzweifelt auf der Suche nach etwas Frischluft, drängten sie sich zu den kleinen Fensterschlitzen mit dem Gitter aus Stacheldraht.

Als der Zug mit einem Rucken in Auschwitz anhielt, weinten die Kinder und die Alten beteten. Eng aneinandergepresst, wagten sie kaum zu atmen, als die eisernen Riegel geöffnet wurden und die Türen mit lautem Geräusch aufgeschoben wurden. Endlich ein Luftzug. Sie taumelten aus dem Waggon ins verwirrende Licht der Suchscheinwerfer, wo ihnen unerträgliches Gebrüll entgegenschlug, und wurden in getrennte Reihen gedrängt. Das war der schlimmste Augenblick von allen. »Du denkst nichts mehr, du sagst nichts mehr, du gehst einfach ganz automatisch los«, sagte Rachel später darüber.

Dr. Mengele war auch in dieser Nacht im Dienst. Er stand an der Rampe, als seine letzte Lieferung ankam. Seine Frau Irene, die Mutter seines einzigen Sohnes Rolf, war vor Kurzem angekommen, um ihn im Lager zu besuchen, ein Besuch, der fast drei Monate dauern sollte, weil sie krank wurde und eine Weile in dem gut ausgerüsteten SS-Krankenhaus bleiben musste. Während ihres Besuchs erzählte ihr Mann ihr, dass seine Arbeit in Auschwitz einem Fronteinsatz entspräche und dass er seine Pflichten wie ein Soldat mit größter Disziplin und Gehorsam zu erfüllen hatte.

Wann immer ein Transport ankam, beklagten sich einige der Offiziere aus den SS-Totenkopfverbänden, die für die Verwaltung der Konzentrationslager zuständig waren, über die schlechte Qualität des »neuen Materials«. Mengele sagte selten etwas; er sah sich jeden neuen Häftling genau an und stellte ein paar Fragen, oft sogar recht freundlich, bevor er sie nach rechts oder links schickte: ins Leben oder in den Tod.

Rachels Familie wurde Minuten nach ihrer Ankunft getrennt. Mit weit aufgerissenen Augen klammerte sich Fajga an ihre drei jüngsten Kinder, die dreizehnjährigen Zwillinge Heniek und Dora und ihr »Baby« Maniusia, während sie weitergeschoben wurden. Rachel und ihre Schwestern Ester, Bala und Sala gingen in die andere Richtung. Sie drängten sich aneinander und drehten nervös die Köpfe, um einen letzten Blick auf ihre Lieben zu erhaschen, bevor man sie anbrüllte, sie sollten zurück in die Reihe gehen.

Shaiah Abramczyk, der sensible Intellektuelle und Erfinder, der die Bücher so liebte und seine Kinder immer ermuntert hatte, die deutsche Sprache zu lernen, musste zusehen, wie das, was von seiner wunderschönen Familie übrig war, in alle Winde zerstreut wurde. Er und Berek wurden einem Arbeitskommando zugewiesen. »Sie waren zu weit weg«, sagte Rachel dazu später. »Monik habe ich nicht gesehen, und auch unsere Mutter mit den drei jüngeren Kindern nicht. Unser Vater gab uns mit den Fingern Zeichen. Zwei waren durchgekommen, eins nicht.«

Es war das letzte Mal, dass Rachel und ihre Schwestern ihre Eltern und die jüngeren Geschwister sahen.

# 3

## Anka

*Ankas Passfoto*

*»Sind Sie schwanger, gnädige Frau?«, fragte der berüchtigte Arzt von Auschwitz II-Birkenau Anka Nathanová, als sie nackt auf dem Appellplatz vor ihm stand. Es war ein Abend im Oktober 1944. Die üppige siebenundzwanzigjährige Tschechin, die sich früher immer wegen ihrer Brüste geschämt hatte, versuchte sie jetzt mit einem Arm zu verdecken, während sie die andere Hand über ihr Geschlecht legte. Sie sah sich verwirrt um und fragte sich, wie dumm sie eigentlich gewesen war, ihrem Ehemann Bernd hierher zu folgen. Sie hatten drei Jahre lang in Terezín, zu Deutsch Theresienstadt, überlebt, einem Ghetto eine Stunde nördlich von Prag, und sie hatte naiverweise angenommen, sie würden an einen Ort*

*umgesiedelt, der so ähnlich wäre. Nachdem ihre Familie bereits nach Osten gebracht worden war, hatte sie gedacht, es wäre das Beste, wenn sie alle zusammen blieben.*

*Als ihr Zug quälend langsam durch das runde »Tor des Todes« von Birkenau gefahren war und angehalten hatte, war ihr klar geworden, wie sehr sie sich geirrt hatte. Verglichen hiermit war Theresienstadt geradezu ein Paradies.*

*Die Riegel an der Wagentür wurden geöffnet, die schweren Holztore wurden mit Unheil verkündendem Getöse aufgeschoben. Verwirrte Männer, Frauen und Kinder taumelten in die Nacht. Sie stolperten übereinander wie Betrunkene.*

*»Wir waren in die Hölle geraten und wussten nicht, warum«, sagte Anka später. »Wir stiegen aus und wussten nicht, wo. Wir hatten Angst und wussten nicht, wovor.«*

*So wurden sie in den hungrigen Schlund der effektivsten Tötungsmaschine der Nazis gezogen, der einen Transport nach dem anderen verschlang. Anka stand vollkommen unter Schock. Im grellen Licht der Suchscheinwerfer hörte sie das entsetzliche Bellen der Hunde und sah die Männer mit den Knüppeln. »Raus! Raus!«, brüllten sie.*

*Makellos gekleidete deutsche Offiziere standen am Rand des Geschehens wie Marmorstatuen, während die Häftlinge, die ihnen unterstellt waren, die bemitleidenswerte Menge prügelten, schoben und einschüchterten. Es gab niemanden hier, der nicht grausam und feindselig gewesen wäre. In einer Kakofonie von Sprachen brüllten die Wachen ihre Befehle, weinten Frauen und Kinder und meldeten Männer vergeblich Protest an.*

*Die Menschen hatten keine Zeit, um zu begreifen, was mit ihnen geschah. Sie spürten nur im selben Moment, da sie den Zug verließen, die schreckliche, unmittelbare Gefahr. Routiniert wurden sie in zwei lange Schlangen aufgeteilt, Frauen und Kinder zur einen Seite, Männer und ältere Jungen zur anderen. Die Juden aus Theresienstadt wurden in einer brodelnden Menschenmasse auf den SS-Offizier zugeschoben, den Anka später noch einmal treffen würde.*

*Der schmunzelnde Arzt, in dessen Händen ihr Schicksal nun lag, stand mit gespreizten Beinen da und beobachtete die Neuankömmlinge. Er war der Einzige, der nicht durch sie hindurchsah, als existierten sie gar nicht. Er befragte jeden kurz, suchte nach Zwillingen und deutete mit seiner Reitgerte an, wohin man gehen sollte, nach links und rechts. Mindestens zwei Drittel der Männer, Frauen und Kinder schickte er nach links; Anka wurde nach rechts befohlen.*

*Als sie dicht an ihm vorbeiging spürte sie die Erregung in seiner Haltung, als wäre die Selektion der besten Exemplare seiner neuesten Lieferung der Höhepunkt des Tages. Hinter ihm flackerten haushohe Flammen aus zwei riesigen Schornsteinen. Ein doppelter Ring aus Stacheldraht und elektrisch geladenem Zaun machte jeden Gedanken an Flucht von vornherein zunichte. In der Luft hing schwer ein seltsam süßlicher Geruch, der sich in der Nase festsetzte, so sehr Anka auch versuchte, durch den Mund zu atmen. Sie sollte ihn nie wieder vergessen.*

*Weniger als eine Stunde nach ihrem Eintritt in »Dantes Inferno«, wie sie es für sich nannte, stand der pflichtbewusste Mengele wieder vor ihr, diesmal auf einem schlammigen Appellplatz, wo er erwartete, dass sie ihm ihre Schwangerschaft gestand.*

*Sie vermied jeden Blickkontakt und starrte auf seine hohen Schaftstiefel, die so glänzend poliert waren, dass sie ihr eigenes nacktes Spiegelbild darin sah. Dann schloss sie die Augen, um die Demütigung nicht länger sehen zu müssen, schüttelte den Kopf und sagte »Nein«. Ein wenig verärgert seufzte er auf und ging weiter.*

Einige ihrer glücklichsten Tage erlebte Anka Nathanová als sorglose junge Jurastudentin an der mittelalterlichen Karls-Universität in Prag, kurz bevor der Zweite Weltkrieg begann.

Sie war eine beeindruckende Schönheit und beherrschte fließend Deutsch, Französisch und Englisch. Außerdem sprach sie ein wenig Spanisch, Italienisch und Russisch. Anka genoss das pralle Leben in einer der pulsierendsten multikulturellen Städte Europas. Prag war reich und modern, eine Stadt mit Cafés, Theatern und Konzerthallen, die die besten Köpfe und die größten künstlerischen Talente anzog.

Anka liebte klassische Musik, vor allem die Werke der Komponisten Dvorák, Beethoven und Brahms. Vor allem liebte sie die tschechische Oper »Die verkaufte Braut«. Aber noch lieber ließ sie sich von einem der jungen Männer, die sie umschwärmten, ins Kino einladen. Dort tauchte sie ganz in fremde Lebensgeschichten ein und genoss Filme wie *Die gute Erde, Die 39 Stufen* und *Eine Dame verschwindet.*

Anka war als Anna Kauderová am 20. April 1917, einem Freitag, in der kleinen mittelalterlichen Stadt Třebechovice pod Orebem geboren, etwa 13 Kilometer von Hradec Králové entfernt. Damals war diese Stadt, deren Name so viel bedeutet wie »Schloss der Königin«, noch Teil des Österreichisch-Ungarischen Kaiserreichs. Sie ist eine der ältesten Städte der Tschechischen Republik und liegt an dem fruchtbaren Zusammenfluss von Elbe und Orlice. Auch für die hervorragenden Klaviere von Antonin Petrof ist die Stadt bekannt.

Anka war fröhlich und – wie sie selbst bereitwillig zugab – ein wenig verwöhnt. Sie war bei Weitem das jüngste Kind der Kauders und wurde von ihren Eltern Stanislav und Ida, ihren älteren Schwestern Zdena und Ruzena und ihrem Bruder Antonin, genannt »Tonda«, förmlich angebetet. Zwei Jahre vor Ankas Geburt war ein weiterer Bruder mit Namen Jan im Alter von drei Jahren an Hirnhautentzündung gestorben. Von diesem Verlust hatte sich ihre Mutter nie ganz erholt.

Zum Familienbesitz gehörte Kauder & Frankl, eine erfolgreiche Gerberei und Lederwarenfabrik in Třebechovice pod Orebem. Ein Verwandter von Ida namens Gustav Frankl war der Miteigentümer. Als Anka drei Jahre alt war, zog die Familie aus ihrer Wohnung in Hradec aus und bewohnte von da an eine große Wohnung auf dem Fabrikgelände.

Kauder & Frankl war in einem weit gestreckten, C-förmigen Gebäude auf einem großen Grundstück untergebracht. Der Neubau der Gerberei hatte einen hohen Schornstein aus Ziegeln, vor dem sich Anka als kleines Mädchen immer fürchtete, da sie glaubte, er würde irgendwann umkippen und sie alle unter sich begraben. Die Wohnung jedoch war wunderschön, hatte einen Garten und einen Innenhof mit Laube und einen Außenkamin für die Sommerabende. Im Garten wurden Gemüse und Tomaten angebaut, und die Kinder konnten Früchte von den eigenen Bäumen pflücken. Das Grundstück war so groß, dass ihre Schwester Ruzena nach ihrer Hochzeit mit Tom Mautner den berühmten Prager Architekten Kurz Spielmann engagierte, damit er ihnen dort eine Villa im Bauhaus-Stil entwarf und baute. Dort lebte die junge Familie mit dem kleinen Sohn Peter einige Jahre lang glücklich und zufrieden.

Anka las gern und schlich sich oft in den Garten, um ihre geliebten lateinischen Bücher und Klassiker zu verschlingen, von denen sie viele in der Originalsprache las. Ihr Bruder Tonda teilte ihre Leidenschaft fürs Lesen, war nett zu seiner kleinen Schwester und nahm sie überallhin mit, nicht zuletzt zu den Fußballspielen, die er so liebte und von denen er immer stockheiser zurückkam. »Wir hatten eine wunderbare Beziehung«, sagte Anka später. »Er besaß ein Auto und nahm mich zu Ausflügen mit. Wenn wir zum Tanzen gingen und meine Mutter keine Lust hatte, begleitete er mich, hielt sich aber immer im Hintergrund. Und man behandelte mich mit ausgesuchter Höflichkeit, weil ich meinen großen Bruder dabeihatte.«

Ankas Mutter Ida war für ihre Generation eine ungewöhnliche Frau, denn sie arbeitete an der Kasse des Familienbetriebs. Sie war eine warmherzige, redselige Frau und genoss den Tratsch ihrer hauptsächlich weiblichen Kundschaft, die ihr allerlei anvertraute. Da die Frau des Hauses berufstätig war, beschäftigte die Familie einige Hausangestellte, darunter eine Zofe, eine Köchin, einen Gärtner und eine Waschfrau. Ida legte großen Wert auf einen sauberen Haushalt und kümmerte sich vorbildlich um ihre Kinder. »Meine Mutter hätte alles für mich getan«, sagte Anka später. »Wir hatten ein sehr gutes Verhältnis zueinander. Für uns Kinder war nur das Beste gut genug.«

Die sportliche, gesunde Anka, war tschechische Schülermeisterin im Rückenschwimmen und trainierte im nahen Fluss – meistens nackt. Von Natur aus hochintelligent, war sie dazu erzogen, selbstständig zu denken und zu handeln. Mit elf Jahren verließ sie ihr idyllisches Zuhause und besuchte als eine der wenigen Jüdinnen das Mädchen-Lyzeum in Hradec Králové. Danach ging sie aufs Gymnasium, wo sie zusätzliche Kurse in Latein, Deutsch und Englisch belegte. »In Hradec wohnte ich in einer Pension, ich ging zur Schule und war glücklich wie eine Lerche. Ich hatte jede Menge Freunde und ging zum Tanzen und auf Partys. Es war eine schöne Zeit.« Anka nahm auch Klavier- und Tanzunterricht und trieb Sport, darunter Tennis und Rudern.

Die Fabrik ihrer Eltern stellte Handtaschen und andere Lederwaren für den Massenmarkt her. Anka und ihre Schwestern verschmähten zwar oft das Angebot, sich etwas aus der Kollektion des Hauses auszusuchen, weil sie die Taschen für zu altmodisch hielten, aber sie war doch jedes Mal stolz, wenn sie einen neuen ledernen Schulranzen bekam, der groß genug für ihren Atlas war.

Stanislav Kauder war siebenundvierzig Jahre alt, als Anka geboren wurde. Er bezeichnete sich als »ungläubig« und war ein glühender tschechischer Patriot. So hegte er auch wenig Sympathie für den Zionismus. Die Familie war zwar jüdisch, aber alles andere als fromm. Die Kauders betrachteten sich als Freidenker. »Ich wurde ohne jede Religion erzogen«, erklärte Anka später. »Ich ging in eine sehr kleine Schule, in der auch jüdische Kinder waren, und gelegentlich kam ein jüdischer Lehrer und unterrichtete uns in Geschichte, aber ich habe nie Hebräisch gelernt und in meinem Elternhaus wurde auch nicht koscher gegessen.« Gegen alle Tradition genossen die Kauders häufig, sogar am Sabbat das tschechische Nationalgericht: Schweinebraten mit Sauerkraut und Klößen. Und Ankas Bruder Tonda hatte seine Chancen auf eine Heirat mit einer sehr angesehenen jungen Frau aus jüdischer Familie verspielt, indem er seine Zigarette an den Kerzen auf der Menora ihrer Familie anzündete – zum absoluten Entsetzen ihrer Eltern.

Stanislav liebte seine Kinder, war aber ein eher verschlossener Mensch und sprach selten mit ihnen. Wie es zu dieser Zeit üblich war, überließ er die Erziehung der Kinder seiner Frau, die er über alles liebte. Anka beschrieb sie als einen wahren Engel. Ida Kauderová war ein wenig frommer als ihr Mann und ließ sich an den höchsten jüdischen Feiertagen in die Synagoge nach Hradec Králové fahren, aber dabei ging es mehr um Pietät ihren Eltern und ihrer großen Familie gegenüber: Sie war eines von zwölf Kindern. Das Beste daran, pflegte sie zu sagen, war der anschließende Besuch des Grand Hotels, wo es Kaffee und Kuchen gab. Ihren Kindern jedenfalls drängte sie ihre Religion nicht auf.

»Wir waren mehr oder weniger zufällig Juden, aber damit hatte es sich dann auch«, sagte Anka später. »Ich habe jedenfalls keine Einschränkungen erlebt.« In Třebechovice gab es nur eine Handvoll jüdische Familien, aber unter ihren Freunden erlebte sie keinen Antisemitismus und konnte sich vollkommen frei bewegen.

Als die politische Lage in Europa sich verschärfte, wurde man in Ankas Umgebung zunehmend nervös. Als ihre Mutter, die Deutsch konnte, Adolf Hitlers aufstachelnde Reden im Radio hörte, bekam die sonst so optimistische Frau furchtbare Angst und sagte allen, die es hören wollten, mit diesem Mann würde es böse enden.

Wie viele ihrer Freunde stand Anka solchen Warnungen jedoch vollkommen gleichgültig gegenüber, bis hin zur Ignoranz. Sie ging davon aus, dass sie viel zu weit von Deutschland entfernt wären, um irgendwie von der Nazi-Ideologie betroffen zu sein. »Wir haben gedacht, uns kann nichts passieren. Wir fühlten uns unbesiegbar«, sagte sie später. Sie war die erste aus ihrer Familie, die an die Universität ging, und ihre Eltern waren ungeheuer stolz auf sie, vor allem ihre Mutter, die selbst zweisprachig aufgewachsen war und gern Geschichte studiert hätte.

Anka konnte es kaum erwarten, nach Prag zu ziehen, zwei Stunden mit dem Zug von ihrer Heimatstadt entfernt. Sie kannte die Stadt gut und hielt sich oft zu Besuch bei ihrer Tante Frieda auf, die als Modistin arbeitete und eine Wohnung am Wenzelsplatz hatte. Als Anka an der Karls-Universität studierte, wohnte sie bei ihr.

Auch nach ihrem Umzug in die Hauptstadt 1936 blieb sie weitgehend immun gegen die allgemeine Sorge, die Hitler auslöste. Als im März 1938 der »Anschluss« stattfand, war sie gerade mit ein paar Freunden zum Skifahren in Tirol, ein Aufenthalt, den sie sich mit der monatlichen finanziellen Unterstützung ihres Vaters gut leisten konnte. Aber nun war Österreich plötzlich in den Händen der Nationalsozialisten, und die Tschechoslowakei war umzingelt. Rote Flaggen mit Hakenkreuz hingen in den Straßen von Salzburg, und Anka beobachtete staunend, wie die Österreicher Hitler als Helden bejubelten, während die österreichischen Juden schnell zu Ausgestoßenen wurden. »Wir konnten es gar nicht begreifen«, kommentierte sie diesen ersten direkten Kontakt mit den Nazis später und fügte hinzu, sie habe zwar selbst keine Angriffe auf Juden gesehen, »aber es lag irgendwie in der Luft«.

Trotzdem glaubte sie nicht, dass der deutsche Reichskanzler mit dem ulkigen Bärtchen, der auch noch am selben Tag Geburtstag hatte wie sie, Einfluss auf ihr persönliches Leben nehmen könnte. Erst als ihr erster ernsthafter Freund Leo Wildman erklärte, er hätte sich entschlossen, nach Großbritannien auszuwandern und sich der britischen Armee anzuschließen, begann auch bei ihr ein Umdenken. Leos Vater war bereits als »subversives Element« verhaftet und eingesperrt worden, und seine Familie machte sich große Sorgen um die Zukunft. Sie war traurig, dass Leo das Land verließ, und winkte ihm am Bahnhof lange nach. Als der Zug gerade abgefahren war, kam sein Vater – den man soeben aus dem Gefängnis entlassen hatte – auf den Bahnsteig gelaufen, um sich zu verabschieden, doch es war zu spät.

Die beiden jungen Leute hatten durchaus ernste Absichten gehabt, aber Anka wäre nie auf den Gedanken gekommen, Leo nach England zu begleiten, obwohl das durchaus möglich gewesen wäre. »Zwei englische Ladys kamen nach Prag, um jüdischen Mädchen Arbeit als Hausangestellte oder Kindermädchen anzubieten. Ich bewarb mich um eine Stelle als Kindermädchen und bekam sie auch. Sie besorgten mir ein Visum und Ausreisepapiere, und ich hätte mitfahren können, aber ich schob es so lange auf, bis es nicht mehr ging. Als ich alle Papiere hatte, begann der Krieg, und ich war tatsächlich froh, dass ich nicht gehen musste. So dumm war ich.«

Andere, die eine ähnliche Möglichkeit bekommen hatten, nahmen die Gelegenheit wahr, aber letztlich waren sie doch in der Minderheit. Unter ihnen war auch Ankas Schwager Tom Mautner, der mit einem der letzten Züge Richtung London aufbrach. Er flehte Ruzena an, mitzugehen und den kleinen Peter ebenfalls mitzunehmen, aber sie wollte ihr Haus und ihre Familie nicht verlassen. »Es war viel angenehmer, hier zu bleiben, als nach England zu gehen. Also blieb sie, und sie zahlte einen hohen Preis dafür«, sagte Anka später traurig.

*Deutscher Einmarsch in Prag 1939*

Viele blieben wie Ruzena und hofften, es würde schon gut gehen. Doch es dauerte nicht lange, bis sie ihren Entschluss bereuten. Hitler annektierte nach dem Münchener Abkommen das Sudetenland und fügte seinem Einflussgebiet weitere zwei Millionen Deutsche hinzu. Es schien, als könnte ihn niemand aufhalten. Jüdische Flüchtlinge aus den grenznahen Städten strömten mit ihrer spärlichen Habe in die Hauptstadt, als erschreckend deutlich wurde, was Hitler vorhatte. Ohne Hilfe von Großbritannien oder anderen Verbündeten, fühlten sich die Tschechen vollkommen verraten.

Im März 1939 rollten tatsächlich deutsche Panzer durch die Straßen von Prag. Wie in Österreich, beobachtete Anka, wie die Leute sich mit den Soldaten verbündeten und jubelten. Sie war nicht die Einzige, die voller Entsetzen zusah, wie eine Welle von Nazi-Soldaten mit stählernem Blick an diesem grauen Tag über den Wenzelsplatz marschierte. »Es war noch Winter, es lag Schnee. Es war eine absolute Katastrophe.«

Vom Fenster des Hradschin aus verkündete Adolf Hitler die Teilung der Tschechoslowakei in das Protektorat Böhmen und Mähren einerseits und den Slowakischen Staat. Hoch über der Stadt stand er und winkte den Massen zu. Und so fanden sich die einundzwanzigjährige Anka und ihre Familie plötzlich als Bürger eines Territoriums unter nationalsozialistischer Verwaltung wieder, das Teil des Großdeutschen Reiches wurde. »Ich habe ein sorgloses Leben geführt, bis Adolf Hitler kam«, sagte sie später. »Man denkt über sein Zuhause und sein Land nicht nach, bis es auf einmal verschwindet. Und das tat es nach zwanzig Jahren. Was für ein Schock.«

Anfängliche Studentenproteste gegen die Besetzung wurden schnell niedergeschlagen, als deutsche Truppen die Universität stürmten, an der Anka Jura studierte. Neun Anführer der Proteste wurden hingerichtet und zwölfhundert Professoren und Studenten verhaftet und in Konzentrationslager gesteckt. Dann wurden die Universitäten geschlossen. Weitere Verhaftungen folgten, dann die Einführung der Nürnberger Rassengesetze, immer mehr Beschränkungen beraubten die »Feinde des Reichs« ihrer Grund- und Menschenrechte. Den Menschen blieb nichts anderes übrig, als sich auf den allmählichen Verlust von Freiheiten einzustellen, die sie bis jetzt für selbstverständlich gehalten hatten.

Neben vielen anderen Einschränkungen schmerzte Ankas Familie auch die Beschlagnahmung des Autos. Ein Reichskommissar übernahm die Fabrik und warf Ankas Eltern aus ihrer Wohnung. Sie durften bis auf Weiteres zu Ruzena und ihrem Sohn Peter in die Villa ziehen. Auch Anka übernachtete dort, wenn sie nach Hause kam. Das Vermögen der Familie wurde eingefroren; sie durften nicht mehr als 1500 Kronen pro Woche von ihrem Konto abheben. Die Staatsbürgerschaft wurde ihnen aberkannt, und in Restaurants und (einigen wenigen) Hotels durften sie nur noch abgegrenzte Bereiche betreten.

In Prag wurde Juden der Besuch der öffentlichen Bäder und der Cafés an der Vltava verboten. In den Straßenbahnen waren sie auf den hinteren Teil des zweiten Wagens angewiesen, und sie durften keine Fahrräder, Autos und Kofferradios mehr besitzen.

Nachdem Anka auch die Universität nicht mehr betreten durfte, endete ihr Jurastudium nach nur einem Jahr. Das war allerdings, wie sie auch später scherzhaft sagte, tatsächlich ein Segen, denn sie hatte wenig gelernt und umso mehr gefeiert. Nun allerdings, unter der deutschen Herrschaft, gab es auch kaum noch Grund zum Feiern. »Es wurde immer schlimmer, aber man gewöhnt sich an alles, auch daran«, sagte sie später. »Wir durften dies nicht mehr tun, uns wurde jenes verboten, und man hielt sich eben daran. Wir sprachen darüber, und es gab immer noch Möglichkeiten, das Land zu verlassen, aber wir wussten ja nicht, was uns im Ausland erwartete, und irgendwie war es schwierig, alles hinter sich zu lassen und ins Unbekannte aufzubrechen.«

Dass sie nicht mehr ins Kino gehen durfte, schmerzte Anka unter allen Einschränkungen dieser ersten Zeit am meisten. Sie empfand es als eine ganz unnötige Quälerei. Als irgendwann ein Film herauskam, den sie unbedingt sehen wollte, ging sie trotzdem hin, ohne jemandem etwas zu sagen. Später gab sie zu, dass das »ziemlich idiotisch« war. Sie saß ganz allein mitten im Kino, als nach der Hälfte des Films plötzlich der Film stoppte, das Licht anging und Gestapo-Männer hereinstürmten, um die Papiere der Zuschauer zu überprüfen, eine Reihe nach der anderen. Anka saß wie versteinert auf ihrem Platz und fragte sich voller Schrecken, wie die Männer wohl reagieren würden, wenn sie das J in ihren Papieren sahen. Hektisch blickte sie sich um und überlegte, ob sie weglaufen sollte, beschloss dann aber, dass das alles noch schlimmer machen würde. Tatsächlich hörten die Gestapo-Leute eine Reihe vor ihr auf. Die Kontrolle war ihnen wohl zu langweilig geworden.

Anka atmete tief durch und blieb sitzen, bis der Abspann über die Leinwand rollte. Sie wollte auf keinen Fall Aufmerksamkeit erregen. Als sie Freunden von ihrem Abenteuer erzählte, waren sie entsetzt: »Die hätten dich erschießen können!« Bis zu ihrem Lebensende konnte sie sich nicht erinnern, um welchen Film es sich eigentlich gehandelt hatte, aber vermutlich war es *Vom Winde verweht,* der 1939 herauskam. Sie hatte den Roman als Teenager heiß und innig geliebt, und nach dem Krieg sah sie sich den Film so oft an, dass sie ganze Passagen daraus auswendig zitieren konnte. Er sollte später noch große Bedeutung für sie bekommen.

Während die Beschränkungen immer drückender wurden und immer mehr Leute ihre Flucht planten, wurden Anka und eine Freundin in einem Café von englischen Journalisten angesprochen. »Meine Freundin sagte: ›Ich werde einen von denen heiraten‹, und tatsächlich fand die Trauung sechs Wochen später statt«, erinnerte sich Anka später. »Er hatte einen Freund dabei, dem er mich vorstellte. Nach zehn Minuten machte er mir einen Heiratsantrag. Ich dachte, er wäre verrückt oder machte Witze. Tatsächlich interessierte er mich überhaupt nicht.« Trotzdem ein wenig geschmeichelt, wies sie ihn ab. Sie hatte nicht

*Bernd Nathan*

begriffen, dass sie auf diese Weise eine Chance hatte, der Gefahr zu entfliehen.«

Stattdessen begann sie eine Lehre als Modistin bei ihrer Tante, die nach wie vor ihren Salon in einer der historischen Einkaufspassagen der Hauptstadt betrieb. Ihr gesellschaftliches Leben fand jetzt eben hinter verschlossenen Türen statt. Aber es war nicht nur ihr Wagemut, der sie davon abhielt, das Land zu verlassen. Sie hatte einen guten Grund, in Prag zu bleiben: Im November 1939 hatte ihr Cousin sie einem hinreißenden jungen Mann vorgestellt: Bernhard, genannt Bernd, Nathan, einem Juden aus Deutschland, der 1933 aus Berlin nach Prag geflohen war. Wie Hunderttausende von deutschen Juden, die bis 1939 Deutschland verlassen hatten, war er dem Irrtum aufgesessen, Prag sei weit genug weg und sicher. Sein jüngerer Bruder Rolf war in die Niederlande und dann in die Schweiz geflüchtet. Von dort aus schloss er sich der US-Armee an und konnte sich retten. Seine jüngere Schwester Marga ging nach Australien und überlebte den Krieg ebenfalls.

Bernd war dreizehn Jahre älter als Anka, er war 1904 geboren. Als Architekt und Kulissenbauer arbeitete er in den berühmten Barrandov-Filmstudios, einem der größten und bestausgestatteten Studiokomplexe in Europa, den man später als »Hollywood des Ostens« bezeichnete. Mit einer eigenen Werkstatt und einigen Angestellten belieferte er nebenbei Möbelgeschäfte. Er arbeitete auch für Nazis, die keine Ahnung hatten, dass er Jude war, und ihn für die Ausstattung ihrer Bars, Nachtklubs und Kaffeehäuser engagierten.

Bernd sah sich in erster Linie als Deutscher und erst in zweiter Linie als Jude. Er war vollkommen areligiös, und nachdem Deutsch seine Muttersprache war, konnte er die Beschränkungen leichter umgehen und so tun, als wäre er Arier. »Er sah aus wie sie … und er sprach wie sie, weil er aus Berlin kam«, sagte Anka später. »Sie luden ihn ständig ein, mit ihnen auszugehen. So kamen wir selbst unter Hitler eigentlich ganz gut zurecht.«

Bernds Vater Louis war Träger des Eisernen Kreuzes erster Klasse (des sogenannten EK 1), des höchsten militärischen Ordens im Ersten Weltkrieg. Nach einem Gasangriff war er erblindet und hatte eine Art Heldenstatus. Trotz seiner Behinderung war Louis ein Frauenheld und ließ sich irgendwann von seiner eleganten Frau Selma scheiden, Bernds Mutter. Selma war es auch, die dafür sorgte, dass ihr Sohn über ein privates Monatseinkommen von 2000 Kronen verfügte.

Der gut aussehende Bernd war ein Frauenschwarm wie sein Vater. Die Herzen flogen ihm nur so zu. Als Anka ihn im Schwimmbad von Barrandov zum ersten Mal sah, fiel sie fast in Ohnmacht. »Ich fand, er war der bestaussehende Mann, dem ich je begegnet war.« Ein paar Wochen später wurden sie einander formell vorgestellt, und zwar in einem der Nachtklubs, die er vor Kurzem eingerichtet hatte. »Es war Liebe auf den ersten Blick«, sagte Anka später über den schönen Mann mit den hellbraunen Haaren, leuchtend blauen Augen und dem gewinnenden Lächeln. »Wir lernten uns kennen, es machte Klick, und wir benahmen uns wie Vollidioten.«

*Anka und Bernd bei ihrer Hochzeit 1940*

Eine stürmische Romanze begann, und nach einem Jahr wurde geheiratet: am Mittwoch, dem 15. Mai 1940, acht Monate nach Kriegsausbruch. Anka war gerade dreiundzwanzig geworden. Bernd, der von den Behörden immer noch als deutscher Einwanderer geführt wurde, war sechsunddreißig. »Hitler regierte die Tschechoslowakei praktisch seit dem Münchener Abkommen«, sagte Anka später. »Aber wir begriffen einfach nicht, dass wir in Lebensgefahr schwebten.«

Die Hochzeit fand beim deutschen »Oberlandrat« in Prag statt, gleich neben dem Art-déco-Café Slavia. Nur die Trauzeugen waren dabei. Ankas Verlobungsring war aus Silber mit einem rechteckigen Amethysten, ihr Trauring ein einfacher Goldreif. Sie trug ein dunkles Kostüm über einer frischen weißen Bluse und einen Schildpattkamm im Haar, dazu einen Hut. Ihr frischgebackener Ehemann kam im Anzug. Ein paar Fotos wurden gemacht. Ihr Brautstrauß bestand aus Maiglöckchen, und sie strahlte vor Freude.

Erst am nächsten Tag nahm sie allen Mut zusammen und informierte ihre Eltern im ländlichen Třebechovice über ihre Heirat. Die Eltern waren alles andere als erfreut, zumal Bernd Deutscher war und sie sich Sorgen machten, das würde Anka unnötige

Schwierigkeiten bereiten. Außerdem mochten sie ihn nicht besonders. Ankas Mutter hielt ihn für einen leicht durchschaubaren Schwindler.

Am Tag der Trauung kapitulierten die Niederlande vor dem Angriff der Deutschen. Zwölf Tage später mussten die Alliierten ihre Truppen im französischen Dünkirchen abziehen. Am 28. Mai kapitulierte Belgien, am 10. Juni Norwegen; Italien erklärte Großbritannien und Frankreich den Krieg. Fast auf den Tag einen Monat nach der Hochzeit fiel Paris. Und dann begannen die Deportationen, vor denen sie sich alle so sehr fürchteten.

SS-Obersturmbannführer Adolf Eichmann richtete in einem beschlagnahmten jüdischen Haus in Prag eine Unterstelle der Reichszentrale für jüdische Auswanderung ein. Er forderte immer wieder Transporte ins Konzentrationslager Dachau und drohte für den Fall, dass der Judenrat nicht kooperierte, mit der willkürlichen Deportation von dreihundert Prager Juden pro Tag durch seine Truppen.

Die Welt, in der Anka und Bernd lebten, veränderte sich bis zur Unkenntlichkeit.

Unsterblich verliebt, wie sie waren, zogen sie in Bernds luftige Wohnung unter dem Dach einer Synagoge in der U Staré Školy-Straße. Sie hatte eine gewölbte Decke, und an einer Wand befand sich ein großes Bogenfenster wie in einem Künstleratelier, das man nachts nicht verdunkeln konnte. Ohne Vorhang saßen sie nach Beginn der Ausgangssperre bei Kerzenlicht und hörten ihre Lieblingsmusik vom Plattenspieler oder genossen die Gesänge aus dem unteren Stockwerk.

Anka sagte später, es sei »schrecklich romantisch« gewesen. Bernd hatte die Wohnung sehr schön eingerichtet. Sie waren umgeben von Möbeln, die er selbst angefertigt hatte, darunter eine Uhr mit schönem Schlagwerk und einer geschnitzten Front. Vor den Fenstern hingen helle, apfelgrüne Seidenvorhänge – ein echter Luxus, wie Anka fand.

Ihr monatliches Einkommen ermöglichte es ihnen, ein Mädchen zu beschäftigen, das gut kochte, was Bernd besonders genoss, und wenn sie ausgingen, stand ihr eine reiche Auswahl an Kleidern und Hüten (aus dem Laden ihrer Tante) zur Verfügung.

Anka, die die Stadt ohne Passierschein nicht mehr verlassen durfte, hatte ihre Familie mehr als ein Jahr nicht mehr gesehen, als sie im Juni 1941 erfuhr, dass ihr geliebter älterer Bruder Tonda an einer Hirnblutung gestorben war. Im Alter von dreiunddreißig Jahren hatte er zwei Wochen vor seinem Tod einen ersten Schlaganfall erlitten. Sie betete, dass niemand ihre Papiere kontrollieren würde, und fuhr mit dem Zug zu seiner Beerdigung, um ihre trauernden Eltern zu trösten, vor allem ihre Mutter, die zwei Wochen lang an Tondas Bett ausgeharrt hatte und über den Verlust eines zweiten Sohnes am Boden zerstört war.

»Mein Bruder war der erste Tote, den ich sah, und der Anblick meiner Mutter war unvergesslich. Sie hatte ihn sterben sehen müssen, etwas, was ich niemandem wünsche.« Nach der Beerdigung saßen sie noch still, in tiefer Schwermut in Ankas Elternhaus zusammen. Ihr Vater Stanislav war noch stiller als sonst. Ihre älteren Schwestern Zdena und Ruzena waren da, ebenso wie Zdenas Ehemann Herbert Isidor und Ruzenas Sohn Peter, aber es wollte keine Freude über das Wiedersehen aufkommen.

Plötzlich hämmerten deutsche Soldaten an die Tür und marschierten ins Haus. Ein Nachbar hatte ihnen verraten, dass dort Juden lebten, und nun durchsuchten sie die gesamte Wohnung. Ankas Mutter hatte einen üppigen Busen genau wie ihre jüngste Tochter, und stopfte das Geld der Familie in ihren Büstenhalter, als die Deutschen einen Moment nicht hinschauten. Dann fragte die trauernde Frau ihre ungebetenen Gäste in aller Ruhe, ob sie sie zu Kaffee und Kuchen einladen dürfte. Überrascht nahmen die Männer an, setzten sich und machten höfliche Konversation mit der Familie, die sie eigentlich terrorisieren wollten.

Einer der jungen Soldaten flirtete ein wenig mit Anka und fragte sie, warum sie so gut deutsch spreche, und sie gestand ihm, dass sie mit einem Berliner Architekten verheiratet sei, der in Prag lebte. Sie scherzten noch, dass sie sie nach Hause fahren und ins Bett bringen würden. Dann wurden sie ernst und sagten ihr, sie solle nie wieder das Risiko eingehen, ihre Familie ohne Passierschein zu besuchen. Und sie verließen das Haus, ohne sie zu verhaften. Wieder einmal war sie davongekommen.

In Prag ging die Angst um. Hitler hatte erklärt, alle Juden müssten aus dem Protektorat entfernt werden. Angesichts der drohenden Deportation lernten sie, niemandem mehr zu vertrauen außer sich selbst. Man versteckte oder hortete so viele Wertgegenstände wie möglich, und viele versuchten noch, das Land zu verlassen, obwohl es immer mehr Gerüchte gab, dass die Emigranten im Ausland unglücklich seien: ohne Geld, ohne Sprachkenntnisse, ohne Bekannte.

Noch einmal bot sich für Anka eine Chance zu entkommen. Sie und Bernd hörten von Freunden, dass es möglich sei, mit dem Zug über Sibirien nach Shanghai zu kommen, wo die japanische Besatzungsmacht überraschenderweise dreiundzwanzigtausend europäische Juden aufnahm und ihnen in einem Ghetto Sicherheit garantierte. Doch auch diesmal zögerte das Paar und entschied sich doch zum Bleiben. Als Deutschland im Juni 1941 den Russlandfeldzug begann, war die Chance vertan, aber im Grunde waren sie erleichtert.

Die Freunde, die ihnen in diesem Fall Hilfe angeboten hatten, waren nicht die einzigen, die einiges auf sich nahmen, um Juden zu retten. Eine internationale Gruppe von Helfern unterschiedlicher Herkunft hatte schon ganze Familien, vor allem aber Kinder mit den sogenannten »Kindertransporten«, nach Großbritannien gebracht. Ein ähnliches Programm mit dem Namen »The One Thousand Children« ermöglichte zwischen 1934 und 1945 etwa vierzehnhundert Kindern die Ausreise in die USA. Etwa zehntausend jüdische und andere bedrohte Kinder aus ganz Europa wurden auf diese Weise gerettet. Als diese Möglichkeit gestoppt wurde, sah die Zukunft für die Gebliebenen düster aus.

Die Synagoge, unter deren Dach Anka und Bernd so gemütlich gewohnt hatten, wurde geschlossen. Sie mussten ausziehen und fanden eine neue Wohnung in einem Altbau im Jindřišská-Viertel. Anka machte das Beste aus den zwei ungeheizten Zimmern und der kleinen Kochecke. »Die anti-jüdischen Bestimmungen brachten alle möglichen Einschränkungen mit sich, aber es war immer noch erträglich«, sagte sie später. Sie empfanden all das eher als »Nadelstiche« gegen ihr persönliches Glück. Die neuen Bestimmungen begrenzten ihren Bewegungsradius »auf sehr schlaue Weise«, aber es war auszuhalten. »Man nahm es hin und sagte immer noch: ›Solange es nicht schlimmer wird …‹ Dass wir die Radios abgeben mussten, war ein harter Schlag, aber man konnte immer noch Zeitung lesen … man fand Ausweichmöglichkeiten … Man ahnt ja nicht, wie weit so etwas gehen kann.«

Als alle tschechischen Juden über sechs Jahre im September 1941 die Anweisung bekamen, einen gelben Davidsstern auf der Überkleidung zu tragen, fragten sich alle, wie die Nicht-Juden auf der Straße darauf reagieren würden. Es hatte schon viele Zwischenfälle gegeben, bei denen Juden willkürlich aufgegriffen, verhaftet oder geschlagen worden waren; nun gab es keine Möglichkeit mehr, sich zu verstecken, denn der Stern brandmarkte sie als gesellschaftliche Außenseiter.

Als Anka zum ersten Mal mit dem Stern aus dem Haus gehen musste, zog sie absichtlich ihre besten Sachen an: einen dunkelgrünen Schottenrock und eine ziegelrote Wildlederjacke. Sie wollte, dass der Stern aussah wie ein Accessoire. Später erzählte sie, der Stern hätte ihr von allen antijüdischen Maßnahmen die wenigsten Sorgen bereitet. »Ich war stolz auf den gelben Stern und dachte: Wenn sie mich herausheben wollen, bitte. Es war mir vollkommen egal. Ich zog meine besten Sachen an, machte mir die Haare und ging stolz, mit hoch erhobenem Kopf auf die Straße. Nur nicht kriechen, das war meine Haltung.« Die meisten Leute auf der Straße ignorierten den »Schmuck«. Niemand spuckte sie an oder war unhöflich zu dieser selbstbewussten jungen Frau, die sich nicht beugen wollte. Einer Freundin, die sich ganz anders verhielt und versuchte, den Stern zu verstecken, sagte sie eines Tages wütend: »Warum gönnst du ihnen diese Befriedigung? Stell dich doch mal gerade hin! Du kannst stolz sein, Jüdin zu sein. Wir müssen einen Stern tragen – ja und? Lass dich doch nicht so hängen!«

Als Bernd einen nicht-jüdischen Freund namens Otto aus Deutschland zu Besuch hatte, wollte er ihm abends nach Beginn der Ausgangssperre noch ein paar Sehenswürdigkeiten zeigen. Er nahm den Stern ab und sagte Anka, sie solle dasselbe tun, damit sie zusammen losgehen konnten. »Wenn uns jemand anhält, verhalt dich ruhig und lass uns reden«, sagte er, weil er und Otto hochdeutsch sprachen und nicht auffielen. Nichts passierte an diesem Abend, aber die Angst war doch so groß, dass sie beschlossen, es bei diesem einen Versuch zu belassen.

Inzwischen waren fast alle Juden aus der Innenstadt in die Außenbezirke und in triste Wohnblocks verdrängt worden. Sie durften nicht mehr in den Bereichen Kunst, Theater oder Film arbeiten, und Bernd konnte es nicht mehr riskieren, Inneneinrichtungen für Deutsche herzustellen. Arbeitslos und in Prag gefangen, lebten sie von Ankas monatlichem Einkommen und dem spärlichen Lohn, den sie von ihrer Tante für ihre Hüte bekam.

Im September 1941 wurde SS-Obergruppenführer Reinhard Heydrich zum Reichsprotektor von Böhmen und Mähren ernannt. Damit veränderte sich die Lage fast über Nacht. Es dauerte weniger als einen Monat, bis fünftausend Männer, Frauen und Kinder aufgespürt und ins Ghetto von Łódź geschickt worden waren. Unter ihnen waren auch Ankas Tante und ihre Familie. Keiner von ihnen kehrte lebend zurück. »Da fingen wir an, uns auf etwas vorzubereiten, das wir nicht definieren konnten – etwas, womit niemand gerechnet hatte … Wir dachten, die Leute würden bloß Panik verbreiten … Wir wussten ja nicht, dass sie die Menschen geradezu am Fließband töteten.«

Einige Wochen blieb alles relativ ruhig, dann bekam Bernd eine Mitteilung des von den Nazis eingesetzten Rats der jüdischen Gemeinde in Prag, in der es hieß, er solle sich in zwei Tagen an einem Sammelpunkt am »Messepalast« einfinden. Der Ort befand sich im Stadtteil Holešovice unweit des Bahnhofs Praha Bubny.

Es war November 1941. Jetzt war er an der Reihe.

Ankas geliebter Mann Bernd war einer von tausend jungen Männern, die ihren Frauen und ihrem Glück entrissen werden sollten. Jeder Widerstand war zwecklos.

Die Organisatoren der »Umsiedlung« versicherten den Männern, sie seien dazu ausersehen, als »Pioniere« nach Norden geschickt zu werden, wo ein »Musterghetto« in der tschechischen Garnisonstadt Terezín errichtet werden sollte, nur ein paar Stunden mit dem Zug von Prag entfernt. Terezín war eine Gründung des österreichischen Kaisers Joseph II., benannt nach seiner Mutter Maria Theresia. In der Stadt gab es zwei uneinnehmbare Festungen mit hohen Mauern, Wällen und einem Graben. Als hätten die Erbauer prophetische Fähigkeiten gehabt, besaß die Festung die Form eines sechszackigen Sterns. Sie war etwa einen Quadratkilometer groß – das perfekte Lagergelände. Die Deutschen, die in der sogenannten »kleinen Festung« bereits ein Gestapogefängnis errichtet hatten, führten den österreichischen Namen »Theresienstadt« wieder ein.

Bernd zu verlieren, war eine furchtbare Vorstellung, aber Terezín lag immerhin in der Tschechoslowakei und nicht »im Osten«, wie das Schreckenswort hieß. »Irgendwie kam es uns immer noch wie ›zu Hause‹ vor, und das war besser, als außer Landes gebracht zu werden«, sagte Anka später. »Ich wollte ihn nicht verlieren und wollte selbst auch nicht weg, aber sie konnten mit uns ja machen, was sie wollten.«

Heydrich hatte ursprünglich vorgehabt, im Protektorat Böhmen und Mähren ein solches Ghetto einzurichten, um die wachsende internationale Sorge zu beschwichtigen, dass die Juden von den Deutschen schlecht behandelt würden. Im September waren von den Nazis in Kiew mehr als dreiunddreißigtausend Juden erschossen worden, in Auschwitz testeten die Ärzte die ersten Gaskammern. Das alles war natürlich streng geheim, aber die Gerüchte waren kaum noch unter Kontrolle zu halten.

In den kommenden Monaten verkündete Heydrich, Theresienstadt stände den »Prominenten« zur Verfügung: wohlhabenden deutschen und österreichischen Juden über fünfundsechzig Jahren, darunter auch Kriegsversehrte und Veteranen aus dem Ersten Weltkrieg, und Mitgliedern der Oberschicht, die die Aufmerksamkeit des Auslandes auf sich zogen. Die Stadt wurde als »Geschenk des Führers« an die Juden gepriesen. Hier sollten sie angeblich auf ein Leben in Palästina vorbereitet werden. Das neue Ghetto hatte eine schöne Lage auf dem Land unweit des Böhmerwaldes. Es sollte weitgehend autonom arbeiten, allerdings unter Aufsicht der SS – solange es den Deutschen gefiel.

Aber zunächst einmal musste das Ghetto für die erwarteten Neuankömmlinge vorbereitet werden. Dazu brauchten die Nazis dreitausend fähige Männer und Frauen zwischen achtzehn und fünfunddreißig: das sogenannte »Aufbaukommando«. In drei Schüben zu je tausend Personen sollten sie aus dem heruntergekommenen Kasernengelände für ehemals siebentausend Mann ein Lager machen, in dem am Ende hunderttausend Juden leben sollten. Die Nazis versprachen, wenn diese »Pioniere« ihre Sache gut machten, dürften sie auf jeden Fall in Theresienstadt bleiben.

Bernd, der ein geschickter Schreiner war, bot sich für diese Arbeit förmlich an. Er und seine Frau wussten, dass es keine Möglichkeit gab, dem Aufruf zu entgehen. »Man hat halt gehorcht«, sagte sie später. Als man ihm erklärte, er könne Töpfe, Pfannen und warme Kleidung mitnehmen, hofften sie beide, das hieße, er würde draußen arbeiten und sich selbst sein Essen zubereiten. Und so schluckte Anka ihre Tränen herunter und half ihm, seine erlaubten 50 Kilo Gepäck zusammenzustellen. Was sollte man mitnehmen? Luxusgüter, Bücher, Werkzeug? Oder wäre es besser, Konserven und Medikamente einzupacken? Würde er Bettzeug brauchen, und was war mit den Lieblingsplatten?

Nach ein paar letzten bittersüßen Nächten, winkte Anka ihrem Mann zum Abschied nach und hoffte im Stillen, sie würde ihn bald wiedersehen. Bernd Nathan verließ Prag mit dem zweiten Transport des »Aufbaukommandos« vom Bahnhof Praha Bubny. Es war Freitag, der 28. November 1941. Wenig später erhielt seine junge Frau eine ähnliche Mitteilung wie er. »Ich freute mich und war sicher, ich würde ihn bald wiedersehen. Auf die Idee, dass es nicht so sein könnte, bin ich gar nicht gekommen.«

An einem frostigen Dezembermorgen, schon in Hut und Mantel, mit ihrer besten Handtasche und einem kleinen Koffer ausgerüstet, gab Anka dem Mädchen die Wohnungsschlüssel und bat es, die wertvollsten Dinge dort für sie aufzubewahren. Darunter waren sämtliche Familienfotos, die Möbel, Vorhänge und Bernds Uhr. Dann schloss sie sich dem ungeordneten Zug von Juden an, die zum Messepalast gingen. Statt irgendetwas »Notwendiges oder Nützliches« mitzunehmen, Fischkonserven oder Tütensuppen beispielsweise, hatte sie eine große Hutschachtel bei sich. Darin befanden sich drei Dutzend Krapfen, die ihr Mädchen für Bernd gebacken hatte – sein Lieblingsgebäck.

Wenig später fand sie sich in dem heruntergekommenen sechsstöckigen Gebäude, das einmal die Prager Messe beherbergt hatte. Hunderte von Männern, Frauen und Kindern waren in die Stockwerke gepfercht, rempelten sich gegenseitig an und kämpften um ein bisschen Platz auf dem schmutzigen Boden. Es gab nur sehr wenige Toiletten, die bereits bestialisch stanken, und auch nur wenig Essen und Wasser, das in Blechdosen verteilt wurde. Tschechische Wächter mit Armbinden teilten die Menschen in Gruppen auf und gaben Transportnummern aus, die auf die Koffer geschrieben, auf Bettzeug und Kleidung gesteckt oder genäht und um den Hals getragen werden mussten.

Anka erregte Aufsehen. Inmitten von Chaos, Lärm und Hitze stand sie da, sehr schick in ihrem besten grünen Kostüm und mit Hut. Während andere Menschen schnell ihr Äußeres vernachlässigten an diesem Ort, wo man sich unmöglich pflegen konnte, bürstete sie sich die Haare und frischte ihr Make-up auf. Noch mehr staunten die Leute, als sie sich in ihren feinen Strümpfen auf den Boden kniete, um mit einem kleinen Gerät ihre Wimpern hochzubiegen. »Ich wollte doch gut aussehen für den Mann, den ich liebte.«

Nach drei schlaflosen Tagen und Nächten in dem schrecklichen Bau, wo sie versucht hatte, zusammengerollt auf dem Boden zu schlafen, gab auch Anka fast den Versuch auf, noch präsentabel auszusehen. Immer mehr Menschen kamen an, obwohl es gar keinen Platz mehr gab. Die Schachtel mit den Krapfen feuchtete durch und wurde immer schwerer, aber sie widerstand der Versuchung, sie zu essen oder stehen zu lassen. Irgendwann wurden sie dann in Reihen aufgestellt und marschierten eine halbe Stunde bis zum Bahnhof. Auf den Gehwegen standen Juden und Nicht-Juden und beobachteten schweigend, wie sie gingen. Manch einer fragte sich wohl, ob er der nächste sein würde. Viele wandten sich beschämt ab und weinten, weil sie dem demütigenden Schauspiel nicht mehr länger zusehen konnten.

Dutzende von jungen Nazi-Offizieren standen am Rand des Zuges. Anka ging in Begleitung einer Freundin namens Mitzka, die einen von ihnen bat, Anka mit der Hutschachtel zu helfen, die ihr immer wieder vom Arm rutschte. Der blutjunge, milchgesichtige Soldat schrie sie an: »Es ist scheißegal, ob die Schachtel mitkommt!« Anka lief bei diesen Worten ein Schauer über den Rücken. Allmählich wurde ihr klar, dass es vermutlich wirklich keine Rolle spielte.

Der Zug nach Theresienstadt war mit Zweiter-Klasse-Wagen ausgestattet, in die tausend Fahrgäste in einem unmenschlichen Gedränge hineingepresst wurden. Er fuhr bis Bohušovice nad Ohří an der Hauptlinie nach Norden. Von dort mussten sie zweieinhalb Kilometer bis ins Ghetto marschieren, durch Schnee und über gefrorene Felder, begleitet von bewaffneten tschechischen Wachen und SS-Leuten. Die schwereren Taschen wurden von einer Transporteinheit auf Holzkarren geladen, die von jungen Männern gezogen wurden, aber das meiste Gepäck – nicht zuletzt Hutschachteln – mussten sie selbst tragen.

Terezín mit seinen imposanten Befestigungen aus Ziegeln und seinen undurchdringlichen Mauern lag groß und breit vor ihnen. »Es war wirklich gut geeignet für den Zweck, den die Deutschen ihm zugedacht hatten«, sagte Anka später. Hinter hölzernen Zäunen und drohendem Stacheldraht lag die Stadt, ziemlich baufällig, aber immer noch recht hübsch, mit einem symmetrischen Raster von breiten Straßen um einen großen Platz, den sogenannten »Marktplatz«. Dieser Platz war für Juden gesperrt, denn dort befand sich ein Zirkuszelt, in dem Sklavenarbeiter Motorenteile mit Frostschutzmittel füllten. Die umgebenden Straßen wurden von baufälligen vierstöckigen Kasernengebäuden gesäumt, in die ungeheure Menschenmengen hineinpassten. Dahinter gab es viele Straßen mit kleineren Häusern, Garagen und Ställen.

Minuten nach dem Eintritt durch eines der vier Haupttore, die sie vom Rest der Welt trennten, wurden die Neuankömmlinge auf einen großen Hof gebracht, um gezählt, in Listen geschrieben und von deutschen Wachen und etwa hundert tschechischen Polizisten durchsucht zu werden. Sie durften den größten Teil ihrer Habe behalten und wurden von der jüdischen Ghettoverwaltung in Wohnungen eingewiesen.

Männer und Frauen wurden getrennt. Die Männer wurden in den elf Kasernen untergebracht, die nach deutschen Städten wie Hamburg, Dresden und Magdeburg benannt waren. Die Kinder kamen in »Kinderheime«. In staubigen, ungeheizten Gebäuden, in denen es vor Ungeziefer wimmelte, wurden sie in Dreier-Stockbetten untergebracht, immer zwanzig Personen in einem Zimmer. Sie bekamen Strohsäcke als Matratzen, jeweils 1,6 Quadratmeter Liegefläche für jeden. Es gab keine Schränke, die Menschen mussten ihre Habseligkeiten also unter den Betten stapeln oder an Nägeln aufhängen. Nasse Wäsche wurde zwischen den Betten aufgehängt, wo sie nie richtig trocken

*Stockbetten in der Magdeburg-Kaserne, Theresienstadt*

wurde. Ebenso wie draußen, gab es auch hier zahlreiche Einschränkungen und eine Ausgangssperre.

Anka war jung, stark, gesund und optimistisch, als sie am Sonntag, dem 14. Dezember 1941 in Theresienstadt ankam. Ihre erste Reaktion auf das überfüllte Zimmer im Erdgeschoss war: »Gar nicht so übel.« Hier konnte man überleben. Es gab eine Pumpe, aus der (schmutziges) Wasser kam, es gab Kochgeräte, Latrinen, Küche und eine rudimentäre Verwaltung. Nachdem sie ein bisschen herumgefragt hatte, erfuhr sie, dass Bernd in der Sudeten-Kaserne für Männer im Westteil der Festung untergebracht war, nicht allzu weit entfernt. Als sie sich gerade ein bisschen Platz geschaffen hatte, kamen einige Freundinnen, die bereits im Ghetto wohnten, entdeckten sie und Mitzka, und sagten: »Hier könnt ihr nicht bleiben!« Sie packten ihre Sachen und nahmen sie mit in ein Zimmer in der Dresden-Kaserne, in dem nur zwölf Frauen untergebracht waren. Hier konnten sie alle zusammen bleiben. Umgeben von Freundinnen, fühlte sich Anka wie auf einer Abenteuerreise.

Und das Beste: Noch an diesem Abend traf sie Bernd wieder. Die Männer hatten Passierscheine bekommen, um ihre Frauen zu begrüßen. Triumphierend überreichte sie ihm die Hutschachtel mit den weit gereisten Krapfen, die inzwischen altbacken und durchgeweicht waren. »Er war trotzdem sehr glücklich darüber und aß sie.«

Ohne Passierschein oder Polizeieskorte durften sie die Kasernen nicht verlassen, aber Anka und Bernd hatten sich schon in Prag gut an den Bestimmungen vorbeigedrückt, und so machten sie es auch jetzt. Dafür drohten Strafen wie die Haft im Ghetto-Gefängnis oder Peitschenhiebe, aber das Paar fand trotzdem immer wieder Gelegenheit, um sich zu treffen. Sobald sie herausfanden, wo der andere gerade arbeitete, machten sie kleine, riskante Umwege und konnten ein paar verstohlene Momente miteinander verbringen.

Der jüdische »Ältestenrat«, der das Lager mit seinen alphabetisch durchsortierten Straßen verwaltete, vergab Arbeit an alle Personen über vierzehn. Hunderte waren in einer Siebzig-Stunden-Woche mit Bauarbeiten, in den Küchen, der Wäscherei oder Verwaltung beschäftigt. Andere fertigten Nazi-Uniformen oder Kleidung für die deutsche Zivilbevölkerung an. Wieder andere hatten die wenig beneidenswerte Aufgabe, die Latrinen zu reinigen oder wurden Desinfektionsbrigaden zugeteilt, um das Infektionsrisiko zu senken. Nach einem Jahr wurden die Maurer angewiesen, ein Krematorium für die Hunderten von Toten zu bauen, obwohl eine Feuerbestattung dem jüdischen Glauben widersprach, der sie für eine Entweihung des Körpers hielt und nur Körperbestattungen erlaubte.

Bernd war bei den Schreinern beschäftigt und bekam die Aufgabe, weitere Stockbetten zu bauen und baufällige Baracken und Häuser wiederherzustellen. Außerdem gehörte er zur »Ghettowache«, wofür ihn viele beneideten, weil mit dieser Aufgabe einige Privilegien verbunden waren.

Anka fand zunächst keine Arbeit, und dann wurde sie so krank, dass sie nicht arbeiten konnte. Sie bekam heftigen Ausschlag, der sich als Scharlach herausstellte, sodass sie sechs Wochen in Quarantäne musste. Als sie endlich wieder gesund war, bekam sie Arbeit bei der Ausgabe von Milch, Brot und Kartoffeln nach Kontrolle der Lebensmittelkarten. »Ich hatte einen Eimer vor mir stehen … und jeder bekam eine Schöpfkelle voll Milch«, erzählte sie später. Diese Position ermöglichte es ihr, gelegentlich ein wenig Tauschhandel zu betreiben, um ein zusätzliches Stück Brot oder etwas Gemüse zu bekommen, mit dem die wässrig-graue Suppe, ein wenig aufgewertet wurde.

Beim Verteilen der Milch lernte sie auch den Dirigenten Karel Ančerl, seine Frau und seinen Sohn kennen. Ančerl würde später bei der Organisation von Konzerten im Ghetto helfen und Leiter des Streichorchesters werden. »Ab und zu gab ich ihm etwas mehr Milch für das Kind. Ich mochte die Familie, und sie mochten mich, und so wurden wir Freunde. Wenn mich jemand erwischt hätte … es war ein Risiko.«

In den folgenden Monaten kamen immer mehr Transporte, auf dem Höhepunkt wurden jeden dritten Tag weitere tausend Menschen nach Theresienstadt gebracht. Sechzigtausend alte, junge, kranke und hungrige Menschen in den überfüllten Kasernen stellten die Küchen und auch die uralte Kanalisation vor unlösbare Aufgaben. Das rationierte Wasser im Ghetto war verschmutzt und musste abgekocht werden. Schmutzige Kleidung durfte nur alle sechs Wochen gewaschen werden. Man brach Löcher in die Decken, um die Dachböden zu nutzen, die feuchten Katakomben im Festungswerk wurden geöffnet, und selbst die Ställe wurden umgebaut.

Die letzten Neuankömmlinge waren in einem bemitleidenswerten Zustand, und viele starben wenige Tage nach ihrer Ankunft. Sie waren auf den Transport in den klapprigen Zügen nicht vorbereitet und hatten kaum ahnen können, was ihnen bevorstand. Verwesungsgestank hing überall in der Luft, und der ganze Ort war ein einziges graues Elend.

Mit einem der Züge, die von September bis Dezember 1942 ins Lager rumpelten, kamen auch Ankas Eltern Stanislav und Ida, ihre Schwester Zdena mit ihrem Mann Herbert Isidor und dem Neffen Peter nach Theresienstadt. Sie waren von Hradec Králové gekommen, der Stadt, in der Anka die Schule besucht hatte. Peters Mutter, Ankas Schwester Ruzena, war in das tschechische Internierungslager Svatoborice geschickt worden, als Strafe für den »Verrat« ihres Ehemannes Tom, der ins Ausland geflohen war. Getrennt von ihrem Sohn, der bei ihren Eltern blieb, war sie vollkommen verzweifelt, und als sie schließlich ebenfalls nach Theresienstadt kam, hatte sie sich praktisch aufgegeben.

Ankas Schwiegereltern Louis und Selma, die geschieden waren, kamen getrennt voneinander nach Theresienstadt. Der vierundsechzigjährige Louis kam als erster, seine Exfrau kam aus dem Lager Westerbork in den Niederlanden. Selma kam mit ihrem zweiten Mann, der (was Bernd ungeheuer peinlich war) jünger war als ihr Sohn. Die Nathans hatten ihre Schwiegertochter noch gar nicht kennengelernt, und die ersten Worte, die Selma zu Anka sagte, waren: »Sie wissen schon, dass Bernd Sie nur wegen des Geldes geheiratet hat?« Das war ein wenig erfreulicher Anfang.

Als weitere Verwandte ankamen, darunter die Eltern und ein Bruder von Ankas Cousine Olga (die zunächst noch in Sicherheit war, weil sie einen Nicht-Juden geheiratet hatte), stellte Anka fest, dass sie inzwischen jeden Tag fünfzehn Menschen zu versorgen hatte. Selma erwartete, dass ihre Schwiegertochter sie, ihren Mann und ihren Exmann sowie seine Pflegerin versorgte. Außerdem gab es eine ältere Tante, die vollkommen von Anka abhängig war und solche Angst hatte, zu verhungern, dass sie sie jeden Abend abpasste in der Hoffnung, noch eine Kleinigkeit von ihr zu bekommen.

»Es war zu ulkig«, erzählte Anka später mit einem Lachen, obwohl sie für all diese Menschen nichts anderes als ein »ungenießbares dunkelgraues Gebräu« aus gekochten Graupen mit der Konsistenz von Tapetenkleister zur Verfügung stellen konnte. »Im Grunde verbrachte ich mein Leben damit, mit meinem Kessel oder Kochtopf herumzulaufen und verzweifelt nach etwas zu suchen, was ich kochen konnte … für meine Tante und meinen Onkel und für meine Schwiegereltern … Wenn sie von dem hätten leben müssen, was sie offiziell bekamen, wären sie verhungert.« Und viele verhungerten tatsächlich. Ihre Schwestern waren noch jung und kamen irgendwie zurecht. Schwerer war es für ihre Eltern, vor allem für ihren dreiundsiebzigjährigen Vater Stanislav – »ein echter Herr« –, der sich nie daran gewöhnte, mit den anderen Männern seines Alters auf dem kalten Steinfußboden zu schlafen. Er wurde so abhängig von seiner sechzigjährigen Frau Ida, dass sie nicht einmal weggehen konnte, um zu arbeiten und auf diese Weise etwas mehr zu essen zu besorgen. »Im Lager war Mutter immer fröhlich. Mein Vater wäre innerhalb einer Woche gestorben, wenn sie nicht für ihn gesorgt hätte. Er klammerte sich ein Leben lang an sie … aber im Lager durfte sie sich keinen Schritt von seiner Seite wegbewegen.«

Im Ghetto wurden Milch und ein paar einfache Gemüsesorten und Getreide verteilt, es gab aber auch eine Art Kantine. Junge und Alte standen morgens um sieben, mittags und abends um sieben mit Aluminiumtellern, Bechern oder Töpfen, um sich ein kleines Stück Brot und eine Schöpfkelle voll Kaffee oder Suppe abzuholen. Die sogenannten »Schwerarbeiter« bekamen die größten Portionen, normale Arbeiter etwas weniger und die »Nichtarbeiter«, vor allem die Alten, bekamen nur Hungerrationen.

»Bitte von unten«, flehten die Hungernden in der Hoffnung, unten im Topf würde sich etwas mehr feste Nahrung finden. Wer sich von einer Krankheit erholen musste, bekam etwas mehr zu essen, und so täuschten viele ihre Symptome vor oder verlängerten ihre Klagen. Aber wie auch immer der Status war, es war ohnehin nie genug. Der Hunger wurde zur ständigen Qual, und der Kampf ums Essen zur Alltagsaufgabe. Viele wurden apathisch und depressiv. Das Schicksal hatte einstmals stolze Menschen aus schönen Häusern und einem wohlhabenden Leben in eine unerwünschte Nähe mit Fremden gepresst, die mit Ungeziefer zu kämpfen hatten und mit denen sie nichts gemein hatten als die Zugehörigkeit zum jüdischen Volk. Jetzt hatten sie keine andere Wahl, als den Gestank ungewaschener Körper einzuatmen und sich mit Angst und Hunger herumzuschlagen. Viele wurden verbittert darüber.

Jeden Tag gab es neue Arbeit, neue Zuteilungen und manchmal ein wenig Wurzelgemüse, vieles davon verdorben. Am Anfang schickten wohlmeinende Freunde und Familienmitglieder noch Köstlichkeiten wie Salami oder Konserven, gelegentlich auch Geld, das aber sofort von den Deutschen konfisziert und in Essensmarken und »Ghettogeld« umgetauscht wurde, mit dem man auf dem Schwarzmarkt Handel treiben konnte.

Die Männer erledigten die schwere Arbeit, während die Frauen sich um die Gesundheit und das Wohlergehen der Kinder und der Alten kümmerten. In der Landwirtschaft wurden Männer und Frauen eingesetzt. Hier wurde Gemüse angebaut und Geflügel für die Nazis gehalten, hier wurden auch die Kartoffeln, Zwiebeln und Wurzelgemüse für die Häftlinge aussortiert. Ein kleines Krankenhaus nahm sich der vielen Fälle von Lungenentzündung, Scharlach, Blutvergiftung, Typhus und Krätze an, und für die Kinder wurden provisorische Schulen eingerichtet.

Trotz des ständigen Hungers und obwohl es im Winter so kalt war, dass sie das Eis innen von den Fenstern kratzen mussten, bewahrten die frühen Bewohner von Theresienstadt stoische Ruhe und waren insgeheim dankbar, dass sie es nicht schlimmer getroffen hatten. Nicht lange nach ihrer Ankunft passierte allerdings etwas, was ihnen die grausame Wahrheit vor Augen führte, wo sie waren und wer über ihr Schicksal bestimmte. »Wir waren eigentlich guten Mutes, bis die Hinrichtungen begannen«, sagte Anka später.

Die Deutschen aus der Lagerkommandantur riefen die jüdischen Ältesten und einige ausgewählte Zeugen auf dem Platz vor der Aussig-Kaserne zusammen, wo die Galgen errichtet worden waren. Dann hängten sie öffentlich eine Gruppe von neun jungen Männern, die »die deutsche Ehre beleidigt« hatten, indem sie versucht hatten, verbotene Briefe an ihre Familien aus dem Lager zu schmuggeln. Weitere Exekutionen folgten, darunter auch sieben junge Männer, die wegen kleinerer Vergehen wie dem Diebstahl von Süßigkeiten oder dem Besitz von Zigaretten gehängt wurden.

Anka erzählte später erschüttert: »Es gab etwa sechs solche Strafaktionen dieser Art, und das brachte uns auf den Boden der Tatsachen zurück. Wir wussten, es würde nicht einfach werden, hier zu überleben. Von dem Moment an wurden wir viel vorsichtiger und machten uns schreckliche Sorgen, weil wir nicht wussten, was noch passieren würde.«

Als weiterhin Wellen von Menschen aus Deutschland und Österreich ankamen, wurden die Anordnungen des Nazikommandos immer strenger. Neue Bestimmungen verboten den Aufenthalt von Häftlingen an bestimmten Orten zu bestimmten Tageszeiten und auch die alltäglichsten Verrichtungen. Weitere Zäune, Barrieren und Wachen wurden aufgestellt. Die Hauptstraßen mussten frei bleiben, die Menschen durften nur noch die hinteren Gassen benutzen. Wer sich über die Bestimmungen hinwegsetzte, konnte geschlagen oder erschossen werden. Andere wurden in die kleine Festung gebracht und kamen nicht wieder.

Um Strom zu sparen, wurden die Menschen oft in die Kasernen eingesperrt und eine Lichtsperre verhängt. Kerzen gab es nur wenige. So lag Anka dann auf ihrem schmutzigen Strohsack, mit juckenden Stichen und Bissen am ganzen Körper in einer unerträglich stickigen Luft, und dachte unwillkürlich an die romantischen Abende bei Kerzenlicht, die sie und Bernd in ihrer Prager Wohnung erlebt hatten. Flöhe, Wanzen und der nagende Hunger waren die schlimmsten Plagen. Im Winter kam noch der Kampf um etwas Brennholz für den Ofen dazu, damit das Zimmer ein wenig geheizt und etwas Essen gekocht werden konnte. Kohle gab es nur, wenn die Temperaturen unter den Gefrierpunkt sanken. »Die Menschen starben allmählich wie die Fliegen an Unterernährung, schlechten Wohnbedingungen und mangelnder Hygiene«, erzählte Anka später. »Vor allem für die Alten war es schlimm.«

An diesem Ort des Hungers wurde die Lebensmittelversorgung allmählich unerträglich für viele, und die animalischen Instinkte gewannen die Oberhand. Oft war das Überleben davon abhängig, wie geschickt man stehlen konnte. »Wer konnte, stahl«, sagte Anka später. »Wenn Ihnen jemand erzählt, er hätte dort nicht gestohlen, glauben Sie ihm kein Wort.« Diejenigen, die in der Küche arbeiteten, versteckten Kartoffeln oder auch nur Kartoffelschalen, die sie später verkauften oder eintauschten. Anka lernte, wie man Suppe aus Brennnesseln kochte, und nahm ständig irgendetwas aus der Küche mit. Manchmal musste sie eine einzige schwarze Kartoffel gegen eine verfaulte Zwiebel eintauschen.

Einmal hatte sie Glück und bekam versehentlich ein Paket mit portugiesischen Ölsardinen, das eigentlich für eine Frau namens Nanny Nathan bestimmt war, die aber gestorben war. Anka machte das jüdische Postamt auf den Fehler aufmerksam, bekam aber die Auskunft, sie solle das Paket behalten. »Ich nahm es gern an, aber jetzt hatten wir so viele Sardinen, dass wir sie gar nicht mehr essen mochten. Mein Mann fragte: Schon wieder Sardinen? Wie undankbar man doch werden kann.«

Obwohl so viele starben, gab es nie genug Platz für die Neuankömmlinge, vor allem die aus Österreich und Deutschland. So begannen im Januar 1942 die Transporte nach Osten mit jeweils zwischen tausend und fünftausend Menschen. Wie in Łódź und in den anderen Ghettos rannten die Leute herum und versuchten, durch Flehen oder Bestechung ihre Lieben von den Listen zu bekommen, aber die wenigsten hatten Erfolg damit, und so mussten sie mit ansehen, wie sich das Lager leerte. Die ersten Deportierten aus Theresienstadt kamen ins Ghetto der lettischen Hauptstadt Riga, dann in Ghettos in Polen. Die wenigsten wussten, wohin sie gebracht wurden. »Es war einfach furchtbar, das mit anzusehen, die Leute auf den Bahren, Alte und Leute die nicht mehr gehen konnte, wie sie irgendwohin transportiert wurden … Tausende kamen in Theresienstadt an und wurden nach ein paar Tagen schon weitertransportiert. Tausende kamen, Tausende starben, Tausende fuhren weiter. 1942 kam und ging, und 1943 ging es genauso weiter.«

Die Transporte verbreiteten Angst und Schrecken, sie überschatteten alles. Niemand wusste, was der nächste Tag bringen würde, und die Angst untergrub die ohnehin sinkende Moral. Von den hundertvierzigtausend Juden, die nach Theresienstadt gebracht wurden, starben etwa dreiunddreißigtausend dort, und mehr als achtundachtzigtausend wurden in die Todeslager weitergeschickt, während in der gesamten Tschechoslowakei das jüdische Leben ausgelöscht wurde. Fünfzehntausend Kinder waren unter den Toten, darunter ein Transport mit eintausendzweihundertsechzig Kindern, denen man freies Geleit in die Schweiz garantiert hatte, samt ihren Begleitern. Fast alle wurden in Auschwitz ermordet.

Die »Pioniere« wie Anka und Bernd klammerten sich immer noch an die Hoffnung, dass man sich an das Anfangsversprechen halten und sie nicht weiterschicken würde. Aber Garantien gab es nicht. »Man wusste nicht, wann der Aufruf kam und in welchen Intervallen Transporte zusammengestellt wurden«, sagte sie später. »Heute, nächste Woche, nächsten Monat? Wir wussten nur, ›Osten‹ bedeutete etwas Furchtbares. Alle versuchten, diese Transporte zu vermeiden.«

Die Bedingungen wurden immer schlimmer. Inzwischen verkaufte die Gestapo angebliche Grundstücke und »Zugangsberechtigungen« für privilegierte deutsche Juden, die nach Theresienstadt zogen, das sie einmal als Landsitz mit freier Logis und medizinischer Versorgung, einmal als »Reichsaltersheim« und einmal als Badeort bezeichneten. Viele Leute bezahlten extra für ein Zimmer »mit Aussicht« oder ein Penthouse und begriffen erst, wenn es zu spät war, wie sehr man sie belogen hatte. Die Neuankömmlinge erwarteten einen angenehmen Ort, an dem sie in Sicherheit den Krieg überleben konnten, und waren schockiert von den herrschenden Verhältnissen. Sie hatten sich ein reiches gesellschaftliches Leben mit ähnlich gesinnten Leuten vorgestellt, brachten Diademe und Zylinder, Schmuck und Abendkleider mit und mussten zusehen, wie ihre Sachen schnell schmutzig und zerknittert wurden. Denn in Wirklichkeit war Theresienstadt ein Ort, dessen Schmutz und Elend jedem Roman von Charles Dickens Hohn sprach. Ein Ort der Hoffnungslosigkeit, die nur von der ständigen Angst durchbrochen wurde, was wohl am Ende der Eisenbahnlinien liegen mochte.

»Dort bekam ich auch zum ersten Mal mit alten Leuten zu tun, die eigentlich ins Krankenhaus gehörten und weit gereist waren. Wir mussten uns um sie kümmern. Es war unmenschlich. Es gab ja überhaupt keinen Platz für sie«, berichtete Anka später. »Sie wussten nicht, wohin. Also packte man sie auf die Dachböden der kleinen Häuser, aber da mussten sie eine Leiter hinauf- und hinunterklettern. Und das konnten sie nicht.«

Fliegenschwärme ließen sich in der heißen, schwülen Luft des Sommers auf das Lager nieder. Es gab Epidemien von Hirnhautentzündung, Diphtherie und Ruhr – Hunderte starben, nachdem sie die Kontrolle über ihre Ausscheidungen verloren hatten, in ihren eigenen Exkrementen. Die Toten wurden mit Wagen weggebracht, knochige Füße staken aus den Nachthemden. Es gab Entlausungsstationen, in denen Kleidung und andere Gegenstände mit Insektenvertilgungsmitteln besprüht wurden.

Doch obwohl die Lage immer schlimmer wurde – oder vielleicht gerade deshalb –, blühte ein reiches künstlerisches Leben in den Ghettomauern. Theresienstadt war der Aufenthaltsort für einige der besten Künstler, Intellektuellen, Komponisten und Musiker geworden, und sie entwickelten einen ungeheuren Erfindungsreichtum, um sich die wachsende Verzweiflung vom Leibe zu halten. Kinder und Erwachsene brachten Theaterstücke und Rezitationen auf die Bühne und wurden ermutigt, sich mithilfe von Kunst und Dichtung auszudrücken. Die nötigen Materialien wurden erbettelt, geborgt oder gestohlen; Junge und Alte teilten sich ein paar Splitter Holzkohle oder Kreidestücke, um auf den letzten Stückchen Papier oder auf leeren Buchseiten zu zeichnen.

Die Enge der Lagerhaft schien die Kreativität geradezu zu beflügeln. Einige fertigten Collagen aus Pappe und Stoff an. Ein junger Mann namens Pavel Friedman schrieb ein Gedicht auf einem zerrissenen Stück Papier. Es endet mit den Worten: »Aber ich habe niemals einen zweiten Schmetterling gesehen. Dieser Schmetterling war der letzte seiner Art. Schmetterlinge leben nicht hier, im Ghetto.« Er war dreiundzwanzig Jahre alt, als er in Auschwitz ermordet wurde. Künstler, die heimlich Zeichnungen von den schrecklichen Lebensbedingungen im Lager anfertigten, wurden in die kleine Festung gebracht, wo man sie folterte und ihnen die Finger brach. Viele wurden erschossen oder in Vernichtungslager gebracht.

Trotz der ständigen Bedrohung ging die kulturelle Revolution weiter. Mini-Ausstellungen, musikalische Darbietungen und Konzerte wurden im Geheimen organisiert. Die Theatergruppen begannen ihre Arbeit in aller Stille in Kellern und Kasernen, wurden aber bald so beliebt, dass sie später in Lagerhäusern und Sporthallen ihre Aufführungen zeigten. Die jüdische Verwaltung, die jede Vorstellung genehmigen musste, begann Eintrittskarten auszugeben, die sehr begehrt waren und auf dem Schwarzmarkt getauscht wurden.

Als die Deutschen gegen diese Aktivitäten nicht einschritten und sogar den Besitz von Musikinstrumenten erlaubten, wurden die Leute kühner und begannen, größere Produktionen auf die Bühne zu bringen. Architekten und Kulissenbauer machten sich an die Arbeit, Schneiderinnen kümmerten sich um die Kostüme. Schriftsteller wurden beauftragt, satirische Theaterstücke und Kabarettnummern zu schreiben, darunter auch *Posledni Cyklista* (Der letzte Fahrradfahrer) von Karel Švenk, das eine Welt zeigte, in der Menschen mit Fahrrädern von Ausbrechern aus einem Irrenhaus verfolgt wurden. Das Stück kam in Theresienstadt allerdings nie zur Aufführung, sondern wurde bei der Generalprobe vom Ältestenrat verboten, aus Angst vor Verhaftungen. Nach dem Krieg – den Švenk nicht überlebte – wurde es aus dem Gedächtnis von Überlebenden rekonstruiert. Es wird heute noch weltweit gespielt.

Andere, weniger kontroverse Aufführungen durften weitermachen, darunter Opern wie Aida mit bekannten Solosängern aus ganz Europa. Mehr als fünfzig Aufführungen erlebte eine Kinderoper von Hans Krasa mit dem Titel *Brundibar* unter der Leitung des Produzenten František Zelenka, dem einflussreichsten und innovativsten tschechischen Szenenbildner seiner Zeit. Nachdem er in Theresienstadt mehr als zwanzig Stücke zur Aufführung gebracht hatte, darunter Werke von Shakespeare und Molière, wurde Zelenka im Alter von zweiundvierzig Jahren in Auschwitz ermordet.

Anka wohnte einer beeindruckenden Kostümprobe der Oper *Die verkaufte Braut* bei, jener komischen Oper, die sie als junge, sorglose Studentin so sehr geliebt hatte. Obwohl sie das Gefühl hatte, die Sängerin der Hauptrolle sei ein bisschen zu alt, fand sie die Aufführung fantastisch, weil sie so viel Optimismus ausstrahlte. »Als sie komponiert wurde, wusste niemand, dass sie einmal in Theresienstadt aufgeführt werden würde, aber einige Texte hatten eine besondere Beziehung zu unserer Situation. Einmal fragt sie ihn: ›Und was passiert am Ende?‹ Und er antwortet: ›Am Ende wird alles gut.‹ Es hatte so viel Symbolkraft. Das waren unvergessliche Augenblicke.«

Während der ein, zwei Stunden, die die Aufführungen dauerten, waren die Menschen im Zuschauerraum keine Häftlinge mehr, deren Gedanken sich nur ums Essen oder um ihre eigene Todesangst drehten. Sie waren frei, um zu lachen und zu weinen, Hoffnung und Traurigkeit zu empfinden, sich von Musik, Tanz und Gesang in glücklichere Zeiten zurückversetzen zu lassen. »Das alles half, die Atmosphäre ein wenig aufzuhellen«, sagte Anka später. »Durch die Kunst konnten wir uns entspannen.«

Eine der bemerkenswertesten Leistungen in Theresienstadt wurde von einem engagierten Amateurchor unter der Leitung des rumänischen Dirigenten und Kammermusikers Rafael Schächter erbracht. Dieser Gefangenenchor führte allein Verdis anspruchsvollstes Werk – das Requiem – sechzehn Mal auf. Die leidenschaftliche katholische Totenmesse musste Note für Note und mitsamt aller lateinischen Texte auswendig gelernt werden, und all das in einem kalten, feuchten Kellerraum. Schächter, der mit einer geschmuggelten Partitur, einem Flügel ohne Beine und einer Besetzung, die sich durch die Transporte immer wieder veränderte und verkleinerte, arbeiten musste, sagte seinem Chor: »Wir werden den Nazis vorsingen, was wir ihnen nicht sagen können.«

Eine der Zeilen aus dem »Libera me« (Befreie mich) lautet: »Rette mich, Herr, vor dem ewigen Tod … wenn du kommst, um die Welt im Feuer zu richten.« Eine andere lautet mit Blick auf das Jüngste Gericht: »Nichts wird ungestraft bleiben.« Eine trotzige Ansage des göttlichen Gerichts an alle Sünder. Anka, die eine Aufführung erlebte, bei der auch hohe Nazi-Beamte zugegen waren, sagte später, es sei das Herzzerreißendste gewesen, was sie je gehört hätte. Als die Aufführung zu Ende war, saßen die Juden im Zuschauerraum atemlos schweigend da und warteten auf die Reaktion der Deutschen. Erst als einer der SS-Leute anfing zu klatschen, fielen alle anderen ein, mit tränennassen Gesichtern.

Im Rahmen ihres künstlerischen Widerstandes unter dem Deckmantel der »Freizeitgestaltung« organisierten die Bewohner von Theresienstadt auch Lesungen und Unterrichtsveranstaltungen, darunter Nähkurse und Kurse zur Persönlichkeitsbildung. Wenn sie nicht an einer dieser Veranstaltungen teilnahmen, waren sie damit beschäftigt, die Verhältnisse in ihrem Quartier zu verbessern.

In offenem Trotz gegen alle Todesdrohungen, die über ihnen

schwebten, entschieden sie sich jeden Tag aufs Neue für das Leben. Sie probten ihren eigenen, ganz privaten Aufstand, sangen, tanzten, verliebten sich, heirateten und sorgten in ihrer verzweifelten Suche nach Liebe und körperlicher Nähe Trost, wo immer sie ihn fanden.

Bernd arbeitete in einer Spezialwerkstatt auf dem »Bauhof« in Block H, der innerhalb der Befestigungen, aber außerhalb des Stacheldrahts gelegen war. Er war unter anderem dafür zuständig, feinere Möbel für Nazi-Offiziere herzustellen, genau wie seinerzeit in Prag. Nach der Arbeit schlich er sich oft ins Quartier seiner Frau, um sie zu besuchen. Es gab keine Privatsphäre hier, aber auch wenig Scham. Und sie waren nicht die einzigen, die so empfanden: Viele Paare mieteten sich für kurze Zeit ein Privatzimmer von den wenigen Privilegierten, die so etwas zur Verfügung hatten. Andere mussten mit dem vorliebnehmen, was ihnen zur Verfügung stand, und in manchen Nächten, wenn ein paar Männer es geschafft hatten, sich in die Unterkünfte der Frauen zu schleichen, hatte Anka das Gefühl, das ganze Haus würde wackeln. »Wir waren zwölf Frauen in einem Zimmer, und manchmal waren außerdem noch zwölf Männer da. Und niemand hat es gestört«, sagte sie später. »Das war eine der wenigen Freuden, die uns noch geblieben waren. Es hielt uns am Leben.« Das Risiko war groß, aber sie nahmen es gern in Kauf. Sie waren jung und verliebt, und wenn sie ein paar Stunden beieinander liegen konnten, schenkte ihnen das wieder Hoffnung.

Nachdem so viele schon verschwunden waren, während sie immer noch da waren, wuchs auch bei Anka und Bernd die Hoffnung, die Nazis würden ihr Versprechen halten und die »Pioniere« könnten bis zum Ende des Krieges in Theresienstadt bleiben. Selbst als im Juni ein eigenes Bahngleis im Lager verlegt wurde, glaubte Anka – wie so viele – immer noch, der Krieg würde enden.

Sie war sechsundzwanzig Jahre alt und seit drei Jahren verheiratet. Und sie wollte mit dem Kinderkriegen nicht warten, bis es zu spät wäre. Unter diesen Umständen entschieden sie und

Bernd sich aber gegen ein Kind. Es gab zwar keine besonderen Bestimmungen dazu, aber die Deutschen hielten die Geschlechter streng voneinander getrennt, und allgemein wurde befürchtet, das »Verbrechen« einer Schwangerschaft würde womöglich mit dem Tode bestraft. Trotzdem war Anka insgeheim glücklich, als sie im Sommer 1943 feststellte, dass sie ein Kind erwartete. Ihre Mutter Ida, die inzwischen im selben Haus lebte wie ihre Tochter, fragte ungläubig: »Wie? Wann?«, und als Anka nur mit den Schultern zuckte, lachte sie. Vielleicht sollte das mit dem Kind ja so sein, dachte Anka. Neun Monate waren eine lange Zeit, und bis dahin konnte viel passieren. Durch illegale Radios und gelegentliche Indiskretionen der tschechischen Polizisten gelangten durchaus Nachrichten nach Theresienstadt. Die Alliierten waren auf Sizilien gelandet, Mussolini war gestürzt und Italien hatte sich den Alliierten ergeben. Im Warschauer Ghetto hatte es einen Aufstand gegeben, und das Ruhrgebiet war schwer bombardiert worden. Viele glaubten, das Ende sei endlich in Sicht.

Aber es war noch nicht vorbei. Mehr als hundert Leute wurden an einem einzigen Tag vom Typhus dahingerafft; ihre Leichen wurden in denselben Waggons weggeschafft, die das schimmelige Brot gebracht hatten. Särge waren so rar, dass man die Toten einfach in Tücher wickelte und auf den Fluren aufstapelte. Das Krematorium musste tausend Leichen pro Monat verbrennen.

Im Herbst kam die Nachricht, dass Ankas Schwester Ruzena und Zdena, sechsunddreißig und neununddreißig Jahre alt, ihr achtjähriger Neffe Peter und ihr Schwager Herbert mit einem Transport von fünftausend Menschen nach Osten gebracht werden sollten. Auch die Eltern ihrer Cousine standen auf der Liste, ebenso wie einige weitere Familienmitglieder. »Wenn jemand von deinen Lieben für den nächsten Transport vorgesehen ist, setzt du Himmel und Erde in Bewegung, um ihn zu retten«, sagte Anka später. »Aber ich hatte natürlich nicht den geringsten Erfolg. Ich versuchte, die richtigen Leute zu bestechen, aber das brachte nichts. Außerdem war das Risiko sehr hoch. Es gab noch sehr viele Leute, die etwas besaßen, womit sie jemanden bestechen konnten. Und wenn die Deutschen sagten, tausend Leute müssen weg, dann mussten tausend Leute weg. Es war reine Glückssache.« Dutzende Menschen brachten sich um oder versuchten es zumindest, um die Reise ins Unbekannte nicht machen zu müssen. Offizielle Berichte sprechen von vierhundertdreißig Selbstmorden und zweihundertzweiundfünfzig Selbstmordversuchen in Theresienstadt in der Zeit von 1941 bis 1943, die meisten im Zusammenhang mit den Transporten. Wer es einfach nicht ertrug, seine Lieben zu verlassen, sprang aus dem Fenster, schnitt sich die Pulsadern auf, hängte sich auf oder nahm eine Überdosis Schlaftabletten, die er aus der Krankenstation gestohlen oder irgendwo gekauft hatte.

Eine von Ankas letzten Erinnerungen an die letzten Verwandten, die weggeschickt wurden, betraf ihre ältere Tante, die »gefasst und frisch vom Friseur« auf ihrem Koffer saß. »Sie schüttelte mir die Hand und sagte: ›Bis bald‹, als hätten wir uns im Grand Hotel in Hradec Králové getroffen. Nicht, leb wohl für immer, sondern bis bald. Sie wusste nichts von den Gaskammern, aber sie wusste, es würde schrecklich werden.«

Anka zwang sich zu einem Lächeln und winkte ihrer Tante nach, als diese in einer Staubwolke aus Tausenden von Füßen zum Zug ging. Sie betete, dass sie sie bald wiedersehen würde und dass sie dort, wo sie hinging, noch genug zu essen bekam.

Die Monate vergingen, Ankas Bauch wurde dicker. Sie freute sich darauf, Mutter zu werden, auch wenn sie mager geworden war und wenig Nährstoffe bekam. »Wir waren sehr glücklich«, sagte sie später. »Als ich im fünften Monat war, spürte ich zum ersten Mal Bewegungen. Ich saß im Büro und fühlte es, und ich rannte ins andere Zimmer und sagte meinem Chef: ›Es bewegt sich!‹ Ich war ganz außer mir. Was für ein Wunder!« Aber bald verwandelte sich ihre Freude in Angst, zumal vom Krieg keine guten Nachrichten kamen und die Transporte nach Osten immer häufiger abgingen.

Als der letzte Lagerkommandant, Obersturmführer Anton Burger, entdeckte, dass einige Häftlinge schwanger waren, gab er sofort Befehl, sie müssten ihren Zustand melden. Die Schwangerschaft sei ein Verbrechen gegen das Reich, erklärte er, und alle Schwangerschaften unter sieben Monaten müssten abgebrochen werden. Außerdem drohte er mit harten Strafen gegen alle, die ihre Schwangerschaft geheim hielten, ebenso wie gegen ihr nächstes Umfeld.

Anka und Bernd müssen beschlossen haben, ihren Zustand erst zu melden, wenn es gar nicht mehr anders ging. Als es so weit war, wurden sie mit vier anderen Paaren zur Lagerverwaltung bestellt. Ihnen blieb nichts anderes übrig, als zu gehorchen. Mit vorgehaltener Waffe wurden sie gezwungen, ein Dokument zu unterschreiben, mit dem sie einwilligten, ihre Neugeborenen zur »Euthanasie« zu übergeben. Anka war zwar durchaus sprachgewandt, hatte aber keine Ahnung, was das bedeutete, und musste hinterher nachfragen. Als man sie informierte, dass ihr Kind unmittelbar nach der Geburt getötet würde, fiel sie fast in Ohnmacht.

»Ich hätte mir niemals vorstellen können, dass ich ein Papier unterzeichnen müsste, mit dem ich mein Kind dem Tod überantwortete. Niemand hatte so etwas jemals zuvor gehört … Wie kann man so etwas unterschreiben? Aber wir taten es. Sie sagten: ›Unterschreiben!‹, und wir taten es … Der SS-Mann mit dem Revolver reichte, um uns zu zwingen … Natürlich unterschreibt man da.«

Im November 1943, als Anka im sechsten Monat war, gab es eine Zählung der Lagerinsassen, um die Lebensmittellieferungen mit der tatsächlichen Zahl der Häftlinge abzugleichen. Das gesamte Lager wurde vorher geräumt. Bernd lag mit Fieber in der Krankenstation, blieb also mit den Kranken und Kleinkindern zurück. Anka verließ das Lager ohne ihn, gemeinsam mit ihren Eltern und sechsunddreißigtausend weiteren Häftlingen.

Sie befürchteten das Schlimmste, als sie von bewaffneten Wachen durch den Schnee auf eine große Wiese auf dem

Bohušovická Basin geführt wurden. Von sieben bis elf Uhr wurden sie mehrmals gezählt und befürchteten ständig, man würde sie gleich erschießen. Niemand durfte sich setzen oder zur Toilette gehen, sie mussten sich erleichtern, wo sie standen. Für die Schwächsten waren Kälte und Schneematsch zu viel, sie fielen zu Boden und blieben liegen. Als sie schließlich den Befehl bekamen, im Laufschritt in ihre Unterkünfte zurückzukehren, war Anka ungeheuer erleichtert zu erfahren, dass die Menschen in der Krankenstation – einschließlich ihres Mannes – nicht ermordet worden waren.

Dann, im Dezember, kam der Aufruf für ihre Eltern Stanislav und Ida. Ihr einst so stolzer Vater, der allseits geachtete Unternehmer aus Třebechovice, der eine erfolgreiche Lederfabrik aufgebaut und immer so gut für seine Familie gesorgt hatte, war zu einem Mitleid erregenden, kranken Bettler geworden. Ein SS-Mann hatte ihn ins Gesicht geschlagen und ihm seine einzige Brille zerbrochen, sodass er nun auch nichts mehr sah. »Das tat mir am meisten weh«, sagte Anka später. »Er … wurde zu so einem kleinen alten Juden, der sich an meine Mutter klammerte … Es war furchtbar traurig, er konnte ja keinen Schritt mehr ohne sie tun.«

Trotz ihres schrecklichen Hungers und der schwindenden Gesundheit hatten ihre Eltern sie nie mit Klagen belastet und waren fröhlich bis zum Schluss. »Als meine Eltern gingen, war ich sehr aufgebracht. Ich nahm Abschied von ihnen, aber irgendwie wollte mir nicht in den Kopf, dass dies wirklich das letzte Mal sein könnte. Ich würde sie wiedersehen, es würde gar nicht lange dauern. ›Bis bald‹, sagte ich zu ihnen. Sie wussten, dass ich schwanger war, und kamen gut mit diesem Gedanken zurecht. Sie hatten so viel anderes zu bedenken, und irgendwie dachten wir ja, wir würden alle noch davonkommen.«

Bernd musste mit ansehen, wie seine Mutter Selma und seine übrigen Verwandten verschwanden. Sein blinder Vater Louis blieb zunächst verschont, wohl wegen seines Eisernen Kreuzes.

Von Ankas Familie war niemand mehr da, als ihr Sohn ein

paar Wochen zu früh in Theresienstadt geboren wurde: am 2. Februar 1944, kurz nach der Bombardierung Berlins durch die Alliierten. Inzwischen hatte das Lager ein richtiges Krankenhaus und einen Operationssaal mit modernen sterilen Instrumenten und Hunderten von qualifizierten Häftlingsärzten. Anka konnte zwischen mehreren Gynäkologen und Kinderärzten wählen, doch die Schrecken der Geburt waren, wie sie nun einmal waren. »Es tat weh. Ich fand es schrecklich und dachte, nicht für alles Geld in der Welt würde ich das noch einmal durchmachen wollen. Aber unser Kleiner war ein Goldstück.«

Nach der Geburt betreute Anka ihr ersehntes Kind im »Säuglingsheim«, wo auch noch andere Mütter und Babys untergebracht waren. Jeden Moment erwartete sie, man würde ihr den Kleinen wegnehmen. »Er war ein ganz normales Baby, und ich hatte reichlich Milch«, berichtete sie später.

Sie und Bernd wollten ihn Jiri, die tschechische Form von Georg, nennen, was ihren Schwiegervater sehr freute, da sein Bruder Georg hieß. Aber die Deutschen ließen keine nicht-jüdischen Namen zu, und so wurde der Name gestrichen und durch Dan ersetzt. »Nicht Daniel, sondern Dan.« Und immer noch war niemand gekommen, um den Kleinen umzubringen. Sie erfuhren nie, warum man sie begnadigt hatte, sie waren einfach nur froh und dankbar.

Erst nach dem Krieg fand sich in den versteckten Tagebüchern eines Theresienstadt-Häftlings namens Gonda Redlich die Lösung des Rätsels. Redlichs Frau Gerta, eine Bekannte von Anka, war ebenfalls schwanger gewesen und hatte ebenfalls im November 1943 die schreckliche Einverständniserklärung unterzeichnen müssen. Redlich schreibt darüber in seinem Tagebuch: »Ich unterzeichnete eine Erklärung, dass ich mein Kind umbringen würde.«

In einem späteren Eintrag vom März 1944, nach der Geburt seines Sohnes, der übrigens ebenfalls Dan hieß, schreibt er in einem Brief an seinen Sohn: »Juden durften nicht geboren werden, Jüdinnen durften keine Kinder bekommen. Wir mussten die Schwangerschaft geheim halten. Selbst Juden forderten uns auf, dich zu töten, die Frucht unseres Leibes, weil das Umfeld mit bestraft wurde, wenn im Lager ein Kind geboren wurde.« Sein Kind wurde durch ein Wunder gerettet, erzählt er. Die Frau eines deutschen Offiziers hatte eine Totgeburt gehabt. »Warum sie danach das Verbot aufhoben, gerade als ihr geboren wurdet?«, schreibt Gonda Redlich. »Jüdische Ärzte retteten die Frau. Und unsere Feinde empfanden Mitgefühl mit dem Verlust dieser Mutter und gestatteten deiner Mutter und anderen Müttern, ihre Kinder zu bekommen.«

Anka wusste von alledem nichts und dachte nur daran, ihr Kind zu versorgen. Sie hatte ein paar Lumpen als Windeln und genug Milch, um den Kleinen zu füttern. Und sie teilte ihr Glück mit den anderen Schwangeren, die ebenfalls Kinder bekommen hatten, eine sogar Zwillinge, obwohl drei von den Kindern bald starben und eine der Mütter ihrer Tuberkulose erlag.

Als Dan Nathan jedoch einen Monat alt war, begann er zu kränkeln. Anka sagte später: »Er sah einfach nicht aus wie die gleichaltrigen Babys.« Nach ein paar Wochen bekam ihr winziger Erstgeborener eine Lungenentzündung, und am 10. April 1944 starb er. »Mein kleiner Sohn wurde nicht ermordet, er war einfach nicht kräftig genug«, sagte sie später. »Er starb in meinen Armen. Es war ein natürlicher Tod. Aber ich hatte nicht damit gerechnet, und sein Tod traf mich schwer.«

Gonda Redlich schreibt: »Eines der begnadigten Kinder starb. Man stelle sich nur den Kummer der Mutter vor, die ihr Kind durch ein Wunder retten konnte und dann wieder verlor.«

Bernd nahm an dem kurzen Gottesdienst vor der Einäscherung seines Sohnes teil. Die Asche wurde in eine kleine Schachtel gegeben und mit Tausenden anderen im Columbarium des Lagers aufbewahrt, bis sie im November 1944 in die schnellen Fluten der Ohře (Eger) gestreut wurde.

Anka ertrug es nicht, bei der Einäscherung dabei zu sein. Sie sprach auch später nur selten über ihren Sohn. »Es war schreck-

*Denkmal für die Asche der Verstorbenen, die in Theresienstadt in den Fluss gestreut wurde*

lich, aber danach passierten noch so viele schreckliche Dinge … man vergisst … Irgendwie kommt man darüber hinweg.« Viel später fragte sie eine Cousine, warum sie um den kleinen Dan nicht hatte trauern können, und ihre Cousine hatte eine sehr kluge Erklärung: »Wir können es uns nicht leisten, zu trauern, sonst würden wir alle verrückt.« Anka selbst fügte hinzu: »Wenn man anfing, darüber nachzudenken, was passiert war, dann dachte man auch über die Gründe nach. Also musste man eine Möglichkeit finden, gar nicht erst darüber nachzudenken.«

Eine ihrer liebsten Lebensmaximen stammte von Scarlett O'Hara in dem Roman *Vom Winde verweht:* »Morgen ist auch noch ein Tag.« Dieses Mantra wiederholte Anka während ihrer Zeit in den Lagern immer wieder. Natürlich klang es albern und irrational, aber sie fuhr ein Leben lang gut damit. »Wenn ich erst über etwas nachdenke, wenn es passiert, und inzwischen darüber schlafe … morgen sieht es vielleicht schon wieder besser aus. Bisher hat das ganz gut funktioniert. Menschen denken nun einmal, dass sie schon irgendwie überleben werden. Diejenigen, die sich aufgaben und körperlich vernachlässigten, starben umso früher.«

In den vergangenen Jahren war so vieles passiert, was dafür gesorgt hatte, dass ihre alte Wirklichkeit und jedes Gefühl für Stabilität nach und nach verschwand. Sie hatten keine Chance zu entkommen und keine Möglichkeit, ihr Schicksal selbst in die Hand zu nehmen. »Mein Protest war das Überleben«, sagte sie später einmal.

Nach dem Tod ihres Sohnes litt Anka unter einer schweren Gelbsucht, an der sie beinahe starb. Sie lag auf der Isolierstation des Krankenhauses, nicht einmal Bernd durfte sie besuchen. Eines Tages pflückte er irgendwo eine einzelne Blume und zeigte sie ihr durchs Fenster. So sehr sie die romantische Geste zu schätzen wusste, sagte sie später, sie sei so hungrig gewesen, dass sie ein Stück Brot bei Weitem vorgezogen hätte. Aber sie kam durch und fand ihren Mann auch diesmal wieder.

In den folgenden Monaten, während sich die Alliierten auf ihren Einmarsch auf dem Kontinent vorbereiteten, kamen die ersten dänischen Juden nach Theresienstadt. Vertreter der dänischen Regierung und des dänischen Roten Kreuzes bedrängten die Nazis sofort und verlangten Informationen über den Verbleib der fast fünfhundert Dänen. Sie stellten auch Fragen zu den wachsenden Gerüchten über die Massenvernichtungen von Juden und anderen in den Lagern der Nazis. Die Dänen hatten am heftigsten gegen die Behandlung der Juden durch die Nazis protestiert, und es war ihnen gelungen, die Mehrheit der Juden in ihrem Land zu verstecken oder in Sicherheit zu bringen. Diejenigen, die sie nicht hatten retten können, wurden von Dänemark aus so genau beobachtet, dass die Nazis ihnen eine Spezialbehandlung zuteil werden ließen.

Um die Unruhe zu besänftigen, willigten die Deutschen in einen Besuch des Internationalen Roten Kreuzes, begleitet durch die Dänen, in Theresienstadt ein, allerdings erst, nachdem sie das Lager tatsächlich in Hitlers Musterlager verwandelt hatten. Um aufzuräumen, wurden zunächst einmal fünftausend Juden im Mai 1944 nach Osten deportiert, darunter alle Waisenkinder und die meisten Kranken, vor allem diejenigen mit Tuberkulose. Weitere siebentausendfünfhundert folgten. Die restlichen Kranken und Gebrechlichen wurden versteckt, die besonders schlechten Quartiere wurden unzugänglich gemacht.

Der Kommandant plante minutiös die Route durch das Lager, die die wenigen Abgesandten des Roten Kreuzes nehmen würden, und befahl eine Verschönerung der Gebäude rechts und links des Weges. Die Straßen bekamen sogar ansprechende Namen. Während dieser »Verschönerungsaktion« wurde frischer Rasen angelegt, Rosen gepflanzt und Parkbänke aufgestellt. Alle Häuser wurden frisch gestrichen, außerdem gab es falsche Wegweiser Richtung »Schule« und »Bücherei«. Es gab Blumenkästen an den Fenstern, Spielplätze, ein Karussell, einen Musikpavillon, ein Gemeindezentrum und mehrere Sportplätze. Die Unterkünfte, die besichtigt werden sollten, wurden frisch eingerichtet, und ganze Straßenzüge mit Läden in fröhlichen Farben wurden eingerichtet. Die Waren darin waren vorher aus dem Besitz der Häftlinge beschlagnahmt worden.

Unter Todesdrohungen übten die Häftlinge ein, was sie tun würden, wo sie sich aufhalten und wie sie sich benehmen würden. Sie bekamen Befehl, ihre besten Kleider zu tragen und gepflegt aufzutreten. Lieferungen mit frischem Gemüse und frisch gebackenem Brot wurden genau terminiert.

Der Besuch des Roten Kreuzes fand am 23. Juni 1944 statt. Das Reichspropagandaministerium unter der Leitung von Joseph Goebbels ließ den sechsstündigen Besuch filmen und schnitt dieses Material mit anderen gestellten Aufnahmen zu dem Film *Der Führer schenkt den Juden eine Stadt* zusammen, der weltweit gezeigt werden sollte. Die Filmsequenzen, mit munterer Musik wie dem Cancan aus Offenbachs Orpheus in der Unterwelt unterlegt, zeigten gesund aussehende junge Männer und Frauen, die außerhalb des Lagers in Schmieden, Töpfereien oder Kunstateliers arbeiteten. Sie fertigten Handtaschen, nähten oder arbeiteten mit Holz, bevor sie Arm in Arm zurück ins Lager spazierten, um dort ihren Freizeitaktivitäten nachzugehen: lesen, stricken, Kartenspiele, Konzerte und Lesungen. Ein Fußballspiel wurde gezeigt, Szenen mit alten Paaren, die auf Parkbänken plauderten, und mit sonnengebräunten Kindern, die dick bestrichene Butterbrote aßen – die ersten, die sie seit Jahren zu sehen bekamen. Scherzhafte Bilder zeigten die Gemeinschaftsduschen, wo nackte Männer sich einseiften. Männer, Frauen und Kinder wässerten die Gemüsebeete des Kommandanten in einem eingefassten Garten. Anka und Bernd sind in diesem Film gemeinsam mit vielen anderen Juden zu sehen, die in einem Kaffeehaus im Wiener Stil sitzen und »Kaffee« trinken. Solange die Kameras liefen, taten sie, wie man ihnen befohlen hatte, lächelten und nippten an Tassen mit öligem Wasser, das von lächelnden Kellnerinnen in weißen Schürzen serviert wurde. In einer Szene, die in die Geschichtsbücher eingehen sollte, saßen die Offiziellen des Roten Kreuzes neben hohen SS-Offizieren aus Berlin und genossen Verdis Requiem – dargebracht von dem mittlerweile sehr dezimierten Chor.

Alle Bewohner des Ghettos beteten, die Besucher würden die Scharade durchschauen, bohrende Fragen stellen oder von ihrer vorgezeichneten Route abweichen. Aber nichts dergleichen passierte. Der Besuch war ein Triumph für die Nazis. Dr. Maurice Rossel, der Leiter der internationalen Delegation, schrieb in seinem Bericht: »Im Allgemeinen werden diejenigen, die hier angekommen sind, nicht weiter deportiert.« Letztlich verschafften er und seine Kollegen den Nazis ein Alibi gegen jeden Vorwurf der Massenvernichtung, indem sie erklärten, die Unterkünfte der Juden seien in einem »relativ guten« Zustand und »komfortabel« eingerichtet mit Decken und Teppichen. Sie berichteten von angemessener Ernährung, Kleidung, einem Postdienst und einem Kulturprogramm. Die Jugendheime seien von »bemerkenswertem erzieherischem Wert«. Der Bericht schloss mit den Worten: »Wir waren sehr erstaunt, in diesem Ghetto eine Stadt mit nahezu normalem Leben vorzufinden. Wir hatten Schlimmeres erwartet.« Dieser Bericht, so Rossel, werde »für viele eine Erleichterung« sein.

Die Bewohner von Theresienstadt wussten nichts von diesem Bericht und hofften, die Außenwelt würde endlich von ihrer Existenz erfahren. So sehr das Lager auch verschönert worden war, hätte die Delegation doch sehen müssen, dass dies ein einziges großes Gefängnis war, das seine Insassen grausam vor der Welt abschirmte!

Nach dem Besuch wurde alles, was das Lager etwas attraktiver oder angenehmer machte, sofort wieder zerstört, abgebaut oder entfernt. Theresienstadt und seine Bewohner wurden wieder in ihren früheren katastrophalen Zustand zurückversetzt, und zusätzlich wurden ihnen zwei Wochen lang die Rationen gekürzt, weil sie ja zusätzliche Lebensmittel und Luxusgüter bekommen hatten. Die Kinder, die man gefilmt hatte, wie sie lächelnd auf Schaukelpferden saßen oder an Theateraufführungen teilnahmen, gehörten zu den fünftausend Bewohnern, die in den Tagen nach den Filmaufnahmen nach Auschwitz deportiert wurden. Unter diesen Menschen waren auch der Verdi-Dirigent Rafael Schächter und der jüdische Produzent des Propagandafilms sowie Ankas Freund, der Dirigent Karel Ančerl, und seine Familie. Schächter, der Tausenden Hoffnung geschenkt hatte und für viele Menschen die letzte Musik ihres Lebens gespielt hatte, wurde ermordet, nachdem er drei Lager überlebt hatte. Ančerl überlebte, aber seine Frau und seine Kinder wurden ebenfalls ermordet.

Die tschechischen Polizisten, die zur Wachmannschaft von Theresienstadt gehörten, schmuggelten weiterhin Nachrichten ins Lager, wann immer sie konnten, und erzählten den begeisterten Häftlingen von der Landung der Alliierten in der Normandie und ihrem Vordringen in Frankreich. »Die Neuigkeit verbreitete sich wie der Wind; wir dachten alle, jetzt hätten wir gesiegt«, sagte Anka später. »Wir sagten uns: In einem Monat sind wir zu Hause.« Bernd und sie beschlossen, es doch noch einmal mit einem Kind zu versuchen – »verrückt wie wir waren.

Die erste Schwangerschaft war nicht geplant, sondern einfach so passiert. Die zweite Schwangerschaft war absolut geplant, weil wir dachten, jetzt sind wir schon drei Jahre hier, es kann ja nicht mehr lange dauern.« Sie hatten sich überlegt, dass sie schon irgendwie zurechtkommen würden, wenn sie mit einem Baby nach Prag zurückkamen. Wenn sie bis dahin kein Kind hätten, würden sie warten müssen, bis sie genug Geld und Arbeit hätten, und das könnte so lange dauern, dass sie den richtigen Zeitpunkt verpassten.

Nach wie vor wurden viele Leute nach Osten deportiert, und einige Dachböden standen leer. Dort baute Bernd ein Versteck für sie, das sie den »Heuboden« nannten und wo sie sich heimlich treffen konnten. Im Lager wurden derartige Verstecke als »kumbalek« – Kämmerchen bekannt. Später erweiterte Bernd das Versteck zu einer regelrechten Ein-Zimmer-Wohnung, in der sie zusammen leben konnten. »Wir richteten uns dort ganz hübsch ein«, berichtete Anka später.

Es bestand immer die Gefahr, dass die Deutschen sie bei einer Razzia erwischen würden, aber dieses Risiko gingen Bernd und Anka ein. Frankreich war fast befreit, einschließlich Paris, und die Alliierten hatten mit ihren Angriffen auf die deutschen Stellungen in den Niederlanden begonnen. Der Sommer 1944 war lang und heiß, und während viele Menschen um sie herum – vor alle ältere – an den katastrophalen hygienischen Verhältnissen, Krankheiten und Hunger starben, genossen Anka und Bernd ihr kleines Glück, wenn sie sich heimlich treffen konnten.

Für Anka war es schwierig festzustellen, ob sie schwanger war, denn seit ihrer ersten Schwangerschaft und verursacht durch ihre Krankheit und die Mangelernährung war ihr Zyklus ziemlich unregelmäßig geworden. Die Frauen sprachen in diesem Zusammenhang vom »Gefängnissyndrom«; viele litten unter ähnlichen Symptomen. Sie hatte immer noch keine Ahnung, ob sie ein Kind bekam, als die Nazis im Herbst 1944 – während die Alliierten immer näherrückten und ganze deutsche Divisionen zur Kapitulation gezwungen wurden – beschlossen, die meisten Bewohner von Theresienstadt zu deportieren.

Da sie einen Aufstand befürchteten, riefen sie zuerst die kräftigsten Männer auf und behaupteten, sie würden in ein anderes Lager »in der Nähe von Dresden« in Deutschland gebracht. In den nächsten vier Wochen würde jeden zweiten Tag ein weiterer Transport mit tausend Leuten dorthin abgehen. Alle Versprechen, die »Pioniere« würden verschont bleiben, erwiesen sich als Lügen. Bernd bekam als einer der ersten den gefürchteten rosafarbenen Zettel mit dem Befehl, sich für ein neues »Aufbaukommando« zu melden. Als die Ältesten bei den Deutschen vorbrachten, man hätte den Pionieren Immunität zugesichert, wurde ihnen lapidar erklärt, diese Ausnahmen seien aufgehoben.

Bernd musste seine Lebensmittelkarte zurückgeben, sodass seine Lebensmittelration eingezogen werden konnte. Binnen vierundzwanzig Stunden musste er sich zur Deportation bereithalten. »Es kam ganz ohne Vorwarnung«, sagte Anka später. »Plötzlich hieß es, alle Männer werden in ein anderes Lager gebracht. Wir dachten, es wäre dort so ähnlich wie in Theresienstadt, nur eben irgendwo in Deutschland. Vielleicht auch schlimmer, aber eben eine Art Ghetto … Wir dachten in diesem Fall nicht an eine Katastrophe oder irgendetwas Schreckliches.«

Aber sie hatte doch sehr mit ihren Gefühlen zu kämpfen, als sie wieder einmal ihrem Mann half, seine paar Habseligkeiten einzupacken und sich auf eine Reise mit unbekanntem Ziel vorzubereiten. Die Männer wurden in einem der Höfe zwischen den Kasernengebäuden versammelt, und ihre Lieben durften Abschied von ihnen nehmen. Sie küsste und umarmte ihn und sie versprachen einander, sich bald wiederzusehen. Dann wurde Bernd, der nicht wusste, dass eine Frau schwanger war, zum Bahngleis am Rand des Lagers gebracht und in einen überfüllten Personenzug gesteckt. Es war der 28. September 1944. Fast drei Jahre hatte er in Theresienstadt verbracht.

Ohne seine tröstende Gegenwart kam Anka ein Tag vor wie

der andere. Sie lebte in einer Welt der Verzweiflung, des Kummers, des Hungers und der Angst. Nachdem so viele Häftlinge deportiert worden waren und der Bedarf der deutschen Kriegsmaschinerie nach wie vor riesig war, wurde sie zur Arbeit in einer Fabrik innerhalb des Lagers abkommandiert, wo sie Streifen aus Glimmerfolie für die Luftwaffe schneiden mussten. »Der Glimmer wurde mit scharfen Messern in dünne Schichten gespaltet.« Der Glimmer war extrem wichtig für die Luftwaffe, und diese Tätigkeit schützte viele vor den Transporten, nicht zuletzt auch Anka.

Doch sie war entsetzlich einsam und hasste die neue Arbeit, bei der sie keine Lebensmittel für sich und ihren letzten verbliebenen Verwandten, ihren blinden Schwiegervater, auf die Seite schaffen konnte. Anka fragte sich ernsthaft, wie sie weiter zurechtkommen sollte. Dann kündigten die Nazis an, sie suchten wieder tausend Leute für die Arbeit in dem neuen deutschen Arbeitslager. Der Name ihrer Freundin Mitzka stand auf der Liste, ebenso wie viele andere alte Freunde aus Prag, die ebenfalls unter den Pionieren in Theresienstadt gewesen waren. Anka war nicht dabei, weil sie kriegswichtige Arbeit zu leisten hatte. Um drohende Unruhen im Keim zu ersticken, gab es einen weiteren Aufruf von der deutschen Lagerkommandantur: Wer seine Freunde und Verwandten in das neue Lager in der Nähe von Dresden begleiten wollte, konnte sich freiwillig melden. Es wurde überall der Anschein erweckt, dort gäbe es wichtige Arbeit und damit eine Garantie auf Rettung.

Ankas Herz machte einen Sprung, als sie davon hörte. Sie beschloss sofort, Bernd zu folgen. »Inzwischen wusste ich, dass ich ein Kind erwartete, aber mein Mann hatte ja keine Ahnung … Vollkommen verrückt.« Wenn sie mit Bernd in Theresienstadt überlebt hatte, dann konnte sie mit ihm auch an einem anderen Ort leben, selbst wenn es dort schlimmer zuging. Sie hatte keine Vorstellung von den Bedingungen in dem neuen Lager, aber sie war entschlossen, ihrem Mann zu folgen. »Deutschland war doch ein zivilisiertes Land, da konnte man doch leben«, dachte sie. Ihre Entscheidung sollte sie später als die »größte Dummheit meines Lebens« bezeichnen. Drei Jahre hatten sie und Bernd zusammen überlebt. Sie hatten ihren Sohn und den größten Teil ihrer Familien verloren. Sie glaubte einfach nicht, dass es noch schlimmer kommen könnte. Und sie betete, dass sie ihn sofort finden würde. Dann würde sie sich Arbeit suchen und vielleicht sogar ihre Eltern und Schwestern wiedersehen. Und so würden sie sich irgendwie durchschlagen, bis der Krieg zu Ende war. Außerdem befürchtete sie, wenn sie zu lange wartete, würde sie womöglich an einen anderen Ort gebracht und ihre Lieben niemals wiederfinden. Also packte sie ihre wenigen Sachen – dieses Mal mit wesentlich mehr praktischem Verstand als bei ihrer Abreise nach Theresienstadt drei Jahre zuvor – und ließ sich dabei von einer Freundin helfen, die noch bleiben wollte. »Ich hatte niemandem erzählt, dass ich schwanger war«, berichtete sie später. »Aber als ich ein Kleid einpackte, das ich während meiner ersten Schwangerschaft geschenkt bekommen hatte, fragte sie mich: ›Was willst du denn damit?‹ Ich gab ihr keine Antwort. ›O Gott, bist du schwanger?‹, fragte sie und fiel fast in Ohnmacht. ›Bist du verrückt? Warum gehst du denn dann freiwillig hier weg?‹«

Ein paar Tage später, am Sonntag, dem 1. Oktober 1944, nicht lange nachdem die amerikanischen Truppen die Siegfried-Linie in Westdeutschland erreicht hatten, verließ Anka Theresienstadt endgültig. Sie, Mitzka und ihre Freunde wurden in einem überfüllten Dritter-Klasse-Wagen eingezwängt wie die Ölsardinen. Die Türen wurden von außen verriegelt, die Rollläden heruntergezogen, und dann pfiff der Zug einmal durchdringend, bevor er sich in Bewegung setzte. Anka versuchte, nicht allzu sehr in Panik zu geraten, und hoffte, die Reise zu ihrem Mann würde nicht allzu lange dauern.

Ihre Gebete wurden insofern erhört, als sie Bernd tatsächlich folgte. Grausamerweise fuhr der Zug sogar in den Bahnhof von Dresden ein und sie dachten schon, sie wären angekommen. Erleichtert rechneten sie damit, hier auszusteigen und in das neue Lager gebracht zu werden. Sie freuten sich darauf, ihre Lieben wiederzusehen. Erschöpft, hungrig und durstig warteten sie stundenlang; dann fuhr der verschlossene Zug wieder an. Zu ihrem Entsetzen hielt er erst wieder in Bautzen, 60 Kilometer östlich von Dresden. Da begriffen sie, dass sie belogen worden waren. »Langsam aber sicher dämmerte es uns, wohin es ging«, sagte sie später. Polnische Ortsnamen an den nächsten Bahnhöfen bestätigten ihren furchtbaren Verdacht, während der Zug immer weiterratterte.

»Nach Osten, damit verbanden wir nur einen einzigen Ort, von dem wir nur den Namen kannten: Auschwitz. Ein Lager. Ein schreckliches Lager. Mehr wussten wir nicht darüber.«

Anka konnte es zu diesem Zeitpunkt nicht ahnen, aber wenn ihr kleiner Sohn Dan überlebt hätte und sie wäre an diesem Oktobertag 1944 mit ihm auf dem Arm auf der berüchtigten Rampe in Auschwitz II-Birkenau aus dem Zug gestiegen, dann wären sie beide wohl sofort in die Gaskammern geschickt worden. Aber stattdessen trug sie ein neues kleines Leben unter ihrem Herzen, all dem Wahnsinn zum Trotz.

Anka wusste, wie man eine Schwangerschaft geheim hielt, und so ahnte niemand, dass sie wieder ein Kind erwartete, als nach zwei Tagen die Türen des Zuges geöffnet wurden und sie nicht Bernds lächelndes Gesicht zu sehen bekam, sondern die Hölle auf Erden.

# 4

## Auschwitz II-Birkenau

### *Priska*

In dem unterirdischen Chaos nach Priskas Ankunft im zweiten der drei riesigen Vernichtungslager, die gemeinsam unter dem Namen Auschwitz bekannt geworden sind, schnappten die Hunde nach den Neuankömmlingen aus der Slowakei, und die Funktionshäftlinge in ihren gestreiften Anzügen, »Kapos« genannt, brüllten sie an und zogen sie mit Gewalt aus den Waggons. Eine düstere Reihe von SS-Männern stand an der Seite, die Waffe im Anschlag. »Wir wussten nicht einmal, was Auschwitz war«, sagte Priska später. »Aber in dem Augenblick, als wir aus dem Zug sprangen, wurde es uns klar.«

In schockiertem Schweigen angesichts dieser unwirklichen Welt aus elektrisch geladenen Stacheldrahtzäunen, Wachtürmen mit Soldaten, die mit Maschinengewehren ausgerüstet waren, und den schweifenden Suchscheinwerfern, fanden Tibor und sie sich sofort von allen Seiten von Aggression und Grausamkeit bedroht. Peitschen knallten, Kommandos gellten: »Alle heraus! Los! Gepäck hierlassen! Schnell!«

Junge und Alte strömten gleichermaßen hilflos aus dem Zug und wurden in streng bewachte Reihen geschoben. Während sie sich noch verwirrt umschauten, blieben ihre kostbaren Koffer verlassen im Dreck liegen. Einige Frauen drehten durch und versuchten, sich an ihre Lieben zu klammern oder ihre Kinder vor den feindseligen Händen der Fremden zu schützen.

Priska wurde aus Tibors Armen gerissen und fast zu Boden geworfen, aber Edita fing sie auf. Sie schrie auf und sah sich verzweifelt nach ihrem jungen Ehemann um, konnte ihn aber nicht mehr sehen, weil er in der Menschenmenge um sie herum

*Dr. Josef Mengele*

unterging. So stolperte sie vorwärts und stand plötzlich direkt vor dem hohen SS-Offizier, dessen Namen sie später erfahren würde: Mengele. Für sie war er nur irgendein Nazi-Offizier mit kaltem, unpersönlichem Blick.

Mit dem Lächeln, dass ständig auf seinem blassen Gesicht zu liegen schien, fragte Mengele sie: »Was ist los, schöne Frau?«

Priska richtete sich auf, hob das Kinn und erwiderte trotzig: »Gar nichts.«

»Zeigen Sie mir Ihre Zähne«, befahl Mengele.

Sie zögerte einen Augenblick, dann öffnete sie den Mund.

»Arbeiten!«, befahl er scharf.

Grobe Hände schoben sie nach rechts. In diesem Meer von Leiden, in dem sie gerade ertrank, durfte niemand stehen bleiben oder zurückschauen. Tibor war in der Flut von verwirrten Menschen verschwunden, die sich Hunderte Meter hinzog, und sie hatte keine Ahnung, ob Edita ihr folgte.

Mit gezogenen Schlagstöcken und »Schneller!«-Rufen brachten die Kapos und SS-Männer die Frauen in Fünferreihen durch einen Korridor mit klebrigem Lehmboden, der von tiefen Gräben und hohen Stacheldrahtzäunen gesäumt war. Sie wurden in ein abgelegenes Ziegelgebäude am Rand des Lagers gebracht, in einen lang gestreckten Raum mit Fenstern gestopft und bekamen den Befehl, sich nackt auszuziehen, um desinfiziert zu werden.

Die fassungslosen Frauen, die sich nicht einmal vor ihren Ehemännern jemals nackt gezeigt hatten, wankten. Einige, die zu langsam waren oder um etwas baten, womit sie ihre Nacktheit bedecken konnten, wurden mit Schlägen gefügig gemacht. Ihre abgelegten Kleider, Uhren, Geld und Schmuck wurden blitzschnell aufgehäuft, um im wirtschaftlichen Herzen von Auschwitz, dem Lagerhaus namens »Kanada«, sortiert zu werden. Kanada – ein rohstoffreiches Land …

Das Kanadakommando von etwa tausend jüdischen Häftlingen, fast alles Frauen, watete streng überwacht förmlich durch die riesigen Kleiderstapel, die sich bis zu drei Stockwerke hoch auftürmten. Sie hatten die Aufgabe, warme und gut erhaltene Kleidung auszusortieren, zu dämpfen und zu desinfizieren, damit die Sachen dann ins Reich geschickt werden konnten. Außerdem untersuchten sie Säume und Futter auf Gold, Banknoten, Edelsteine und Schmuck. Wenn sie die Taschen der Todgeweihten durchwühlten, fanden sie auch liebevoll aufbewahrte Fotos von Familienfesten und geliebten Menschen. Diese Besitztümer wurden auf einen Haufen geworfen und verbrannt. Nur wenige fanden mutige Retterinnen.

Wenn die Neuankömmlinge nackt waren, wurden sie durch einen Korridor in einen kleinen Raum gejagt, wo geschickte Finger Münder und andere Körperöffnungen auf verborgenes Gold und Edelsteine untersuchten. Einige, die befürchtet hatten, alles zu verlieren, hatten sich vom Zahnarzt Diamanten in die Zahnfüllungen einpassen lassen. Andere versteckten Edelsteine in ihrer Vagina. Das meiste wurde gefunden. Sobald sie gründlich durchsucht worden waren, wurden die Frauen wie Schafe an die Scherer weitergeleitet, die mit Scheren und elektrischen Schneidemaschinen darangingen, ihnen sämtliche Haare abzurasieren.

Die Frauen ließen die Köpfe hängen und weinten, als ihre kostbaren Locken, die sie einst so sorgfältig gepflegt und aufgedreht hatten, zusammengefegt wurden, um in großen Säcken gesammelt zu werden. Ihre Haare waren ihre Krone, das Symbol ihrer Ehre und Teil ihrer Weiblichkeit. Wenn sie nach der Prozedur mit den Fingerspitzen vorsichtig die ungewohnte Glatze betasteten, war das ein Moment der äußersten Demütigung und Versklavung. Bei der nächsten Station wurden Achsel- und Schamhaare entfernt, obwohl in der Eile nicht immer alles abrasiert wurde. So ging es auch Priska.

Die Rasur mit den stumpfen Klingen diente zum einen ihrer sofortigen Identifikation, sollten sie einen Fluchtversuch unternehmen, zum anderen sollte auf diese Weise der Läusebefall der Gefangenen reduziert werden. Wie auch immer, sie war das schockierendste Element der Entmenschlichung, die die Frauen aus der Slowakei in diesem Moment erlebten. Ihrer Kleider beraubt, ihrer Haare, ihrer Identität und ihrer Würde, standen sie nun da, oft mit schmerzenden Schnitten und mit halb rasierter Kopfhaut, von der unregelmäßige Strähnen noch abstanden. Freunde und Verwandte drängten sich zusammen und umarmten sich. Der Körperkontakt war das Einzige, was ihnen noch blieb. Plötzlich sahen sie alle gleich aus. Und sie sahen nicht mehr aus wie Menschen.

Da sie zu viele waren, um noch innerhalb des Gebäudes genauer untersucht zu werden, wurden die Frauen auf einen großen Platz gedrängt. Dort fand ihr erster Appell und ihre zweite Inspektion durch Mengele statt, den Chefarzt des Frauenlagers Birkenau. Die Kälte auf ihren nackten Köpfen und Körpern war ein weiterer Schock. Unfähig, sich in die Augen zu sehen, standen sie in Fünferreihen und wurden genau betrachtet: die nächste Demütigung. Die Frauen standen im Schlamm und hatten das Gefühl, die Welt hätte sich einmal um die eigene Achse gedreht und ihr bisheriges Leben einfach mitgenommen.

Wo waren ihre Lieben, die die Nacht verschlungen hatte? Was war aus ihrem einst so sorgenfreien Leben geworden? Im Wahnsinn von Auschwitz und mit diesem entsetzlichen Geruch in der Nase hatte nicht nur Priska das Gefühl, sie würde gleich verrückt.

Während Dr. Mengele näher kam, beobachtete sie, wie er Frauen aus der Reihe zog, wenn sie krank aussahen oder sichtbare Narben oder Verletzungen hatten. Manchmal entschied er wohl auch nur danach, ob ihm das Gesicht einer Frau gefiel oder nicht. In einigen Fällen hatte sie gehört, dass er nach einer Schwangerschaft fragte. Nun versuchte sie nach außen hin Haltung zu bewahren, aber tatsächlich hatte sie sich noch nie so gedemütigt und ängstlich gefühlt wie in diesem Moment.

Dann stand er plötzlich lächelnd vor ihr, so nahe, dass sie sein Rasierwasser riechen konnte. Sie hob den Kopf. Er sah unpassend gut aus in dieser Uniform, und jetzt schaute er sie abschätzend von oben bis unten an, offenbar beeindruckt von ihrer gesunden Erscheinung angesichts der abgemagerten Frauen um sie herum, von denen viele wirklich nur noch Haut und Knochen waren.

Aber Priska wusste, dass diesem Mann nicht zu trauen war. Sie und Tibor waren wie Tiere in dieses Lager gebracht worden. Man hatte ihnen Wasser und Nahrung verweigert, sie angeschrien und geschlagen. Sie war von dem einzigen Mann getrennt worden, den sie je geliebt hatte, man hatte sie ihrer Würde beraubt und ihr nichts als Verachtung gezeigt. Wenn Hitler wirklich seine Drohung wahr machen wollte, Europa »judenrein« zu machen, dann würde man auch das ungeborene Kind einer Jüdin nicht verschonen.

Mengele betrachtete sie, ohne mit der Wimper zu zucken. Ihr blieben nur Sekundenbruchteile für ihre Entscheidung. Als er sie auf Deutsch gefragt hatte, ob sie schwanger war, sah sie ihm in die Augen. »Nein«, erwiderte sie, obwohl es ihr widerstrebte, zuzugeben, dass sie die Sprache dieser arroganten Unmenschen beherrschte. Ihr Herz schlug wild in ihrem Brustkorb. Sie wusste, wenn ihr Zustand später bekannt wurde – was zweifellos der Fall sein würde, wenn sie hierblieb –, würde sie die Folgen zu spüren bekommen. Aber nach kurzem Zögern ging der Arzt mit dem Doktortitel in Anthropologie, der so große wissenschaftliche Ambitionen hegte, lässig zur nächsten Frau.

Nachdem der erste Appell beendet war, wurden Priska und die anderen Frauen zurück in die neu erbaute »Sauna« mit den vielen Fenstern und der praktischen T-Form getrieben. Dort wurden die wenigen, die man als arbeitsfähig und damit als lebenswert eingeschätzt hatte, weiterbehandelt. Immer noch nackt, wurden sie in einen Duschraum mit Betonfußboden gebracht, wo die Kapos, die wild gestikulierten und schrien, um bei ihren Herren einen guten Eindruck zu machen, sie unter ein Gewirr von Kupferrohren und großen Duschköpfen drängten. Die Wartezeit auf dem rutschigen, kalten Boden war quälend.

Plötzlich strömte dampfend heißes Wasser von oben über sie. Alle schrien erschrocken und ungläubig auf. Dann warfen sie die Köpfe zurück und öffneten die Münder, um ihren Durst zu

*Duschraum in der »Sauna«, Birkenau*

stillen, aber das Wasser in Birkenau war nicht trinkbar, und sie spuckten die salzige, verschmutzte Flüssigkeit schnell wieder aus. Seife und Handtücher gab es nicht, stattdessen sprühten die Kapos ihnen Köpfe und Achselhöhlen mit einer beißenden Desinfektionslösung ein, die auf der Haut und in jeder noch so kleinen Wunde brannte. Das Wasser war erst kalt, dann heiß und kam nur schwallweise, aber die Frauen gaben sich alle Mühe, den Gestank der Angst von ihrer Haut zu spülen.

Nass, wie sie waren, wurden sie von den immer noch brüllenden Wachen in den nächsten Raum getrieben, wo man ihnen einige Augenblicke Zeit ließ, um trocken zu werden. Dann marschierten sie wieder durch einen Korridor und wurden in eine Halle geschoben, die fast so groß war wie die, in der sie sich ausgezogen hatten, und von dort aus in eine kleine Latrine ohne Tür.

Man befahl ihnen, sich immer zu fünft über Löcher im Boden zu hocken. Die Frauen prallten zurück vor dem Gestank, der von unten zu ihnen aufstieg. Mit Schlagstöcken bedroht und ohne Toilettenpapier, konnten sich nur wenige von ihnen erleichtern, bevor sie schon wieder weitergetrieben wurden. Verängstigt und verwirrt wurden sie in einen weiteren kleinen Raum neben der Haupthalle gescheucht, wo riesige Haufen mit Kleidung lagen. Jede Frau bekam ein oder zwei Kleidungsstücke zugeworfen.

Die Frauen, von deren Entscheidung möglicherweise Leben oder Tod abhing, schauten die Neuankömmlinge nicht an und durchsuchten die völlig willkürlich zusammengeworfenen Kleidungsstücke mit schmutzigen Fingern. Eine von ihnen warf Priska ein paar Schuhe und ein weites Hemdblusenkleid aus kräftigem schwarzem Stoff zu, für das sie ungeheuer dankbar war. Andere Frauen hatten weniger Glück und bekamen Teile, die überhaupt nicht zusammenpassten, viel zu kleine Kleider oder Männerunterwäsche oder auch seidene Abendkleider. An jedem anderen Ort wäre das Ergebnis amüsant gewesen. Hier jedoch zogen sie ohne Zögern die lächerliche Gefangenenkleidung an, obwohl die Haut noch feucht war, und starrten sich mit düsterer Vorahnung an.

Dann wurden die Frauen aus Sered' in Fünferreihen über einen weiteren Appellplatz geführt und durch einen weiteren Korridor aus Stacheldraht zu einem weiteren Gebäude geschoben. Dies war der Durchgangsblock am Rande des Frauenlagers, das sogenannte »Lager C« mit endlosen Reihen von Holzbaracken, jede dreißig mal zehn Meter lang. Hier lebten Tausende von verängstigten Frauen.

Das Reich des Todes, in das Priska geraten war, bestand aus einem riesigen Netz von drei Lagern und einem tödlichen Ring von mehr als vierzig Außenlagern. Dieser Ort unweit der abgelegenen südpolnischen Stadt Oświęcim, die die Deutschen in Auschwitz umbenannt hatten, würde zum Inbegriff des industriellen Völkermordes werden. Ursprünglich war die Stadt eine österreichisch-ungarische Kavallerie-Garnison gewesen, später war sie von der polnischen Armee übernommen worden.

Auschwitz I war als »Gefängnis erster Klasse« für jüdische und nicht-jüdische polnische Kriminelle und politische Häftlinge geplant gewesen. Im Mai 1940 war es offiziell zum Konzentrations- und Vernichtungslager erklärt worden und stand seitdem unter der Leitung des SS-Offiziers Rudolf Höss, der zuvor schon in Sachsenhausen und Dachau Dienst getan hatte.

Auschwitz II-Birkenau war Anfang 1941 von sowjetischen Kriegsgefangenen errichtet worden und diente zunächst ihrer Unterbringung. Die meisten von ihnen starben. Es lag 3,5 Kilometer von dem früheren Dorf Brzezinka, zu Deutsch »Birkenau« entfernt. Der Ort in der sumpfigen Ebene im Mündungsbereich zweier Flüsse war gewählt worden, weil er zentral und nah bei den wichtigsten Eisenbahnlinien gelegen war.

Als die Nazis ihre Operationen in Polen ausweiteten, waren die eintausendzweihundert unglücklichen Einwohner von Brzezinka aus ihren Häusern vertrieben worden, und das Dorf wurde dem Erdboden gleich gemacht. Tausende weitere Be-

*Holzbaracken in Auschwitz II-Birkenau*

wohner der Gegend wurden ebenfalls vertrieben, sodass ein Niemandsland von 20 Quadratkilometern Größe entstand, in dem das Lager vor den Augen der Welt verborgen blieb. Die Ziegel der ehemaligen Häuser wurden für den Bau des Torhauses, der Wachquartiere und der ersten Häftlingsunterkünfte verwendet. Als mehr Baracken gebraucht wurden, verwendete man Holz aus der Gegend dazu. Im März 1942 wurde Birkenau zum Konzentrationslager erklärt.

Auschwitz III an einem Ort, den die Deutschen Monowitz nannten, wurde 1942 als Arbeitslager erbaut, um Sklavenarbeiter für das deutsche Chemieunternehmen IG Farben bereitzustellen. Die Buna-Werke der IG Farben stellten synthetischen Treibstoff her; 1944 arbeiteten hier rund achtzigtausend Menschen. Seit Anfang 1942 wurden Juden nach Auschwitz I und Auschwitz II-Birkenau gebracht, die ersten aus Bratislava und Schlesien. Da das Lager bald überfüllt war, wurden hölzerne Baracken gebaut, so weit das Auge sah. Dann begannen die Transporte aus Lagern wir Drancy in Frankreich und Westerbork in den Niederlanden. Und irgendwann auch aus Theresienstadt.

Josef Mengele kam im Mai 1943 nach Birkenau, als Mitglied eines deutschen Kontingents von Medizinern, die genetische und andere Experimente durchführen sollten. Pflichtbewusst und gerade arbeitssüchtig, stieg er bald in eine leitende Position auf. Obwohl er oft als derjenige genannt wurde, der die Selektionen durchführte, und für viele Überlebende zur Personifikation des Mordens in Auschwitz wurde, war es wohl nicht immer nur Mengele, der die neuen Häftlinge inspizierte. Sicher ist jedoch, dass er seine Arbeit mit großer Leidenschaft tat und sich geradezu darum riss, an der Rampe zu stehen und so viele Transporte wie möglich »willkommen zu heißen«.

SS-Offiziere bekamen Extrarationen an Zigaretten, Seife, Schnaps und Essen für »Sonderaktionen« wie die Selektionen oder auch Hinrichtungen von Häftlingen. Diese Zuwendungen ergänzten die großzügigen Mahlzeiten, die von den Köchen im Waffen-SS-Club zubereitet wurden: gebratenes Huhn, gebackener Fisch, schäumendes Bier und jede erdenkliche Menge an Speiseeis und süßen Desserts.

Gleich nebenan wurden Tausende von verschreckten, halb verhungerten Häftlingen jeden Tag nach Auschwitz gebracht, jeder von ihnen ein potenzielles Mordopfer. Etwa 90 Prozent wurden binnen weniger Stunden nach ihrer Ankunft getötet. Wer für die »Sonderbehandlung« (in den Listen SB abgekürzt) ausgesucht wurde, starb wenig später. Zu Beginn lag das Lager einen Kilometer von den Bahngleisen entfernt, und die Todgeweihten wurden in geschlossenen LKWs sofort weggebracht.

Die SS hatte verschiedene Möglichkeiten getestet, um die Juden und andere »Feindes des Reichs« zu töten: Hunger, Erschießen, Ersticken mit Kohlenmonoxid. Aber diese Methoden waren ineffizient und zeitaufwändig, und die Vernichtung der Leichen durch Verbrennen in Gräben kostete zu viel wertvollen Treibstoff. So suchte man fieberhaft nach einer Methode, mit der man große Menschenmengen gleichzeitig töten konnte, mit möglichst wenig personellem Aufwand und zu geringen Kosten. Viele Häftlinge in Auschwitz wurden durch Phenol-Injektionen ins Herz getötet. Dann entwickelte man eine neue Methode: den Tod durch Giftgas in speziell dafür eingerichteten Kammern.

Mitten in Birkenau standen zwei schmucke Ziegelhäuser, die die Zerstörung des alten polnischen Dorfes überlebt hatten. Sie wurden das »rote Haus« und das »weiße Haus« genannt und waren als Badehäuser getarnt. Den Häftlingen wurde gesagt, sie sollten sich dort waschen und würden entlaust. Ein Lastwagen mit einem roten Kreuz stand oft vor der Tür, um die Menschen noch mehr in Sicherheit zu wiegen. Tatsächlich wurden mit diesem Wagen die Behälter mit dem Giftgas Zyklon B transportiert, mit dem die Häftlinge getötet wurden. Zyklon B war ein hoch wirksames Pestizid, mit dem man Ungeziefer in den Ghettos vernichtet hatte. Es bestand aus kleinen kristallinen Kügelchen, die ein tödliches Blausäuregas freisetzten, sobald sie mit Feuchtigkeit und Hitze reagierten. In einem Keller in Auschwitz I hatte man 1941 die ersten grausamen Versuche an sowjetischen Kriegsgefangenen durchgeführt. Inzwischen hatten die SS-Ärzte das System perfektioniert.

Die Opfer bekamen Handtücher und kleine Stücke Seife von Männern in weißen Kitteln, um sie noch mehr in die Irre zu führen. Dann wurden sie nackt in die Häuser mit den zugemauerten Fenstern und den luftdichten Türen geführt. Die meisten hatten keine Ahnung, was ihnen bevorstand. Die Deutschen warteten ein paar quälend lange Minuten, bis die Luft durch die Körperwärme der Menschen aufgeheizt war, weil man festgestellt hatte, dass das Gas auf diese Weise wesentlich schneller wirkte. Erst wenn die schwitzenden Gefangenen sich in der stinkenden Dunkelheit aneinanderdrängten, kam ihnen wohl ein Verdacht. Alle hofften, aus den falschen Duschköpfen würde doch noch Wasser strömen, manche umarmten sich, beteten oder rezitierten das »Shema Israel!«, das jüdische Glaubensbekenntnis aus der Tora. Nach Ablauf einer genau bemessenen

*Die Gaskammer in Auschwitz I heute*

Zeit rüsteten sich uniformierte Soldaten mit Gasmasken aus, kletterten auf Leitern und warfen die Kügelchen durch spezielle Öffnungen im Dach oder in den Wänden, sodass sie mit der Hitze und dem Schweiß der Eingeschlossenen reagierten und ihre tödliche Wirkung entfalteten.

Das Sterben der Opfer, denen Schaum vor dem Mund stand und die aus den Ohren bluteten, dauerte bis zu zwanzig Minuten, je nachdem, wie nahe sie an den Öffnungen standen. Die Leute, die das Gas hineinwarfen, hörten die Eingeschlossenen oft schreien, rufen und an die Türen hämmern, während sie um jeden Atemzug kämpften. Erst wenn alles still war und genug Zeit vergangen war, sodass das Gas wieder abgezogen war, wurde ein »Sonderkommando« von Häftlingen hineingeschickt. Diese Helfer wider Willen wurden unter Todesdrohungen gezwungen, die Leichen herauszuschaffen. Sie bildeten Einheiten von vier- bis neunhundert Mann und galten als »Geheimnisträger«. Deshalb wurden sie auch streng von den anderen Häftlingen isoliert. Ihre furchtbare Aufgabe war es, die Gaskammern zu öffnen, die Toten herauszuziehen und Fäkalien, Erbrochenes und Blut zu entfernen, bevor die nächste Gruppe in die Gaskammern getrieben wurde.

Manchmal begegneten die Häftlinge der Sonderkommandos Mitgliedern ihrer eigenen Familie. Angesichts der Schrecken, die sie mit ansehen mussten, begingen einige Selbstmord – die einzige Möglichkeit zu entkommen. Nach einer Zeit zwischen drei Monaten und einem Jahr – je nach »Leistung« – wurden die Angehörigen der Sonderkommandos umgebracht und durch neue Häftlinge ersetzt. Die erste Aufgabe jedes neuen Sonderkommandos bestand darin, die Leichen der Vorgänger zu »entsorgen«. Nur wenige überlebten den Krieg, aber nachdem sie wussten, was ihnen bevorstand, verfassten einige von ihnen schriftliche Berichte und versteckten sie, damit sie nach ihrem Tod gefunden werden konnten.

Die Entwürdigung dieser Gefangenen und der Toten endete aber nicht mit dem Tod. In der grausamen Verwertungskette der Nazis wurde wenig verschwendet, und so wurden auch die Nebenprodukte des Mordens für das Reich zur Seite geschafft. Die üppigen Locken und Zöpfe, die man den weiblichen Häftlingen abschnitt, wurden für Kleidung und Netze oder als Isolier- und Dichtungsmaterial für die deutsche Kriegsmaschinerie verwendet. Die Leichen waren noch nicht ganz kalt, da riss man ihnen schon den Mund auf, um die Zähne mit Zangen herauszureißen – auch dies eine Aufgabe der Sonderkommandos. Gute Zähne wurden zu Zahnprothesen verarbeitet. Schmuckstücke und Edelsteine, die in Zahnfüllungen versteckt worden waren, wurden der SS übergeben und genutzt, um die Kosten für Unterkunft, Ernährung und Transportkosten zu decken. Zahngold wurde zu riesigen Klumpen eingeschmolzen.

Später, als die Transporte Tag und Nacht ins Lager rollten, wurden im Lager vier »Krematorien« gebaut, die von II bis V durchnummeriert waren. Diese Todesfabriken hatten eine wesentlich höhere Kapazität. Die modernen Betongebäude waren

100 Meter lang und 50 Meter breit und enthielten fünfzehn Öfen. Sie waren nicht nur wesentlich effizienter als die alten Häuser, sondern hatten auch unterirdische Räume, in denen sich die Häftlingen auszogen und von dort aus unmittelbar in die schalldichten Gaskammern gingen, die aussahen wie Duschräume und mit elektrischen Aufzügen versehen waren, mit denen die Leichen sofort in die Verbrennungsöfen transportiert wurden. In diesen vier Kammern konnten mehr als viertausend Menschen bei jedem Transport vergast werden. Auf dem Höhepunkt der Transporte wurden hier achttausend Männer, Frauen und Kinder an einem einzigen Tag ermordet.

In der ersten Zeit wurde die heiße Asche der Toten in einige tiefe Weiher am Rand des Lagers gestreut; als das Wasser mit menschlichen Überresten gefüllt war, wurde die Asche in einen Sumpf mit Silberbirken geschaufelt oder als Dünger für die nahe gelegenen Felder verwendet. So wurde das Gebiet zum größten jüdischen Friedhof der Welt. Oft trug der Ostwind die graue Asche davon und schickte Wirbel von pulverisierten Knochen über die Ebene, die sich auf die Haut legten und auf jeder Oberfläche und auf den Lippen der Überlebenden eine dicke Schicht bildeten. Diejenigen, die dem Tod entgangen waren, atmeten Tag für Tag den Staub ihrer Lieben ein.

Priska, die gerade aus Bratislava gekommen war, wusste von alldem in ihren ersten Stunden in Auschwitz II-Birkenau gar nichts. In dem stickigen, fensterlosen Schuppen, in den man sie mit viel zu vielen anderen Menschen gesperrt hatte, spürte sie nur eins: Sie und ihr Kind waren in größter Gefahr. Wenigstens hatte sie Edita wiedergefunden, die ihr nicht mehr von der Seite wich. Erst als die Frauen, die schon einige Zeit hier lebten, anfingen, im Dunkeln zu flüstern, verstand Priska, wie groß die Gefahr tatsächlich war. Altgediente Häftlinge aus allen möglichen Nationen, mit kahlen Köpfen und eingesunkenen Augen, drängten sich an die Neuankömmlinge heran und fragten, ob sie etwas zu essen mitgebracht hätten. Als man sie enttäuschte, erzählten sie, was im Lager vor sich ging, wobei sie ständig stritten. Sie alle waren verdammt, erklärte eine mit Grabesstimme. Sie waren hierher gebracht worden, um zu sterben, um sich entweder totzuarbeiten oder zu verhungern. Die Lage war aussichtslos. Nein, sie waren hier nur in Quarantäne, erklärte eine andere, und dann begann der Streit von Neuem. Warum sonst waren so viele von ihnen rasiert und tätowiert worden? Sie sollten beten, dass sie zum Arbeiten selektiert würden, denn dies sei ihre einzige Überlebenschance, erklärte eine dritte.

Aber wo waren die anderen geblieben?, klagten die Neuankömmlinge. Was war mit ihren Familien? Hatte man sie in eine andere Baracke gesperrt oder waren sie zum Arbeiten an einen anderen Ort gebracht worden?

»Seht ihr das?«, murmelten die mageren Gestalten mit einem verzerrten Lächeln und deuteten auf den immer dichter werdenden Qualm über dem Schornstein, den sie durch eine Ritze in der Wand sehen konnten. »Da sind sie, eure Lieben. Und da enden wir alle.«

Die Drohung der Nazis, die Juden zu vernichten, war nie ganz glaubhaft erschienen, aber als Priska von den Gaskammern hörte und den üblen Gestank von verbranntem Menschenfleisch und -haar einatmete, zweifelte sie nicht mehr daran, dass ihre Mithäftlinge die Wahrheit sagten. Der Rauch von all den Toten umgab sie alle wie ein Leichentuch. »Unser Alltag machte mehr als deutlich, was mit schwangeren Frauen und ihren Kindern passieren würde«, sagte sie später. »Und man brauchte nur ein wenig logisches Denken, um zu begreifen, dass die Überlebensrate in dieser Hölle sehr gering war.«

Sie musste versuchen, ihr Kind zu retten – und das bedeutete zunächst einmal, sie durfte nicht verhungern wie all die anderen. Schon nach wenigen Stunden war ihr klar, dass sie hier vor allem von Flüssigkeiten leben würde, angefangen bei dem Spülwasser, dass die Deutschen als Kaffee bezeichneten und das aus Sumpfwasser und geröstetem Weizen hergestellt wurde. Dieses Gebräu bekamen die Häftlinge morgens und abends. Mittags gab es einen Schlag von der unaussprechlichen Suppe aus verfaultem Gemüse und die einzige feste Nahrung des Tages, ein kleines Stück Schwarzbrot, das sich anfühlte, als wäre es aus Sägemehl gebacken. Angesichts dieser Ernährung ließ Priskas morgendliche Übelkeit schnell nach.

Sie und Edita folgten ihren Urinstinkten, um überleben zu lernen, und bemerkten bald, dass die anderen Insassen ihrer Baracke sofort aus ihrer Starre erwachten und im Dunkeln zu den Suppenkesseln eilten, wenn sie von Mithäftlingen hereingetragen wurden. Dann gab es Streit zwischen Gruppen und Nationalitäten, und die Kapos schlugen brutal mit Knüppeln oder Gummischläuchen nach denen, die übergeschwappte Reste vom Boden aufleckten oder wie Schakale um jeden noch so widerwärtigen Brösel kämpften. Die Hungrigsten ertrugen die Schläge, um mit schmutzigen Händen in der Suppe herumzufischen in der Hoffnung, etwas Festes darin zu finden. Jedes bisschen Nahrung konnte lebenswichtig sein, und so war es mit den Waschritualen der Vergangenheit bald vorbei. Priska sah, dass es am besten war, wenn man eine Schöpfkelle voll bekam, die vom

*Frauenbaracke in einem Konzentrationslager*

Boden des Topfes her kam, aber das wollten alle, und alle mussten warten, bis sie an der Reihe waren.

Wenn die schmutzigen Schüsseln leer geleckt waren und nur noch die grellen Suchscheinwerfer etwas Licht durchs Lager schickten, versuchten sie zu schlafen, sechs oder mehr Frauen nebeneinander. Sie lagen auf der Seite auf den Holzpritschen in der fensterlosen Baracke, während Regen und Wind durch die Ritzen drangen. Sie lagen auf dünnen Matratzen oder auf schmutzigem Stroh, eine dünne Decke über sich gebreitet. Die Schuhe oder Stiefel behielten sie an, weil sie ihnen sonst gestohlen worden wären, und sie klammerten sich an ihre kostbaren Schüsseln und Löffel, als gehörten sie zu einem Rettungsfloß.

Die unteren Plätze in den dreistöckigen Betten waren die besten, aber hier wurde man von den Ratten belästigt, die auf dem feuchten Boden herumliefen und ihnen die Hornhaut von den Füßen nagten. In der Mitte war es im Sommer entsetzlich heiß und stickig, und oben wurde man im Sommer regelrecht gebraten und im Winter nass, aber man konnte immerhin den Schnee essen oder das Regenwasser auflecken. Doch auf welchem Stockwerk sie auch lagen, alle Frauen erwachten morgens mit steifen Muskeln und schmerzenden Knochen.

Ohne Arbeit und ohne irgendeinen anderen Gedanken als Angst, Hunger und Durst, graute es Priska und all den anderen vor jeder weiteren Stunde. Was würde mit ihnen geschehen? Sie waren in der stickigen Baracke eingesperrt, und jeder Tag in diesem Halbdämmer dehnte sich endlos. Die erzwungene Untätigkeit machte sie halb wahnsinnig. Viele Frauen waren tatsächlich verrückt geworden und heulten vor Sehnsucht nach längst verlorenen Kindern, Eltern oder anderen Lieben. Ihre Verzweiflung war ansteckend, und bald erschien ihnen der Tod wie eine Erlösung. Andere zogen sich gebrochen und gleichgültig in sich selbst zurück und folgten in einem permanenten Zustand der Todesangst wie stumme Gespenster den Befehlen.

Die Aufsicht in den Baracken führten Kapos, die »Blockälteste« genannt wurden: entweder Schwerkriminelle, die sich einige Privilegien erkämpft hatten, oder Leute, die die nötige Brutalität aufbrachten, die die Nazis verlangten. Einige dieser Häftlinge lebten schon seit Jahren in Auschwitz und hatten früh gelernt, dass sie nur dann auf Dauer überleben konnten, wenn sie den aufgehetzten Hass ihrer Herren nachahmten. Wie alle Funktionshäftlinge im System der Nazis waren auch sie abhängig von ihrer eigenen Schläue. Wenn sie zu nachgiebig waren, riskierten sie schwere Strafen oder landeten sehr bald in den Gaskammern. Wenn sie der SS missfielen, wurden sie degradiert und in die Baracken gesperrt, über die sie zuvor geherrscht hatten. Dort fielen sie dann in die Hände ihrer hasserfüllten Opfer und fanden oft den Tod. Die Kapos sorgten mit dafür, dass die Ordnung aufrechterhalten wurde, vor allem im Dunkeln, wenn die SS-Leute das Lager verließen. Zum Lohn bekamen sie separate Unterkünfte neben den Hauptblocks, bessere Betten, mehr zu essen und konnten ihre Baracken heizen. Die Frauen, über die sie herrschten, durften nicht laut sprechen oder sich irgendwie zusammentun, und sie riskierten Schläge oder Schlimmeres, wenn sie sich das Geringste zuschulden kommen ließen.

Tatsächlich sprachen sie nicht, sondern flüsterten in der Nacht in den Sprachen, die ihnen zur Verfügung standen, über Freunde und Verwandte, Ehemänner und Liebste, Kinder und ihr verlorenes Leben. Die Gedanken an Kinder, Eltern und Ehemänner quälten sie. Sie sehnten sich nach Farbe und Lachen, Vogelgezwitscher und Blumen. Manchmal rezitierten sie Gedichte oder sprachen sich die Lieblingsstellen aus Büchern vor. Wenn sie es wagten, sangen sie leise zusammen – oft Film- oder Theatermusik oder Klagelieder, die in einer Flut von Tränen endeten.

Die meiste Zeit jedoch sprachen sie übers Essen. So sehr sie das Thema auch zu vermeiden suchten, quälten sie sich doch mit Erinnerungen an große Festessen und an Rezepte, für die nur die besten und feinsten Zutaten benötigt wurden. In einem großen, stinkenden Menschenknäuel lagen sie da und erinnerten sich an die Küchen ihrer Familien mit dem Duft von frisch gebackenem Brot, an Tische, die sich unter der Vielfalt der Speisen bogen, und an den köstlichen Geschmack von süßem Rotwein.

Manchmal schrie irgendwann eine, sie sollten aufhören, weil sie es nicht mehr aushielt. Dann schwiegen sie wieder.

Wenn sie dann erschöpft einschliefen, lagen sie so eng beieinander, dass sie sich kaum rühren konnten. Die Wachhunde der SS hatten in ihren Zwingern mehr Platz als sie. Ellbogen an Ellbogen lagen sie alle auf einer Seite, und wenn eine Frau sich umdrehen musste, um ihre Hüfte zu entlasten, oder aufstehen musste, um den Toiletteneimer zu benutzen, dann waren alle gezwungen, sich umzudrehen. Und ihr unbehaglicher, unruhiger Schlaf wurde zusätzlich von Albträumen und von einem herzzerreißenden Heimweh unterbrochen.

Jeden Morgen gegen vier Uhr wurden die Frauen grob von einer schrillen Glocke oder einem Gong geweckt, begleitet von Rufen und dem Trappeln ihrer Füße, wenn die weiblichen Kapos sie zum Appell und wieder zurück jagten, wo sie sich in Reihen aufstellen mussten und immer wieder gezählt wurden. Geblendet von grellen Scheinwerfern und auf dem schlammigen Boden taumelnd, standen sie bis zu zwölf Stunden bei Wind und Wetter in Fünferreihen auf dem ihnen zugewiesenen Appellplatz und wurden immer wieder aufgerufen. Diejenigen, die sich nicht mehr auf den Beinen halten konnten, wurden von ihren Freundinnen gestützt, denn wer schlechte Zähne oder Wunden hatte oder sonst irgendeine Schwäche zeigte, war in akuter Lebensgefahr.

Sie atmeten durch den Mund, um den allgegenwärtigen Geruch des Todes nicht so sehr wahrzunehmen, und oft standen sie nackt im scharfen Wind oder im Schneesturm. Gelegentlich kam Mengele und entschied mit dem schnellen, professionellen Blick des Arztes, ob sie an diesem Tag sterben sollten oder sich in einer der Fabriken für das Reich zu Tode schuften durften. Er war so eifrig darauf bedacht, seine sogenannte Pflicht zu erfüllen, dass er solche Selektionen oft sogar außerhalb seiner eigenen Schicht übernahm.

Eines Tages schockierte er Priska, indem er auf sie zukam und grob ihre Brust drückte. »Ich hatte große Angst, dass Milch kommen würde, aber Gott sei Dank passierte nichts«, sagte sie später. Danach starrte er sie mit seinen braunen Augen einen Moment lang nachdenklich an, und dann ging der Arzt, der für seinen Einsatz in der Ukraine das Eiserne Kreuz gekommen hatte, einfach weiter.

Eine Gefangene, die ähnlich behandelt wurde, hörte ihn zu ihrem Entsetzen rufen: »Milch! Schwanger!« Dann reichte er sie mit einer kleinen, fast unmerklichen Handbewegung an eine Häftlingsärztin weiter, die ihr nach kurzer Untersuchung bestätigte, dass sie ein Kind erwartete. Sie leugnete, aber die Ärztin bestand darauf. Als sie ging, um eine Wache zu holen, nutzte die Frau ihre Fluchtchance und lief zurück in die Reihe. Das rettete ihr für diesen Tag das Leben.

Doch selbst Mengele musste gelegentlich schlafen, und dann wurden die morgendlichen Selektionen von anderen Ärzten durchgeführt, darunter Dr. Fritz Klein, der mit verächtlichem Blick, begleitet von seinen Hunden, die Reihen abschritt. Er fragte die Frauen nach ihren Namen, nach Alter und Nationalität, dann untersuchte er ihre Körper auf Ekzeme, Wunden und Deformationen und deutete mit einem Finger an, ob sie einen weiteren Tag Aufschub bekamen oder bald das tödliche Gas einatmen mussten. Klein war ein glühender Antisemit und betrachtete die Frauen mit offensichtlichem Widerwillen. Noch in seinem Kriegsverbrecherprozess erklärte er in aller Öffentlichkeit, die Juden seien »der vereiterte Blinddarm« Europas, der operativ entfernt werden müsse.

Jeden Abend durchliefen die Frauen noch einmal dieselbe tödliche Routine, und noch einmal wurde über ihr Schicksal entschieden. Wenn sie nicht mehr konnten oder aufgrund von Durchfall, Krankheit oder Dehydrierung nicht mehr stehen konnten, wurden sie weggebracht und nie wieder gesehen.

Edita blieb immer in der Nähe ihres schwangeren Schützlings, hielt Priska aufrecht und schlief neben ihr, um sie zu beschützen und warm zu halten. Gelegentlich drückte sie nachts ihre Lippen an Priskas Ohr und flüsterte: »Mund auf.« Und wenn Priska gehorchte, schob sie ihr wie durch ein Wunder eine Scheibe Kartoffel oder ein winziges Stück Brot zwischen die klappernden Zähne: »Etwas Köstlicheres habe ich nie zu essen bekommen.« Priska hatte keine Ahnung, woher Edita diese lebensrettenden Brosamen in dieser Einöde bekam, aber sie wusste, ohne diese Dinge konnte sie nicht überleben.

Tag und Nacht wurden die Frauen von Läusen geplagt, die sich in jeder Naht und in jedem Winkel versteckten und sich zu schnell vermehrten, als dass man sie hätte bekämpfen können. Die Jagd und Vernichtung der Läuse zwischen Daumen und Zeigefinger dauerte jeden Tag ein paar Stunden. Ohne medizinische Betreuung und ohne jede Hygiene entzündeten sich die aufgekratzten Bisse, oft mit tödlichem Ausgang. Weitere schmerzhafte Wunden wurden durch die harten Pritschen und den allmählichen Abbau der Haut durch Schmutz und Mangelernährung verursacht.

Mit bis zu achthundert Frauen in jeder Baracke, wüteten Krankheiten ungehindert in ihren wehrlosen Körpern, vor allem Durchfallerkrankungen. Zum Waschen gab es einen lang gestreckten Trog in einer eigenen Baracke mit zwei Wasserhähnen, aus denen braun verfärbtes Wasser spritzte. An Zahnbürsten oder ein Stück Seife war überhaupt nicht zu denken. Die Frauen, die schon länger im Lager waren, zeigten den Neuankömmlingen, wie man Sand oder Erde zum Waschen verwenden konnte, und einige behandelten ihre Wunden mit dem eigenen Urin.

Nur ein oder zwei Mal am Tag durften die Frauen die Latrine besuchen, die aus zwei länglichen, 50 Meter langen Betonplatten mit fünfzig Löchern über einem flachen Graben bestand. Sie wurden gemeinsam durch den Schlamm zu den kotverschmierten Löchern getrieben, hatten dort nur wenige Minuten

*Latrinenblock in Auschwitz II-Birkenau*

Zeit und mussten sich mit der bloßen Hand abwischen, mit schmutzigem Stroh aus den Betten oder Kleiderfetzen. Die wenigen, die überhaupt noch menstruierten, hatten kaum Möglichkeiten, das Blut aufzunehmen. Darüber musste sich Priska immerhin keine Gedanken machen. Obwohl sie ständig weiter abmagerte, lebte das Kind in ihrem Bauch irgendwie weiter.

Dann hieß es schon wieder »Weitergehen!«, und sie wurden zurück in ihre Baracke getrieben – bis zum nächsten Appell. Auf dem Weg zurück hatten sie alle Mühe, die Füße zu heben und ihre lebensrettenden Schuhe zu behalten.

Wenn sie die Baracke verlassen durften, blickte Priska zunehmend verzweifelt nach links und rechts und hoffte, irgendwo ihren Tiborko zu entdecken. Aber alles, was sie sah, waren Hunderte von unbenutzten Schornsteinen über den endlosen Reihen von Baracken und der allgegenwärtige dicke, ölige Qualm, der aus den Öfen drang.

Tibor hatte ihr geraten, an etwas Schönes zu denken, aber wie war das möglich in diesem farblosen Sumpf mit einem Horizont aus Stacheldraht und ohne ein einziges grünes Blättchen? Die stehende Luft in dem endlosen Lager roch nur nach Tod. Die Birken bewegten sich unter einem hohen Himmel, aber die Sonne war zu schwach, um die Düsternis zu durchbrechen, und die Vögel hatten diesen vergessenen Ort verlassen, über dem nur noch ein klagendes Schweigen hing. Wo um Himmels willen war der Rest der Welt geblieben?

In diesem Komplex, in dem es nur um die Zerstörung des menschlichen Geistes ging, waren die Menschen zu formlosen Gespenstern geworden, mit hageren, angstverzerrten Gesichtern. Die unmenschliche Behandlung, der sie spätestens seit dem Transport nach Osten ausgesetzt waren, machte sie zu Schattengestalten, die entweder halb wahnsinnig oder halb tot waren. Nicht der leiseste Funke von Hoffnung war in diesen Augen zu sehen. Der Tod schien unausweichlich, und oft wachte man neben einer Leiche auf – und versuchte den Tod der anderen noch eine Weile geheim zu halten, um etwas mehr Essen zu bekommen.

Priska, die unter entsetzlichem Heimweh und einer großen Sehnsucht nach Schönheit und Sanftheit litt, begann zu begreifen, dass ihre Hoffnung auf Überleben lächerlich naiv gewesen war. Von Hunger und Durst gequält, mit schmerzenden, juckenden Wunden und voller Ekel vor ihrem eigenen Geruch, konnte sie kaum glauben, was ihr passiert war, seit sie und Tibor aus ihrer Wohnung geholt worden waren. Wo war das gute Leben gewesen, das sie als Kind in Zlaté Moravce geführt hatte, als sie ihrer Freundin Gizka in der Schule geholfen hatte und auf der Treppe der Bäckerei köstliche Süßigkeiten geschleckt hatte? Wo waren die glücklichen Zeiten mit Tibor in den verrauchten Cafés von Bratislava, wo sie Sachertorte gegessen hatten, umgeben von lebensfrohen, intelligenten Menschen? Die ruhigen Augenblicke, die sie mit ihm verbracht hatte, wenn er sich Notizen machte und dabei eine seiner Pfeifen rauchte? Hitlers gewissenloser Plan hatte ihre Vergangenheit verschlungen. Ihr blieben nur noch ein paar Erinnerungen.

Betäubt vor Angst, war sie kurz davor, sich der Hoffnungslosigkeit zu ergeben. Aber sie hatte schon drei Kinder verloren, und ihr Überlebenswille und die Entschlossenheit, dieses Kind lebend zur Welt zu bringen, waren erstaunlich zäh. Sie hatte keine Ahnung, ob sie es schaffen könnten, aber was auch immer geschah, sie sehnte sich danach, ihren Mann noch einmal zu sehen.

Die männlichen Häftlinge wurden streng vom Frauenlager getrennt, dessen Baracken am Ende des weitgestreckten Komplexes lagen. Ein paar Männer in gestreiften Häftlingsuniformen kamen zwar gelegentlich vorbei, um die Latrinen zu reinigen oder irgendwelche Handwerkstätigkeiten zu erledigen, aber sie trugen fast immer das rosa Dreieck der Homosexuellen. Priskas Hoffnung, Tibor könnte einmal ins Frauenlager kommen, erwies sich als vollkommen unberechtigt. Sie fürchtete, ihr weicher Mann, der sein Leben als Journalist und Bankangestellter verbracht hatte, könnte längst »durch den Schornstein gegangen« sein. Vielleicht hatte man ihn auch in ein anderes Lager gebracht. Je mehr Zeit verging, desto schwächer wurde ihre Hoffnung.

Doch eines Nachmittags erhörte der Gott, zu dem sie jeden Abend vor dem Einschlafen betete, endlich ihr Flehen. Durch den Stacheldraht entdeckte sie plötzlich Tibor, der in einer kleinen Gruppe am Rand des Frauenlagers vorbeiging. Sie erkannte ihn sofort, obwohl er sehr verändert war: dünner denn je und so blass, dass er fast durchsichtig erschien.

Sie traute ihren Augen kaum. Auf das Risiko hin, erschossen oder geschlagen zu werden, lief Priska durch den Schlamm bis zu dem elektrischen Zaun und konnte tatsächlich ein paar Worte mit ihm wechseln, bevor sie entdeckt wurden.

Tibor, der erst vor ein paar Wochen mit ihr seinen dreißigsten Geburtstag gefeiert hatte, sah jetzt doppelt so alt aus. Aber er war überglücklich, seine »Piri« zu sehen, und sagte ihr, wie sehr er betete, sie und das Kind würden überleben. »Das hält mich am Leben!«, rief er.

»Keine Sorge, ich komme zurück. Wir schaffen das«, erwiderte Priska mit neuer Entschlossenheit, bevor sie auseinandergerissen, geschlagen und in ihren jeweiligen Bereich zurückgetrieben wurden.

Das Wunder, Tibor noch einmal gesehen zu haben und zu wissen, dass er am Leben war, beflügelte Priskas Geist. Und der Gedanke, sie würde ihn vielleicht noch einmal sehen, wurde zu einem enormen Trost für sie. Seine ermutigenden Worte hallten in ihren Ohren wider, und als sie in der folgenden Nacht zwischen Edita und den anderen Frauen eingezwängt auf ihrer Pritsche lag, wurde ihr Entschluss, das Kind zu retten, noch fester. Der Krieg würde doch wohl zu Ende sein, bevor die kleine Hanka oder der kleine Miško geboren würde!

Kurz vor ihrer Deportation hatten sie insgeheim neue Meldungen im versteckten Radio eines Freundes gehört, die ihnen Gewissheit gaben, dass sich das Blatt gegen die Deutschen wendete. Frankreich war befreit, und die amerikanischen und sowjetischen Armeen rückten immer weiter vor. Es konnte nur noch ein paar Wochen dauern, bis sie befreit würden. Dann würde sie mit Tiborko und ihrem ungeborenen Kind nach Hause zurückkehren und ihr grausam unterbrochenes Leben wieder aufnehmen. Sie legte die Hände auf ihren Bauch und rechnete im Stillen nach, wann das Baby zur Welt kommen würde.

»Ich war am 13. Juni 1944 schwanger geworden, also wusste ich genau, wann die neun Monate um sein würden«, sagte sie später.

Das errechnete Datum war der 12. April 1945. Diesen Tag merkte sie sich genau und beschloss, dass sie ihr Kind und sich bis dahin am Leben erhalten würde – mindestens bis dahin. Die ersten fünf Jahre des Krieges hatte sie in Bratislava einigermaßen unbeschadet überstanden, und so war sie gesund und kräftig. Ihr Ehemann lebte, er liebte sie und zählte auf sie. Und sie hatte ihm versprochen, dass sie es schaffen würden. Also würden sie es schaffen.

An diesem Traum hielt sich Priska fest bis zum Morgengrauen des 10. Oktober 1944, etwa zwei Wochen nach ihrer Ankunft in Auschwitz II-Birkenau. An diesem Tag wurde sie gemeinsam mit anderen Häftlingen wieder einmal zusammengetrieben, um sich vor Dr. Mengele aufzustellen, der über ihr Schicksal entschied. Lächelnd wie immer, diesmal mit einer Reitpeitsche ausgestattet, die er lässig nach links oder rechts bewegte, selektierte er die gesündesten Frauen für besonders harte Arbeit. Priska hatte immer noch blanke Augen und sah im Vergleich zu den Frauen, die viele Jahre in Ghettos und Lagern verbracht hatten, geradezu blühend aus. Bestes »Menschenmaterial«. Bevor sie wusste, wie ihr geschah, war sie mit einer kleinen Bewegung von Mengele der zugewiesen worden, die zur Arbeit geeignet war.

Die Frauen bekamen ein Stück Brot und eine Schöpfkelle voll Suppe, dann wurden sie zu ihrer großen Überraschung in geschlossene Güterwagen getrieben, Teil eines langen Zuges, der drohend auf den Gleisen wartete.

Während sie innerlich noch den Namen ihres Mannes schrie, wurden die Türen mit furchtbarer Endgültigkeit zugeschoben. Das war das Ende ihres Traums, Tibor noch einmal wiederzusehen. Die große schwarze Lokomotive stieß eine Dampfwolke aus; dann bewegte sich der Zug aus der Hölle von Auschwitz weg, einem neuen, unbekannten Ziel entgegen.

### *Rachel*

Rachel und ihre Schwestern wurden in der alltäglichen Routine der mörderischen Nazi-Maschinerie ähnlich behandelt wie die übrigen Frauen, die im Spätsommer und Herbst 1944 nach Auschwitz verschleppt wurden.

Nachdem der Zug aus Łódź mit metallischem Kreischen auf dem Gleis von Birkenau gehalten hatte, wurden die Türen aufgerissen. Das Licht blendete sie. Mit steifen Gliedmaßen nach der erzwungenen Unbeweglichkeit wurden sie aus dem Waggon gezerrt und fanden sich halb wahnsinnig vor Angst in einer verzweifelten Menge von schreienden, weinenden Menschen wieder. Bevor sie überhaupt begriffen, was mit ihnen vorging, waren sie zur Seite gedrängt worden und wurden in die »Sauna« getrieben, wo sie sich ausziehen mussten. Mit Peitschenhieben und lauten Flüchen zwang man sie, alle Überreste ihres alten Lebens hinter sich zu lassen.

»Sie haben uns die Köpfe rasiert, und mit einem Desinfektionsmittel gewaschen, und dann gingen wir auf der anderen Seite wieder hinaus«, erinnerte sich Rachel. »Sie liefen herum, schauten sich die Frauen an – und mit was für Blicken! – und suchten die gesünderen, jüngeren unter ihnen aus. Keine Babys. Keine Mütter. Nur gesunde, arbeitsfähige Frauen.«

Während sie mit erhobenen Armen dastanden, riss man ihnen mit Zangen die Ohrringe aus den Ohrläppchen und zog ihnen mit eingefetteten Händen die Ringe von den Fingern. »Wo ihr hingeht, da braucht ihr keine Uhren«, spotteten die Funktionshäftlinge und nahmen ihnen auch diese Wertgegenstände ab. Dann wurden Ohren, Mund und Geschlechtsteile untersucht. Und dann kam das Scheren. Nackt, ohne Haare und aufs Äußerste gedemütigt, sahen die jungen Frauen fast gleich aus, als man sie auf ihre Eignung hin beurteilte, sich zu Tode zu schuften. Sie waren etwa gleich alt, von ähnlicher Größe und Statur, ohne irgendwelche sichtbaren Behinderungen oder Verletzungen.

Sala berichtete später: »Wir waren wie verschreckte Schafe. Ich habe nicht einmal mehr meine eigene Schwester erkannt, nachdem eine von den SS-Frauen uns rasiert hatte. Ich sagte noch zu ihr, wir sehen gar nicht mehr aus wie Menschen … Ich trug eine kleine Kette, die meine Freundin mir gemacht hatte, und hatte sie dummerweise nicht versteckt. Die Wachen rissen sie mir vom Hals. Sie sprachen kein Wort mit uns. Es war so grausam! Dann wurden wir nach draußen gebracht, damit alle unsere Schande sehen konnten.«

Rachel wartete darauf, beurteilt zu werden, als sie den gut

aussehenden SS-Arzt wieder sah, der an der Rampe schon jeder zweiten Frau die Brust gequetscht hatte. Diejenigen, die offensichtlich schwanger waren, wurden aus der Reihe gezerrt. Sie vermutete, dass sie von Monik schwanger war, aber sicher war sie nicht. Aber sie spürte instinktiv, dass sie auf keinen Fall ihren Zustand offenbaren durfte. Zitternd vor Kälte und Angst, als brave Ehefrau, die sich nicht einmal sicher war, ob sie schon ein Kind wollte, empfand sie es als furchtbare Schande, die Existenz ihres Ungeborenen zu leugnen.

Mengele ging an ihr vorbei, ohne sie zu behelligen. Rachel empfand einen Stich, als ihr klar wurde, dass sie niemals die Möglichkeit haben würde, ihrem Mann oder ihrer lieben Mutter Fajga von dem Kind zu erzählen. Und ihren Schwestern wagte sie es nicht zu sagen, aus Angst, dieses Wissen könnte auch für sie böse Folgen haben. Irgendwo in den unendlichen Reihen von frierenden Frauen erlebten Sala, Bala und Ester denselben halb klinischen Prozess der Selektion, während immer mehr Schwache und Unterernährte ausgesondert und weggebracht wurden. Selbst nach den Jahren im Ghetto von Łódź sahen die Schwestern unter dem Schutz ihrer Jugend viel kräftiger aus als diejenigen, die nur noch Haut und Knochen waren.

Von dem ewig fröhlichen Dr. Mengele für gut befunden, wurden alle vier Schwestern einer Gruppe zugeordnet, die sofort zur Sklavenarbeit abtransportiert werden sollte. Mit Peitschen wurden sie zurück in das Gebäude getrieben und bekamen bizarr unpassende Kleidungstücke von einem Haufen zugeworfen, der wohl von der letzten Menschenladung übrig geblieben war – als hätten die Besitzer sie gerade erst ausgezogen. Wie bei allen, die die »Sauna« passierten, war die Auswahl vollkommen willkürlich, ohne jede Rücksicht auf Größe oder Form. Unter diesen Überresten zerbrochener Leben waren Kinderkleider, Arbeitsoveralls, Federhüte und sogar Babysachen. Einige Frauen bekamen rückenfreie Cocktailkleider und riesige Männerstiefel zugeworfen, andere Nachtwäsche oder Sommerblusen. Ein paar hatten Glück und bekamen Unterwäsche oder

Kleidung, die tatsächlich als solche getragen werden konnte, aber die meisten hatten gar keine Wäsche, eine Erfahrung, die ihnen vollkommen fremd war. Sie schlurften in viel zu großen Schuhen herum, manche in niederländischen Holzschuhen, oder mussten Schuhe mit hohen Absätzen tragen, die schon im ersten Moment als wahre Folterinstrumente erkennbar waren.

»Ich hatte sehr viel Glück«, sagte Rachel später. »Sie warfen mir ein weites schwarzes Kleid zu, das wohl einer behinderten Frau gehört hatte. Die Schulterpartie war abnehmbar, und es war groß wie ein Zelt. Ich begriff sofort, dass ich meine Schwangerschaft darin gut würde verbergen können, denn niemand würde sehen, was unter diesem Kleid vor sich ging. Die Schuhe, die sie mir zuwarfen, waren unerträglich, aber ich trug sie trotzdem.«

Auch diesmal gelang es den Schwestern, zusammen zu bleiben, allerdings wurden sie jetzt nach draußen getrieben und mit Schlägen in eine Art Marschordnung gezwungen. In Fünferreihen auf dem Appellplatz aufgereiht, erwarteten sie in Habacht-Stellung in ihrer grotesken Kleidung die nächste Phase des Albtraums und sahen zu, wie die anderen Frauen weitergetrieben wurden, in einen anderen Block oder Gott weiß wohin. Der Wind wurde schneidend und kündigte den Beginn des härtesten Winters in der Geschichte Europas an. Die Frauen fragten sich, was aus ihnen werden sollte und ob sie diesem Fegefeuer jemals entkommen würden.

Zu ihrem Glück hatten die Deutschen keine Zeit zu verlieren. Sie wussten, dass ihnen eine Niederlage bevorstand, und nachdem die meisten Männer an der Front waren, bereitete ihnen der Arbeitskräftemangel in der Rüstungsindustrie und anderen Wirtschaftsbereichen große Probleme. Schon in den Ghettos hatten die Deutschen erkannt, dass die gesündesten Häftlinge – auch Juden – durchaus von wirtschaftlichem Nutzen sein konnten, bevor man sie umbrachte. Die Fabrik, für die Rachel und die anderen Frauen vorgesehen waren, hatte größte Bedeutung für die fortgesetzten Luftangriffe auf die Alliierten, bei denen die Deutschen nach wie vor große Erfolge verzeichneten. Der technische Fortschritt hatte den Luftstreitkräften auf beiden Seiten zu einer ungeahnten Schlagkraft verholfen, aber die deutsche Luftwaffe hatte mit ihren Flugzeugen von Messerschmitt, Junkers, Heinkel, Stuka und Focke-Wulf tatsächlich die Herrschaft über Westeuropa erlangt. Hitler betrachtete seine Bomber als »fliegende Artillerie« zur Unterstützung der Bodentruppen, aber nachdem die Alliierten nach der »Battle of Britain« die Oberhand gewonnen hatten, erlitt die deutsche Luftwaffe eine Reihe katastrophaler Verluste. Allein bei ihrer Niederlage vor Stalingrad verloren die Nazis neunhundert Flugzeuge, sie brauchten also dringend Nachschub. So nahmen sie jede Arbeitskraft, die sie bekommen konnten – solange sie leistungsfähig war. Wer nicht mehr konnte, wurde einfach weggeworfen.

Von all dem und von dem Schicksal, das ihnen vorherbestimmt war, wussten die verwirrten Frauen nichts, die da hungrig und durstig Ende 1944 auf dem Appellplatz von Birkenau standen, während es allmählich dunkel und immer kälter wurde. In der Ferne konnten sie die Hunde bellen hören, die Schreie der Verzweifelten und gelegentliches Maschinengewehrfeuer. In ungläubigem Schrecken standen sie reglos da, wie man ihnen befohlen hatte, und die Kapos und Angehörigen der weiblichen SS schlugen auf jede ein, die wankte, um Wasser flehte oder darum bat, zur Toilette gehen zu dürfen.

Irgendwann gestattete man ihnen, sich in den kalten Schlamm zu setzen, und jede bekam eine kleine Portion Flüssigkeit. Ziemlich schnell merkten sie, dass die Schüsseln, die sie bekamen, als Nachttöpfe benutzt worden waren. Das salzige Gebräu, das man ihnen ausgeteilt hatte, roch entsetzlich und war ungenießbar, aber die Frauen hielten sich die Nase zu und zwangen sich zum Trinken, um ihren Durst zu stillen. Vergeblich. »Wir bekamen etwas Suppe, aber keine Löffel, und so aßen wir mit den Händen«, berichtete Rachel später. Ihr Geist wehrte sich dagegen, aber ihr Körper schrie vor Hunger.

Dann saßen sie wieder stundenlang in der Dunkelheit und beobachteten das seltsame rote Leuchten am Himmel, das aus den Schornsteinen kam. Sie versuchten, so wenig wie möglich zu atmen, denn der Geruch von brennendem Fleisch hinterließ einen schrecklichen Geschmack in der Kehle. Immer wieder kamen altgediente Häftlinge und flüsterten sadistisch auf sie ein: »Seht ihr die Schornsteine da? Hier werden Leute vergast, und danach verbrennen sie sie. Wenn eure Mutter nach links gegangen ist, dann ist sie jetzt dort.«

Zu Beginn weigerten sich ihre gemarterten Hirne, solche Informationen zu verarbeiten. Was sie da hörten, klang zu phantastisch und böse, um wahr zu sein. Aber allmählich überkam sie der Verdacht, dass die abgerissenen Gestalten mit den wahnsinnigen Augen und den schlurfenden Füßen vielleicht doch die Wahrheit sagten. Die Erkenntnis, dass fast ihre gesamte Familie in dieses Haus des Todes getrieben worden war, um dort vergast und verbrannt zu werden, brachte sie zum Würgen. Dumpf dachte Rachel, wenn die Nazis so etwas mit unschuldigen Männern, Frauen und Kindern tun konnten, was um alles in der Welt würden sie dann mit einem Neugeborenen machen? Der Gedanke schmerzte sie so sehr, dass sie kaum noch Luft bekam.

Ihre Ahnung, was passieren könnte, wenn ihre Schwangerschaft bekannt wurde, war vollkommen berechtigt. Die SS wusste genau, dass ein bestimmter Prozentsatz der Frauen, die sie jeden Tag aus den besetzten Gebieten nach Auschwitz transportierten, schwanger sein musste. Diejenigen, die ihren Zustand nicht verbergen konnten, wurden routinemäßig sofort in die Gaskammern geschickt, aber der Krieg nahm kein Ende, und sie brauchten gesunde junge Frauen zum Arbeiten. Was also tun mit denen, deren Zustand noch nicht zu erkennen war? In Birkenau gab es eine primitive Abtreibungsstation, in der Häftlingsärzte arbeiteten. Viele Frauen, die man unter diesen lebensfeindlichen und unhygienischen Bedingungen zu einer Abtreibung zwang, starben ohnehin. Die wenigen, die ihre Schwangerschaft geheim halten konnten und das Kind möglicherweise sogar heimlich zur Welt brachten, verloren es bald, weil es zu wenig zu essen gab. Wenn eine Geburt bekannt wurde, nahm man den Frauen die Kinder weg, um sie entweder verhungern zu lassen oder zu medizinischen Experimenten an Dr. Mengele zu übergeben. In seinem Sonderblock, der »der Zoo« genannt wurde, führten Mengele und seine Leute unaussprechliche Operationen an Zwillingen, Säuglingen, Kleinwüchsigen und Erwachsenen durch, von der Sterilisation und Kastration bis hin zu Elektroschocks und Amputationen – oft ohne Betäubung. Einige Mütter wurden von den Häftlingsärzten dazu aufgefordert, ihre Kinder umzubringen, um ihr eigenes Leben zu retten.

Dann die Kehrtwende: Die SS erklärte, es gäbe keine Abtreibungen mehr und die Schwangeren bekämen Extrarationen und würden von den unzähligen Appellen ausgenommen. Wenig später wurde der Befehl jedoch widerrufen, und die etwa dreihundert Schwangeren in dem eigens eingerichteten Block wurden in die Gaskammern geschickt. Kinder von nicht-jüdischen Häftlingen wurden »germanisiert« und zur Adoption an kinderlose deutsche Ehepaare weitergegeben. Die Kinder, die nicht auf diese Weise gerettet wurden, starben an Hunger, Durst oder Krankheiten. Andere wurden vergast oder gleich in die Öfen geworfen, manche auch durch Injektionen ins Herz getötet. Unzählige Säuglinge wurden schlicht und einfach in Wassereimern ertränkt wie unerwünschte junge Katzen.

Rachel wusste nichts von alledem, aber sie wusste, dass Auschwitz nur einen Zweck hatte: den Tod. Erschüttert über die Vernichtung ihrer Familie, hörten sie und ihre Schwestern dann auch noch von Mithäftlingen, dass die Gaskammern im Lager als Duschen getarnt waren. »Früher oder später landen wir alle da«, sagte jemand kalt. Als sie Stunden später von den SS-Leuten wach gerüttelt wurden und man ihnen befahl, zum Duschen zu gehen, brachen sie zusammen. Schluchzend schleppten sie sich in das Schlachthaus, eine Hand auf der Schulter der anderen, ohne sich noch darum zu kümmern, dass sie nackt waren. Viele Häftlinge beteten laut oder versuchten mit Gott zu handeln: Wenn sie überlebten, würden sie fromm werden und ihr Leben der Hilfe für ihre Mitmenschen weihen. »Sie brachten uns in einen Raum, und ich sah die Duschköpfe«, erzählte Sala später. »Und ich dachte, das ist das Ende. Jetzt werde ich gleich das Gas riechen. Aber dann kam tatsächlich Wasser aus den Duschen. Wir waren noch einmal davongekommen.«

Kurz flammte Hoffnung in ihnen auf, als das kalte Wasser ihre Angst wegschwemmte. Wasser bedeutete Leben. Leben bedeutete Arbeit. Und Arbeit konnte das Überleben sichern. Nass und mit einem stechend riechenden Desinfektionsmittel besprüht, wurden sie aus den Duschen getrieben, bekamen ihre Häftlingskleidung wieder, dazu ein Stückchen Brot und etwas Suppe, und dann wurden sie zurück zu den Bahngleisen geführt, auf denen sie vor gerade einmal vierundzwanzig Stunden hierher gebracht worden waren. In schweigendem Gehorsam blieben die Schwestern eng genug beieinander, dass sie in der Verwirrung in denselben Güterwaggon gelangten, bevor die Türen wieder zugeschoben und von außen mit einem schrecklichen Geräusch verriegelt wurden.

Die Luft in dem Waggon war entsetzlich. Eng aneinandergedrängt standen die Schwestern im Halbdunkel und erstickten fast an dem Geruch von Schweiß, Angst und Urin, hinterlassen von den Elenden, die zuletzt aus der Welt jenseits des Stacheldrahts darin transportiert worden und mit Sicherheit sofort durch den Schornstein gejagt worden waren. Allmählich gewöhnten sich ihre Augen an die Dunkelheit, aber die achtzig Frauen hatten keine Ahnung, wohin man sie brachte oder was mit ihnen an ihrem Bestimmungsort passieren würde. Vermutlich würden sie tagelang den Himmel nicht mehr zu sehen bekommen, und sie würden sich auch nicht bewegen können, denn sie standen dicht an dicht, ohne sich setzen, ausruhen oder auch nur richtig atmen zu können.

Keine von ihnen würde schlafen. Sie alle würden leiden. Und einige würden sterben.

Aber im Moment interessierte sie nur eines: Sie waren irgendwie der Hölle entkommen, die die Menschen massenweise verschluckte. Natürlich fragten sie sich, wie denn wohl ein »Danach« aussehen könnte, denn sie hätten niemals zu hoffen gewagt, dass es nach Auschwitz noch etwas geben könnte. Sie hatten erwartet, mit einem letzten, tödlichen Atemzug die Asche ihrer Lieben einzuatmen und dann zu sterben.

Tatsächlich fuhr der Zug mit einem Ruck an, sodass sie schreiend gegeneinandertaumelten, und brachte sie weg von dem Labyrinth aus Stacheldraht. Sie wagten kaum zu atmen. Sala bahnte sich einen Weg zu dem kleinen Fenster und schaute zurück zu diesem Ort des Schreckens, von dem sie sich langsam wegbewegten.

Während der Zug Fahrt aufnahm, warf sie einen Blick auf das Land jenseits des Lagers, das im grauen Morgenlicht lag. Sie sah eine andere Welt – Gärten mit Apfelbäumen und riesige Felder mit Menschen, die dort arbeiten, Kürbisse und Kohlköpfe ernteten, als wäre es ein Tag wie jeder andere. Das Land, das sich vor ihren Augen erstreckte, umfasste Tausende Hektar Felder, die von Häftlingen und von Deutschen bewirtschaftet wurden,

*Eisenbahngleise nach Auschwitz II*

die dort an einem landwirtschaftlichen Experiment arbeiteten. In Auschwitz-Birkenau verhungerten die Menschen – die fruchtbaren Felder jenseits der Hochspannungszäune waren voll mit frischen Früchten.

Plötzlich entdeckte Sala etwas, was ihr Hoffnung gab, sodass ihr Herz einen Sprung tat: Da draußen arbeitete eine Frau auf dem Feld, die ihrer Mutter Fajga zum Verwechseln ähnlich sah. Sie wurde fast hysterisch vor Erleichterung, dass ihre geliebte Mama noch am Leben war. »Ich schrie ›Mutter! Mutter!‹ Sie blickte auf und sah mich an, als hätte ich den Verstand verloren, aber ich werde dieses Gesicht nie vergessen. Sie sah wirklich genauso aus wie meine Mutter.«

Rachel, die neben ihr stand, rüttelte ihre jüngere Schwester an den Schultern und schlug ihr heftig ins Gesicht. Die beiden Frauen taumelten gegeneinander, während der Zug immer mehr beschleunigte und sie wegbrachte von allen, die sie je geliebt hatten.

### *Anka*

Als Anka und ihre Freundin Mitzka im Dritter-Klasse-Waggon aus Theresienstadt in Auschwitz II-Birkenau ankamen, ging es ihnen körperlich und seelisch sehr schlecht. Seit zwei Tagen waren sie nun unterwegs, eingezwängt zwischen viel zu vielen Menschen, ohne Luft und ohne die Möglichkeit, sich zu bewegen. Überall roch es nach ungewaschenen Körpern oder nach Schlimmerem, und man hatte ihnen verboten, die Jalousien hochzuschieben oder die Fenster zu öffnen. Die ganze Zeit hatten sie nichts zu essen oder zu trinken bekommen. »Das Schlimmste war der Durst«, sagte Anka später.

Lange bevor der Zug seine Fahrt verlangsamte, sahen diejenigen, die trotz aller Verbote durch den Spalt der Jalousien spähten, schon die feuerspeienden Schornsteine. »Wir wussten noch nicht, was das bedeutete, aber der Eindruck war grauenhaft … Der Geruch war unbeschreiblich, man konnte ihn zunächst gar nicht einordnen … Diesen Geruch vergesse ich nie. Der Anblick der Schornsteine war so Furcht einflößend, dass man davor zurückschreckte, auch wenn man nicht wusste, was dort vor sich ging.«

Sobald der Zug anhielt und die Türen aufgerissen wurden, sprangen und stolperten sie wie Betrunkene aus dem Waggon. Um sie herum herrschte vollkommener Aufruhr. »Raus! Schnell! Laufen!«, schrien die Wachen sie an. Vollkommen panisch sahen sie sich umzingelt von Männern in gestreiften Pyjamas, die wie Verrückte aussahen und ihnen befahlen, die Koffer fallen zu lassen, auf die sie so sorgfältig ihre Namen geschrieben hatten. Man versicherte ihnen, sie würden sie später wiederbekommen, aber das war natürlich eine Lüge.

»Überall bellten Hunde, Menschen schrien, es war ein einziges Irrenhaus. Niemand wusste, wohin er sich wenden sollte … Es schien, als würden Millionen von Menschen hier herumirren, aber am Ende waren es wohl doch nur Tausende. Ich kann mich nicht erinnern, ob es Nacht oder Tag war«, sagte Anka später. »Die SS-Leute brüllten uns an und schlugen auf alles ein, was ihnen in den Weg lief. Es war apokalyptisch, unheimlich, ohne dass wir begriffen, was eigentlich passierte.« Die Kapos trennten blitzschnell Frauen und Männer, aber das machte den Häftlingen, die ja schon in Theresienstadt getrennt gelebt hatten, zunächst einmal gar nicht so viel Angst. »Ich war mit einem etwa gleichaltrigen Freund zusammen im gleichen Wagen. Wir kannten uns ein Leben lang und er sagte zu mir: ›Wir verabschieden uns besser hier, denn ich werde sicher mit den Männern gehen müssen und du mit den Frauen. Wir sehen uns dann nach dem Krieg.‹ Ich habe ihn nie wiedergesehen.«

Männer und Frauen mussten sich vor einem hohen Offizier – dem berüchtigten Dr. Mengele – aufstellen und wurden mal auf die eine, mal auf die andere Seite geschickt. »Ich war jung und gesund, also kam ich nach rechts. Die Frauen mit Kindern und alle Leute über vierzig wurden nach links geschickt … Damals kam mir das vollkommen sinnlos vor, aber das war es natürlich nicht.«

Anka und die anderen Häftlinge einschließlich ihrer Freundinnen aus Theresienstadt wurden in Fünferreihen aufgestellt und weitergetrieben, ohne dass man ihnen einen Moment Pause gegönnt hätte. »Wir mussten durch den Schlamm rennen … mit den Flammen vor Augen und diesem Geruch in der Nase. Grauenhaft. Niemand kann sich vorstellen … wie furchtbar dieser Ort war. Unbeschreiblich.« Wie eine Herde Gänse wurden sie in das abgelegene »Sauna«-Gebäude getrieben, wo sie sich ausziehen mussten. Hier befanden sich schon zahlreiche, unterschiedlich entblößte Frauen. Ihre Kleider und Wäsche ließen sie auf einem großen Haufen zurück. Der Befehl wurde von der Drohung begleitet, wer Widerstand leiste, werde erschossen. Wie üblich, wurde auch ihnen der Schmuck von Händen, Handgelenken und dem Hals gerissen.

In all den Jahren in Theresienstadt war es Anka irgendwie gelungen, ihren schlichten Trauring und ihren silbernen Verlobungsring mit dem Amethyst zu retten, indem sie sie unter der Zunge oder in der Faust versteckt hatte. Und auch hier, unter den Adleraugen der Kapos von Birkenau, schaffte sie es.

Sie wurden in den nächsten Raum geschoben und mussten sich nackt hinsetzen, während Männer und Frauen die Schneidemaschinen schwangen, die nicht nur die Haare abrasierten, sondern auch schmerzhafte Schnitte verursachten. Anka versuchte, nicht zu weinen, als sie ihre einst so seidigen Locken auf ihre Knie und dann auf den Boden fallen sah, bevor sie mit einem Reisigbesen in eine kaleidoskopische Wolke von Haaren gefegt wurden, viele Strähnen noch mit Nadeln, Bändern oder Kämmen geschmückt. Geschoren wie Tiere, fühlten sich die jungen Frauen entstellt und kaum noch menschlich. Anka beschrieb es später als das Schlimmste an diesem Tag. »Du fühlst dich mehr als nackt. Du fühlst dich entwürdigt … wie eine Küchenschabe, auf die man tritt. Es tat eigentlich nicht weh, aber … die Demütigung … wenn man so etwas nicht freiwillig tut … man kann sich gar nicht vorstellen, wie man ohne Haar aussieht und sich fühlt.«

Als sie zurück in die Reihe befohlen wurden, rief Mitzka, die nur ein paar Minuten von ihrer Freundin getrennt worden war, laut nach ihr: »Anka, Anka, wo bist du?«

Anka erwiderte: »Wenn du Mitzka bist, dann stehe ich gleich neben dir.«

Später erinnerte sie sich: »Wir liefen nackt herum, während wir von Männern beobachtet wurden. Es war so schrecklich. Wir hatten Angst, aber wir wussten immer noch nicht, wovor.«

Dann wurden sie in den eisigen Wind hinausgetrieben und einem weiteren Appell unterzogen, dem nächsten »Mengele-Test«. Anka kam wieder durch, bedeckte ihre Brüste mit den Armen und betete um ein bisschen Würde. Als sie sah, dass alle anderen durchsucht wurden, um die letzten Wertgegenstände zu finden, ließ sie ihre Ringe fallen. Mit Tränen in den Augen grub sie sie mit dem nackten Fuß tief in den Boden ein. »Ich nahm die zwei Ringe und warf sie in den Schlamm. Kein Deutscher sollte sie haben, sagte ich mir. Es brach mir das Herz, aber so war es wenigstens meine Entscheidung und nicht ihre … Vielleicht hat sie jemand gefunden, aber sie waren das Kostbarste, was ich in diesem Moment besaß.« Sie wusste, sie hatte

*Frauenhaare aus Auschwitz*

das Unterpfand ihrer Liebe zu Bernd für immer verloren, aber es fühlte sich an wie ein wichtiger Akt des Widerstands. Und auf diesem Weg wollte sie weitergehen.

Nach dem Appell schlurften sie weiter und bekamen den Befehl, zu duschen – ein Befehl, dem sie mit Freuden nachkamen, weil sie nicht wussten, was »duschen gehen« sonst noch bedeuten konnte. Das Wasser, das statt des tödlichen Gases aus den Duschköpfen strömte, war kalt und verschmutzt, und es kam nur stoßweise, und sie hatten auch nichts, womit sie sich den Schweiß abwaschen konnten. Immer noch nass, bekamen sie seltsame, formlose Kleider aus grobem Stoff zugeworfen, die sofort kratzten. »Wir bekamen fürchterliche Lumpen zum Anziehen, und einige hatten Glück und bekamen auch Schuhe. Andere hatten weniger Glück. Ich bekam zum Beispiel Holzschuhe.« Dann wurden sie zu den Holzbaracken der Gefangenenblocks getrieben. Im Laufen verstopften sich ihre Nasenlöcher mit dem seltsamen, üblen Geruch, der überall in der Luft hing und aus den großen Schornsteinen zu kommen schien.

Eine der Frauen drehte sich zu Anka um und sagte: »Warum wird hier Fleisch gebraten?« Sie warf einen Blick auf die seltsamen schwarzen Rauchwolken und wusste nicht, was sie darauf sagen sollte. »Inzwischen waren wir so verängstigt und verwirrt, dass alles zu einem entsetzlichen Albtraum wurde, der leider wahr geworden war.«

Die Baracke war wie ein riesiger Hühnerstall mit Lehmboden und ohne Fenster, abgesehen von ein paar schmalen Öffnungen im Dach. Drinnen gab es Holzabteile mit dreistöckigen Betten ohne Matratzen oder Decken. Die Baracke war bereits gefährlich überfüllt mit etwa tausend Frauen, bis zu zwölf in jedem Stockbett. Die Neuankömmlinge wurden mit Stöhnen und dem warmen, üblen Gestank ungewaschener Körper in Empfang genommen. Die Frauen wussten nicht, ob sie sitzen, schlafen oder sonst etwas tun sollten.

Eine von Ankas Freundinnen, die mit ihrer Familie aus Theresienstadt gekommen war, suchte überall nach vertrauten Gesichtern, konnte aber niemanden entdecken. Irgendwann fragte sie eine der anderen Frauen: »Was passiert hier? Wann sehe ich meine Eltern wieder?« Die anderen Häftlinge lachten so hysterisch, dass Anka dachte, sie müssten den Verstand verloren haben. Waren sie hier in einem riesigen Irrenhaus gelandet? Würden sie in diesem Abgrund der Verzweiflung ebenfalls verrückt werden? Eine ältere Frau heulte auf: »Du wirst sie sehen, und wie!« Eine andere krächzte mit irrem Grinsen: »Dumme Kuh! Die sind doch längst durch den Schornstein! Wir gehen alle in Rauch auf, und dann wirst du sie wiedersehen!«

Anka war überzeugt, dass diese Frauen wirklich verrückt waren. »Aber bald erkannten wir, dass sie recht hatten und dass wir uns irrten … In dem Moment begriffen wir, was hier vor sich ging … Sie verbrannten Menschen in diesen Öfen.«

Die Frauen aus Theresienstadt quetschten sich in die Stockbetten, wo sie konnten, und versuchten, als Gruppe zusammen zu bleiben. Anka und Mitzka drängten sich zwischen zwei stinkende Körper in eine Lücke, die nicht einmal für ein Kind gereicht hätte. Als sie auf den harten Holzbrettern lagen, verarbeiteten sie allmählich, was ihnen widerfahren war, seit sie das Ghetto verlassen hatten, das ihnen jetzt wie ein luxuriöser Ort vorkam. Einige fingen an zu weinen, aber die meisten lagen ganz still, überwältigt von Erschöpfung oder gelähmt vor Angst, während die Kapos durch die Gänge patrouillierten.

»Die Kapos waren Insassen wie wir, abgesehen davon, dass sie schon eine ganze Weile im Lager lebten und diese privilegierte Stellung hatten. Einige waren ganz in Ordnung, andere dagegen schlimmer als die Deutschen. Sie ließen hier und da mal ein Wort fallen, und plötzlich begriffen wir. Die Leute, die man zur anderen Seite geschickt hatte, waren wenige Minuten nach ihrer Ankunft vergast worden. Meine Eltern, meine Schwestern, Peter und alle, die vor uns hier gelandet waren. Sie alle waren in die Gaskammern geschickt worden.«

Während sie noch versuchte, das Unmögliche zu verstehen, begann eine Frau namens Hannelore, die die Reise mit ihnen gemacht hatte, ein beliebtes deutsches Lied zu singen. Vor Hitlers Aufstieg zur Macht war sie Sängerin von Beruf gewesen, und jetzt versuchte sie, ihnen mit diesem Lied Mut zu machen. Doch der Effekt war eher das Gegenteil, die Frauen drängten sie, damit aufzuhören. »Das war apokalyptisch«, sagte Anka später. »So ein Lied zu hören fühlte sich an, als würden wir auch ins Gas gehen.«

Ein paar Stunden nach ihrer Ankunft brachten die Kapos einen schmutzigen Kessel mit einer fettigen Flüssigkeit, die sie Suppe nannten. Immer vier Frauen bekamen einen ungespülten Teller, den sie sich teilen mussten. Löffel gab es nicht. »Wir waren so erschüttert von dem, was vor sich ging, so verängstigt und halb verrückt, dass keine von uns Hunger hatte, jedenfalls noch nicht.« Sie begriffen nicht, wie wenig sie zu essen bekommen würden, und verschmähten die letzte Mahlzeit für einige Tage. Die polnischen Frauen eilten gierig herbei und holten sich, was übrig blieb. Sie leckten die Teller aus wie Tiere.

Lisa Miková, eine tschechische Gefangene, die mit demselben Transport gekommen war wie Anka, erzählte später: »Die polnischen Frauen konnten es gar nicht glauben. ›Wollt ihr nicht essen?‹, fragten sie. Wir sagten ihnen: ›Nein, das ist ein fürchterliches Gebräu, und die Teller sind nicht gespült.‹ Sie lachten aus vollem Hals. ›Können wir die Suppe haben?‹, fragten sie dann. Wir sahen, wie hungrig sie waren und wie sie die Teller blitzblank leckten. Am nächsten Tag gab es wieder diese Suppe, und wir zögerten immer noch. Die Polinnen sagten: ›Wisst ihr, wir waren auch gewöhnt, mit Messer, Gabel und Löffel zu essen. Das war normal. Aber dieser Ort ist nicht normal. Wenn ihr nicht esst, magert ihr ab, dann werdet ihr apathisch, und schließlich sterbt ihr.‹ Das konnten wir uns gut vorstellen, wenn wir uns umschauten. Und so fingen wir an zu essen, auch wenn es ekelhaft war.«

In den ersten Nächten konnten nur wenige schlafen, und wenn sie doch irgendwann einschlummerten, wurden sie grob geweckt, wenn der Morgenappell begann und sie von Wachen mit drohenden Schlagstöcken aus ihrer Baracke gejagt wurden. Dann mussten sie sich ausziehen und standen stundenlang in der Kälte und Dunkelheit aufgereiht, wurden gezählt und noch einmal gezählt, einfach nur, um sie zu quälen. Einige wurden verprügelt und als »Saujude« tituliert, andere wurden ins Gesicht geschlagen oder angespuckt. Viele wurden aus den Reihen gezogen und weggebracht. »Auf dem Weg zum Appellplatz mussten wir durch den ewigen Schlamm waten, und ständig drohten über uns diese Schornsteine, die Feuer spuckten. Ein Inferno … Langsam begriffen wir, was da vor sich ging.«

Während Anka auf die Entscheidung über Leben und Tod wartete, lernte sie den Wert ihrer Schuhe zu schätzen, so schmerzhaft und schlecht sie auch sein mochten. Niemand konnte hier überleben, wenn er seine Füße nicht vor dem kalten, nassen Schlamm schützte, der dick und tödlich den Boden bedeckte. Innerlich halb erfroren, schwor sie sich, ihre Holzschuhe niemals aus den Augen zu lassen. Und sie lernte noch weitere Überlebenstricks, vor allem die Kunst, sich unsichtbar zu machen, den Kopf unten zu halten und mit der Menge zu verschmelzen, ohne unerwünschte Aufmerksamkeit zu erregen. Unter den Häftlingen gab es Fraktionen, im Wesentlichen Ost gegen West: Deutsche, Österreicherinnen und Tschechinnen auf der einen Seite, Polinnen, Rumäninnen und Ungarinnen auf der anderen. Während man schlief, konnten einem Schuhe, Kleider und Essen gestohlen werden. Und nachdem die Nerven zum Zerreißen angespannt waren, gab es auch ständig Streit, und man konnte leicht zwischen die Fronten geraten.

»Je länger man im Lager war, desto besser lernte man, zurechtzukommen und zu überleben«, sagte Anka später. »Alle bemühten sich, die Deutschen nicht gegen sich aufzubringen … wie eine Ameise irgendwohin zu krabbeln, möglichst nicht aufzufallen. Den Tag zu überleben, ohne dass man auf sie losging.« Es war gut, dass sie die deutschen Befehle verstand und schneller reagieren konnte als manche anderen und dass ihr sechster Sinn ihr half, sich von Leuten fernzuhalten, die Streit oder Gefahr bedeuteten. Bald hatte sie gelernt, sich nicht mit der nächsten Stunde zu beschäftigen, sondern mit dem, was unmittelbar vor ihr lag. »Die Angst war fast übermächtig, aber man musste ja irgendwie damit umgehen«, sagte sie. »Ich dachte wieder an Scarlett O'Hara in *Vom Winde verweht.* ›Morgen ist auch noch ein Tag.‹ Das war mein Motto.«

Die nächsten zehn Tage verbrachte sie in einer lebenden Hölle, in der sie ständig die Asche der Toten einatmete. An diesem Ort, wo jedes Zeitgefühl verloren ging, kam es ihr vor wie hundert Jahre. Sie lebte von einer Stunde zur anderen, ohne zu wissen, was mit ihr passieren würde. »Ständig diese Angst, vierundzwanzig Stunden am Tag.« Es gab nichts zu essen außer diesem schimmeligen, trockenen Brot und dem unaussprechlichen Gebräu mit dem leichten Kaffeegeschmack am Morgen oder dem salzigen Gebräu am Abend. Es gab nicht einmal Gras, das man hätte essen können. Ungezählte Menschen starben in Auschwitz an Hunger und Krankheiten. Was sie zu essen bekamen, verursachte Magenkrämpfe und Durchfall, aber zum ersten Mal in ihrem Leben konnten sie nicht zur Toilette gehen, wenn sie mussten. Anka berichtete, dass praktisch alle Durchfall hatten. »Ich überlasse es Ihrer Phantasie, sich vorzustellen, wie es dort aussah und roch … Wir waren in einem fürchterlichen Zustand, ohne die Möglichkeit uns zu waschen oder so. Ich überstand das irgendwie, meine Schwangerschaft hielt mich aufrecht.«

Der Zugang zu den Betonlöchern war streng begrenzt. Sie wurden von den SS-Leuten geschlagen oder mit langen Stangen oder Heugabeln gestoßen. »Schneller! Scheißen!« Anka berichtete später, sie würde nie vergessen, wie die Nazis sich einen Spaß daraus machten, die Frauen in dem Schlamm und dem erstickenden Gestank auch noch zu stoßen, wenn sie die Latrine benutzten. »Sie machten das nur zum Spaß, ließen uns auch dort keinen Moment in Ruhe. Einige sagten, wir haben unseren Spaß mit den Juden, was auch immer sie tun. Es war demütigend.«

Der Appell wurde von einer Glocke angekündigt und fand morgens und abends statt. Dazwischen gab es immer neue Selektionen. In der komplizierten Arithmetik des Todes mussten unglaublich viele Menschen gezählt und in Listen eingetragen werden. So dauerten die Appelle mit den nackten Häftlingen oft bis zu drei Stunden. Die Frauen mussten vor einer Gruppe von Medizinern vorbeiziehen, die dastanden und rauchten. »Es war schrecklich, mit und ohne Kleider. Wir waren hungrig und vollkommen verängstigt, und wir gingen an ihnen vorbei und dann nach links oder rechts – inzwischen wussten wir, was das zu bedeuten hatte. Um vier Uhr morgens standen wir in Wind und Regen. Man hatte immer Angst, dass man beim nächsten Mal dran sein würde. Und wenn sie gewusst hätten, dass ich schwanger war, hätte es keinen Ausweg mehr gegeben.«

Anka überstand mindestens zwölf derartige Selektionen. »Ich glaube nicht, dass sie uns als Menschen ansahen. Das einzige Kriterium war: Ist sie gesund genug, um zu arbeiten?« Ständig fragte sie sich: Werde ich durchkommen? Werde ich auch diesmal durchkommen? »Man denkt nur noch an sich selbst. Aber es geht um Tod oder Leben, und da entscheidet man sich für das Leben … Man tut nichts dafür oder dagegen, aber man ist erleichtert, wenn man in die eine Richtung geht und alle anderen in die andere. Es hat nichts mit den anderen Leuten zu tun. Nur damit, dass man selbst zu den Lebenden gehört.«

Wenn jemand nicht anwesend war, weil er krank oder gestorben war, mussten die anderen Gefangenen stundenlang stehen bleiben, wankend vor Müdigkeit, bis die Zahlen wieder stimmten. Erschöpft und geschwächt von den wenigen hundert Kalorien am Tag, die man ihnen gönnte, versuchte die schwangere, nackte Anka, nicht ohnmächtig zu werden, wie es so vielen während der endlosen zwei Appelle pro Tag erging. »Wer ohnmächtig oder krank wurde, ging sofort ins Gas. Ich wurde einmal ohnmächtig, weil ich schwanger war und Angst hatte, vor Hunger und Kälte, aber meine Freundinnen hoben mich auf und hielten mich aufrecht, und so wurde ich wieder einmal gerettet. Alle waren sehr gut zu mir. In Auschwitz durfte man nicht krank werden, sonst wanderte man in die Krankenstation, wurde erschossen oder ging ins Gas.«

Und so überlebte sie wieder einen Tag.

So wie Priska sich nach Tibor sehnte, wünschte sich Anka, endlich wieder in Bernds Armen zu liegen. Sie hatte nur noch dieses bisschen Hoffnung. Die Hoffnung, dass es morgen besser würde. Die Hoffnung, dass sie nicht krank würde oder ihr Kind verlieren würde. Die Hoffnung aufs Überleben. Hatte Bernd diese schockierende Phase der Gewöhnung auch erlebt, als er eine Woche vor ihr nach Auschwitz gekommen war? Lag er irgendwo auf der anderen Seite des Lagers in einem Stockbett und zermarterte sich das Gehirn vor Sorge um sie, so wie sie sich um ihn sorgte?

Doch genau wie Priska lernte Anka schnell, dass Frauen und Männer hier weit voneinander weg gehalten wurden, getrennt durch drei Meter hohe Betonpfähle und kilometerweise Stacheldraht. Auch von den anderen Mitgliedern ihrer Familie erfuhr sie nichts: Eltern und Großeltern, Tanten und Onkel. Auch wenn die Geschichten von den Gaskammern und den Öfen stimmten – die Jüngeren, Gesünderen so wie sie hatten sich doch vielleicht retten können?

Anka konnte nicht ahnen, dass sie zu einer Minderheit gehörte. Von den etwa 1,3 Millionen Menschen, die nach Auschwitz gebracht wurden, starben 1,1 Millionen, darunter der größte Teil ihrer Familie, die man zunächst – wie sie später erfuhr – hatte glauben lassen, sie würden zusammen in einem »Familienlager« untergebracht. Dieser Teil des Lagers war von der SS im Sommer 1943 in Birkenau errichtet worden, als man erwartete, das Internationale Rote Kreuz würde nach dem Besuch in Theresienstadt auch eine formelle Inspektion von Auschwitz fordern. Im Rahmen der globalen Propaganda der Nazis wurden von da an sämtliche Neuankömmlinge aus Theresienstadt in das Familienlager gebracht, wo sie ihre Habe, ihre Haare und ihre Kleidung behalten durften.

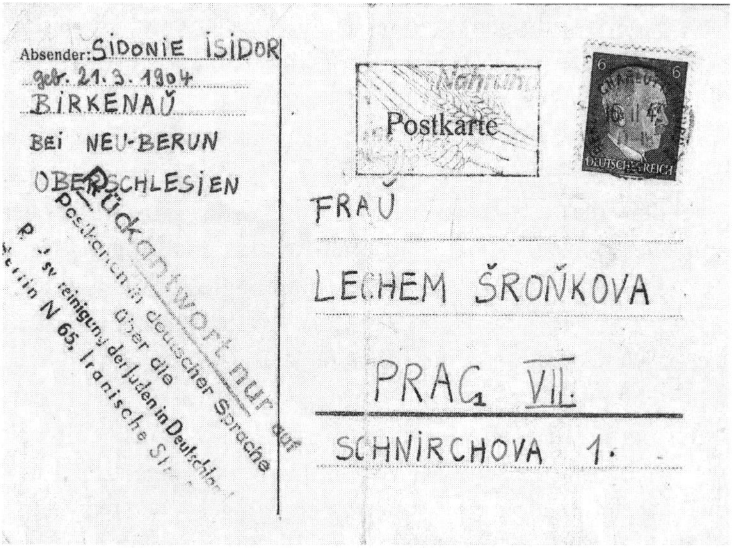


*Postkarte von Ankas Schwester Zdena aus Birkenau.*
*Lechem ist das Codewort für »Brot«.*

Die neuen tschechischen Insassen wurden dann gezwungen, Postkarten nach Hause und an ihre Verwandten in Theresienstadt zu schreiben, um die wachsende Sorge zu beschwichtigen, dass man von denen, die »auf Transport« gegangen waren, nie wieder etwas hörte. Auf einer solchen Postkarte an ihre Cousine Olga in der Schnirchova-Straße in Prag schrieb Ankas Schwester Zdena im Oktober 1943 in Deutsch, wie befohlen, sie sei mit ihrem Mann, ihrer Schwester und ihrem Neffen zusammen, und alle seien gesund und es ginge ihnen gut. Unter Lebensgefahr schmuggelte sie das Wort »Lechem« für Brot in die Adresszeile in der Hoffnung, ihre Cousine würde daraus entnehmen, dass sie hungerten. Olga verstand das auch sofort und schickte ein Essenspaket, aber das haben Zdena und ihre Familie wohl nie erhalten.

Dr. Rossel vom Internationalen Roten Kreuz stattete Auschwitz in diesem Jahr tatsächlich einen unangemeldeten Besuch ab, man hielt ihn aber davon ab, die Baracken oder die Krankenstation besichtigen. Stattdessen plauderte er mit einem jungen SS-Offizier über Wintersport und versprach, bevor er wieder abfuhr, Medikamente und Zigaretten zu schicken. Als seine Organisation nicht wie erwartet die Forderung stellte, mehr vom Lager sehen zu dürfen, liquidierte die SS das Familienlager. Nachdem die vertrauensseligen Eltern, Großeltern und Kinder von Theresienstadt so lange in einer Art »Hafen in einem Ozean des Schreckens« geschützt gewesen waren, gingen sie nun doch noch unter. Am 8. März, im Zuge des größten Massenmords an tschechischen Bürgern, der im Lager stattfand, wurden dreitausendsiebenhundert Juden in den Gaskammern ermordet, darunter der größte Teil von Ankas Familie. Insgesamt kamen an diesem Tag fünftausend Menschen um. Viele sangen die tschechische Nationalhymne, als sie in den Tod getrieben wurden.

Nach mehr als einer Woche in Birkenau, verlor Anka ihr Zeitgefühl. Sie hatte keine Kraft mehr, um sich über das Schicksal ihrer Verwandten Gedanken zu machen, ja, sie konnte nicht einmal mehr an das Baby denken, das in ihr wuchs und sie in größte Gefahr brachte. Sie war nur noch damit beschäftigt, die nächste Selektion zu überleben und möglichst wenig von den Ascheflocken einzuatmen, die Unheil verkündend über dem Lager schwebten. Am Morgen des 10. Oktober hörte sie, wie Dr. Mengele zu seinen Untergebenen sagte: »Diesmal sehr gutes Material.« Er ging weiter, traf persönliche Entscheidungen, drehte die Frauen herum, um sich Vorder- und Rückseite anzusehen. Auch diesmal blieb ihre Schwangerschaft unentdeckt und sie durfte weiterleben. »Wir fühlten uns wie Vieh auf dem Schlachthof.«

An diesem Morgen wurden sie und eine Gruppe von Frauen, immer noch nackt, die Kleider im Arm, nicht wieder in ihre baufällige Baracke zurückgeschickt, sondern stattdessen zu einem großen, flachen, düsteren Gebäude getrieben. Diejenigen, die vor Angst ins Stolpern gerieten, wurden von den Kapos mit Schlägen traktiert. Anka dachte, nun sei ihre Stunde gekommen und in dem Gebäude befände sich die Gaskammer. Dabei hatte sie doch gedacht, sie sei zum Arbeiten ausgesucht worden – auch wenn sie wusste, dass das nur bedeutete, sie sollte sich zu Tode arbeiten, statt sofort ermordet zu werden.

Im Innern des fremden Gebäudes bekamen sie den Befehl zum Duschen. Betend und hoffend wurde die ganze Gruppe in den Duschraum getrieben. Hilflos sahen sie sich an und konnten es kaum glauben, als eiskaltes Wasser und kein Gas aus den Duschköpfen spritzte. »Wasser! Leben!«, riefen einige. So sauber wie seit Tagen nicht mehr, bekamen sie zusätzliche Kleidung, ein Stück Brot und etwas Salami und wurden dann im Eilschritt zur Eisenbahnrampe getrieben. Dort wurde Anka mit etwa fünfhundert anderen Frauen in einen Güterwaggon gesperrt, und schon fuhr der Zug los: weg von Feuer und Asche, weg von dem säuerlichen Gestank und dem üblen Geschmack. Weg von Auschwitz.

Durch eine Ritze in der Holzwand des Viehwagens konnte Anka die grell orangefarbenen Flammen des Feuers noch sehen, das von Menschenfleisch genährt wurde. Sie hatte keine Ahnung, wohin es ging, aber zum ersten Mal seit Wochen wagte sie wieder, normal zu atmen. »Wir wurden weggeschickt, und wir waren froh darüber, weil wir wussten, schlimmer konnte es nicht mehr werden … Das Gefühl, Auschwitz lebend zu verlassen – das kann man sich gar nicht vorstellen! Es war himmlisch.«

Irgendwann konnte sie die Hölle von Birkenau nicht mehr sehen. Später würde sie diesen Moment als einen der großartigsten in ihrem ganzen Leben bezeichnen, ebenso wie Priska und Rachel. Keine von ihnen ahnte, dass ihnen und ihren ungeborenen Kindern die größten Gefahren noch bevorstanden: Hunger, Erschöpfung und Kälte.

5

## Freiberg

*In dieser Fabrik in Freiberg wurden die Frauen als Zwangsarbeiterinnen ausgebeutet.*

In der neuen Waffenfabrik der mittelalterlichen Stadt Freiberg in Sachsen, 35 Kilometer südwestlich von Dresden gelegen, tauchten die drei Schwangeren zum ersten Mal offiziell in den Zwangsarbeiterlisten der Nazis auf.

Rachel Friedman, fünfundzwanzig Jahre alt, bekam unter dem Namen Rachaela Friedmann die Häftlingsnummer 53485. Sie war die erste der drei Frauen und kam mit einem Zug, der Auschwitz am 31. August 1944 verlassen hatte. Sie war eine von zweihundertneunundvierzig Frauen, fast alle aus Polen, und kam in Begleitung ihrer Schwestern Sala, Bala und Ester. Die vier standen immer noch unter Schock, nachdem sie unmittelbar nach ihrer Ankunft in Auschwitz den Rest ihrer Familie verloren hatten.

Priska Löwenbeinová, achtundzwanzig Jahre alt (Nummer 54194), deren Kürzel SJ für »slowakische Jüdin« lautete, kam am 12. Oktober 1944 im KZ Freiberg an. Mit ihr kamen fünfhundert Frauen: Tschechinnen, Deutsche, Slowakinnen, Niederländerinnen, Jugoslawinnen, Italienerinnen, Polinnen, Ungarinnen, Russinnen, Amerikanerinnen und ein paar »Staatenlose«. Priskas neue Freundin Edita, die Tibor versprochen hatte, sie würde sich um seine Frau kümmern, war immer noch treu an ihrer Seite. Ohne dass sich die beiden Frauen kannten, befand sich auch die siebenundzwanzigjährige Anka (Nummer 54243), die in den Listen als die tschechische Jüdin »Hanna« Nathan erschien, zusammen mit ihrer Freundin Mitzka und einigen Gefährtinnen aus Theresienstadt ebenfalls in diesem Transport.

Ein weiterer Transport mit zweihunderteinundfünfzig jüdischen Frauen, fast alle aus Polen, hatte Birkenau am 22. September verlassen. Alle drei Transporte wurden mit aufeinanderfolgenden Nummern versehen, was auf eine minutiöse Koordination zwischen den Verantwortlichen in Auschwitz und denen im bayerischen Flossenbürg schließen lässt. Flossenbürg war das Hauptlager in dieser Region und für das KZ Freiberg zuständig. So namen- und gesichtslos die Frauen für die Nazis auch waren, mehr als tausend Frauen zwischen vierzehn und fünfundfünfzig Jahren: Sie alle entgingen der Quälerei der Tätowierung, bevor sie in die ehemalige Porzellanfabrik in der Stadtmitte von Freiberg geschickt wurden. Auschwitz war das einzige Lager im gesamten System der Nationalsozialisten, das seinen Insassen die Häftlingsnummer auf den Unterarm tätowierte. 1941 hatte man mit dieser Praxis begonnen. Diejenigen, die sofort in die Gaskammern geschickt werden sollten, wurden allerdings weder registriert, noch tätowiert, was für große Unruhe bei denen sorgte, die noch nicht markiert waren.

»Alle anderen wurden tätowiert«, erinnerte sich Anka später. »Und es gab keine logische Erklärung, warum das bei uns nicht gemacht wurde, außer, dass sie wussten, wir würden ohnehin bald sterben oder irgendwo in Deutschland oder sonstwo zum Arbeiten gebraucht und es lohnte sich nicht.«

Die Zugfahrt von Auschwitz nach Freiberg dauerte zwei Nächte und drei Tage in geschlossenen Güterwaggons mit wenig Essen oder Wasser. Tag und Nacht konnten sie nur mithilfe des kleinen Lichtstrahls unterscheiden, der durch das winzige, vergitterte Fenster drang. Sie lehnten sich aneinander oder kauerten in den Ecken, die Beine eng an den Körper gezogen, benutzten abwechselnd den Toiletteneimer und teilten alle Demütigungen. Je nachdem, in welchem Zug sie sich befanden, bekamen einige von ihnen Kaffee, Brot und Suppe aus einer Feldküche, die hinten angehängt war. Andere, Anka zum Beispiel, bekamen gar nichts.

Schließlich rollte ihr Zug in den geschäftigen Güterbahnhof von Freiberg ein und entlud seine nach Luft ringende Fracht, bevor die Wagen mit Wasser ausgespritzt und dann wieder losgeschickt wurden, um die nächste Ladung abzuholen. »Wir kamen halb tot, halb verhungert und entsetzlich durstig aus dem Wagen, aber wir lebten«, sagte Anka später. »Wir waren fast wahnsinnig vor Durst. Es ist unvorstellbar ... Wissen Sie, wenn man zwischen Hunger, Kälte und Durst wählen muss, ist der Durst das Schlimmste. Den Rest kann man irgendwie ertragen, aber wenn Sie nichts zu trinken bekommen, trocknen Sie aus, Ihr Mund fühlt sich an wie Schlamm, und es wird immer schlimmer ... Unbeschreiblich. Man würde alles geben für einen Schluck Wasser ... Und dann hielten wir an diesem Bahnhof in Deutschland und bekamen etwas zu trinken, und es war wie Ambrosia, einfach wunderbar. Wir waren nicht mehr in Auschwitz, sondern in einem zivilisierten Land.«

Schmutzig, zerzaust und trotz allem voller Angst, starrten die Frauen in einen blauen Himmel ohne Schornsteine und Rauchwolken. Sie wurden bergauf durch die Bahnhofstraße und das mittelalterliche Stadtzentrum geführt. Eine der Überlebenden, die damals vierzehn Jahre alte Gerty Taussig aus Wien, sagte später: »Es war so friedlich dort. Niemand war auf der Straße. Irgendwie hatten wir das Gefühl, jetzt wird es besser. Aber da irrten wir uns.« Priska sagte dazu: »Als wir die Bäume rochen und das Grün in einem Park, an dem wir vorbeikamen, waren wir wie betäubt.«

Freiberg am Fuße des Erzgebirges zwischen Sachsen und Böhmen besaß Erz- und Silberbergwerke und eine Universität aus dem 18. Jahrhundert, in der vor allem technische Fächer unterrichtet wurden. Die einzigen Juden, die noch in der Stadt lebten, waren mit Nicht-Juden verheiratet, und die Mehrzahl der Einwohner arbeitete in den Bergwerken und in der optischen Industrie. Mehrere Züge mit Häftlingstransporten in und aus den Ghettos, Konzentrations- und Arbeitslagern waren im Laufe des Krieges durch Freiberg gefahren. Einige kamen von Auschwitz und waren auf dem Weg zu den nahe gelegenen Lagern in Oederan und Hainichen, beide in Sachsen. Viele Züge hatten auch in Freiberg angehalten, um ihre Menschenfracht auszuladen, die zur Sklavenarbeit in den Bergwerken oder anderen Industriezweigen bestimmt war.

Nur eine Handvoll Bürger dieser Stadt mit fünfunddreißigtausend Einwohnern versuchte den unglücklichen Häftlingen in ihrer Mitte zu helfen, wenn sie als zerlumpte Kolonne durch die Stadt getrieben wurden, was immerhin eine halbe Stunde dauerte. Rachels Schwester Sala sagte später, sie hätte den Grund

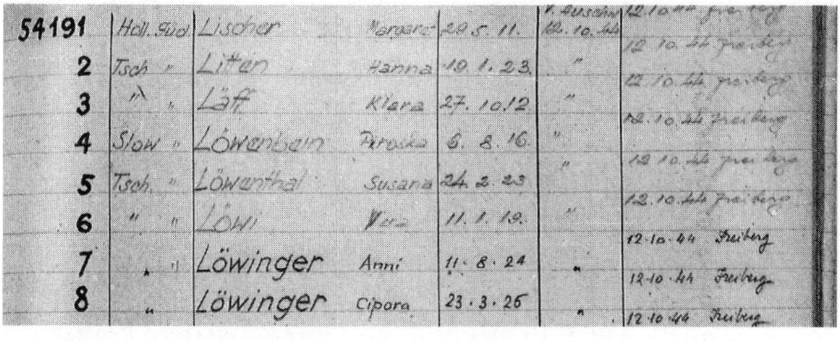

| | | | | | | |
|---|---|---|---|---|---|---|
| 54191 | Holl. Jüd. | Lischer | Margaret | 29. 5. 11. | v. Auschw. 12. 10. 44 | 12. 10. 44 Freiberg |
| 2 | Tsch. " | Litten | Hanna | 19. 1. 23. | " | 12. 10. 44 Freiberg |
| 3 | " " | Läff | Klara | 27. 10. 12. | " | 12. 10. 44 Freiberg |
| 4 | Slow. " | Löwenbein | Piroska | 6. 8. 16. | " | 12. 10. 44 Freiberg |
| 5 | Tsch. " | Löwenthal | Susana | 24. 2. 23 | " | 12. 10. 44 Freiberg |
| 6 | " " | Löwi | Vera | 11. 1. 19. | " | 12. 10. 44 Freiberg |
| 7 | " " | Löwinger | Anni | 11. 8. 24 | " | 12. 10. 44 Freiberg |
| 8 | " | Löwinger | Cipora | 23. 3. 26 | " | 12. 10. 44 Freiberg |

*Priskas Eintrag in Freiberg*

fast verstehen können. »Wenn sie uns von Weitem sahen, mussten sie annehmen, wir kämen aus einem irren Gefängnis für Huren und Mörder. Schon unser Anblick machte ihnen Angst. Wir sahen nicht aus wie normale Menschen, barfuß oder in Holzschuhen und mit diesen komischen Kleidern.« Priska stimmte ihr zu. »Die Leute schauten uns an, als wären wir Tiere aus dem Zirkus.«

Der Beschluss, in der leeren Fabrik im Herzen Freibergs Flugzeugteile zu produzieren, war 1943 von der Nazi-Regierung gefasst worden, und zwar in Zusammenarbeit mit der Rüstungsindustrie und der SS. Inzwischen war die Sache noch dringlicher geworden. Die Deutschen hatten nicht nur viele Flugzeuge verloren, ihre größten Flugzeugfabriken waren in einem massiven strategischen Angriff unter dem Decknamen »Big Week« Ende Februar 1944 zerstört worden. Tausende von Bomben hatten die Alliierten auf deutsche Städte geworfen, dreitausendfünfhundert Angriffe waren geflogen worden, und die massiven Verluste an Flugzeugen und Piloten hatten zur Folge, dass die Lufthoheit über Europa nun unwiderruflich bei den Alliierten lag. Das, was von der Kriegsproduktion der Nazis noch übrig war, musste in unterirdische Bunker oder an Orte verlegt werden, die bisher nicht mit dem Krieg in Verbindung gebracht wurden.

Bis zu diesem Zeitpunkt war Freiberg noch nicht angegriffen worden. Aber am 7. Oktober 1944 flogen fünfhundert amerikanische Bomber einen Angriff auf die Ölraffinerien in Böhmen. Die meisten wurden jedoch von niedrigen Wolken aufgehalten und suchten nun nach einer Alternative. Freiberg mit seiner geschäftigen Eisenbahnlinie und den weit gestreckten Fabriken war ein ideales Ziel. Sie warfen 60 Tonnen auf die Stadt, töteten fast zweihundert Leute und zerstörten Hunderte von Häusern. In weniger als einer Woche und mit Einsatz der Zwangsarbeiter, die bereits in der Stadt eingesperrt waren, wurden der Schutt weggeräumt und die Gleise repariert, sodass der letzte Transport von Auschwitz Anka, Priska und fast tausend weitere Frauen an ihren neuen Bestimmungsort bringen konnte.

*Reste von Industrie- und Wohngebäuden in Freiberg*

Die riesige Freiberger Porzellanfabrik mit ihrer reich verzierten Fassade in der Frauensteinerstraße lag auf einem Hügel über der Stadt und war 1906 für die Produktion von Isolatoren und Industrierohren aus keramischen Werkstoffen gegründet worden. Sie gehörte der Kahla AG und war 1930 wegen der Weltwirtschaftskrise geschlossen worden. Ihr jüdischer Besitzer Dr. Werner Hofmann hatte nach der »Kristallnacht« Selbstmord begangen. Nachdem die Fabrik mehr als ein Jahrzehnt leer gestanden hatte, war das Gebäude zunächst als Lager für militärische Güter und als provisorische Kaserne genutzt worden. Als man dann beschloss, hier Flugzeugteile herzustellen, zogen die Männer aus und die Frauen ein.

Die Arado-Flugzeugwerke aus Potsdam vereinbarten mit dem »Reichsministerium für Rüstung und Kriegsproduktion« die Herstellung von Leitwerken, Fahrwerken, Flügeln und anderen Teilen des Arado-Flugzeugs, vor allem für die Ar 234, den ersten Bomber mit Düsenantrieb, der im Ruf stand, so schnell und wendig zu sein, dass man ihn fast nicht aufhalten konnte.

Dieses Flugzeug war von größter Bedeutung für das »Jägerprogramm« der Nazis, mit dem sie die Kontrolle über den Luftraum wiedererlangen wollten. Die Arado vereinbarte unter dem Decknamen Freia GmbH mit der SS die Zahlung von 4 Reichsmark für jeden gestellten Arbeiter, abzüglich 70 Pfennig für die Versorgung der Leute. Mit dem Ausleihen von Arbeitskräften an diese eine Fabrik verdiente die SS jeden Monat hunderttausend Reichsmark, was einem heutigen Betrag von etwa vierzigtausend Euro entspricht.

Die meisten Häftlinge arbeiteten in der Hauptfabrik der Freia, aber einige wurden auch in die nahe gelegene Hildebrand-Munitionsfabrik verlegt, wo sie Munition und optische Präzisionsteile für Flugzeuge und U-Boote herstellten. Sie wurden von deutschen Facharbeitern und siebenundzwanzig männlichen sowie achtundzwanzig weiblichen SS-Aufsehern überwacht. SS-Unterscharführer Richard Beck leitete das Lager und bekam von den Häftlingen bald den Decknamen Šára.

Die Neuankömmlinge, zum ersten Mal Frauen, fanden sich unter dreitausend anderen Arbeitskräften wieder, darunter italienische Kriegsgefangene und Zwangsarbeiter aus Russland, Polen, Belgien, Frankreich und der Ukraine, die in den zahlreichen Fabriken und Bergwerken der Stadt beschäftigt wurden. Die Italiener wurden mit der Zwangsarbeit für den »Verrat« ihres Landes am Deutschen Reich bestraft. Die sogenannten »Ostarbeiter«, die in den besetzten Gebieten zwangsrekrutiert worden waren, wurden von den Nazis auch als »Untermenschen« bezeichnet und entsprechend behandelt. Außerdem waren unter den Arbeitskräften einige »Volksdeutsche«, die in den besetzten Ländern gelebt hatten und denen man sagte, sie könnten nach Beendigung ihres Vertrages zurückkehren.

Der Krieg war in eine kritische Phase eingetreten, als die Amerikaner die Siegfried-Linie erreicht hatten und die Sowjets immer stärker wurden; trotzdem wurden eigene Holzbaracken für die jüdischen Frauen geplant, eineinhalb Kilometer von der Fabrik entfernt in der Nähe eines Silberbergwerks. Bis diese Un-

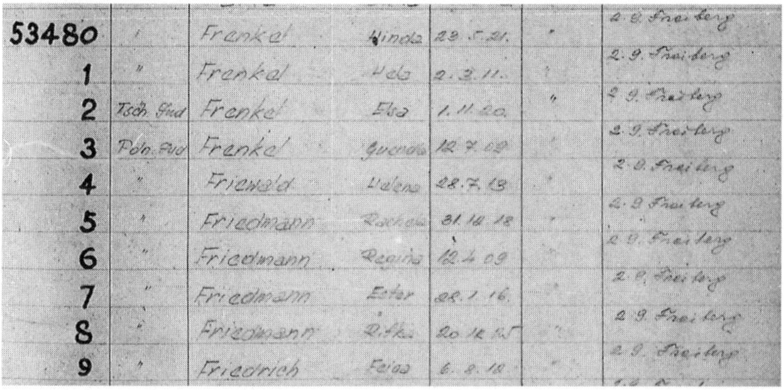

| | | | | | | |
|---|---|---|---|---|---|---|
| 53480 | " | Frenkel | Winda | 23.5.21. | " | 2.9. Freiberg |
| 1 | " | Frenkel | Helo | 2.3.11. | | 2.9. Freiberg |
| 2 | Tsch. Jud | Frenkel | Elsa | 1.11.20. | " | 2.9. Freiberg |
| 3 | Pol. Jud | Frenkel | [illegible] | 12.7.02 | | 2.9. Freiberg |
| 4 | " | Friewald | Helena | 28.7.13 | | 2.9. Freiberg |
| 5 | " | Friedmann | Rachela | 31.12.18 | | 2.9. Freiberg |
| 6 | " | Friedmann | Regina | 12.4.09 | | 2.9. Freiberg |
| 7 | " | Friedmann | Ester | 28.1.16. | | 2.9. Freiberg |
| 8 | " | Friedmann | Rifka | 20.12.15 | | 2.9. Freiberg |
| 9 | " | Friedrich | Feiga | 6.8.18 | | 2.9. Freiberg |

*Rachels Eintrag in der Liste in Freiberg*

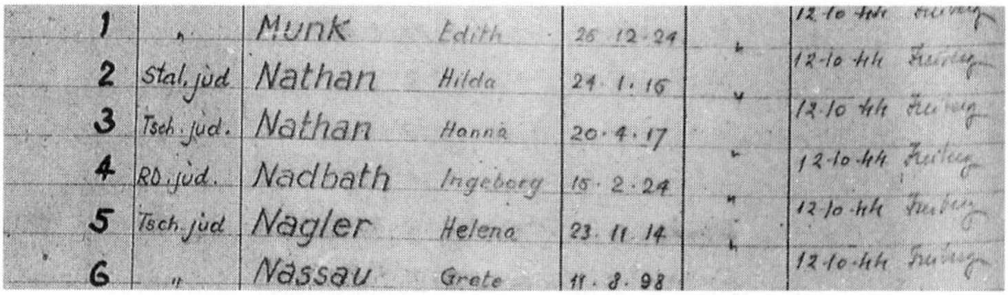

| | | | | | | |
|---|---|---|---|---|---|---|
| 1 | " | Munk | Edith | 25.12.24 | " | 12.10.44 Freiberg |
| 2 | Stal. jüd. | Nathan | Hilda | 24.1.16 | " | 12.10.44 Freiberg |
| 3 | Tsch. jüd. | Nathan | Hanna | 20.4.17 | " | 12.10.44 Freiberg |
| 4 | RD. jüd. | Nadbath | Ingeborg | 15.2.24 | " | 12.10.44 Freiberg |
| 5 | Tsch. jüd | Nagler | Helena | 23.11.14 | " | 12.10.44 Freiberg |
| 6 | " | Nassau | Grete | 11.8.98 | " | 12.10.44 Freiberg |

*Ankas Eintrag in der Liste in Freiberg*

terkünfte fertig waren, hausten die Frauen in der kürzlich geräumten obersten Etage des sechsstöckigen Ziegelgebäudes.

Als Rachel mit dem ersten Transport in Freiberg ankam, war die neue Fabrik noch gar nicht fertig. Es gab keine Maschinen und noch kein Arbeitsmaterial, und so sperrte man sie und die anderen Häftlinge in ihrer überfüllten Unterkunft ein, ohne dass sie etwas zu tun hatten. Nur während der endlosen Appelle, auf denen die Nazis nach wie vor morgens und abends bestanden, konnten sie sich die Beine vertreten. Dann standen sie bei übelstem Wetter da und warteten darauf, dass man sie zählte. Immer noch besser als Auschwitz, sagten sie sich.

Auch die Schlafgelegenheiten waren besser als in der Todesfabrik im Osten. Hier lagen immer zwei Personen auf einer Fläche der dreistöckigen Betten, neunzig Frauen in einem Raum. Es gab sogar Kopfkissen und eine Art Decken. Außerdem gab es einen Waschraum mit (gelegentlich) fließendem Wasser und eine Latrine ohne Toilettenpapier. Sie verwendeten das Futtermaterial ihrer Kleider, weggeworfene Kartons und alte Zeitungen – was sie eben fanden. Besonders glücklich waren sie, wenn in den Zeitungen ein Foto von Hitler zu sehen war.

Man teilte ihnen mit, sobald die Arbeit begänne, würden sie in Zwölf- bis Vierzehn-Stunden-Schichten arbeiten, sodass die Betten abwechselnd benutzt werden konnten. Aber bevor es losging, wurden sie wegen einer Scharlach-Epidemie für eine Woche in Quarantäne gehalten. Die Deutschen richteten eine provisorische Krankenstation ein, in der die zweiundvierzigjährige russische Häftlingsärztin Alexandra Ladiejschtschikowa und die zweiunddreißigjährige jüdisch-tschechische Kinderärztin Edita Mautnerová Dienst taten. Sie sollte später im Leben der Frauen noch eine wichtige Rolle spielen.

Als die Quarantäne endete, gab es Arbeit. Inzwischen war es zwei Wochen her, dass sie Auschwitz verlassen hatten. Die Frühschicht wurde um drei Uhr morgens geweckt, um halb fünf fand der Appell statt, ab halb sieben wurde gearbeitet. Mittags gab es eine kurze Pause. Zu Beginn war die Arbeit nicht besonders anstrengend, weil die schweren Maschinen noch nicht geliefert worden waren. Die Frauen waren im Wesentlichen damit beschäftigt, kleinere Teile abzufeilen oder zu glätten. Aber die langen, eintönigen Tage schadeten der Moral. »Wir waren alle deprimiert und mussten einander helfen … Am schlimmsten war es, die ganzen vierzehn Stunden dazusitzen und kein Wort zu reden.«

Dann kamen weitere Transporte, und die Arbeit wurde besser organisiert, sodass die Neuankömmlinge sofort etwas zu tun bekamen. »Wir wurden in eine riesige Fabrik auf einem Hügel getrieben, wo wir sofort mit der Arbeit begannen«, berichtete Anka später. Sie nietete Schwanzflossen für die Flugzeuge. Die Maschine war schwer und schwierig zu halten, aber es war trocken und warm in der Fabrik, und dafür waren alle sehr dankbar. »Ich hatte noch nie so eine Maschine gesehen, ebenso wenig wie meine Freundin. Sie können sich also vorstellen, dass unsere Leistungen unbeschreiblich waren … Wir arbeiteten vierzehn Stunden pro Tag und die SS quälte uns ständig, aber nirgendwo war eine Gaskammer in Sicht, und das war es, was zählte.«

Sala sagte einmal: »Wir bekamen Arbeit im Flugzeugbau, und vermutlich haben die Deutschen deshalb den Krieg verloren.« Priska bestätigte das: »Es gab so viele Fehler, dass man den Flugzeugen aus dieser Fabrik unmöglich trauen konnte.«

Die Frauen wurden in Zweiergruppen eingeteilt und arbeiteten in ungeheizten Werkshallen im Erdgeschoss und im ersten Stock. Sie standen mit unpassenden oder kaputten Schuhen auf dem kalten Beton und hielten abwechselnd die pneumatische Presse oder den Bohrer für die Flügel, die auf Metallstelzen standen oder von Holzgestellen gestützt wurden. Einige mussten schweißen, raspeln, polieren oder lackieren, andere sortierten die Teile oder feilten die Kanten der Aluminiumplatten ab. Die meisten dieser Frauen waren gebildete Akademikerinnen, die noch nie harte körperliche Arbeit geleistet hatten, die eintönige Arbeit war körperlich und mental anstrengend und belastete Arme, Schultern und Hände, sodass sie Tag und Nacht schmerzten. Die Pressen und Bohrer machten einen unerträglichen Lärm, und die Luft war voll von Metallstaub und giftigen Substanzen.

Rachel und ihre Schwester Bala wurden in die nahe gelegene Hildebrand-Fabrik geschickt in der rund um die Uhr Propeller und Kleinteile für die Flugzeuge hergestellt wurden. Dort wurden sie »mit Adleraugen beobachtet«, und man drohte ihnen harte Konsequenzen an, sollte es irgendwelche Sabotageakte geben. »Sie sagten uns, wenn irgendein fehlerhaftes Teil die Fabrik verließe, würde die Person, die an der Maschine arbeitete, an genau dieser Maschine aufgehängt, damit wir alle es sähen«, berichtete Rachel.

In der Freia-Fabrik gab es auf jedem Stockwerk einen verantwortlichen SS-Mann, der von einer Gruppe SS-Frauen unterstützt wurde, die sich entweder besonders gemein oder vollkommen gleichgültig verhielten. Täglich wurden Strafen verhängt, und die Häftlinge wurden immer wieder geschlagen. Priska bekam einmal eine Ohrfeige wegen irgendeiner Kleinigkeit, hatte sonst aber Glück. Auch Anka wurde von einer ganz jungen SS-Frau geschlagen. »Ich war schwanger, trug Lumpen und hatte keine Haare mehr. Ich sah einfach nur furchtbar aus … Und sie kam auf mich zu und schlug mir ins Gesicht. Es tat nicht weh, ich war nur vollkommen durcheinander.« Anka hätte über die krasse Ungerechtigkeit und über die Unmöglichkeit, sich zu wehren, am liebsten laut geweint, aber sie gönnte der Aufseherin die Genugtuung nicht. »Diese Sache tat mir seelisch mehr weh als die meisten anderen Dinge, an die ich mich erinnere.«

Die zivilen Meister oder Vorarbeiter, die mit den Häftlingen arbeiteten, sprachen nur mit ihnen, wenn sie ihnen Anordnungen haben. Und wenn sie sprachen, taten sie es in ihrem sächsischen Dialekt, den nicht einmal die Frauen verstanden, die deutsche Sprachkenntnisse hatten. Einige dieser Männer waren ehemalige Wehrmachtssoldaten, die entweder zu alt für den Fronteinsatz oder verwundet worden waren. Alle versuchten, an einer einigermaßen bequemen Stelle den Krieg zu überstehen, ohne an die Front geschickt zu werden. »Ich glaube nicht, dass sie sich vorstellen konnten, wer wir waren. Keiner von ihnen hat je ein Wort mit mir gesprochen oder mir etwas Gutes getan«, erklärte Anka, die mit ihrer Freundin Mitzka zusammenarbeitete. »Nie hat einer gefragt … woher wir kamen oder was mit uns passiert war. Sie hatten nicht das geringste Verständnis. Keiner von diesen Männern hat mir je ein Stück Brot oder irgendetwas gegeben. Und sie sahen ja, wie wir aussahen und wie wir behandelt wurden.«

Die Überlebende Lisa Miková hatte eine Freundin, die Apothekerin war. Ihr Meister war ein Mann namens Rausch, der Zeichensprache verwendete, um sich verständlich zu machen. Eines Tages gab es ein Missverständnis und sie brachte ihm aus Versehen das Falsche. »Er nahm das Teil und warf es durch den

Raum, dass es an die Wand krachte. Dann schlug er sie. Da hatte sie genug und sagte in perfektem Hochdeutsch zu ihm: ›Sagen Sie mir doch einfach, was Sie brauchen, dann bringe ich es Ihnen.«

Rausch sah sie verblüfft an. »Du sprichst deutsch?«

»Ja, natürlich«, erwiderte sie. »Was denken Sie denn von uns? Wir sind Ärztinnen und Lehrerinnen, lauter intelligente Leute.«

»Man hat uns gesagt, ihr seid Huren und Kriminelle aus verschiedenen Städten, deshalb hätten sie euch den Kopf geschoren.«

»Nein, wir sind einfach nur Juden.«

»Aber die Juden sind schwarz!«, rief der Vorarbeiter, der der wilden Nazipropaganda seiner Zeit Glauben schenkte. Danach behandelte er sie mit mehr Respekt, aber das galt nicht für alle. Einige von den Wachen, die gehört hatten, dass die Häftlinge weder Huren, noch Kriminelle waren, weigerten sich, das zu glauben. Mit ihren Stiernacken und dicken Bäuchen standen sie da und machten sich über derartige Behauptungen lustig. Ein Buckliger namens Loffman, der die Gestapo-Schule mit Auszeichnung bestanden hatte und oft mit dem Hammer nach den Leuten warf, sagte zu einer der Frauen: »Du willst Lehrerin sein? Ein Stück Dreck bist du.« Andere Wachen wurden eher noch sadistischer und schlugen mit Werkzeugen, Fäusten, Gürteln oder Seilenden. Der mürrische Unterscharführer, den sie Šára nannten, wurde bei der kleinsten Kleinigkeit wütend und schlug oft auf die Frauen ein, wenn er sich ärgerte.

Die Frauen unter den Wachleuten waren oft noch grausamer. Sie schlugen nicht nur auf die Häftlinge ein, sondern dachten sich auch Strafen aus, von denen sie wussten, dass sie sie als Frauen besonders trafen: Sie verboten ihnen, zur Toilette zu gehen, oder befahlen ihren Freundinnen, ihnen die restlichen Haare abzurasieren oder einen Streifen mitten auf dem Kopf stehen zu lassen. Eine besonders brutale SS-Aufseherin schoss mit ihrer Pistole, um die Frauen zu erschrecken, und einmal traf sie eine von ihnen aus Versehen am Bein. Die Wunde infizierte sich mit Wundbrand und stank entsetzlich.

Die Frauen arbeiteten in Wechselschicht, eine Woche Nachtschicht, eine Woche Tagschicht, sieben Tage die Woche. Ab und zu gab es einen freien Sonntag, sodass sie sich ein wenig ausruhen und ihre zerlumpten Kleider waschen und trocknen konnten. Einmal im Monat wurden die wenigen Auserwählten, die in den Büros arbeiteten und deshalb den Deutschen etwas näher kamen, in Gruppen zu dem alten Arbeitshaus aus dem 17. Jahrhundert gebracht, das in der Stadtmitte lag. Dort durften sie den Luxus einer Dusche genießen.

Aber für alle Frauen war die Arbeit so anstrengend und sie bekamen so wenig zu essen, dass sie sehr schnell und stark körperlich abbauten. Viele wurden ohnmächtig und verursachten damit unerwünschte Verzögerungen in der Produktion. In der Regel wurden sie geschlagen oder getreten, bis sie sich wieder aufrappelten. Die Überlebende Klara Löffová nannte einmal die beiden wichtigsten Regeln: »Niemals zugeben, dass du krank bist. Und niemals zugeben, dass du nicht weißt, was du tun sollst.« Wenn die Luftschutzsirenen heulten, geriet keine von ihnen in Panik. »Die Gefahr, von einer Bombe umgebracht oder verletzt zu werden, schien uns geringer als die Gefahr, die von den bewaffneten SS-Leuten ausging.« Insgeheim jubelten sie über jedes alliierte Flugzeug und verabscheuten den ohrenbetäubenden Lärm der Flugabwehrkanonen, Flak genannt, die auf den umliegenden Dächern stationiert waren. Wenn sie mitansehen mussten, wie ein britisches oder amerikanisches Flugzeug abgeschossen wurde, sank die Stimmung, und der Rest des Tages war verloren.

Obwohl die SS Geld dafür bekam, ihre Arbeitskräfte mit Nahrung zu versorgen, erhielten sie nur das schlechteste Essen und das absolute Minimum, das zum Überleben notwendig war. Eine der Frauen beschrieb das Essen als »heißen Dreck«. Immerhin hatten sie hier jede einen Becher, einen tiefen Teller und einen Löffel, sie mussten also nicht mehr mit ihren schmutzigen Händen essen. Die Rationen waren allerdings genau dieselben wie in Auschwitz: morgens bitteres schwarzes Wasser mit einem Stück Brot, später dann eine undefinierbare Suppe aus Rüben, Wurzelgemüse oder Kürbis, die sie auf dem Boden sitzend aßen, wo immer sie Platz fanden. Klara Löffová sagte später: »Die sogenannte Küche teilte die Suppe aus, mal war sie etwas dicker, mal ganz und gar wässrig. Wir standen an langen Tischen ohne Sitzgelegenheiten, und der deutsche Lagerführer, ein SS-Mann, ging mit seinen hohen Stiefeln auf dem Tisch hin und her, den Gürtel mit der SS-Schnalle in der Hand. So lernten die Mädchen schnell, dass sie besser nichts von anderen stahlen.« Sie lernten aber auch, ihre Augen zu schützen, denn der Verlust eines Auges bedeutete die Rückkehr nach Auschwitz und den sicheren Tod.

Abends bekamen sie 400 Gramm Brot und ein bisschen Kaffee. Gelegentlich gab es ein kleines Extra: ein Stückchen Margarine, einen Klecks Marmelade oder eine dünne Scheibe Salami. Oft wussten sie nicht, ob sie die Margarine tatsächlich essen oder lieber doch für ihre trockene, schuppige Haut verwenden sollten. Anka erzählte später, einige Frauen hätten das Essen diszipliniert in Portionen aufgeteilt, die sie dann über den Tag verteilt aßen. »Ich habe immer alles auf einmal gegessen und dann wieder vierundzwanzig Stunden gehungert«, sagte sie.

Während ihrer Schwangerschaft bekam Priska Heißhunger auf rohe Zwiebeln und versuchte oft, ihr ganzes Stück Brot für ein Stück davon einzutauschen. Sie hatte ohnehin mehr Glück als viele andere, weil ihre Beschützerin Edita, die es irgendwie geschafft hatte, ein paar Wertsachen zu retten, einen der älteren Wehrmachtleute bestochen hatte, damit er ihr gelegentlich etwas zu essen mitbrachte. Der Mann bekam den Namen »der tapfere Onkel Willi« und war der Einzige, unter dessen Uniform ein menschliches Herz zu schlagen schien. Er riskierte einige Male seine Stelle und sogar sein Leben, um seinen Schützlingen etwas Gutes zu tun.

Mit seiner Hilfe konnte Edita immer noch manchmal »Mund auf« flüstern und ihrer schwangeren Freundin ein paar Extrabissen zustecken.

Gerty Taussig sagte später: »Wir wussten genau, welche Frauen in ihrem Körper Gold oder Diamanten geschmuggelt hatten, denn sie sahen einfach gesünder aus als die anderen. Aber keine von uns hätte sie verraten.« Selbst mit den seltenen Extras quälte der Hunger gerade die Schwangeren und wurde zu ihrer beherrschenden Sorge. Er war ihr ständiger Begleiter, genau wie ihre wachsenden Babys.

Anka gestattete sich allerdings nie den Gedanken, dass sie womöglich nicht überleben würde. »Ich bin mit einem sehr glücklichen Naturell gesegnet, und das half mir ungeheuer. Ich habe immer nach vorn geschaut und nie den Kopf hängen lassen. Ich wusste, dass ich es schaffen würde. Natürlich war das dumm und irrational, aber ich lebte von dieser Idee, obwohl ich fast starb vor Hunger.«

Rachel, die ebenfalls sehr hungerte, sagte später: »Wir kamen immer sehr müde von der Arbeit zurück, und wer ein Stück Brot ergattert hatte, teilte es mit den anderen.« Eines Tages fand sie eine rohe Kartoffelscheibe und saugte daran wie an einem Bonbon, bis nichts mehr davon übrig war. Ein anderes Mal fand sie im Schlamm einen halb vergrabenen schimmeligen Kohlkopf, und obwohl sie wusste, dass sie erschossen werden konnte, wenn man sie beim Aufheben erwischte, war ihr Hunger stärker als ihre Angst. Der Kohlkopf stank und war so verfault, dass ihr Finger auf der anderen Seite durchkam, aber sie aß ihn auf und sagte später, in ihrem ganzen Leben hätte ihr nichts so gut geschmeckt.

Fast jede freie Minute war Gesprächen über das Essen gewidmet. »Und was für Essen! Nicht ein oder zwei Eier, sondern zehn Eier in Kuchen aus vier Kilo Butter und einem Kilo Schokolade. Nur so ertrugen wir das alles. Und wir erfanden andere Köstlichkeiten: Bananen in Schokolade mit Marmelade. Solche Fantasien erhielten uns am Leben. Ehrlich gesagt weiß ich nicht, ob es wirklich half, aber man kann nicht anders, man muss daran denken, wenn man solchen Hunger hat.« Tatsächlich blieben ihnen nur ein paar Stück Brot und widerwärtige Flüssigkeiten. »Am Ende mochten wir alles, was sie uns gaben. Es schmeckte immer gut und war nie genug.«

Wenn die Schicht zu Ende war, durften sie sich in den oberen Etagen der Fabrik ausruhen. Sie waren froh, in einem festen Ziegelbau zu arbeiten und nicht in einer zugigen Baracke, obwohl sie schon beim ersten Betreten ihrer Unterkunft die Bettwanzen gerochen hatten. Die SS behauptete, die Frauen hätten die Wanzen mitgebracht, aber in Wirklichkeit waren sie schon vor ihnen da. »Diese kleinen Käfer haben einen ganz charakteristischen süßlichen Geruch«, sagte Anka. »Einen ganz fürchterlichen Geruch. Und da waren Tausende, so viele, dass sie ständig von der Decke in unsere Becher fielen. Was auch immer wir aßen, Wanzen waren stets dabei. Am Anfang machten sie uns nicht so viel aus, weil sie nur da leben, wo es warm ist, aber wenn man sie zerquetscht, dann kommt dieser widerliche Geruch.«

Ohne Zugang zu irgendwelchen Nachrichten oder auch nur Uhren, wussten die Frauen gerade einmal, welcher Tag gerade war. Von den dramatischen Ereignissen draußen in der Welt hatten sie keine Ahnung. In der ungelüfteten Fabrik, in der sie nie Tageslicht sahen und keine frische Luft atmen konnten, machte sich auch niemand die Mühe, ihnen etwas davon zu erzählen. Selbst die älteren Wehrmachtsoldaten, die ihnen manchmal ein wenig Freundlichkeit zeigten, sagten nicht viel dazu. So erfuhren sie nicht, dass das Sonderkommando in Auschwitz II-Birkenau im Oktober 1944 das Krematorium IV gesprengt und unbenutzbar gemacht hatte. Immerhin hörten sie von den deutschen Arbeitern, dass die Ardennenoffensive in vollem Gange war.

An ihrer täglichen Routine änderte das nichts. Sie waren schmutzig und stanken, ihre Muskeln taten weh, ebenso wie ihre Füße und Zehen. Die meisten Frauen hatten Tag und Nacht mit ihren eigenen Kämpfen zu tun und versuchten einfach zu überleben. Einige ertrugen diese grausame Existenz nicht mehr und wurden verrückt, sodass man sie bald wegbrachte. »Wir arbeiteten wie verrückt, mussten stundenlang stehen, hatten keine Haare auf dem Kopf und kaum Kleider am Leibe. Wir aßen, wir verhielten uns ruhig und kümmerten uns um unsere eigenen Angelegenheiten«, sagte eine der Gefangenen später. »Unsere Kleider wuschen wir und zogen sie nass wieder an. Mehr Zeit blieb uns einfach nicht.« Sie hatten Zahnfleischbluten, fühlten sich, als würden sie von innen verfaulen, ihre Haut war wie Pergament und riss ständig, und jede kleine Verletzung konnte tödlich sein. Ihre Periode bekamen sie schon längst nicht mehr, ihre Körper hatten sich verschlossen und schienen innerlich wie tot. Und für irgendeine Art von Widerstand oder Rebellion fehlte ihnen ganz einfach die Kraft. »In Freiberg gab es keine Sabotage. Wir fürchteten uns ja vor unserem eigenen Schatten«, sagte eine andere Überlebende. »Außerdem wussten wir nicht, wie wir uns wehren sollten. Wenn man fragte: ›Wohin bringen Sie mich, und warum das alles?‹, bekam man einen Schlag auf den Kopf oder wurde erschossen. Wir hatten alle viel zu viel Angst, um irgendetwas zu sagen.«

Mit den gebildeten, aber ungeschickten Gefangenen als Arbeitskräften ging es in der Fabrik entsetzlich langsam voran. Als Klara Löffovás Schicht zu Weihnachten das erste Flugzeug fertiggestellt hatte, war das ein großes Ereignis. Man versprach den Häftlingen Waschpulver, Brot oder Käse, wenn sie einen Auftrag fertig bekamen – allerdings wurden diese Versprechen nie gehalten. »Die deutschen Arbeiter feierten, hängten den Flügel an Seilen auf, die von der Decke baumelten, und wollten ein bisschen Spaß haben. Aber da riss das Seil, der Flügel fiel runter und wurde schwer beschädigt. Da waren wir dann in Feierlaune.« Einige Frauen bekamen kleine Zuwendungen zu Weihnachten – etwas mehr zu essen und die Möglichkeit, etwas Selleriesalz zu kaufen. Aber für die meisten war es ein Arbeitstag wie alle anderen.

An Silvester 1944 stürzte Anka, die inzwischen im sechsten Monat war und ihren Zustand immer noch unter ihrem weiten Kleid verbarg, beim Tragen einer schweren Werkbank, sodass das Teil auf ihr Bein fiel und ihr eine böse Schnittwunde zufügte. Zum Glück war nichts gebrochen. »Mein erster Gedanke galt meinem Kind. Was war mit dem Baby? Ich wurde in die provisorische Krankenstation geschickt, wo ich einen Verband bekam und ein bisschen bleiben durfte. Es war warm, ich musste nicht arbeiten. Zu essen gab es nicht viel, aber ich konnte Kraft sammeln, damit mein Bein wieder heil wurde.«

Während sie in der kleinen Krankenstation lag und versuchte, so gesund auszusehen, dass man sie nicht zurück nach Auschwitz schickte. Ihr war klar, dass sie hier nicht krank werden durfte, nicht an einem Ort, an dem es nur zwei Möglichkeiten gab: Arbeit oder Tod. Einige Frauen wussten nicht einmal, dass es diese Krankenstation gab. Andere wussten davon, fürchteten aber, sie sei nur das Vorzimmer zur Hinrichtung. Sie vermieden es, dorthin zu gehen, und behandelten ihre Schnittwunden, Verletzungen und Krankheiten selbst, so gut sie konnten. Gerty Taussig sagte später: »Wenn du krank warst hast du gearbeitet oder bist gestorben. Viele von uns behandelten ihre Hautprobleme mit Urin, der stand uns ja allen zur Verfügung. Auch bei meiner besten Freundin hat das geholfen. Sie hatte Impetigo, und der Eiter tropfte ihr nur so vom Arm. Ich war eine Weile gelähmt, weil ich auf den Rücken gefallen war, als unser Stockbett zusammenbrach. Da kam kein Arzt, aber irgendwie habe ich es überlebt.«

Anka, die nie genug Zeit hatte, um über ihr Kind nachzudenken, konzentrierte sich in der Krankenstation zum ersten Mal richtig darauf. Anders als seinerzeit bei Dan, konnte sie nicht spüren, wie es sich bewegte, aber sie spürte, dass es noch lebte. In Erinnerung an ihre romantischen Nächte mit Bernd auf ihrem »Heuboden« in Theresienstadt hatte sie ausgerechnet, dass ihr zweites Kind Ende April zur Welt kommen würde. Und nun fragte sie sich allmählich, was passieren würde, wenn sie – und es – überlebte. Vor der tschechischen Kinderärztin Dr. Mautnerová, die sie behandelte, konnte sie die Schwangerschaft nicht geheim halten, und so teilte sie ihr ihre Ängste mit. »Unsere Gespräche waren ziemlich idiotisch. Ich fragte sie: ›Was passiert, wenn mein Kind vor dem Ende des Krieges geboren wird und die Deutschen es mitnehmen und einer deutschen Familie geben? Wie soll ich es dann wiederfinden?‹ Auf die Idee, dass sie mich und das Kind schlicht und einfach umbringen würden, bin ich gar nicht gekommen. Solche Diskussionen habe ich mit ihr geführt, und sie ließ sich nichts anmerken, war freundlich zu mir und versicherte mir, ich würde es wiederfinden.«

Anka kehrte an ihren Arbeitsplatz zurück, wurde jetzt aber mit »einfacheren« Aufgaben betraut: Sie fegte die Böden der Fabrik von oben bis unten, einschließlich der Treppen, vierzehn Stunden am Tag. Eine eintönige Arbeit, aber, wie sie sagte, das beste Training für eine Schwangere. Die Aufseher hatten immer noch nicht gemerkt, dass sie ein Kind erwartete, sonst hätten sie sie mit ziemlicher Sicherheit ins Gas geschickt.

Auch Rachel hatte Glück: Ihr Vorgesetzter war Tscheche und freundlich zu ihr. »Als er meinen wachsenden Bauch bemerkte, ließ er mich im Sitzen arbeiten und überprüfte die Nieten an den Flügeln selbst«, erzählte sie später. »Ich nahm ab, aber mir war morgens nicht übel. Und ich wollte das Kind so gern retten. Nichts war mir wichtiger als das.«

Im Januar waren die neuen Baracken für die jüdischen Arbeitskräfte endlich fertig. Sie lagen fast zwei Kilometer von der Fabrik entfernt in einer Straße namens Schachtweg in einer Gegend namens Hammerberg. Es war kalt geworden, und ausgerechnet jetzt wurden die Frauen aus ihren warmen, wanzenverseuchten Betten gescheucht und mussten in die eiskalten neuen Baracken umziehen. Als sie mitten in einem Schneesturm dort ankamen, fanden sie ihre Unterkunft auf einem schneebedeckten Bauplatz vor, umgeben von hohen Zäunen. Die Baracken, die nach nicht lange genug abgelagertem Holz und nach feuchtem Zement rochen, waren ungeheizt. Wasser tropfte von den Decken und Wänden und durchnässte das Stroh in den dünnen Matratzen, die sie zu füllen hatten. Da die Baracken sehr niedrige Decken hatten, waren die Betten nur zweistöckig, und nun hatten sie die Wahl zwischen den nassen oberen oder den feuchten unteren Pritschen.

Der Waschraum war in einem separaten Gebäude untergebracht und funktionierte zu Anfang nicht, sodass sich die Frauen nur an einem Wasserhahn außerhalb des Hauses waschen konnten, der immer wieder einfror. In den ersten Tagen hatten sie Kohle für ihre kleinen Öfen, aber die Kapos nahmen ihnen die Kohle weg, um damit ihre eigenen Räume zu heizen, und so froren die Fenster jede Nacht von innen zu. Die Baracken für die russischen, ukrainischen, italienischen, polnischen, französischen und belgischen Kriegsgefangenen standen ebenfalls auf dem Gelände, und so konnten die Frauen gelegentlich ein paar von den Männern sehen, die durch Stacheldrahtrollen von ihnen getrennt waren. Einige von ihnen arbeiteten ebenfalls in der Fabrik, als Elektriker oder Mechaniker. Es gab also ein paar vertraute Gesichter, die sie aus der Arbeit kannten.

Unter Lebensgefahr wurden immer wieder Botschaften aufgeschrieben, um einen Stein gewickelt und über den Zaun geworfen. So gab es endlich ein paar Nachrichten über den Verlauf des Krieges, und es entwickelten sich sogar Romanzen. Die mehrsprachige Priska wurde von einem Häftling gebeten, einen Liebesbrief aus dem Französischen ins Slowakische zu übersetzen. Welche Strafe ihr für dieses »Verbrechen« drohte, wusste sie nicht, aber sie nahm sich des Anliegens von Herzen gern an und dachte an die Liebesbriefe, die sie und Tibor sich geschrieben hatten – und an den wunderbaren Augenblick, als sie ihn durch den Stacheldrahtzaun in Auschwitz erspäht hatte.

Eines Tages beobachtete eine SS-Aufseherin sie, wie sie mit einem Bleistiftstummel etwas auf einen Fetzen Papier kritzelte. Es war eine Antwort für eine Frau, die sich in einen Belgier verliebt hatte. Als die Aufseherin auf sie zukam, knüllte Priska das Beweisstück zusammen und verschluckte es. Sie bekam Prügel dafür, und danach folgte ein langes Verhör, aber sie verriet nichts.

Die deutsche Firma, die darauf angewiesen war, dass ihre Sklavenarbeiterinnen wenigstens bis zum Kriegsende durchhielten, verteilte Winterkleidung einschließlich Strümpfen und schwarzen Holzpantinen, die auf dem Weg von und zur Fabrik laut klapperten. Es gab aber nicht genug davon, und so mussten viele Frauen weiterhin die viel zu dünnen Schuhe aus Auschwitz tragen. Außerdem waren die Pantinen nicht immer die beste Fußbekleidung, weil sie oft zu groß oder zu klein waren und schmerzhafte Blasen verursachten, die nie heilten und sich entzündeten. Außerdem konnte man mit den glatten Sohlen auf vereistem Boden schlecht laufen. Und sie waren hinten offen, sodass sie sich immer wieder mit Schnee oder Wasser füllten und nie ganz trocken wurden.

Die Holzschuhe hatten den zusätzlichen Nachteil, dass sie auf dem Kopfsteinpflaster einen Höllenlärm verursachten, wenn die Frauen durch die Straßen marschierten. Die SS-Aufseher in ihren blank polierten guten Stiefeln marschierten neben ihnen her und befahlen ihnen, im Gleichschritt zu gehen: »Links! Zwei! Drei! Vier!« Klara Löffová sagte später: »Die Anwohner der Straßen, durch die unser Weg führte, waren alles andere als glücklich darüber. Sie schickten sogar Beschwerden an die Fabrik, weil wir morgens um fünf einen solchen Lärm machten. Stellen Sie sich das vor, fünfhundert Frauen in Holzschuhen marschieren durch die Straße. Und es war ja Verdunkelung befohlen, sie konnten also kein Licht anmachen. Dann kam um sechs Uhr die andere Gruppe von der Nachtschicht und machte wieder Lärm. Und der frühe Morgen war ja die einzige Zeit, wo man ruhig schlafen konnte, weil die britischen Flieger dann wieder auf dem Heimweg waren. Uns war es egal, wir durften ja auch nicht schlafen.«

Es gab zwar neue Schuhe, aber die Frauen trugen immer noch die dürftige Bekleidung, die sie am Anfang bekommen hatten und die allmählich auseinanderfiel. Oft wurde sie nur noch mühsam durch Nadeln und Bänder zusammengehalten. Außerdem besaßen die wenigsten Unterwäsche oder Socken. Wenn sie das Glück hatten, einen Lumpen zu finden, wickelten sie ihn sich als Schal um den kahlen Kopf, um sich auf dem Marsch zur und von der Fabrik vor dem pfeifenden Wind zu schützen. Später benutzten sie den Lumpen als provisorische Weste, um ihre Schuhe abzudichten oder ihre erfrorenen Zehen damit zu umwickeln. Aber in vielen Fällen nahmen ihnen die Aufseherinnen das bisschen Schutz ohnehin weg.

Und so wurde der Zug zur und von der Fabrik zu einer neuen Quälerei, vor allem durch die schmerzenden Füße und die steifen Gliedmaßen, die unter Bewegungslosigkeit und Kälte litten. Anka sagte: »Der Weg durch die Stadt war lang, zumal die Leute uns immer wieder anspuckten und uns wer weiß wie nannten. Und wir hatten ja keine Mäntel … oder Strümpfe oder so etwas … es war schrecklich.« Die Überlebende Chavna Livni berichtete später: »Jeden Tag der Marsch durch die dunkle Stadt, vor Morgengrauen, in totaler Finsternis. Es war fast niemand auf den Straßen, und allmählich kannte ich jeden Stein und jede Ecke, um die der Wind besonders grausam blies. Und dann der Rückweg, wieder im Dunkeln, und am Ziel die eiskalten Baracken mit den Öfen, die immer kalt blieben.«

Als der Winter richtig einsetzte, wurde der Regen zu Schnee und die frierenden, hungernden Gefangenen humpelten erschöpft durch den Matsch, mit frischem Schnee bedeckt. Die Aufseher, die neben ihnen hermarschierten, trugen mehrere Lagen Kleidung und knielange Militärmäntel oder Capes. Die Gewehre hatten sie sich um die Schultern gehängt und schoben die Hände in den Handschuhen in die Manteltaschen.

Ein freundlicher Deutscher, mit dem Rachel zusammenarbeitete, schenkte ihr heimlich ein paar Stücke weichen, weißen Baumwollstoff, den er von dem Material abgerissen hatte, mit dem sie die Flugzeugflügel polierten. In den Ecken trug der Stoff den Stempel »Freiberg KZ«. Irgendjemand hatte Nadel und Faden organisiert, sodass Rachel damit Büstenhalter für sich und Bala nähen konnte. Derselbe Vorgesetzte brachte ihr ab und zu auch etwas zu essen mit, und er besorgte ihnen Holzschuhe, weil sie bei der Verteilung leer ausgegangen waren. »Er behauptete immer, wir würden uns sonst die Füße an den Eisenfeilspänen auf dem Boden aufschneiden und die Wunden könnten sich entzünden. Aber in Wirklichkeit wollte er uns den Weg in der Kälte und dem Regen leichter machen.«

Leopoldine Wagner, eine Österreicherin, die als Dolmetscherin für die italienischen Kriegsgefangenen angestellt war, riskierte ebenfalls ihr Leben, um den Häftlingen zu helfen. Sie sagte später: »Es brach einem das Herz, diese mageren Frauen mit den geschorenen Köpfen zu sehen, wie sie bei achtzehn Grad minus ohne warme Sachen herumlaufen mussten, ohne Strümpfe in diesen Holzschuhen, dass ihnen die Füße bluteten.« Sie schämte sich angesichts dieses Elends, angesichts dieser gequälten Menschen, denen es »hundeelend« ging und deren Füße bluteten und eiterten, mit einem Deutschen verheiratet zu sein. Als sie feststellte, dass sie nur die »schreckliche« Steckrübensuppe zu essen bekamen, versuchte sie jedes Mal, wenn eine der Frauen in ihr Büro kam und den Boden putzte, ihr ein Stück Brot oder irgendetwas anderes in den Mund zu stecken. Eines Tages schenkte sie einer Frau, die nichts hatte, um ihren Rücken zu wärmen, einen Büstenhalter und eine Jacke.

Am nächsten Tag brachte ihr ein SS-Mann die Jacke zurück und fragte sie, ob das ihre sei. Sie nickte betreten. »Wenn Sie etwas zu verschenken haben, dann schenken Sie es einer Deutschen«, sagte er kalt. »Sonst sind Sie Ihren Namen bald los und bekommen eine Nummer.«

Angesichts dieser Drohung wagte Leopoldine Wagner es kaum noch, den Häftlingen zu helfen. »Natürlich hatte ich Angst. Wer nicht mit den Wölfen heulte, stand doch mit einem Fuß im Konzentrationslager.« Eines Tages jedoch lernte sie eine junge jüdische Ungarin namens Ilona kennen, die vor dem Krieg Pianistin gewesen war. Tapfer beschloss sie, Ilona die Flucht zu ermöglichen. »Ich sagte ihr immer wieder die Adresse meiner Schwester in Österreich, damit sie sich die Adresse merkte«, erzählte sie später. »Ich dachte, sie könnte vielleicht in einem Kloster Zuflucht suchen.« Mithilfe des katholischen Ortspfarrers versteckte sie eine Nonnentracht im Beichtstuhl der Johanniskirche mitten in der Altstadt und riet Ilona, beim nächsten Besuch des Arbeitshauses zum Duschen wegzulaufen. »Ich weiß nicht, was aus ihr geworden ist. Die Nonnentracht war immerhin verschwunden.«

Andere Stadtbewohner wie zum Beispiel Christa Stölzel, damals siebzehn Jahre alt und im Büro der Fabrik beschäftigt, hatten ebenfalls Mitleid mit den Häftlingen. Christa versteckte Brot und Kuchen aus ihrer Brotdose in den Papierkörben, damit die Frauen, die nachts die Büros putzten, sie fanden. Auf ein solches Verbrechen standen hohe Strafen, aber sie tat es immer wieder in der Hoffnung, damit wenigstens ein bisschen helfen zu können. Auch andere Leute dachten sich Freundlichkeiten aus, beispielsweise der Vorarbeiter, der Verbände für Wunden und bei besonderen Gelegenheiten auch mal eine Tüte Süßigkeiten liegen ließ, versteckt zwischen den Querstreben eines Flugzeugflügels.

Die Mehrheit der Menschen in der Stadt jedoch tat gar nichts, sei es aus Angst oder aus Ignoranz. Leopoldine Wagner erzählte

*Ausweis von Leopoldine Wagner*

später, das Lager sei »einfach totgeschwiegen« worden. Und sie fügte hinzu: »Die meisten wussten nur, dass am Hammerberg ein paar Baracken standen, aber wer darin lebte und litt, das wollten sie lieber gar nicht wissen.« Ohne Hilfe von außen wurde die Lage für die Frauen immer schwieriger, je länger der Winter dauerte. Auch wenn sie zu dritt oder mit noch mehr Frauen unter einer dünnen Decke beieinander lagen, waren sie vollkommen durchgefroren. Ihre Hände und Füße waren wie Eiszapfen. Die Kälte paarte sich mit dem Hunger, und je mehr Kalorien sie verbrannten, um warm zu bleiben, desto mehr knurrten ihre Mägen. Allmählich schienen sich ihre Körper ebenso aufzulösen wie ihre innere Kraft.

Dass sie auf ihren Wegen durch die Stadt immer wieder mitansehen mussten, wie die Freiberger in aller Ruhe ihrem Alltag nachgingen, machte alles noch schwerer. Sie beobachteten Kinder, die Schneemänner bauten und im Wintermantel mit Mütze und Schal zur Schule gingen. Sie sahen Männer, die zur Arbeit gingen, und ihre Frauen, die ihnen nachwinkten. Lisa Miková sagte später: »Die Leute beobachteten uns von ihren warmen Häusern aus. Aber wir waren ja auch rundum von SS umgeben, ständig etwa zwanzig SS-Leute, man konnte mit uns ja kaum Kontakt aufnehmen oder uns etwas zu essen geben. Allerdings hat es auch niemand versucht. Es interessierte sie einfach nicht.«

Die vierzehnjährige Gerty Taussig wusste inzwischen, dass ihre Eltern und ihre Schwester in Auschwitz vergast worden waren. »Mir brach das Herz, wenn ich die Familien sah, die glücklich in ihrem warmen Haus saßen, aßen und lachten und ein ganz normales Leben führten«, sagte sie. »Niemand zeigte sich in irgendeiner Weise freundlich uns gegenüber. Keine Menschenseele. Wir waren wie Gespenster. Keine von uns glaubte, dass wir überleben würden und irgendwann wieder ganz normale Dinge tun könnten.«

Eines Morgens entdeckte die einundzwanzigjährige deutsche Gefangene Hannelore Cohn auf dem Weg zur Fabrik etwas, was sie dazu brachte, abrupt stehen zu bleiben, sodass alle anderen fast auf sie aufliefen. Ihre Mutter, eine blonde Nicht-Jüdin aus Berlin, stand an einer Straßenecke und beobachtete, wie ihre Tochter vorbeimarschierte. Einer der deutschen Meister in der Fabrik hatte auf ihre Bitte hin heimlich an ihre Familie geschrieben, um ihnen mitzuteilen, dass sie noch am Leben war. »Ihre Mutter war nach Freiberg gezogen, um Hannelore zu sehen, wie sie zur Fabrik und wieder zurück ging«, erzählte die Überlebende Esther Bauer, die Hannelore ein Leben lang kannte. »Jeden Morgen stand sie am Tor, wenn wir zur Arbeit kamen. Die beiden konnten nicht miteinander sprechen, aber Hannelore wusste doch wenigstens, dass sie da war. Wir alle wussten es.«

Gerty Taussig erinnerte sich ebenfalls daran und fügte hinzu: »Was für eine Tragödie, da an der Straße zu stehen, wenn die eigene Tochter vollkommen abgemagert vorbeiging. Und sie konnte nicht mal winken!« Aber die Mutter stand wochenlang jeden Tag an der Ecke, und alle, die sie bemerkten, fanden Trost in ihrer Gegenwart.

Endlich in der Fabrik angekommen, konnten sich die Gefangenen etwas trocknen und sich aufwärmen, obwohl ihre Hände beim Auftauen jedes Mal schmerzten. Wenn es auf dem Rückweg oder während des Abendappells regnete oder graupelte, konnten sie ihre Kleider nirgends trocknen und mussten die ganze Nacht zitternd in den nassen Sachen verbringen. Oft war es so kalt, dass das Wasser im Wasserhahn über dem Becken im Waschraum gefror. Wenn sie Glück hatten, gab es ein Handtuch und ein winziges Stück Seife für alle. Sie hatten keine Zahnbürsten und keine Kämme, und als ihr Haar ungleichmäßig nachwuchs, juckte es und verfilzte. Bei einigen waren die nachwachsenden Haare ganz weiß.

Als die Tage vergingen und keine Erleichterung kam, zogen sich die Häftlinge in das Schattendasein zurück, das das Schicksal ihnen zugeteilt hatte, und kämpften nur noch von einem Tag zum anderen. Da sie in unterschiedlichen Baracken lebten und in unterschiedlichen Schichten, ja sogar in verschiedenen Gebäuden arbeiteten, kannten sich Priska, Rachel und Anka immer noch nicht. Und sie wussten auch nicht von den wenigen anderen, die ebenfalls eine Schwangerschaft geheim hielten und sich fragten, wie lange es wohl noch gut gehen würde. Eine tschechische Freundin von Lisa Miková, der es lange gelungen war, ihre Schwangerschaft zu verbergen, bekam eines Nachts unerwartet Wehen. »Sie bekam ihr Kind im Februar in einer der Freiberger Baracken, und die SS-Leute ermordeten das Kind«, berichtete Lisa. »Die Wachen nahmen das Kind mit, und später hörte sie, dass es getötet worden war.« Zwei andere Frauen, die man im Verdacht hatte, schwanger zu sein, wurden nach Auschwitz zurückgeschickt.

Was aus ihnen wurde, ist nicht bekannt, aber vermutlich war Dr. Mengele nicht besonders erfreut. Wir wissen von einer tschechischen Überlebenden namens Ruth Huppert, die mit ihrem Mann etwa zur selben Zeit in Theresienstadt gelebt hatte wie Anka. Als sie während der Transporte Ende 1943 schwanger wurde, bat sie um eine Abtreibung, aber die Nazis hatten den Gefängnisärzten die Abtreibung inzwischen verboten. Wie die drei Mütter in Freiberg wurde sie nach Auschwitz geschickt, konnte ihre Schwangerschaft aber während der Selektionen verbergen. Dann überredete sie einen Kapo, sie auf die Liste der Zwangsarbeiterinnen zu setzen.

Als sie den Geburtstermin fast erreicht hatte, während sie in einer deutschen Ölraffinerie arbeitete, wurde die Schwangerschaft entdeckt, und im August 1944 wurde sie zurück nach Auschwitz geschickt. Mengele, der wissen wollte, wie sie es geschafft hatte, dass niemand etwas merkte, sagte ihr: »Du wirst das Kind bekommen, dann sehen wir weiter.« Stunden nach der Geburt ihrer Tochter erklärte ihr der »Todesengel«, er wollte sehen, wie lange ein Kind ohne Nahrung überleben konnte. Dann befahl er, die Brüste der Mutter hochzubinden, damit sie ihr Kind nicht stillen konnte. Acht Tage lag sie fiebernd und mit geschwollener Brust hilflos mit dem Kind da. Mengele kam täglich zur Visite. Erst als die Kleine schon halb tot war, konnte die Mutter ihr eine Morphiumspritze geben, die ihr einer der Häftlingsärzte zugesteckt hatte. Der Tod des Kindes rettete ihr das Leben. Sie wurde wieder in ein Arbeitslager geschickt und überlebte dort.

Die drei Mütter und ihre Babys in Freiberg hätten ein ähnliches Schicksal erleiden können, wenn ihre Schwangerschaften entdeckt und sie zurück zu Mengele geschickt worden wären. Allerdings hatte man auch in Freiberg keine Überlebensgaran-

*Denkmal für die Toten des KZ Freiberg*

tie, denn in den folgenden Monaten ging im Lager der Tod um. Eine slowakische Frau in den Zwanzigern wurde als erste krank und starb nach weniger als einem Monat Fabrikarbeit an einer Blutvergiftung. Sie wurde am selben Tag beerdigt wie eine dreißigjährige Deutsche, die an Scharlach gestorben war. Mindestens sieben Frauen starben kurz nach ihnen: Frauen und Mädchen zwischen sechzehn und dreißig Jahren, die einer Lungenentzündung und anderen Krankheiten erlagen. Sie alle wurden eingeäschert und in einem Massengrab auf dem örtlichen Donat-Friedhof beerdigt.

Priska, die ebenso erschöpft und hungrig war wie die übrigen Insassen, weigerte sich standhaft, auch nur an den Tod zu denken. Sie knüpfte ihre Hoffnungen immer noch an die Vorstellung, dass Tibor irgendwo da draußen lebte und sie beschwor, nur an schöne Dinge zu denken. So betrachtete sie eingehend die kunstvollen Muster, die der Frost auf die Fensterscheiben in ihrer Baracke malte. Als eine der wenigen, die gelegentlich den Kopf hoben, wenn sie sich zur Fabrik oder wieder zurück schleppten, trat sie nach dem Pulverschnee, um zu sehen, wie er funkelte, oder sie staunte über den Raureif, der an nebligen Morgen die Bäume wie Puderzucker überzog. Sie hatte Tibor versprochen, dass sie und das Baby überleben würden, und er hatte ihr erklärt, nur das halte ihn am Leben. »Ich konzentrierte mich auf meinen Mann und mein Kind. Ich nahm kaum Kontakt zu den anderen auf«, sagte sie später. »Ich hoffte, Tibor würde da sein, wenn ich nach Hause käme.«

Aber die Stimmung sank mit den Temperaturen, und die Frauen konnten sich gegen das Gefühl der Verzweiflung und Verlassenheit kaum noch wehren. Schmerzlich wurde ihnen klar, dass der lange, harte Winter ihre Lebensbedingungen nur noch unerträglicher machen würde. Wie Gespenster sahen sie aus, die einfachsten Dinge wurden ihnen vorenthalten, während sie Sklavenarbeit für die Nazis verrichteten. Sie magerten immer mehr ab. Ihre Kleider waren so dünn geworden wie ihre

Nerven, die Bisse von Läusen und Wanzen, aber auch der eigene Verfall ließen überall wunde Stellen entstehen. In ihren Köpfen war kein Platz mehr für irgendetwas anderes als das tägliche Essen und Überleben. »Ich kann mich nicht erinnern, dass ich jemals geträumt hätte«, sagte Anka später. »Das reine Überleben kostete so viel Kraft, dass für nichts anderes mehr Zeit blieb.«

Für Anka und Rachel, die schon böse Jahre im Ghetto erlebt hatten, schien die schlimme Zeit ohne Hilfe unendlich. Was würde mit ihnen und ihren ungeborenen Kindern passieren? Was war mit Bernd und Monik? Waren sie überhaupt noch am Leben? Anka konnte ihre Sorgen mit Mitzka teilen und nachts mit ihr flüstern, obwohl sie befürchtete, die Freundin mit dem Wissen von der Schwangerschaft in Gefahr zu bringen. Rachel, die mit Bala jeden Tag den Arbeitsplatz und jede Nacht das Bett teilte, hatte ihr und den anderen beiden Schwestern gar nichts gesagt, um die anderen nicht zu gefährden.

Sala und Ester hatten das Glück, als Sekretärinnen im Büro der Fabrik zu arbeiten. Sie bekamen bessere Kleidung und besseres Essen und hatten es insgesamt etwas bequemer. »Wir fingen in der Produktion an, aber ein SS-Mann kam auf mich zu, als ich Metall feilte, und fragte mich auf Deutsch: »Wo ist deine Schwester?« Wir waren immer zusammen, aber ich sah ihn ganz erschrocken an, weil mir nicht klar war, dass er von unserer Verwandtschaft wusste.« Er befahl ihnen mitzukommen und ging mit ihnen ans andere Ende der Fabrik. »Die ganze Zeit redete er deutsch mit mir und fragte mich: ›Kannst du lesen und schreiben?‹« Dann setzte er uns in ein Büro, wo die Pläne für die Flugzeuge aufbewahrt wurden, und die nächsten acht Monate waren wir in Sicherheit. Wir hatten wirklich Glück. Wir mussten nicht schwer arbeiten, hatten sonntags frei, und bei Fliegeralarm nahmen sie uns sogar mit in den Bunker. Aber in diesem Teil der Fabrik war es kalt; wir benutzten Zeitungen, um uns einzuwickeln, damit wir es etwas wärmer hatten.«

Nach der Arbeit im Büro marschierten Sala und Ester mit

den anderen Frauen zurück in die Baracken, wo sie ihre Schwestern Rachel und Bala wiedersahen. Die vier versuchten ständig, sich Mut zu machen, um weiter durchzuhalten. »Es half schon, dass wir unsere Sorgen miteinander teilen konnten«, sagte Sala später. »Vor allem, wenn eine von uns kurz davor war, aufzugeben. Dann sagten wir ihr, morgen wird es besser. Morgen.«

Obwohl die Frauen die ganze Zeit entsetzlich hungerten, dachten sie sich weiterhin Festessen aus und erzählten sich Rezepte. Ein beliebtes Spiel bestand darin, Freundinnen zu einem raffinierten Essen »einzuladen« und mit ihnen über die Zubereitung und das Essen der verschiedenen Gerichte zu sprechen, bis ihre vorgestellten Bäuche voll waren. Ein anderes Spiel sah so aus, dass sie endlos darüber diskutierten, was sie nach dem Krieg als Erstes essen würden. »Nach dem Krieg« wurde zu einem magischen, mythischen Ereignis, von dem sie nicht wissen konnten, ob es jemals eintreten würde. Eine dicke Scheibe frisches Brot mit Butter war der absolute Renner, obwohl die jüngeren Mädchen sich oft auch etwas Süßes wünschten. Richtig gute Kartoffeln in den verschiedensten Zubereitungsarten, vor allem Bratkartoffeln, bekamen ebenfalls viele Stimmen.

Diejenigen, die ihr Essen ein Leben lang von ihren Müttern oder gar von Köchinnen bekommen hatten, würden später behaupten, in Freiberg hätten sie kochen gelernt, wenn auch nur im Kopf. Die Zutatenlisten der extravaganten Mahlzeiten lenkten sie ab. Manchmal war es wie eine Art Selbstquälerei, weil sie sich viel zu viel an ihre Mütter und Großmütter und an das gute Leben »davor« erinnerten, mit all den Düften und Familienritualen: an den köstlichen Geruch von frisch gebackenem Brot, das Aroma von frischem Kaffee oder den Duft und das Gefühl von Lavendelseife, wenn sie sich vor dem Essen die Hände wuschen. Wenn sie dann den wirklichen Zustand ihrer Finger betrachteten, mussten sie fast lachen.

»Irgendwann sagten wir dann: ›Halt, jetzt wollen wir nicht mehr davon reden.‹ Und eine halbe Stunde später ging es wieder los«, erzählte Lisa Mikobá. »Unsere Gedanken drehten sich nur ums Essen, immer. Es bestimmte unser Leben. Wir sehnten uns nach Fleisch und Klößen und ganz normalen Sachen wie Schinken und Brot. Ich habe immer gesagt, wenn ich nur Kartoffeln und Brot haben könnte, würde ich mein Leben lang nichts anderes mehr brauchen.«

Gerty Taussig fand eines Tages eine ganze rohe Kartoffel und teilte sie mit ihrer besten Freundin. »Wir schnitten sie ganz dünn auf und aßen sie. Etwas Besseres habe ich nie geschmeckt. Ich sagte mir: ›Wenn ich überlebe, esse ich das immer wieder.‹ Es war viel zu schnell vorbei.«

Abgesehen von dem massiven Gewichtsverlust, verursachte die extreme Mangelernährung der Frauen auch jede Menge Gesundheitsprobleme, für die sie weder eine Behandlung noch Mitgefühl bekamen. Eines Tages entwickelte Klara Löffová eine schmerzhafte Entzündung am Zahn. »Zuerst kümmerte sich niemand darum, aber ein paar Tage später war mein halbes Gesicht so angeschwollen und hart, dass ich während der Arbeit nichts mehr sehen konnte. Unser Lagerkommandant nahm mich mit zu einem Dentisten in der Stadt. Ich musste vor ihm laufen. Er trug ein Gewehr mit einem Bajonett. Die Leute, die uns sahen, mussten denken, er habe gerade den größten Spion auf der Welt gefangen. Beim Zahnarzt erklärte er, ich sei aus einem Gefangenenlager und er solle daher nur das Notwendigste tun und keine Narkosemittel verschwenden. Als ich drankam, wollte er mit mir ins Behandlungszimmer, aber der Dentist, selbst in einer Art Uniform, hieß ihn, draußen zu bleiben, da drinnen zu wenig Platz für nicht dazugehörende Personen sei. Ich ging hinein. Es war warm, sauber und er war höflich. Mir stiegen Tränen in die Augen, und als er mich fragte, ob es wehtue, antwortete ich wahrheitsgemäß: ›Nein, die Tränen kommen mir, weil es so lange Zeit her ist, dass ich wie ein Mensch behandelt werde.‹ Er arbeitete mit Novocain und sagte mir, wenn der Scharführer frage, solle ich ihm erzählen, dass es sehr schmerzhaft gewesen wäre. Ich verstand. Er ließ mich für über eine Stunde sitzen. Ich genoss jede Minute davon und kam glücklich in die Fabrik zurück. So kann selbst ein Besuch beim Zahnarzt erfreulich sein.«

Derartiges Mitgefühl war selten; die meisten Frauen lebten in ständiger Todesfurcht. Sie hatten gedacht, schlimmer als in Auschwitz könnte es ihnen nicht ergehen, aber allmählich sahen sie, dass ihre Zeit im KZ Freiberg ebenfalls vom Kampf ums Überleben geprägt sein würde. »Wir sollten sterben. Und wir hatten uns doch so gewünscht, zu überleben.« Als die Tage vergingen und immer noch keine Rettung nahte, lautete die Frage nicht mehr, ob sie sterben würden, sondern wann. Wenn sie nicht verhungerten oder von den Aufsehern getötet wurden, würde die wachsende Zahl von alliierten Bomben ihrem Leben womöglich ein Ende bereiten.

Als britische Flugzeuge Dresden bombardierten, das nur 35 Kilometer von Freiberg entfernt liegt, befand sich eine ganze Schicht von Frauen in der Fabrik. Air Marshal Arthur Harris hatte für die Zeit vom 13. bis 15. Februar 1945 eine ganze Serie von Angriffen befohlen. Die meisten Dresdner glaubten, wegen ihrer historischen und kulturellen Bedeutung würde ihre Stadt nie zum Ziel der Bomber werden. Die meisten wussten gar nicht, dass die Nazis ihr im sechsten Kriegswinter eine Schlüsselstellung auf der geplanten »Elbelinie« zugewiesen hatten, einer Verteidigungslinie, die sich von Prag bis nach Hamburg erstreckte. Damit lag Dresden genau im Fadenkreuz der Alliierten.

Sechs Jahre war es her, dass Hitler die strategische Bombardierung polnischer Städte wie Wieluń und Warschau befohlen hatte, gefolgt von den zerstörerischen Luftangriffen auf die Niederlande. Vier Jahre lag der »Blitzkrieg« zurück, der in London von September 1940 bis Mai 1941 zwanzigtausend Menschen das Leben gekostet hatte. Die Luftangriffe des sogenannten »Blitz« hatten sechsundsiebzig Nächte angedauert und mehr als eine Million Häuser und Wohnungen zerstört oder beschädigt. Fast gleichzeitig waren von August 1940 bis Mai 1941 der Hafen von Liverpool und seine Umgebung bombardiert worden; viertausend Menschen fanden dort den Tod. Und die Stadt Coventry wurde im Zuge der »Operation Mondscheinsonate« das Ziel von achtzehn Luftangriffen, von denen der schlimmste am 14. November 1940 stattfand. Etwa fünfhundert deutsche Bomber griffen in dieser Nacht die Stadt mit 500 Tonnen hochexplosivem Sprengstoff und Brandbomben an, um die dortige Industrie zu zerstören. Mehr als viertausend Wohnungen und Häuser wurden zerstört, zwei Drittel der Stadt. Hunderte von Menschen kamen allein in dieser Nacht ums Leben, mehr als tausend wurden verletzt. In den Folgejahren wurde die Stadt immer wieder angegriffen, sodass sich die Zahl der Todesopfer auf 1236 erhöhte.

Nun kam die Vergeltung mit vielen alliierten Angriffen auf Deutschland und das besetzte Polen. Städte wie Hamburg und Berlin gehörten ebenso zu den Zielen wie Pforzheim, Swinemünde und Darmstadt, oft mit ähnlich verheerenden Folgen wie die deutschen Angriffe zu Beginn des Krieges. Dresden jedoch, das »Schmuckkästchen« mit der reich geschmückten Barock- und Rokokoarchitektur, wurde zum umstrittensten Ziel. Als die ersten Wellen von britischen Lancaster-Bombern nach ihrem fünfstündigen Flug von Lincolnshire gegen 22 Uhr am 13. Februar 1945 auf die Stadt einschwenkten, heulten die Sirenen auch in Freiberg, um die Einwohner vor einem möglichen Luftangriff zu warnen. Die SS sperrte die meisten Gefangenen, darunter auch Priska, Rachel und Anka, im obersten Stockwerk der Fabrik ein, wo sie leicht ein Ziel der britischen Bomben hätten werden können. Dann flüchteten sich die Aufseher mit den deutschen Vorarbeitern und Zivilangestellten in ihren Bunker im Keller.

Die Frauen mussten das Licht ausschalten und die Verdunkelungsvorhänge vorziehen, um keine Aufmerksamkeit zu erregen, aber sie gehorchten diesem Befehl nicht, sondern beobachteten aufgeregt die etwa siebenhundert schweren Bomber, die in geringer Höhe über sie hinwegbrausten. Ein paar Mal konnten sie sehen, dass Flugzeuge langsam die Fabrik umkreisten, als wollten sie üben. Viele fragten sich, ob die nächste Bombenladung wohl ihnen gelten würde. Anka sagte später: »Wir wünschten uns wirklich, sie würden uns bombardieren, damit die Fabrik ihre Kriegsproduktion nicht fortsetzen könnte. Aber das geschah nicht.«

Auch Rachel erinnerte sich später, dass sie in den Nächten, in denen Dresden bombardiert wurde, in den Himmel riefen: »Kommt her! Kommt und bombardiert uns! Wir sterben doch sowieso!« Sie fügte hinzu: »Wir waren absolut sicher, dass keine von uns überleben würde. Es war nur eine Frage der Zeit. Als sie Dresden bombardierten, dämmerte uns zum ersten Mal, dass wir womöglich gerettet werden könnten.«

Eine Handvoll deutsche Aufseher, die vor der Tür standen, um die Frauen an der Flucht zu hindern, beschwerte sich bitter über die Gefahr, in die man sie brachte. »Sie sagten uns, wir sollten nicht aus dem Fenster schauen und womöglich irgendwelche Lichtsignale an die Piloten senden«, sagte Lisa Miková. »Wir jubelten, und sie waren wütend, dass wir so glücklich waren.«

Die sächsische Hauptstadt war zwar ein ganzes Stück entfernt, aber der Nachthimmel leuchtete von den Brandbomben und Sprengbomben, die Dresden zerstörten. Schätzungen zufolge wurden fünfundzwanzigtausend Einwohner der Stadt getötet, und der nachfolgende Feuersturm färbte den Himmel rot und zerstörte mehr als sechs Quadratkilometer Stadtfläche. »Es war das großartigste Schauspiel, das ich in meinem ganzen Leben gesehen habe, all die Brandbomben und die Farben am Himmel. Wir wünschten ihnen alles Böse in der Welt. Es war … großartig … es war eine solche Genugtuung«, sagte Anka. »Nach dem Krieg wurde viel Böses über ›Bomber Harris‹ gesagt. Für mich war er ein Heiliger.«

Einer der Vorarbeiter kam am nächsten Tag aus der zerstörten Stadt nach Freiberg und berichtete, dass in der Altstadt kein Stein mehr auf dem anderen stehe und das keine Familie verschont geblieben sei. Gerty Taussig sagte später, sie hätte keinen

*Die Bombardierung von Dresden*

Gedanken an die Leute verschwendet, die Hitler gewählt hätten, nur die wunderbaren Kunstwerke hätten ihr leidgetan. Rachel erzählte: »Eine der Aufseherinnen sagte uns, wie entsetzt sie alle seien. ›Das ist unsere Stadt! Unsere Leute!‹ Sie sagte, wer von uns Freude über die Bombardierung äußerte oder auch nur zum Fenster schaute, würde erschossen.« Rachel warnte ihre Mithäftlinge, damit sie ihre Begeisterung dämpften.

Der erste Angriff auf Dresden hatte während der Nachtschicht stattgefunden. Am nächsten Tag kamen die Bomber wieder und warfen bei Tageslicht weitere siebenhundert Tonnen auf die Stadt ab. Am dritten Tag griffen sie die Vororte und eine nahe gelegene Ölraffinerie an. »Man konnte bei dem Feuerschein lesen, so schrecklich brannte es«, sagte Lisa Miková. »Aber ich muss zugeben, wir hatten kein Mitleid. Wir sagten uns: ›Was ist mit unseren Eltern und unseren Ehemännern? Wer hat denn angefangen?‹ Wir nahmen das Ganze sehr kühl auf, obwohl wir wussten, dass Frauen und Kinder und Tausende Menschen gestorben waren. Am nächsten Tag waren die Aufseher unheimlich wütend und behandelten uns besonders schlecht. Sie schlugen uns und ließen uns nicht zur Toilette.«

Als in Freiberg die ersten traurigen Züge von Flüchtlingen aus Dresden auftauchten, die mit ihrer letzten Habe kamen, wuchs in der Fabrik wieder die Hoffnung. Mit so vielen Hundert alliierten Bombern am Himmel wagten die Gefangenen wieder daran zu glauben, dass ihre Rettung nahte. Es machte ihnen nicht einmal etwas aus, dass sie auf die Straße geschickt wurden, um den Schutt der Nebenangriffe zu beseitigen. »Warum haben sie nicht die Schienen oder die Züge angegriffen?«, fragten sie sich. »Dann könnte niemand mehr in ein Konzentrationslager gebracht werden.«

Ende März hatten die alliierten Bombardierungen die Freiberger Fabrik vom Nachschub abgeschnitten und es gab kein Arbeitsmaterial mehr. Außerdem fehlte es an Brennstoff für die Maschinen, und der Strom fiel immer wieder aus. Die Produktion wurde gestoppt. Die Aufseher, die auf keinen Fall ihre Stelle verlieren wollten, befahlen den Häftlingen, sich zu beschäftigen, und so fertigten sie allerlei Gegenstände aus Abfallmaterial, darunter kleine Messer, mit denen sie das »köstlichste Essen der Welt« schneiden konnten: Gras. Denn inzwischen schmolz der Schnee, und sie konnten auf dem Weg zur und von der Fabrik immer wieder Grasbüschel ausreißen. Andere stellten aus Aluminium kleine Kämme her. Einige von ihnen waren zwar nach der Ankunft in Freiberg noch einmal rasiert worden, aber bei den meisten Frauen wuchsen inzwischen doch wieder Haarbüschel auf dem Kopf, und die kostbaren Kämme erinnerten sie an Zeiten, in denen sie zivilisierter ausgesehen hatten.

Gerty Taussig hatte eine Freundin, die ganz begeistert von ihrem Kamm war und ihn immer fest in der Hand hielt, damit er nicht gestohlen werden konnte. Bei einem Appell entdeckte ein SS-Aufseher den Kamm und nahm ihn ihr weg. »Wofür brauchst du den?«, schnauzte er sie an.

»Um mein wunderbares Haar zu kämmen«, antwortete die

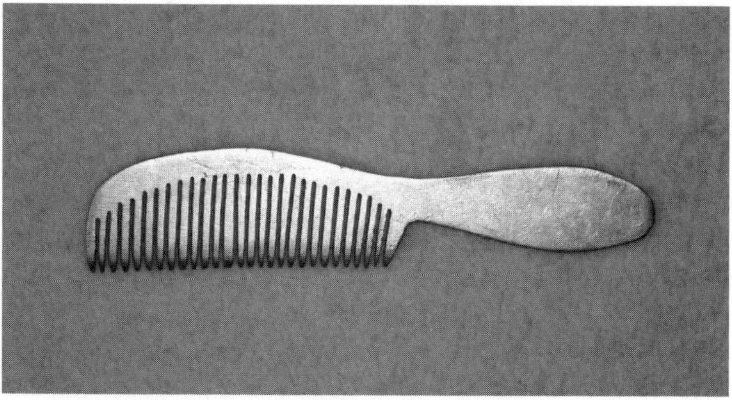

*Kamm aus Flugzeugmetall, hergestellt in Freiberg*

Frau und fuhr mit der Hand über den Flaum auf ihrem kahlen Schädel. Selbst der Aufseher musste lachen, aber den Kamm bekam sie nicht zurück. Bei einem der üblichen Morgenappelle, die stets mit einer ganz unnötigen Dringlichkeit durchgeführt wurden, kam Priska, inzwischen im neunten Monat und sehr schwach, zu spät. Sie konnte sich nur noch langsam bewegen, ihre Fußknöchel waren geschwollen und ihre Füße pochten. Jetzt stellte sie einer der Aufseher zur Rede: »Warum kommst du zu spät?«

Priska lächelte ein wenig. »Daran wird das Reich wohl kaum zugrunde gehen.«

Der Aufseher hob die Faust und schlug sie so heftig für ihre Unverschämtheit, dass sie hinfiel und sich zur Kugel zusammenrollte, um ihren Bauch zu schützen. Er hätte sie und ihr Kind ohne Weiteres töten können. Als er endlich aufhörte, halfen ihr die Frauen links und rechts wieder hoch. Sie schmeckte das Blut im Mund und sagte ihnen: »Ist schon gut, schon gut.« Dann versuchte sie zu lachen und fügte hinzu: »Besser als erschossen werden.« Wieder einmal hielt sie sich an ihrem festen Glauben fest und sagte zu ihrem Kind: »Ich wusste, dass du es schaffst.«

Der Frühling kam, die Tage wurden wärmer, und durch die

Fenster hörten die Frauen die Vögel zwitschern und sahen die ersten Knospen an den Bäumen. Mit der wärmeren Jahreszeit begann auch ihr sechstes Jahr unter der Knute der Nazis, und die Häftlinge fragten sich, was die kommenden Wochen und Monate wohl bringen würden. Viele ihrer Meister waren an die Front geschickt worden, und als sie die Anweisung bekamen, die Maschinen abzubauen, die in eine andere Fabrik gebracht werden sollten, wussten sie nicht, ob sie erleichtert sein sollten oder ob sie Grund hatten, sich umso mehr zu fürchten. Wilde Gerüchte lagen in der Luft. Würden sie »liquidiert«? Würden die SS-Leute sie in den Baracken erschießen und dann die Flucht ergreifen? Oder würde man sie mit den Maschinen an einen anderen Produktionsort bringen? Am meisten fürchteten sie sich vor der Aussicht, zurück nach Auschwitz gebracht zu werden. Sie konnten ja nicht ahnen, dass die Rote Armee dieses Lager schon im Januar befreit hatte, ebenso wie einige der schlimmsten Vernichtungslager: Treblinka, Bełżec und Sobibór.

Nachdem man ihnen befohlen hatte, die Werkzeuge wegzulegen, hatten sie nichts mehr zu tun und waren weitgehend an ihre Betten gebunden. Einige wurden zu sinnlosen Erdarbeiten gezwungen, mussten Steine von einem Ort zum anderen transportieren, nur um beschäftigt auszusehen. Da sie keine produktive Arbeit mehr für das Reich leisteten, wurden ihre Rationen noch weiter gekürzt. Sie bekamen jetzt weniger als 200 Gramm Brot pro Tag und nur noch halbe Portionen von der widerlichen, salzlosen Suppe, die sie herunterwürgten. »Sie sagten uns, wenn ihr nicht arbeitet, müsst ihr auch nicht so viel essen«, erinnerte sich Lisa Miková. »Danach bekamen wir jeden Tag Brot, aber nur noch jeden zweiten Tag Suppe. Das war sehr grausam, wir hatten das Gefühl, jetzt wollten sie uns wirklich umbringen.«

Abgemagert, wie sie ohnehin schon waren, verloren die Frauen jetzt auch noch die letzten Muskeln und damit ihre gesamte Energie. Ihre graue, schuppige Haut spannte sich über den Knochen, blätterte ab und schlug Blasen. Sie atmeten flach, mit fauligem Atem, ihre Beine und Füße schwollen an, sodass es vielen von ihnen schwerfiel, zu gehen. Die Körpertemperatur sank, sie zitterten und wurden sehr anfällig für Infektionen. Aber wie sie es schon in ihrer gesamten Haftzeit getan hatten, hielten die Frauen auch jetzt zusammen und machten sich gegenseitig Mut. Priska und Edita hatten einige Freundinnen, darunter auch Magda Gregorová, die Frau des berühmten slowakischen Schauspielers Martin Gregor. Rachel hatte ihre Schwestern, und Anka hatte Mitzka und einige Freundinnen aus Prag um sich, darunter Klara Löffová und Lisa Miková. »Wenn wir bei der Arbeit stundenlang nebeneinander standen, erzählten wir uns viel und erinnerten uns gegenseitig an Gedichte und andere Sachen, bis wieder einer von den SS-Leuten schrie: ›Nicht reden!‹ In den Baracken machten wir weiter, erzählten uns Geschichten, Filme und Bücher nach. Manchmal half das ein wenig, manchmal auch nicht. Dann sagte irgendwer: ›Bitte seid still, ich muss sonst immer an zu Hause denken.‹ Das tat einfach zu weh.«

So warteten sie weiter, während die Deutschen tagelang herumliefen und überlegten, wie es weitergehen sollte. Die Frauen hatten immer noch keinen Kontakt mit der Außenwelt und wussten nicht, dass die Alliierten die Entscheidungsschlacht um das Ruhrgebiet fast schon gewonnen hatten und dass Köln und Danzig bereits in den Händen der Sieger waren. Sie hatten auch keine Ahnung von der alliierten Propaganda, die durch Radioansagen und Flugblätter in Deutschland und Österreich verbreitet wurde und besagte, dass Hitler fast schon besiegt war. Sie wussten nur, dass sie entsetzlichen Hunger und Angst hatten. Und durch das angespannte Warten kam es zu Streitigkeiten in den Baracken.

Während sie sich an einem Morgen im April 1945 mit kaltem Wasser wuschen, entdeckte eine tschechische Gefangene, dass Priska unter ihrem geräumigen Kleid ihre Schwangerschaft versteckt hatte, und drehte durch. Sie hatte die Diamanten ihrer Familie versteckt und hatte große Angst, dass sie alle durchsucht würden, wenn die Aufseher etwas von Priskas Schwangerschaft mitbekamen – oder Schlimmeres. »Du bringst uns alle um!«, kreischte sie. »Du hast uns alle auf dem Gewissen.« Sie wurde so laut, dass die Aufseher kamen und wissen wollten, was los wäre. »Die ist schwanger! Die ist schwanger!«, kreischte die Frau und zeigte auf Priska.

Priska erstarrte. Das Herz klopfte ihr bis zum Hals.

»Stimmt das?«, fragte eine der SS-Aufseherinnen sie ungläubig und starrte die unterernährte Priska an, die nur noch 35 Kilo wog. »Bist du schwanger?«

»Ja«, gab Priska endlich flüsternd zu. Sie rechnete damit, auf der Stelle erschossen zu werden.

Die Aufseher schauten sich kopfschüttelnd an. Dann schwiegen sie lange, während Priska mit angehaltenem Atem auf ihre Reaktion wartete. Endlich fragte einer der Aufseher: »Wann kommt das Kind?«

»Bald. Sehr bald.«

Die Aufseher zogen sich zu einer Beratung zurück. Priska ließ sich auf ihr Bett fallen. Die Nachricht hatte sich unter ihren Kolleginnen schnell verbreitet, und jetzt kamen sie zu ihr, um ihr zu versichern, dass ihr nichts Schlimmes passieren würde. Einige Tage vergingen, ohne dass irgendetwas geschah, und alle gingen wieder zur Tagesordnung über. Dann kam eine der Aufseherinnen auf Priska zu und fragte sie leise: »Brauchst du irgendwas?«

Inzwischen waren die Füße Priskas größtes Problem. Sie waren geschwollen, verkrustet und eiterten. Sie wankte. »Ich hätte so gern ein heißes Fußbad.« Zu ihrer größten Überraschung brachte man ihr eine Schüssel mit heißem Wasser. Die anderen Häftlinge schauten erschrocken und neidisch zu, wie sie in ihren schmutzigen Sachen dasaß, voll mit Läusen und anderem Ungeziefer, und ihre Füße in dem improvisierten Bad einweichte »wie eine Königin«. Das Wasser war sehr heiß und ein echter Luxus. Sie war selig. »Die Leute waren nett zu mir, weil ich ihnen leidtat und weil keiner von ihnen glaubte, dass mein Kind noch lebte oder normal zur Welt kommen würde.« Sie wusste auch, dass die

Aufseher durchaus im eigenen Interesse die Gangart gewechselt hatten, aber das war ihr egal. »Mein Mann und ich liebten uns so und ich wünschte mir dieses Kind so sehr.«

Auch Ankas Schwangerschaft war inzwischen bekannt geworden, nicht durch die tschechische Ärztin, die sie ins Vertrauen gezogen hatte, sondern durch andere Häftlinge, die irgendwann ihren Bauch im Profil gesehen hatten. »Ich wurde immer dünner, aber mein Bauch wurde dicker«, sagte sie später. »Einige von den Aufseherinnen wussten es auch. Wenn sie es vor dem 18. Januar gemerkt hätten, dann wäre ich wohl nach Auschwitz zurückgeschickt worden, aber das Lager war erst teilweise evakuiert und am 27. Januar von den Sowjets befreit worden. Es existierte nicht mehr. Sie konnten mich nirgendwohin schicken … Ich wusste freilich nichts davon, woher auch … Aber als sie mich fragten, musste ich zugeben, dass ich schwanger war. Leugnen konnte ich es nicht mehr, aber sie konnten mich auch nicht mehr wegschicken.«

So mager sie auch geworden war, Ankas Brüste waren noch größer und schwerer geworden und bereiteten ihr viel Unbehagen unter der groben Kleidung, vor allem während der Eilmärsche zur und von der Arbeit. Ihre Freundin Mitzka lieh sich von irgendjemandem Nadel und Faden aus und nähte ihr aus einem Stoffrest eine Art Büstenhalter. Es war ein sehr provisorischer Entwurf mit ungewohnt spitzen Körbchen, aber Anka war so dankbar für die Hilfe, dass sie ihn bis zum Ende des Krieges trug.

Rachel, die ihren Zustand neun Monate lang vor ihren Schwestern geheim gehalten hatte, wurde in dieser Zeit ebenfalls von einer Mitgefangenen verraten, die ihre Schwestern darauf ansprach: »Wisst ihr eigentlich, dass Rachel schwanger ist?«

»Nein! Spinnst du?« Bala glaubte der Frau kein Wort. »Ich schlafe jede Nacht mit ihr im selben Bett!«

»Das kann nicht sein«, riefen auch Ester und Sala wie aus einem Munde. Sie arbeiteten zwar in einer anderen Schicht und waren durch die Bürotätigkeit nicht so nah dabei, aber sie sahen Rachel jeden Tag, wenn sie in die Baracke zurückkehrte, und sie hatten nichts gemerkt. Als die Schwestern begriffen, dass Rachel tatsächlich ein Kind erwartete, waren sie schockiert und fürchteten sich, vor allem weil Rachel so schwach geworden war, dass sie kaum noch laufen konnte und viel Zeit in der Krankenstation verbrachte. Sala erzählte später: »Wir konnten es wirklich nicht glauben, und wir waren sehr traurig. Wie schrecklich, an einem solchen Ort ein Kind zu erwarten!«

Rachel sagte dazu: »Ich bekam nicht mehr zu essen, und sie konnten mir nicht helfen.« Sie versuchte, einfach nicht darüber nachzudenken, was ihr und dem Kind passieren könnte.

Ein paar Tage später schenkte einer der Deutschen, die mit Sala zusammenarbeiteten, ihr eine Orange. »Sie hatten Angst, uns zu helfen, aber er gab mir diese schöne, lebendige Frucht. Ich konnte mich gar nicht mehr erinnern, wann ich zuletzt etwas so Schönes gesehen oder gerochen hatte. Nur zu gern hätte ich sie für mich behalten, aber ich versteckte sie unter meinem Kleid und konnte sie Rachel mitbringen, für sie und das Baby. Sie brauchten sie dringender als ich.«

Inzwischen arbeiteten die Frauen fast gar nicht mehr und saßen die meiste Zeit in den Baracken, ganz apathisch von einem chronischen Hunger, wie ihn die wenigsten je erleben. Sie hörten Artilleriefeuer und wussten, dass die Alliierten nahe sein mussten, aber sie konnten nicht einschätzen, ob die SS nicht irgendwann in Panik geraten und sie alle töten würde. Einigen von ihnen war es mittlerweile vollkommen gleichgültig, was mit ihnen geschah.

Am Tag nach dem Fußbad, dem Morgen des 12. April 1945 – genau am errechneten Geburtstermin – setzten bei Priska Löwenbeinová die Wehen ein. Sie schrie auf, als sie sich unter der ersten Wehe krümmte, wurde dann in die Krankenstation in einem kleinen Raum in der Fabrik gebracht und dort auf ein Holzbrett auf einem Tisch gelegt. Während sie mit den Wehen kämpfte, die ihr erstes lebendes Kind auf die Welt bringen sollten, half ihr Dr. Mautnerová, die tat, was sie ohne Medikamente und ohne sterile Ausrüstung tun konnte.

Jedes Mal, wenn Priska sich mit rotem Gesicht aufsetzte, um die nächste Wehe zu überstehen, sah sie die etwa dreißig Zuschauer, die sich in der Tür drängten und sie beobachteten. Darunter waren SS-Aufseher, Vorarbeiter und die Lagerälteste. Es wurden Wetten angenommen, ob das Kind ein Junge oder ein Mädchen war. »Sie sagten, wenn es ein Mädchen war, würde der Krieg bald zu Ende gehen. Wenn es ein Junge war, würde er noch weiter andauern.«

Während die Zuschauer sich um das Geschlecht des Babys kabbelten, erlebte Priska die schlimmsten Schmerzen ihres Lebens. Nach mehreren Stunden in den Wehen und mit einem letzten qualvollen Schub wurde um 15.30 Uhr (so die Uhr eines der Aufseher) ihre Tochter geboren. Sie hatte viel Blut verloren, und anämisch und unterernährt, wie sie war, brachte sie das fast um.

»Ein Mädchen! Ein Mädchen!«, riefen die Deutschen glücklich. »Dann ist der Krieg bald aus.« Doch als das Kind ganz zu sehen war, schrie eine der Aufseherinnen erschrocken: »Ein Teufel!«

Das Kind, das nach den Regeln der Wahrscheinlichkeit die neun Monate im ausgemergelten Leib seiner Mutter niemals hätte überleben dürfen, hatte die winzigen Hände zu Fäusten geballt und zu den Ohren ausgestreckt. Für einen Augenblick sahen sie auch für Priska aus wie Hörner. Einige Zuschauer wurden ganz hysterisch, und auch Priska erschrak fürchterlich. Sie war unglaublich erleichtert, endlich ein lebendes Kind geboren zu haben, aber insgeheim hatte sie immer befürchtet, es könnte nicht normal oder missgebildet sein. Die Kleine jedoch hatte zwar einen ziemlich großen Kopf, aber das wirkte nur so, weil sie mit gerade einmal dreieinhalb Pfund so klein war. Als Priska sah, dass dem Baby ansonsten überhaupt nichts fehlte, trauerte sie nur darum, dass Tibor ihre Freude nicht mit ihr teilen konnte. Und dann erstarrte sie bei dem Gedanken, was man nun wohl mit ihr machen würde.

Bis zu diesem Moment war ihr Kind in ihrem Bauch in relativer Sicherheit gewesen. Jetzt war es da, ein bedürftiges, nacktes, verletzliches Kind in einer Welt, die von den Nazis beherrscht wurde. Die Kleine war zu schwach zum Schreien und bewegte sich nur ganz wenig. Nachdem die Ärztin die Nabelschnur abgebunden und die Kleine mit einem Tuch notdürftig sauber gewischt hatte, konnte Priska ihre Tochter zum ersten Mal in den Arm nehmen. Das magere Neugeborene hatte kaum Fett oder Muskeln, und die überschüssige Haut schlug an den Beinen Falten wie alte Strümpfe. Das Gesicht war so runzlig und verschrumpelt, dass es »hässlich wie die Sünde« aussah. Aber die Kleine hatte die großen blauen Augen ihres Vaters.

»Meine Hanka«, sagte Priska mit Tränen in den Augen und erinnerte sich an ihre geflüsterten Gespräche mit Tibor im Viehwaggon während ihrer albtraumhaften Reise nach Auschwitz. *Hanka, wenn es ein Mädchen wird, Miško, wenn es ein Junge wird.* Als sie auf das Kind mit seinem schön geformten Kopf und der winzigen Nase herunterblickte, spürte sie, wie sich ihr Mund zu einem Lächeln verzog.

»Nur an schöne Dinge denken«, hatte Tibor ihr gesagt, bevor sie auf der Rampe in Auschwitz II-Birkenau getrennt worden waren. Seine Botschaft hatte sich tief in ihr Herz eingegraben. In Freiberg hatte Priska sich eingeredet, wenn sie auf dem Weg zur und von der Fabrik immer nur hübsche Kinder ansähe, dann würde ihr Baby nicht nur überleben, sondern auch besonders hübsch werden. Während die anderen Häftlinge sich aneinander klammerten und zu Boden blickten, hatte sie immer nach blonden, blauäugigen Kindern gesucht und gebetet, dass ihr Sohn oder ihre Tochter ähnlich aussehen würde und eine Stupsnase haben würde. Ihr Kind sollte nicht so »jüdisch« aussehen wie sie, sondern seinem Vater mit der hellen polnischen Haut ähneln.

Und es hatte gewirkt. Hanka war da und ihre Mutter fand sie fast vollkommen. Das kleine Ding in ihren Armen, das in einer Wohnung in Bratislava in Liebe empfangen worden war, hatte die Besatzung durch die Nazis überlebt, die Schrecken von

Auschwitz, den härtesten aller Winter und sechs Monate Lärm, Gewalt, Hunger und harte Arbeit. Und nun hatte es sich einen Weg in dieses vom Krieg zerrissene Europa gebahnt. Mit seiner Geburt machte es den Menschen auf beiden Seiten des Konflikts Mut, auf bessere Zeiten zu hoffen. »Sie war das hübscheste Kind, das ich je gesehen hatte«, sagte Priska von dem kleinen Häufchen Haut und Knochen. »Wir hatten so viel durchgemacht, und jetzt waren wir hier und lebten immer noch.« Sie wusste aber auch, dass sie nie überlebt hätte ohne die Freundlichkeit einer Fremden: Edita, die ihr durch alle Härten hindurchgeholfen hatte. So beschloss sie, ihr Kind Hana Edith Löwenbein zu nennen, kurz »Hana« oder »Hanka«.

Dann konnte sie nicht mehr. Die Wehen und der Blutverlust ließen sie fast bewusstlos zusammensacken. Das Baby war so untergewichtig und ohne jede Fettschicht, dass es in Gefahr war, sehr schnell zu unterkühlen. Dr. Mautnerová konnte den beiden nicht viel Hilfe oder medizinische Nachsorge anbieten und war nicht sicher, ob Mutter und Kind überleben würden. Priska bekam von alldem in den nächsten vierundzwanzig Stunden kaum etwas mit. Sie und ihr Kind schliefen tief und fest. Wenn sie aufwachte, wiegte sie die Kleine in den Armen und konnte es nicht lassen, immer wieder die kleine Nase mit dem Finger anzuheben, damit sie sich noch ein bisschen mehr nach oben bog.

Das Ende des Krieges war jetzt wirklich mit Händen zu greifen, und die Regeln wurden allmählich gelockert. Einige Freundinnen kamen zu Besuch, darunter Edita, die in Tränen ausbrach, als sie erfuhr, dass das Kind zum Teil nach ihr benannt worden war. Die Frauen hatten ihre kleine Ration Marmelade gespendet und mit Wasser vermischt, um eine Art Sirup für das Baby herzustellen, den sie Priska in dem saubersten Becher überreichten, den sie finden konnten. Außerdem hatten sie noch etwas von dem weichen weißen Baumwollstoff mit der Aufschrift »KZ Freiberg« gefunden und Hana daraus ein Jäckchen mit besticktem Kragen und eine Mütze mit blau bestickter

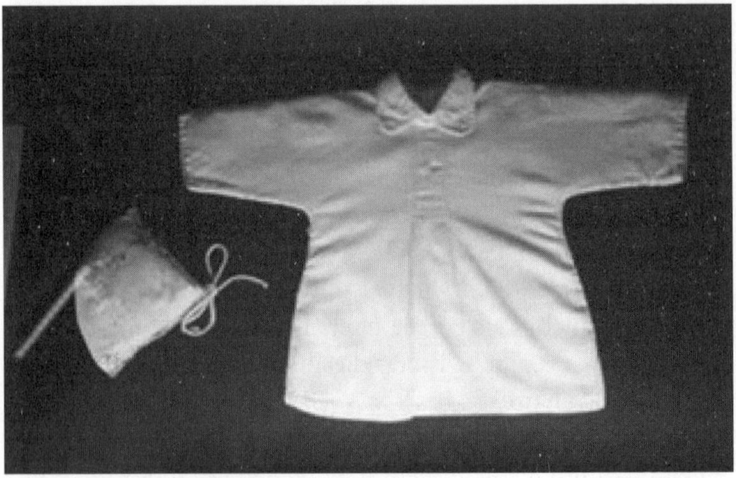

*Hanas Babykleidung aus Baumwollstoff des KZs Freiberg*

Kante und winzigen roten Blüten genäht. Priska bewahrte diese Gegenstände ein Leben lang auf wie einen Schatz.

Ihre Besucher erzählten ihr, dass Franklin D. Roosevelt am Tag von Hanas Geburt an einer Gehirnblutung gestorben war. Der amerikanische Präsident, der im selben Jahr sein Amt angetreten hatte, als auch Hitler an die Macht gekommen war, war dreiundsechzig Jahre alt geworden. Eine der Gefangenen hatte gehört, wie ein SS-Offizier seinen Kollegen die »gute Nachricht« zugerufen hatte. Die Frauen beteten nur, dass der Tod des amerikanischen Präsidenten den Krieg nicht verlängern möge.

Am zweiten Tag ihres Lebens sprang die unterernährte Hana förmlich an die Brust ihrer Mutter. »Sie trank alle Milch, die sie bekommen konnte, auch wenn es sich dabei wohl eher um Wasser handelte«, erzählte Priska. »Sie war ein sehr braves Kind. Sie trank, und dann weinte sie sich in den Schlaf.« Priska gab ihrem Kind gern, was sie hatte, aber sie selbst wurde dabei immer weniger, und Hana war auch nach dem Stillen blass und schlaff und wimmerte Mitleid erregend.

Sonst bekam Priska nicht viel mit, bis am 14. April, sechsunddreißig Stunden nach der Geburt ihrer Tochter, der Stellvertreter des Unterscharführers sie kurz nach Mitternacht wach rüttelte und ihr zurief, das Lager würde evakuiert. »In einer Stunde muss alles marschbereit sein!«, schrie er. Das galt auch für sie und das Baby, und sie konnte nur hoffen, dass sie wirklich eine Chance hatten, nachdem man sie nicht einfach im Bett erschoss oder zum Sterben in der Krankenstation liegen ließ. »Die Sowjets waren kurz davor, die Stadt einzunehmen, deshalb ergriffen die Deutschen die Flucht und nahmen uns mit«, sagte sie.

Seit dem Dezember 1944 hatten die Nazis ein Lager nach dem anderen in ganz Europa evakuiert. Es war ein Lauf gegen die Zeit. Aber die Erkenntnis, dass sie den militärischen Krieg verlieren würden, machte viele von ihnen nur umso entschlossener, den Krieg gegen die Juden fortzuführen und so viele zu vernichten wie möglich. Tausende wurden vergast oder erschossen, bevor die Lager evakuiert wurden, doch manchen wurde auch ein anderes Schicksal zuteil. Die Führungsschicht der Nationalsozialisten klammerte sich immer noch an die Vorstellung, egal, was passierte, würden sie nach dem Ende des Krieges die Arbeitskraft von Sklaven brauchen, um das Land wieder aufzubauen. Hitler und Himmler planten eine »Alpenfestung«, in die sich das deutsche Oberkommando und einige Elitetruppen zurückziehen könnten. Dieses Gebiet sollte sich vom südlichen Bayern über den Westen Österreichs bis nach Norditalien erstrecken.

Da sie Häftlinge brauchen würden, um die Region zu verteidigen, wurde beschlossen, sämtliche überlebenden Gefangenen in den Süden des Reichsgebiets zu verlegen. Um diese Verlegung möglichst schnell und effizient zu erledigen, wurden diejenigen, die bis auf Weiteres überleben sollten, mit Zügen transportiert. Wo keine Züge zur Verfügung standen oder wo die Gleise und Bahnhöfe bombardiert worden waren, wurde die Evakuierung zu Fuß durchgeführt. Die »Todesmärsche« in einem der härtesten Winter seit Menschengedenken waren nur eine weitere Form der Folter und brachten die Schwächeren unter den Häftlingen um. Nur die Stärksten überlebten.

Man schätzt, dass in den letzten sechs Monaten des Krieges noch einmal dreihunderttausend bis siebenhunderttausend Häftlinge aus Konzentrations- und Vernichtungslagern umkamen. In Auschwitz wurden im Januar 1945 sechzigtausend Überlebende zu einem 40 Kilometer entfernt liegenden Bahnhof getrieben, in Züge gestopft und nach Deutschland gefahren. Etwa fünfzehntausend von ihnen starben unterwegs an Entkräftung, Kälte und Hunger. Die Viehwaggons wurden zu Schlachthöfen. Noch viel mehr Menschen starben an anderen Orten, und die SS hatte den Befehl, jeden zu erschießen, der nicht mehr weiterkonnte.

Die Frauen aus dem KZ Freiberg hatten keine andere Wahl, als dem Evakuierungsbefehl zu gehorchen, auch Priska, die eigentlich noch nicht transportfähig war, und schon gar nicht ihr Kind, das eigentlich in einen Brutkasten gehört hätte.

Rachel, die in einem ähnlich erbärmlichen Zustand war, stand auf, um ihre Schwestern zu warnen, sobald sie von der Evakuierung hörte. »Ich war zu schwach. Ich konnte gar nichts mehr tun, ich bekam nicht einmal Wehen. Aber in dieser Nacht hörte ich, dass sie uns wegbringen würden. Ich wusste, ich musste etwas tun, also ging ich zu meinen Schwestern und sagte: ›Macht euch bereit, heute Nacht geht es los.‹« Die Deutschen waren »organisiert und diszipliniert bis zur letzten Minute« und befahlen den Gefangenen, alles aufzuräumen und alle Spuren verwischen. Dann trieben sie sie ein letztes Mal durch die Stadt, in Fünferreihen und mit einem mörderischen Tempo. »Sie wussten nicht, wohin sie uns brachten, sie hatten nur den Befehl, uns wegzubringen, weil die Russen kamen.«

Lisa Miková war überrascht über das Tempo der Evakuierung. Die Baracken wurden eine nach der anderen geräumt. »Plötzlich, mitten in der Nacht ging es los. Wie immer mitten in der Nacht«, sagte sie. »Sie kamen und sagten, alles mitnehmen, jede eine Schüssel, einen Löffel und eine Decke … Ohne Vorwarnung wurden wir im Dunkeln zum Bahnhof getrieben und abtransportiert. Wir wussten nicht, dass Auschwitz nicht mehr existierte, und wir hatten solche Angst, dass man uns dorthin zurückbringen würde. Das wäre das Schlimmste gewesen.« Obwohl es mitten in der Nacht war, schien ganz Freiberg auf den Beinen zu sein. Die alliierten Flugzeuge kreisten drohend über der Stadt. Wie die vielen Flüchtlinge, die Richtung Süden gingen, packten jetzt ganze Familien ihren wichtigsten Besitz zusammen und machten sich auf den Weg, auf den Straßen oder zu den Bahnhöfen. Das Vorrücken der Roten Armee machte ihnen viel mehr Angst als die britischen Flugzeuge.

Priska, ihr Baby und fünfunddreißig weitere kranke Frauen gehörten zu den Letzten, die das KZ Freiberg verließen. Zunächst lautete der Befehl, mit den anderen durch den Regen zu laufen, aber sie kamen nur ein paar Hundert Meter weit, bis klar wurde, dass sie so nicht weitermachen konnte. Die Aufseher berieten sich und sagten den übrigen Frauen, sie sollten weitergehen und diejenigen, die nicht mehr gehen konnten, zurücklassen. »Die anderen waren überzeugt davon, dass sie uns erschießen würden«, sagte Priska. »Unter Tränen nahmen sie Abschied von uns.«

Aber statt sie alle mitten in der Stadt zu erschießen, wo es jede Menge Zeugen gegeben hätte, wurden die Frauen auf einen versiegelten Militär-LKW geladen. Die Türen wurden hinter ihnen zugeschlagen, dann wurden sie von SS-Leuten weggebracht. Die kleine Hana war so apathisch, dass sie kaum weinte oder sich bewegte, obwohl sie schon Blasen auf der Haut hatte. Priska versuchte sie warm zu halten, indem sie sie unter ihrem weiten Kleid an sich drückte. Die Frauen in dem LKW hatten keine Ahnung, wohin man sie brachte, und je länger der Wagen dahinrumpelte, desto mehr befürchteten sie, man würde sie an einen entlegenen Ort bringen und dort erschießen. Andere, die von Chełmno und anderen, ähnlichen Orten gehört hatten, waren sicher, dass man sie mit Abgasen töten würde. Priska küsste Hanas kleinen Kopf und betete. »Ich habe mir immer gesagt, alles liegt in Gottes Hand, in seiner Macht. Er wusste, warum ich dieses Kind bekommen hatte, und er würde mir helfen.«

Mit der Roten Armee auf der einen Seite und den Amerikanern auf der anderen, hatten die Deutschen keine Zeit zu verlieren. Was auch immer sie ursprünglich vorgehabt hatten, jetzt jedenfalls blieb der Lastwagen ohne ersichtlichen Grund stehen und blieb auch quälend lange stehen, bevor der Motor irgendwann wieder angelassen wurde. Als er wieder hielt und Priska und die anderen Frauen am Bahnhof ausstiegen, wurden sie von den anderen Frauen mit Jubel begrüßt. Niemand hatte gedacht, dass man sie noch einmal wiedersehen würde.

Praktisch jeder Zug im gesamten besetzten Europa war beschlagnahmt worden, um Truppen oder Munition an die sich ständig verschiebenden Fronten zu bringen. Die verbleibenden Personenwaggons waren für Flüchtlinge aus allen Teilen des Reichs reserviert. So blieben der Reichsbahn für den Transport der neunhundertneunzig jüdischen Frauen und einiger männlicher Häftlinge aus den Nachbarbaracken nur fünfzehn offene »Halbwagen« und eine Handvoll geschlossene Viehwaggons. Einige waren vorher zum Transport von Kohle benutzt worden und knöchelhoch voller Kohlenstaub. Mit anderen waren Tiere oder Menschen transportiert worden, der Rest waren tatsächlich Güterwagen, unter anderem für Löschkalk, der an den ohnehin wunden Füßen entsetzlich brannte.

Es war ein kalter, nasser Frühling, und während die Frauen in die offenen Waggons getrieben wurden, immer sechzig bis achtzig auf einmal, mischte sich Schnee unter den Regen. Ohne einen anderen Schutz als ihre dünnen Decken drückten sie sich aneinander, als wieder einmal die Türen hinter ihnen geschlossen wurden. Wenn sie sich auf die Zehenspitzen stellten oder eine die andere hochhob, konnten sie über die Brüstung schauen. Zu ihrem Missfallen war in fast allen Waggons ein deutscher Aufseher platziert, der sie daran hindern sollte, hinauszuschauen oder einen Fluchtversuch zu unternehmen. In heller Panik spekulierten sie, wohin man sie brachte. Eine behauptete, sie hätte von einer unterirdischen Munitionsfabrik gehört, in der man sie lebendig begraben würde. Andere befürchteten, man würde sie ins Hauptlager Flossenbürg in Bayern bringen, dem Ziel vieler Todesmärsche, und dort würde man sie vernichten wie Ungeziefer. Was sollte die SS denn mit so vielen halb verhungerten Frauen, die für die harte Arbeit im Steinbruch überhaupt nicht geeignet waren?

Priska konzentrierte sich darauf, die nächsten Stunden zu überleben. In einen der offenen Wagen gepfercht, bemühte sie sich, ihr Neugeborenes vor dem Gedränge zu schützen und dafür zu sorgen, dass es nicht auf den schwarzen Boden fiel. Sie zog dem Kind die Mütze über die Augen.

Irgendwo ein paar Wagen weiter vorn stand Rachel, kurz vor dem Geburtstermin und so schwach, dass man sie zu den Sterbenden gesteckt hatte. Ihr einziger Trost bestand darin, dass der Wagen nicht ganz so voll war wie die anderen und dass sie wenigstens ein bisschen Platz fand, um sich neben den anderen hinzulegen, »wie Heringe in der Dose«. Niemand außer ihren Schwestern und ein paar anderen Frauen, die irgendwo in diesem Zug in offenen Waggons standen, wusste von ihrer Schwangerschaft. Von Hanas Geburt hatten sie nichts gehört. Sie kämpften ums Überleben und hatten ihre eigenen Sorgen.

Anka, die sich ebenfalls im neunten Monat befand und nur noch ein »lebendes Skelett in Lumpen« war, wurde zusammen mit Mitzka in einen offenen Kohlewagen gestopft. Sie war in einem ebenso schlechten Zustand wie die anderen werdenden Mütter. Voller Angst betete sie, dass man sie nicht zurück nach Auschwitz bringen würde. Sie hielt sich mit beiden Händen an der Brüstung des Waggons fest, um nicht das Gleichgewicht zu verlieren, während der Zug kurz nach Anbruch des Tages anruckte und losfuhr.

Die riesige Lokomotive stieß schwarzen Rauch aus und zog ihre elende Fracht dann aus dem belagerten Land an einen unbekannten Bestimmungsort.

## 6

## Der Zug

*Transport von Häftlingen in offenen Waggons, Winter 1944*

Kaum jemand, der an diesem regnerischen Morgen auf dem Bahnsteig des Freiberger Bahnhofs stand, bemerkte wohl den Güterzug, der langsam nach Westen fuhr. Der Signalgeber schwenkte im dämmerigen Licht seine Laterne, der Stationsvorsteher blies in seine Pfeife oder schwenkte seine Signalfahne um anzuzeigen, dass der »Sonderzug« abfahren konnte, und der Lokomotivführer öffnete das Dampfventil, während seine Leute Kohle schaufelten.

Der einzige Hinweis darauf, dass es sich hier nicht um einen normalen Zug handelte, der Versorgungsgüter oder Munition an die Front lieferte, waren vielleicht die struppigen Köpfe der größten unter den Gefangenen, die über der Brüstung der gedrungenen Güterwagen gerade so zu sehen waren. Aber nur wenige von den verängstigten Deutschen, die auf dem Bahnhof herumliefen und versuchten, mit einem Zug aus der Stadt zu entkommen, hätten wohl gedacht, dass sich irgendwo zwischen diesen gebrochenen, elenden Kreaturen ein zwei Tage altes Baby befand und dass zwei weitere Kinder in den nächsten Tagen geboren werden sollten. Vermutlich hätte es auch niemanden gekümmert.

Das riesige Schienennetz des Deutschen Reiches unter der Verantwortung der Deutschen Reichsbahn (DRB), verschiedener Ministerien und einiger angeschlossener Eisenbahngesellschaften erstreckte sich über hunderttausend Kilometer. Zwölftausend Lokomotiven standen für Personen- und Güterzüge zur Verfügung. Ihre Hauptfunktion war die Bewegung von Truppen und die Versorgung mit kriegswichtigen Maschinen und Brennstoff, aber die beschlagnahmten Züge aus den besetzten europäischen Ländern waren auch ein wichtiges Werkzeug für Hitlers Ziel, die »Endlösung der Judenfrage«. Mit ihrer Hilfe wurde ein Großteil der Millionen von Unglücklichen transportiert, die zur sofortigen Vernichtung oder zum Tod durch Arbeit bestimmt waren.

Die großen hölzernen Kastenwagen mit der schweren Schiebetür, die bis zum Bersten mit Menschen gefüllt wurden, waren das bevorzugte Transportmittel für die »Sonderfracht«, wie die Nazis die Deportierten irreführend bezeichneten. Diese großen »Sardinenbüchsen« hatten den Vorteil, dass die Gefangenen darin verschwanden und dass es kein Entkommen gab. Die 10 Meter langen Standardwaggons hatten sich als besonders effizient in diesem System erwiesen, das sich im Wesentlichen selbst finanzierte. Aneinandergekoppelt, konnten sie problemlos tausend Menschen aufnehmen. Und ab tausend »Stück« gab es Massenrabatt.

Die Reichsbahn berechnete der SS eine Fahrt dritter Klasse, wenn mehr als vierhundert Passagiere auf einmal befördert wurden. Das entsprach einem Pfennig pro Kilometer und Person auf dem Weg in die Lager. Diese eiskalt kalkulierten Fahrpreise wurden den Häftlingen oft direkt berechnet. Sie mussten in bar oder mit Wertsachen für ihre Fahrt bezahlen, oder man zog ihnen den Fahrpreis vom »Lohn« ab. Kinder unter vier Jahren wurden kostenlos in den Tod befördert, Kinder unter zehn Jahren zum halben Preis. Rückfahrkarten gab es nicht.

Unter Bedingungen, die darauf angelegt waren, die Fahrt mit möglichst viel Leiden zu verbinden, wurden Millionen von Häftlingen auf eine Reise geschickt, die viele Tage dauern konnte. Der längste bekannte Transport kam im Juni 1944 von der griechischen Insel Korfu und dauerte achtzehn Tage. Als die Türen in Auschwitz geöffnet wurden, waren Hunderte der Insassen bereits tot. Die übrigen – zweitausend Menschen waren es zu Beginn der Fahrt gewesen – lagen im Sterben und wurden sofort vergast.

Die Reichsbahn verlangte auch von den Aufsehern einen Fahrpreis, für sie wurden allerdings Rückfahrkarten ausgegeben. Diese Männer und Frauen saßen während der Fahrt in den

*Für die Häftlingstransporte wurden häufig Güterwaggons mit Bremserhäuschen verwendet.*

erhöhten Abteilen, die für die Bremser vorgesehen waren, in Autos, die neben der Bahnstrecke fuhren, oder in angehängten komfortablen Personenwagen. Nur selten fuhren sie mit den Gefangenen in den stinkenden Kastenwagen.

Aber nicht alle Aufseher und Bahnbediensteten kamen gut damit zurecht, solche Transporte zu begleiten. Nach einer zwölfstündigen Reise von Theresienstadt nach Auschwitz wurde gemeldet, einige Soldaten seien zusammengebrochen und hätten gesagt, sie ließen sich lieber an die Front schicken.

Ein tschechischer Zugführer namens Adolf Filipik, der den Befehl bekommen hatte, einen Häftlingstransport zu begleiten, erlitt einen Nervenzusammenbruch und war nicht mehr arbeitsfähig, nachdem er seine Fracht abgeliefert hatte. In Kolín, 50 Kilometer von Prag, brachen einige Lokomotivführer und ein Zugführer nach einem derartigen Transport ebenfalls zusammen und waren danach nicht mehr dienstfähig. Ihre Ablösung kam bis Český Brod, dann mussten auch diese Männer ins Krankenhaus eingeliefert werden. In solchen Fällen wurden SS-Männer als Lokomotivführer eingesetzt.

Trotz dieser wenigen Unterbrechungen eines ansonsten hoch effizienten Systems, das mit kaltblütiger Professionalität betrieben wurde, waren die Güterwaggons ständig im Einsatz. Nach jeder Lieferung wurden sie gereinigt und dann zurückgeschickt, um das nächste Kontingent Menschen aufzunehmen. Einige Waggons waren mit Seilen und Metallringen ausgerüstet, um Tiere anzubinden – diese Einrichtungen waren manchen Gefangenen tödlich willkommen, die den Selbstmord dem ungewissen Ausgang vorzogen. Wäre in diesen Waggons Vieh transportiert worden, man hätte es mit wesentlich mehr Mitgefühl behandelt. Man hätte Stroh auf die Bretter gestreut und einige minimale Maßnahmen ergriffen, damit die Tiere nicht unnötig litten. Für die »Feinde des Reiches« galten solche Erwägungen nicht.

Die kräftigen Kriegslokomotiven der Baureihe 52 wurden zum Symbol der nationalsozialistischen Vorherrschaft. Mit ihnen wurden die meisten Transporte in die Lager abgewickelt. Tatsächlich machten erst diese Lokomotiven Hitlers »Endlösung« möglich. Aber auch die Arbeiter aus den besetzten Ländern, die unter der Aufsicht der Nazis die Züge fuhren, mit Treibstoff versorgten, reinigten oder schlicht durchwinkten, spielten eine Rolle. Diese Bediensteten, die immer wieder gewarnt wurden, sie würden erschossen, wenn sie einem der Deportierten halfen, trugen nicht nur zur Effizienz der geplanten Vernichtung bei, von der sie oft genug selbst profitierten, sondern wurden zu Komplizen des industrialisierten Mordens, oft ohne es zu wissen.

Einige Behörden, die von dem wahren Zweck der Züge erfuhren, waren so entsetzt über die »Spezialfracht«, die durch ihren Verantwortungsbereich transportiert wurde, dass sie – vor allem gegen Ende des Krieges – die Durchfahrt verboten. Das hatte aber oft nur zur Folge, dass die Gefangenen in die Hölle ihrer Lager zurückgebracht wurden, oder dass man sie da tötete, wo die Reise unterbrochen worden war. Die Mehrheit der Transporte konnte ohnehin unbehelligt durchfahren.

Beim Lärm der Maschinen konnten die Männer auf der Lokomotive die gequälten Schreie und die Rufe nach Wasser während der Fahrt vielleicht nicht hören, aber sie müssen sie gehört haben, wenn der Zug hielt, weil ein Luftangriff drohte und Verdunkelung befohlen wurde oder weil sie auf einem Seitengleis einen anderen Zug vorbeilassen mussten. Es gibt zahllose Berichte von SS-Leuten und Bahnbediensteten, die den verzweifelten Menschen in den Zügen Wasser anboten, dafür aber Schmuck, Kleidung oder Geld verlangten und nur zu oft kassierten und die Tür dann grausam wieder schlossen.

Streckenarbeiter und andere, die in die Nähe der Züge kamen, mussten die Luft anhalten, um den stechenden Geruch von Urin und Fäkalien zu ertragen, die aus den Wagen tropften. Sie müssen die Leichen derer gesehen haben, die in den Zügen starben und bei den diversen Stopps hinausgeworfen wurden. Einige Lokomotivführer wurden mit Wodka bezahlt, damit sie

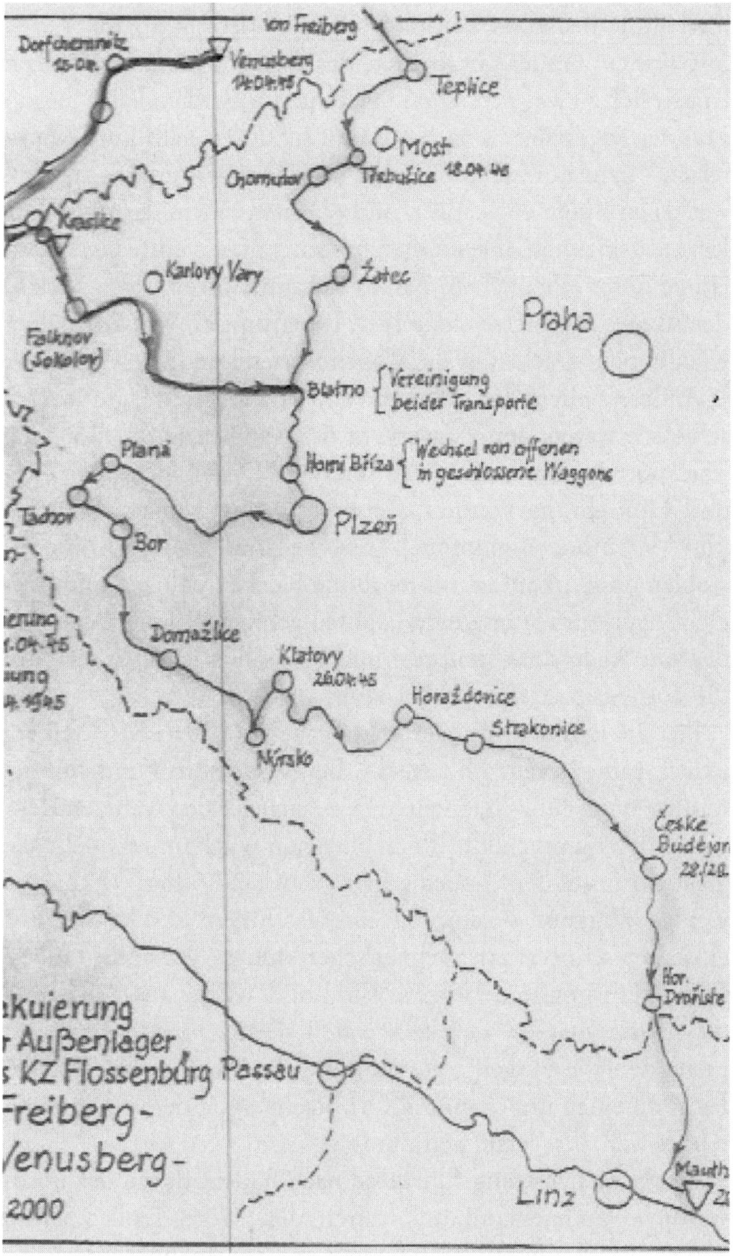


*Der Weg von Freiberg nach Mauthausen*

ihre Sinne betäuben konnten oder ignorierten, an was sie da mitwirkten. Andere brauchten das Geld oder hatten einfach Angst, sich zu weigern. Die Züge fuhren außerdem jeden Tag an Hunderten Zivilisten vorbei, wenn sie durch halb Europa ratterten – ganz normalen Bürgern, die sahen, hörten und rochen, was da an ihnen vorbeifuhr, und die auch sahen, dass die Züge leer zurückkamen. Die meisten unternahmen nichts, auch wenn einige unter erheblichem Risiko Bekannte im weiteren Verlauf der Strecke alarmierten, damit sie Lebensmittel, Wasserbehälter, Kleider oder Decken in die Wagen werfen konnten.

Andere halfen den kleinen Widerstandsgruppen, die entschlossen waren, den Zugverkehr der Feinde und die tödlichen Transporte aufzuhalten. Trotz ständiger Drohungen mit Folter und Hinrichtung wurden Gleise gesprengt, Signale, Bremsen und Lokomotiven sabotiert, Wasserbehälter entleert, Kohle gestohlen und Lokomotivführer durch Heckenschützen und Entgleisungen zum langsameren Fahren gebracht. Tapfere Mitglieder von Widerstandsgruppen und Partisanen leisteten viel, um die Tötungsmaschine der Nazis aufzuhalten.

Für die kranken, hungernden Frauen aus dem KZ Freiberg jedoch gab es solche Hilfe nicht. Bei Schneesturm und Temperaturen unter null Grad kauerten sie sich auf den wenigen Zentimetern zusammen, die ihnen blieben. »Wir konnten nicht alle gleichzeitig auf dem Boden sitzen«, so Klara Löffová. »Es gab zu wenige Waggons, sie stopften uns also hinein … Der April ist ein kalter, schneereicher, regnerischer Monat – es war die Hölle.« Ohne Nahrung und Wasser, Wind und Wetter ausgesetzt und die meiste Zeit im Dunkeln waren sie der Gnade der Nazis mehr denn je ausgeliefert, während der Zug sie in schneller Fahrt an einen unbekannten Ort brachte, von dem sie fürchteten, es wäre ihre letzte Station.

Der Schienenstrang führte sie nach Süden, durch das nordwestliche Sudetenland und durch die Städte Teplice-Šanov, Most und Chomutov. Ständig gab es Streckenänderungen, die zwischen den Deutschen und der Böhmisch-Mährischen Bahn verhandelt wurden. Unterwegs mussten Strecken geöffnet und Signalgeber alarmiert werden, damit der Zug seine tödliche Fahrt über die blanken Schienen weiter fortsetzen konnte. Die Frauen waren vollkommen in der Hand von Leuten, die keinerlei Rücksicht auf ein Menschenleben nahmen. Das Ziel schien unweigerlich festzustehen. Die Nächte wurden zu Tagen und wieder zu Nächten, und so ging es weiter, als gäbe es kein Ende. Es war wie eine langsam vollstreckte Todesstrafe.

»Wir wussten nicht, wohin man uns brachte, aber wir hatten solche Angst«, sagte Lisa Miková. »Die Waggons waren offen, es regnete, manchmal schneite es sogar. Immerhin konnten wir den Regen trinken oder etwas Schnee sammeln und essen … Manchmal fuhren wir Tag und Nacht durch, abhängig von den Luftangriffen. Nachts war es sehr kalt, dann starben immer wieder Leute.«

Für diejenigen, die noch bei klarem Verstand waren, war die psychische Qual das Schlimmste. Nach all den Härten, die sie durchgemacht hatten, konnten sie die tägliche Todeserwartung kaum mehr ertragen. Hatten sie denn wirklich so lange durchgehalten, um jetzt an einem noch schlimmeren Ort vernichtet zu werden, zum Beispiel in Flossenbürg, einem Lager, das im Wesentlichen von Kriminellen geführt wurde? Etwa hunderttausend Häftlinge hatten schon einige Zeit in Flossenbürg verbracht. Ein Drittel von ihnen war gestorben, darunter dreitausendfünfhundert Juden. Dort herrschten Brutalität und sexuelle Ausbeutung. Die Frauen wussten nicht, dass Flossenbürg zwei Tage nach ihrer Abreise aus Freiberg evakuiert worden war und dass die sechzehntausend Überlebenden auf einen Todesmarsch nach Dachau getrieben worden waren, erst zu Fuß, später in Viehwaggons. Etwa die Hälfte von ihnen starb, bevor sie ihren Bestimmungsort erreichten, wo die meisten an Hunger oder Erschöpfung starben oder ermordet wurden.

Die alliierten Bomber waren ständig im Einsatz, Städte und Bahnstrecken vor und hinter dem dahinschleichenden Zug aus

Freiberg wurden bombardiert, und die wachsende Verwirrung der Wachen und der Bahnbeamten verursachte weitere Verzögerungen. So fuhren die Frauen im Zickzack zwischen den Fronten, klammerten sich an ihre durchnässten Decken, warteten und beteten. Gerty Taussig sagte später: »Wir konnten nicht hinaussehen, nur nach oben. Über unseren Köpfen beobachteten wir die Kampfflugzeuge und die alliierten Bomber auf dem Weg zu ihrem nächsten Ziel, aber wir waren sogar zum Winken zu schwach. Die Aufseher ließen uns gelegentlich raus, damit wir uns erleichtern konnten, aber sie beobachteten uns immer ganz genau. Wir versuchten, das Gras aus dem Boden zu kratzen, das zwischen den Schienen wuchs. Etwas anderes zu essen hatten wir nicht, es sei denn, jemand warf ein wenig Brot in unseren Waggon. Dann gab es immer großen Streit um die wenigen Brocken.

Die meiste Zeit waren ihre Kehlen so trocken, dass sie trotz allen Hungers die Bissen kaum essen oder schlucken konnten. Stattdessen hielten sie die Kostbarkeiten fest in der Hand, während der Zug sie von der einen auf die andere Seite warf. Lisa Miková sagte später: »Wir wussten nur, dass unsere Strecke zerstört war und dass wir irgendwo anders hin mussten. Der Zug hielt immer wieder an, fuhr dann wieder weiter, und bei jedem Halt öffneten sie die Türen, damit wir die Toten rauswerfen konnten. Fast jeden Tag sahen wir andere Transportzüge voll mit Gefangenen in gestreiften Anzügen. Einige fuhren in unsere, andere in die entgegengesetzte Richtung.«

Ab und zu hoben sie ein paar Frauen hoch, damit sie vorsichtig über den Rand spähen konnten. Sie berichteten, dass der Zug die Grenze nach Böhmen und Mähren überschritten hatte; sie konnten tschechische Bahnhofsnamen sehen. Wie überall in Europa, hatten auch hier alle Orte deutsche Namen bekommen, aber die ursprünglichen Namen waren oft noch sichtbar oder nur teilweise gelöscht. Die Tschechinnen unter den Frauen waren überwältigt von der Vorstellung, »zu Hause« zu sein. Die Überlebende Hana Fischerová aus Plzeň: »Die Gefühle in mir, als wir durch unser Land fuhren, sind kaum zu beschreiben … Zu wissen, dass wir zu Hause waren und doch an einen unbekannten Ort gebracht wurden, von dem es keine Wiederkehr zu geben schien.«

Unter dem Lärm von Sirenen und Flakfeuer hörten sie immer wieder tschechische Rufe: »Nazdar!« – »Hallo!« oder »Zůstat Naživu!« – »Durchhalten!« Die Tschechen versicherten ihnen, der Krieg wäre bald aus. Ihre Landsleute liefen an den Zug und warfen ihnen Essen hinein, obwohl sie mit Waffen bedroht wurden. Aber die Odyssee des Elends hielt an und brachte immer neue Schrecken. Während sich der Zug allmählich seinem Ziel näherte, betete Anka, er würde nach Südosten fahren, nach Theresienstadt. »Der Ort kam uns jetzt vor wie der Himmel«, sagte sie. »Ein erreichbarer Himmel noch dazu. Aber ohne Wasser, Essen, Schutz vor dem Wetter … es regnete, es war unvorstellbar und schrecklich. Und ich war im neunten Monat!«

Viele Häftlinge brachen unter den entsetzlichen Bedingungen zusammen. Läuse plagten sie bei Tag und Nacht. Halb im Delirium vor Hunger, fielen einige in Ohnmacht. Manchmal lagen sie auch dicht beieinander auf der Seite, wie sie es in Auschwitz getan hatten. Man hatte ihnen befohlen, ihre Teller und Löffel mitzunehmen, aber das kam ihnen inzwischen vor wie ein böser Scherz. Unter ihren schrecklich schmutzigen Kleidern schwanden ihre Körper immer noch dahin, und die Hoffnung schwand ebenfalls.

Die Toten wurden in einer Ecke aufgestapelt, ein makabrer Haufen weißer Gliedmaßen, bis sich irgendwer darum kümmerte. Leere Augen, aus denen selbst der Hunger verschwunden war, starrten diejenigen an, die den Toten die Schuhe auszogen, bevor sie an fremden Orten aus dem Wagen geworfen wurden. Andere hatten den Tod schon selbst in den Augen und würden die nächsten vierundzwanzig Stunden nicht überleben. In Gerty Taussigs Waggon starben in der ersten Woche acht Frauen. »Ich war vierzehn Jahre alt, und alles, was ich fühlte, war Dankbarkeit, weil wir übrigen dadurch etwas mehr Platz bekamen«, sagte sie später darüber. »Es gab keine Zeremonie, nicht einmal ein Gebet, wenn wir sie hinauswarfen, damit sie neben dem Schienenstrang verwesten.« In einem Bezirk des Protektorats Böhmen und Mähren wurden mehr als hundert Leichen gefunden, die aus diesen Transporten stammten.

Rachel sagte später, jedes Mal, wenn der Zug auf einen Rangierbahnhof oder auf ein totes Gleis fuhr, seien die SS-Aufseher zum nächsten Bauernhof oder in den nächsten Laden gegangen und hätten entweder um Essen für die Häftlinge gebeten oder sich einfach genommen, was sie wollten, vor allem Eier. Die brieten sie dann auf den kleinen Öfen in ihren eigenen Waggons. Die Frauen konnten die gebratenen Eier riechen, aber die Nazis gaben ihnen fast nie etwas von ihren Vorräten.

Viel schlimmer als der Hunger war der brennende Durst. Die Häftlinge flehten ständig um Wasser. »Wasser! Bitte! Trinken!« – Doch ihre Bitten wurden kaum einmal beachtet. Zu Rachels Überraschung kam jedoch eine der Aufseherinnen aus dem Seitenabteil plötzlich zu ihr und gab ihr mit einem Löffel Wasser und etwas zu essen. Die anderen im Waggon konnten den plötzlichen Sinneswandel kaum glauben und reagierten mit Misstrauen, aber Rachel war zu schwach, um sich etwas dabei zu denken. »Sie fütterte mich, und ich sagte immer wieder: ›Lassen Sie mich, ich habe keine Kraft dazu.‹«

Und so rumpelte und schwankte das entsetzliche Gefängnis auf Rädern weiter und brachte seine elende menschliche Fracht einem unmenschlichen Ziel immer näher. Diese jungen Frauen waren einmal schön und kultiviert gewesen. Viele von ihnen hatten zur Oberschicht in den schönsten Städten Europas gehört. Jetzt waren sie nur noch stinkende Gespenster, auf denen das Ungeziefer krabbelte. Ihnen fielen die Zähne aus, ihre Haut war von Wunden und Schwären bedeckt. Seit Monaten, wenn nicht Jahren, hatten sie ihr eigenes Spiegelbild nicht mehr gesehen, aber wenn sie die anderen Häftlinge ansahen, mit den aufgesprungenen Lippen, den hohlen Wangen und den struppigen Bürstenhaaren, dann konnten sie sich vorstellen, wie sie selbst aussahen, und ihre Hoffnungslosigkeit wurde nur noch schlimmer. »Kein Essen, keine Gelegenheit, sich zu waschen. Der Kohlenstaub klebte an uns, wir fühlten uns schmierig, überhaupt nicht mehr wie Menschen. Es war einfach nur furchtbar«, sagte Anka.

Wenn sie auf einem Nebengleis hielten, fuhren normale Personenzüge und Truppentransporter an ihnen vorbei. Sie hockten zitternd am Boden, um sich zu erleichtern, oder suchten nach ein paar Pflanzen, die sie essen konnten. Und sie sahen wohlgenährte, gut angezogene Männer, Frauen und Kinder, die durch sie hindurchstarrten, als wären sie gar nicht da. Manchmal konnten sie sogar das Essen aus den Küchen der Häuser riechen, an denen sie vorbeifuhren, Fleisch oder Brot, Gemüse oder Fisch. Die Grausamkeit machte sie fast wahnsinnig. Die selbst auferlegte Qual, ausgefeilte Rezepte zu erfinden oder auch nur übers Essen zu reden, hatten sie längst aufgegeben. Meistens standen oder hockten sie einfach da, jede in ihrer eigenen privaten Hölle eingeschlossen.

Lisa Miková sagte später, nachdem kein Ende absehbar war, hätten die meisten sich einfach verschlossen und kaum noch etwas gesprochen. Andere redeten eher zu viel und versuchten, die Moral aufrechtzuerhalten. »Wir fragten: Was siehst du? Weißt du etwas? Hast du von dem Ort schon mal gehört? Wir hatten alle unsere schrecklichen Momente absoluter Verzweiflung, aber wir versuchten einander zu halten, körperlich und emotional.« Gnadenlos aneinandergepresst, fuhren sie immer wieder in die Finsternis hinein. Manchmal gab es lange, nervenzerfetzende Aufenthalte ohne jeden ersichtlichen Grund. Bei jedem Halt flehten die Frauen um Wasser, aber die SS-Leute mit den toten Augen brachten ihnen nichts. Bei einem Halt taumelten ein paar Frauen zu einer schmutzigen Pfütze, aber die gelangweilten Wachen schossen auf sie, um sie abzuschrecken, und befahlen ihnen dann, zurück in den Zug zu klettern. Bei Luftangriffen blieb der Zug stehen und die SS-Leute flüchteten oder krochen unter den Wagen. Wieder einmal beteten die

Frauen, eine Bombe möge sie treffen, und sagten zueinander: »Wie wunderbar wäre es doch, wenn wir jetzt getroffen würden! Sie sind genau unter uns, wir würden sie zerquetschen.«

Priskas Hauptsorge galt ihrer kleinen Hana, die sie immer wieder zum Trinken ermunterte. Aber ihre Brüste waren flach, und das bisschen Milch, das sie hatte, war ohne jeden Nährwert. Während ihrer Schwangerschaft hätte sie jeden Tag mindestens 500 Kalorien mehr essen sollen als vor dem Krieg. Stattdessen hatten sie und die anderen werdenden Mütter von 150 bis 300 Kalorien leben müssen, ohne Eisen, ohne Eiweiß. Und das bei schwerer Arbeit, zwölf bis vierzehn Stunden am Tag, sieben Tage in der Woche, bei extremen Temperaturen.

Rachel wog nur noch 35 Kilo. Irgendwann konnte sie ihren Bauch nicht mehr tragen und lag mit steifem Nacken und eingequetscht zwischen anderen knochigen Gestalten auf dem harten Fußboden des offenen Waggons. Sie stand kurz vor der Geburt ihres Kindes, aber noch näher war sie dem Tod, obwohl die SS-Aufseherin sich um sie kümmerte. Wie sie eine Geburt durchstehen sollte, konnte sie sich nicht vorstellen. Abgesehen von ihrer eigenen misslichen Lage wurde sie auch noch von einer Frau belästigt, die ernsthaft verrückt geworden zu sein schien und darauf bestand, sie müsse ihre geschwollenen Füße hochlegen. »Der einzige erhöhte Ort war … mein Bauch, und so legte sie mir die Beine auf den Bauch. Ich habe keine Worte für das, was wir sahen und wie wir lebten … Manchmal denke ich, wie hast du das bloß geschafft?«

Auch Anka kämpfte hart darum, aufrecht und optimistisch zu bleiben. »Es regnete, es schneite, dann schien wieder die Sonne, und wir standen zusammengequetscht da im Kohlenstaub … kalt und warm und warm und kalt, ungewaschen, hungrig … wenn es regnete, klebte der Ruß an uns. Wie wir wohl ausgesehen haben … ich bin froh, dass ich mich nie gesehen habe. Der menschliche Geist hielt mich irgendwie am Leben.«

Um den 18. April fuhr der Zug auf ein Nebengleis in der

Nähe von Triebschitz unweit der Stadt Most, um Transportzüge mit Munition und Verwundeten vorbeizulassen. Dort blieben die Frauen aus Freiberg ein paar Tage stehen, bis die Weiterfahrt möglich war. Auf einem Parallelgleis stand ein Transport aus dem Lager Buchwald in Deutschland, das Anfang April befreit worden war. Einige Häftlinge, die vor der Befreiung evakuiert worden waren, riefen herüber und fragten nach Neuigkeiten. Sie konnten einander sogar ein paar verlauste Kleidungsstücke hinüber und herüber werfen, bevor der Zug aus Freiberg weiterfuhr Richtung Most.

Most, von den Deutschen »Brüx« genannt, lag im Nordböhmischen Becken unweit des Erzgebirges. Die Stadt lebte von der Industrie und besaß einen großen Güterbahnhof, der die petrochemische Industrie und die Fabriken für synthetischen Treibstoff belieferte. Britische und amerikanische Bomber flogen hier immer wieder ihre Angriffe. Trotz dieser Bombardierungen und obwohl das tschechische Schienennetz fast vollständig zerstört war, fuhr der Zug aus Freiberg langsam weiter Richtung Chomutov. Dann wendete er in der zunehmenden Verwirrung und fuhr wieder zurück, weg von der nahenden amerikanischen Front.

Irgendwo unterwegs wurde ein Transport mit etwa neunhundert Gefangenen aus Flossenbürg und dem Nebenlager Venusberg an den Zug angehängt. Außerdem gab es Häftlinge aus einem Lager, in dem Panzerfäuste hergestellt worden waren. Von alldem wussten die Frauen aus der Freia-Fabrik nichts. Sie bekamen nicht einmal mit, was im nächsten Wagen passierte – sie waren vollkommen damit beschäftigt, am Leben zu bleiben.

Am 19. April geriet der Zug zwischen Most und Chomutov in einen großen Luftangriff, der den beiden Städten galt. Mitten in der Nacht, während dieses Luftangriffs, verlor Rachel das Fruchtwasser. Während die alliierten Piloten ihre tödliche Fracht abwarfen und der Boden rundum von den Bomben zitterte, setzten bei ihr die Wehen ein. Sie lag ausgestreckt auf dem kotbeschmierten Boden des Waggons, zwischen mehreren Leichen, und zitterte unter ihrer klatschnassen Decke. Als die ersten Wehen sie durchfuhren, wusste sie, dieses Baby, das sie vor unendlicher Zeit mit Monik im Ghetto von Łódź gezeugt hatte, wollte trotz allem zur Welt kommen.

Keuchend griff sie nach dem Arm ihrer Schwester Bala. Die Aufseherin rief um Hilfe, und irgendjemand holte die tschechische Ärztin Edita Mautnerová, die auch schon Priska bei der Geburt von Hana Beistand geleistet hatte und in Freiberg die Krankenstation geleitet hatte. Die Aufseherinnen hielten eine Taschenlampe, damit die Ärztin den Kopf des Babys sehen konnte. Bald hatte sich im ganzen Zug herumgesprochen, dass dort ein Kind geboren wurde, und so kamen noch mehr Aufseherinnen, um zuzusehen und wohl auch Wetten abzuschließen. Rachel war empört. »Können Sie sich das vorstellen? In einem offenen Kohlewaggon zu liegen und ein Kind zu bekommen mit all den Frauen um Sie herum?«

Stundenlang, angestrahlt von Flakscheinwerfern, bis auf die Haut durchnässt vom Aprilregen, drückte sie den Rücken gegen den Boden und kämpfte gegen die Schmerzwellen an. Dann, irgendwann in dieser Nacht oder am frühen Morgen, schrie sie noch einmal auf, und ihr winziges Kind wurde geboren. Es war blutverschmiert und sah kaum aus wie ein Mensch. Ein Junge, sagte jemand zu ihr. »Wieder ein Jude für den Führer«, lachte einer der SS-Leute.

In der Dunkelheit ihres Stockbetts in Freiberg, als sie angefangen hatte, über das Kind nachzudenken, dass in ihrem Bauch heranwuchs, hatte Rachel heimlich beschlossen, ihren Sohn Max zu nennen. Später wurde Mark daraus. Blutverschmiert und runzlig war er und verzog das Gesicht zu einer Grimasse. Er wog weniger als drei Pfund. Seine Mutter war wie benommen und viel zu schwach, um Glück zu empfinden. »Es war mir fast gleichgültig, ob ich nun ein Kind hatte oder nicht. Wir wussten ja nicht, was passieren würde.« An diesem entsetzlichen Ort, ohne irgendeinen scharfen Gegenstand zur Hand, wussten sie nicht, wie sie die Nabelschnur durchschneiden sollten, die das

Baby mit seiner Mutter verbunden und die ganze Zeit am Leben erhalten hatte. Jemand schlug vor, Rachel sollte sie durchbeißen. Schließlich gab einer der SS-Leute der Ärztin eine schmutzige Rasierklinge. »Sie brachten auch eine Pappschachtel, in der Brot gewesen war, und legten das Baby hinein«, erzählte Rachel später. »Es regnete und schneite, und ich hielt den Kleinen die ganze Zeit in dieser Schachtel im Arm.«

So unwahrscheinlich es klingt, auch Rachel hatte, genau wie Priska, ein bisschen Milch und konnte ihr Neugeborenes stillen. Sie wusste nichts darüber, dass der Körper unterernährter Frauen offenbar die Größe und Verletzlichkeit ihrer Kinder erkennt und besonders fetthaltige Muttermilch produziert, auch auf die Gefahr hin, die letzten Reserven der Mütter aufzubrauchen. »Ich war froh, dass ich genug Milch hatte«, sagte sie später. Aber sie hatte keine Möglichkeit, ihren Sohn zu waschen, und es gab auch kaum etwas, um ihn warm zu halten oder vor Wind und Wetter zu schützen.

»Welcher Tag ist heute?«, fragte Rachel, um sich in jedem Fall den Geburtstag ihres Sohnes zu merken, ob er nun überlebte oder nicht. Niemand wusste es genau, aber die SS-Aufseherin, die sie versorgt hatte, meinte: »Sagen Sie einfach, er ist an Führers Geburtstag geboren, am 20. April. Es könnte sein, dass ihm das das Leben rettet.« Rachel bekam sogar eine kleine Extraportion Brot – nicht weil sie gerade ein Kind bekommen hatte, sondern weil die Wachen Hitlers Geburtstag feierten. In einem Augenblick seltener Menschlichkeit gab ihr eine andere Aufseherin ein altes Hemd, damit sie ihr Baby darin einwickeln konnte. Rachel selbst trug immer noch das Kleid mit der Passe, das sie in Auschwitz bekommen hatte, aber nach sieben Monaten war es dünn geworden und an einigen Stellen zerrissen. Sie zitterte vor Kälte und Schock. Als die Nachgeburt kam, holte jemand einen Mantel und legte ihn ihr um die Schultern.

Vollkommen erledigt, fragte Rachel, ob sie ihre anderen beiden Schwestern sehen könne, und die Aufseherin ging den Zug ab und rief nach Sala und Ester. Als die beiden jungen Frauen einige Waggons weiter vorne ihre Namen hörten, wagten sie erst gar nicht zu antworten, aber irgendwann reagierten sie doch. »Eure Schwester hat einen Sohn bekommen«, sagte man ihnen.

»Können wir sie sehen?«, fragten die beiden, erstaunt, dass man sie informierte. Und sie staunten noch mehr, als man ihnen die Erlaubnis gab. Zum ersten Mal seit Tagen konnten sie den Wagen verlassen und taumelten nach hinten, wo ihr Neffe geboren worden war. Er und seine Mutter waren in einem erbärmlichen Zustand. »Sie kauerte unter einem Mantel in der Ecke. Kein schöner Anblick«, sagte Sala später. »In dem Waggon stank es, und überall lagen Tote und Sterbende. Sie war sehr krank, und wir waren so sicher, dass das Baby nicht überleben würde, dass wir uns nicht mal richtig für sie freuen konnten. Dann brachten sie uns zurück in unseren Waggon. Wir weinten, weil wir glaubten, wir würden sie nie wiedersehen.«

Der Zug fuhr weiter, ohne dass ein Ende ihres Leidens in Sicht war. Diesmal fuhr er schnell an dem ausgebombten Chomutov vorbei Richtung Zatec. Sie waren jetzt seit acht Tagen unterwegs, und wieder hielten sie an und mussten warten. »Ab und zu warfen uns ein paar Leute etwas Brot zu, damit wir etwas zu essen hatten. Es war unbeschreiblich«, berichtete Anka später. Die Aufseherin in ihrem Wagen schnappte ihnen das meiste weg und weigerte sich, es mit ihnen zu teilen, aber manchmal konnten sie tatsächlich ein Stück ergattern und aßen es schnell auf. Anka, die durch ihren Bauch nicht mehr so beweglich war, schaffte es nie. Halb liegend, halb sitzend, ein Bild des Hungers, hörte sie von einer Mitgefangenen, die über den Rand schauen konnte, dass Dutzende von Nazi-Flaggen gehisst worden waren. »Hitlers Geburtstag«, erklärte eine der Aufseherinnen.

»Dann habe ich auch Geburtstag«, erwiderte Anka schwach, und ihre Freundinnen versuchten sie aufzuheitern, indem sie sagten, in Wirklichkeit wären die rot-schwarzen Flaggen ihr zu Ehren gehisst. Sie versuchte sich zu erinnern, welches Jahr sie hatten, und kam darauf, dass es 1945 sein musste. Sie war achtundzwanzig Jahre alt. Als die Aufseherin hörte, dass Anka Geburtstag hatte, warf sie ihr unerwartet ein Stück Brot zu. Dieses himmlische Manna schien ein kleines Wunder, nachdem sie so lange fast nichts bekommen hatte. Sie klammerte sich an das Brot, als wäre es ein Siegerpreis. Niemals seit ihrer Geburt am 20. April 1917 als Tochter von Stanislav und Ida Kauder in Třebechovice pod Orebem war sie so glücklich gewesen, am gleichen Tag Geburtstag zu haben wie Adolf Hitler.

Die Frauen beobachteten den Sonnenstand, während die alliierten Flugzeuge über ihnen kreisten, um dem ständigen Flakfeuer zu entgehen. Sie vermuteten, dass der Zug jetzt nach Süden fuhr, nach Plzeň, das so berühmt war für sein Pilsner Bier, wo aber auch – im riesigen Militärkomplex der Škoda-Werke, die gefürchteten Panzer der Wehrmacht gebaut wurden. Während die Rote Armee vor den Amerikanern her nach Plzeň vorrückte, bombardierte die US-Luftwaffe immer wieder die Stadt und ihre Eisenbahnverbindungen, um zu verhindern, dass weitere Panzer, Haubitzen und Panzerfäuste die von den Nazis übernommene Fabrik verlassen konnten. Dann beschlossen sie, die Fabrik »ein für alle Mal« dem Erdboden gleich zu machen, bevor eine der größten Waffenschmieden des Reichs in die Hände der Sowjets fiel. Annähernd dreihundert Kampfflugzeuge der Eighth Air Force wurden für Mittwoch, den 25. April 1945 vorbereitet. Es sollte ihr letzter Einsatz in diesem Krieg sein.

Während der kleine, magere Max Friedman und seine halb verhungerte Mutter Rachel in dem einen Waggon saßen und Priska die erschöpfte kleine Hana in dem anderen Wagen zu stillen versuchte, hielt Anka sich den Bauch und betete, die Geburt würde nicht gerade jetzt beginnen, während sie sich der Stadt näherten.

Am Samstag, dem 21. April, nachdem General Eisenhower den Angriff auf Plzeň angekündigt hatte, musste der Zug eine Strecke nehmen, auf der noch keine Häftlingstransporte gefahren waren. Im heftigen Regen kamen sie schließlich in Horní Bříza (der deutsche Name lautete Ober Birken) an, wo der

*Antonín Pavlíček, Bahnhofsvorsteher von Horní Bříza*

Zug anhielt. Hier tat der Bahnhofsvorsteher Antonín Pavlíček Dienst.

Antonín Pavlíček war ein weißhaariger Familienvater mit zwei Kindern und arbeitete schon seit 1930 hier. Er war stolz darauf, pünktlich wie ein Uhrwerk für die Eisenbahn und die fast dreitausend Einwohner seines Städtchens zu arbeiten. Und er führte genauestens über alles Buch. Er hatte einige Untergebene und wurde in der Stadt als ein Mann von Haltung und Charakter bewundert.

Horní Bříza, dessen einzige Industrie eine Kaolinfabrik aus dem 19. Jahrhundert war, hatte den Krieg einigermaßen unbeschadet überstanden. Die fünf jüdischen Bürger der Stadt waren kurz nach der Okkupation durch die Deutschen verhaftet und in Konzentrationslager geschickt worden, und es hatte ein paar kleinere Scharmützel zwischen Hitlerjugend und einheimischen Jugendlichen gegeben, aber ansonsten waren die Menschen in der Stadt von der Naziherrschaft unbehelligt geblieben. Sogar die 1899 gegründete Westböhmische Kaolin- und

Chamottewerke AG blieb unter tschechischer Leitung. Sie baute vierzigtausend Tonnen Kaolin pro Jahr ab und produzierte zweiundzwanzigtausend Tonnen keramische Waren, Schamotte und Silizium, das meiste für den Export. Einige Partisanen, die in der Fabrik arbeiteten, hatten Ärger gemacht und dafür gesorgt, dass die in Plzeň stationierte Gestapo auf die Stadt aufmerksam wurde. Die Leute wurden verhaftet; man hörte nie mehr von ihnen. Aber abgesehen von diesen wenigen unglücklichen Ereignissen lief das Leben im Prinzip einfach weiter wie vor dem Krieg.

Angesichts der zahlreichen Luftangriffe auf Plzeň und die Umgebung war Antonín Pavlíček plötzlich mit wesentlich mehr Bahnverkehr auf seiner Strecke konfrontiert. Am 12. April war ein Zug mit Soldaten der sogenannten Russischen Befreiungsarmee, auch Wlassow-Armee genannt, in Horní Bříza angekommen. Diese Freiwilligen, die unter deutschem Kommando und auf der deutschen Seite kämpften, hatten einen Angriff der Alliierten auf sich gezogen, waren dann aber aus ihrem Zug geflüchtet und hatten ihn auf dem Bahnhof stehen lassen. Fünf Tage später, am 17. April, waren sowjetische Kampfflieger über der Stadt gekreist, hatten Bomben abgeworfen und die Elektrizitätsversorgung abgeschnitten. Während der Fliegeralarm heulte, griffen neun Flugzeuge auch den verlassenen Zug der Wlassow-Armee an und beschädigten nahe gelegene Lagerhäuser. Antonín Pavlíček, der sich geweigert hatte, seinen Posten zu verlassen, führte genau Buch über den Vorfall, und sobald er wieder Strom hatte, gab er seinen Vorgesetzten in Prag einen minutiösen Bericht. Die Akten existieren heute noch.

Vier Tage darauf, am Abend des 21. April, rollte der Transport aus Freiberg in das waldreiche Tal und hielt in Horní Bříza. Bisher waren solche »Spezialtransporte« immer auf der schnelleren südlichen Strecke an der Stadt vorbeigefahren. Mit gewohnter Effizienz notierte Herr Pavlíček, dass dieser Zug die Nummer 7548 hatte und genau um 20.58 Uhr angekommen war. »Der

*Zug der Wlassow-Armee in Horní Bříza*

Zug hatte fünfundvierzig Waggons und enthielt drei Transporte, einen mit Männern und zwei mit Frauen«, berichtete er. Einige Waggons waren mit bis zu hundert Menschen besetzt, und Herr Pavlíček schätzte, dass es insgesamt etwa dreitausend Häftlinge gewesen seien. Er notierte auch: »Zwei Transporte wurden mit geschlossenen Waggons durchgeführt, während einer der Frauentransporte aus fünfzehn Halbwaggons bestand.«

Da die Strecke repariert werden musste, was mindestens vierundzwanzig Stunden dauern würde, wurde der Zug auf den Rangierbahnhof der Kaolinfabrik gebracht, der gleich neben dem Bahnhof lag. Da der Zug mehr als einen halben Kilometer lang war, konnte man die letzten Waggons von der Stadt aus nicht sehen, als sie um die Kurve fuhren.

Auch unter den Bedingungen der deutschen Besatzung stand der Zug offiziell unter der Aufsicht von Herrn Pavlíček, und er ignorierte geflissentlich die Versuche der SS-Leute, ihn fernzuhalten, und bestand darauf, ihn im strömenden Regen in ganzer Länge abzugehen. Dabei begriff er, welches Grauen die Menschen in diesem Zug durchmachten. Viele Türen waren geöffnet worden, und er sah mit Entsetzen Hunderte von halb toten Geschöpfen, die kurz davor waren, an Hunger, Krankheiten, Nässe und Kälte zu sterben. So abgestoßen er auch von dem Geruch und dem Aussehen dieser Menschen war, noch mehr schockierte ihn das Verhalten der Wachen, vor allem der Frauen unter ihnen, das er als brutal und »grob« bezeichnete.

Da er sofort sah, dass die Gefangenen in den offenen Waggons besonders unter dem ständigen Regen und dem »äußerst kalten Wetter« litten, verlangte er den Kommandanten des Transports zu sprechen und unterbreitete ihm einen kühnen Vorschlag: Der Zug der Wlassow-Armee, der eine Woche zuvor hier zurückgelassen worden war, führte auch einige geschlossene Güterwagen mit, und so schlug Herr Pavlíček nun vor, so viele Gefangene wie möglich aus den offenen Waggons in die geschlossenen Waggons zu verlegen – »aus humanitären Gründen«. Wer Unterscharführer Šára kannte, wusste, dass dieser Vorschlag ein riskantes Unterfangen war. Tatsächlich schob er den Bahnhofsvorsteher zunächst zur Seite und hätte ihn für seine Unverschämtheit leicht erschießen können. Aber der freundliche Bahnbeamte war entschlossen, etwas für die Häftlinge zu tun, die sich für kurze Zeit in seinem Verantwortungsbereich befanden, und er blieb hartnäckig.

Jaroslav Lang, damals zehn Jahre alt, schaute an diesem Tag aus dem Fenster seines Elternhauses, das nur 50 Meter von den Bahngleisen entfernt lag, und beobachtete fasziniert den ungewohnt langen Güterzug, der auf dem Nebengleis stand. »An diesem Tag hatten wir keine Schule, weil überall Flugzeuge kreisten und es zu gefährlich war. Mein älterer Bruder Milan und ich sahen den Zug und beobachteten, wie der Bahnhofsvorsteher mit dem SS-Kommandanten stritt, aber wir wussten noch nicht, was da vor sich ging. Einige Offiziere und viele bewaffnete Deutsche waren da. Sie waren sehr streng, und die SS-Männer schnauzten die Leute an, sie sollten wegbleiben. Sie wollten offenbar nicht, dass wir etwas sahen. Aber Milan und ich sahen an diesem Tag zum ersten Mal SS oder überhaupt

Deutsche mit Helmen in unserer Stadt. Wir waren kleine Jungs und wollten alles sehen. Es war sehr aufregend.«

Herr Pavlíček führte stundenlang zähe Verhandlungen mit den Deutschen, und nachdem er großzügige Versorgung für die Wachen angeboten hatte, konnte er Šára tatsächlich überreden, so viele der zitternden Frauen wie möglich in die geschlossenen Wagen zu bringen. »Der Umzug wurde mit Zustimmung des Transportkommandanten durchgeführt«, erklärte er später. »Die Leute in den Waggons hatten Hunger, und niemand konnte sich ihnen in der Nacht nähern. Während wir sie in die geschlossenen Wagen brachten, konnte ich ihnen etwas Essen zustecken. Das ging aber nur im Dunkeln.«

Priska gehörte zu den Glücklichen, die umziehen durften, ebenso Rachel und viele, die dem Tode nahe waren, aber die hochschwangere Anka blieb in einem offenen Waggon und bekam gar nicht mit, was weiter vorn passierte.

Als Herr Pavlíček sah, wie dankbar die Häftlinge für seine kleine Freundlichkeit waren, und als er erkannte, in welch fürchterlichem Zustand sie sich befanden, hatte er eine Idee. Es war pures Glück, dass der Zug in Horní Bříza gehalten hatte, aber als frommer Katholik war er entschlossen, das Richtige zu tun. Am nächsten Morgen um halb sieben, es war Sonntag, der 22. April, ging er nicht zur Messe, sondern suchte Josef Zoubek auf, den Direktor der Kaolinfabrik, und Antonín Wirth, den Besitzer des örtlichen Gasthofes mit Namen Továrni Hostinec, der auch als Versammlungslokal der Fabrik diente und gleich neben dem Bahnhof lag. Er fragte die beiden Männer, wie schnell sie größere Menschen an Essen für die Häftlinge bereitstellen könnten, »falls der Transportkommandant zustimmt«.

Wie er schon befürchtet hatte, lehnte der Unterscharführer diesen Vorschlag noch vehementer ab als den ersten. Er wollte seinen Befehlen bis zum letzten Tag des Krieges gehorchen und sah keinen Sinn darin, Leute zu füttern, die doch ohnehin sterben sollten. Nach langen Verhandlungen kam es schließlich zu der Vereinbarung, dass an einem Stand auf Kosten der Stadt eine warme Mahlzeit an die halb verhungerten Häftlinge ausgegeben werden durfte, solange sie sich im Verantwortungsbereich von Herrn Pavlíček befanden.

Die Nachricht vom Elend der Gefangenen sprach sich unter den Bewohnern von Horní Bříza schnell herum. Sie sammelten, was sie entbehren konnten, eilten zu dem dreistöckigen Gasthaus und brachten Körbe mit Brot, Eiern, Obst, Fleisch und Käse. Der zehnjährige Jaroslav Lang beobachtete: »Am Anfang wussten wir gar nicht, dass Gefangene in dem Zug waren, aber als wir die Leute sahen, die Essen zum Bahnhof brachten, folgten wir ihnen und bekamen mit, was vor sich ging. Da liefen wir nach Hause zu unserer Mutter und baten sie um etwas Brot, das wir verteilen wollten. Sie hatte große Angst, aber sie gab uns etwas. Wir lebten ja von Lebensmittelkarten, alles war rationiert und sehr knapp, aber die Leute gaben denen im Zug alles, was sie hatten.«

Herr Pavlíček, der die Dringlichkeit der Lage erkannte und spürte, wie sehr seine Mitbürger darauf drängten, zu helfen, bat den Lehrer Jan Rajšl, die Verteilung der Lebensmittel zu koordinieren. Rajšl war genau der richtige Mann für diese Aufgabe: »streng aber gerecht«. Er wohnte im Lehrerhaus, spielte Geige und fuhr mit dem Fahrrad zur Schule. Der Müller Jan Kovář und der Metzger, Herr Kočandrie, boten ebenfalls ihre Dienste an und lieferten Mehl, Gebäck und Würste. Viele Menschen aus der Umgebung eilten zur Hilfe, wurden aber von den Häftlingen ferngehalten. Die Wachen hatten den Zug eingekreist und standen im Abstand von 50 Metern mit Gewehr im Anschlag.

Den ganzen Sonntag arbeitete die Küche des Gasthauses auf vollen Touren. Die Angestellten, die an diesem Tag frei hatten, kamen angelaufen, und alle boten ihre Hilfe an. So wurden fünftausend Brotlaibe gebacken, riesige Platten mit Gebäck hergerichtet und kannenweise Kaffee gekocht. Für die Kranken gab es weiche Brötchen und Körbe mit hartgekochten Eiern.

Währenddessen patrouillierte Herr Pavlíček weiterhin am

Zug und passte auf die Häftlinge auf. Er hoffte, heimlich mit einigen von ihnen sprechen zu können, hatte er doch festgestellt, dass viele von ihnen Tschechen waren, obwohl viele Nationen vertreten waren, sogar Griechen. Später beschrieb er ihren Zustand als »sehr schlecht«. Als er ihnen sagte, er organisiere die Verteilung von Essen an sie, baten sie ihn immer wieder dringend, es ihnen persönlich zu geben und nicht den Wachen, die es stehlen und ihnen nichts davon geben würden. Schon die bloße Vorstellung entsetzte ihn.

Ebenso schockiert war er, als er in einem der Waggons einen Kollegen fand, Bahnhofsvorsteher Šiška aus einer Nachbarstadt, und Ilsa Fischerová, die Witwe des Zahnarztes Dr. Otto Fischer aus Plzeň, der bei der Evakuierung des Lagers erschlagen worden war. Die neununddreißigjährige Frau Fischerová und ihre siebzehn Jahre alte Tochter Hanka waren mit den übrigen Frauen in Auschwitz und Freiberg gewesen und baten Herrn Pavlíček, eine Nachricht an ihre Lieben zu schicken, dass sie noch am Leben seien. Die kurze Unterhaltung wurde brutal beendet, als der Unterscharführer sah, dass die Frau des Zahnarztes mit dem Stationsvorsteher sprach, und sie gnadenlos zu Boden schlug. Herr Pavlíček wurde daran gehindert, einzugreifen, und konnte nichts anderes tun als weitergehen, aber er eilte bald darauf zum Bahnhof, um die Nachricht an die Familie der Frau zu übermitteln, wie er versprochen hatte.

Die Überlebende Liška Rudolf konnte durch das kleine Fenster ihres geschlossenen Güterwaggons mit dem Stationsvorsteher sprechen. »Am Morgen des 22. April begegnete ich Herrn Pavlíček«, berichtete sie später. »Er sah mir an, dass ich Hunger hatte, und sagte mir: Ich schicke Ihnen etwas zu essen.« Später fragte mich der Transportkommandant, warum ich mit einem Zivilisten auf feindlichem Gebiet gesprochen hätte. Er sagte zu mir: »Wenn du noch mal in die Nähe des Fensters kommst, lasse ich dich erschießen.« Noch später wurden die Türen ihres Waggons ein wenig geöffnet und zwei Scheiben Marmeladenbrot wurden hineingeworfen. Sie fing sie auf, während die anderen Häftlinge sie mit Blicken aufspießten. »Sie haben mich alle beneidet«, sagte sie. »Am Nachmittag bekam ich auf die gleiche Weise noch mal zwei Brötchen und zwei Eier.«

Der Stationsvorsteher brachte Essen, wo er konnte, und versprach, Nachrichten an die Familien der Häftlinge zu schicken. Dabei ging er ein beträchtliches Risiko ein. Beim Vorbeigehen an einem Wagen hörte er ein Baby schreien. Entsetzt verlangte er zu wissen, wie viele Kinder in dem Zug seien. Šára wollte es ihm nicht sagen und wollte wohl auch nicht, dass andere davon erfuhren. Als er endlich zugab, dass »zwei oder drei« Säuglinge im Zug waren, bestand der Stationsvorsteher darauf, sie zu sehen. Fassungslos blickte er auf die unterernährten Neugeborenen, die wenig oder gar nichts anhatten.

Die Nachricht von den »Babys in dem Todeszug« verbreitete sich wie ein Lauffeuer in Horní Bříza. Einige, darunter Hana und Mark, kamen aus Freiberg, andere gehörten zu den Frauen aus Venusberg (von diesen Kindern hat, soweit wir wissen, keins überlebt). Nach wie vor wussten in all dem Chaos und der Verwirrung die Mütter nicht voneinander. Herr Pavlíček rief sofort den Arzt aus der Stadt, damit er die Kinder und die Mütter untersuchte. »Ich sagte dem Kommandanten, unser Arzt, Dr. Jan Roth, könne den Kranken helfen.« Aber seine Bitte wurde brüsk abgelehnt. »Man sagte mir, die Häftlinge hätten ihren eigenen Arzt.«

Aufgebracht, dass man ihn nicht helfen ließ, ging Dr. Roth nach Hause und erzählte seiner Frau davon, die zu dieser Zeit ihr erstes Kind erwartete. Frau Rothová hatte bereits die Ausstattung für den neuen Erdenbürger vorbereitet, aber als sie von den Babys in dem Zug hörte, gab sie Herrn Pavlíček die winzigen, handbestickten Sachen und bat ihn, dafür zu sorgen, dass jedes Neugeborene etwas zum Anziehen bekam. Zwei weitere Mütter, Frau Benesová und Frau Krahuliková, spendeten ebenfalls Kleidung, und Herr Pavlíček erfüllte ihre Bitte. »Die Frauen dankten mir mit Tränen in den Augen. Für sie wurde spezielles Essen zubereitet.«

Priska gehörte zu den Glücklichen, die Essen für sich und Kleidung für Hana erhielten, dazu einige Windeln, ein Einschlagtuch und eine Decke. »Ein kompletter Satz Kleidung. Außerdem gab es Puder und Seife und alles, was man braucht, um richtig für ein Baby zu sorgen.« Als sie die hübsch bestickten Sachen sah, schämte sie sich, sie mit ihren rußverschmierten Händen auch nur anzufassen. Noch mehr zögerte sie, sie Hana anzuziehen, denn die Kleine hatte offene Geschwüre auf der Haut. Sie hielt die kleinen Kleidungsstücke an ihr Gesicht, roch den Duft von Wäschestärke und frischem Leinen, Düfte, die sie an eine Zeit erinnerten, als es normal gewesen war, sauber zu sein. Dann legte sie sie vorsichtig zur Seite und beschloss, sie Hana anzuziehen, wenn sie an ihrem Bestimmungsort angekommen waren und sie sich und das Kind endlich waschen könnte – jedenfalls hoffte und betete sie, dass es so sein würde.

Als sie eins der Brötchen aufbrach, fand Priska darin einen Zettel mit einer Botschaft auf Tschechisch: »Haltet durch! Seid stark! Es dauert nicht mehr lange.« Für einen Augenblick gestattete sie sich, glücklich zu sein. Andere fanden ähnliche Botschaften in den Brötchen und belegten Broten, die sie bekamen, und waren ebenfalls sehr bewegt.

Rachel und ihr Sohn, die sich weiter vorn im Zug befanden, bekamen an diesem Abend nichts. Rachel hatte wie Priska Glück gehabt und war in die wärmeren geschlossenen Güterwaggons verlegt worden, aber mit so vielen Frauen nah beieinander und nur einem kleinen Fenster, wurde die Luft drinnen bald unerträglich. Außerdem hatten sie jetzt kein Regenwasser mehr, das sie trinken konnten.

Anka ganz am Ende des Zuges wusste nicht einmal, dass Kleidung und Essen verteilt wurden. Sie hatte jegliches Gefühl für die Wirklichkeit und für ihr Leben verloren und war einfach dankbar, dass der Zug eine Weile hielt und dass sie nicht so eingezwängt war. Inzwischen, sagte sie später, ging es nicht mehr darum, den nächsten Tag zu überleben, sondern die nächste Stunde. Bewacht von den Aufsehern, stand sie in der offenen

Tür, mit wunder, rußschwarzer Haut. Nur noch von ihrer Hoffnung aufrecht gehalten, atmete sie die Waldluft ein und dachte an die Zeiten, als sie mit Freunden oder Verwandten spazieren gegangen war. Doch solche nostalgischen Gedanken grenzten an geistige Folter, und so zitierte sie einmal mehr ihre Lieblingsheldin Scarlett O'Hara: »Morgen ist auch noch ein Tag.«

Später fügte sie hinzu: »Ich hatte Glück, dass ich mit einem solchen Naturell geboren wurde. Das hat mir ein Leben lang sehr geholfen … Nichts als reiner, dummer Optimismus. Was auch geschah, ich sagte mir immer: Morgen ist auch noch ein Tag. Und am nächsten Tag hatte sich die Lage schon wieder verändert … Ich hatte wirklich Glück, dass ich überlebte. Ich hätte jede Minute sterben können.«

Irgendwann hörte sie Stimmen, blickte auf und sah eine Gruppe von Leuten vorbeieilen, die wohl Essen brachten. »Sie hatten nicht erwartet, so etwas zu sehen«, sagte sie. »Einer war ein Bauer, und er blieb urplötzlich stehen. Ich werde nie vergessen, wie er auf dieses schwangere Gerippe starrte, das vielleicht noch gut dreißig Kilo wog, das meiste davon Bauch … ein halb totes Skelett ohne Haare und so schmutzig, wie man es sich nur vorstellen kann.« Er wurde blass und dachte wohl, er sei in eine Art Apokalypse hineingeraten. »Man sollte denken, dass die Leute wussten, was sie zu erwarten hatten, aber tatsächlich hatten sie keine Ahnung.« In der Nähe stand der SS-Kommandant mit Waffe und Peitsche. Er starrte den Bauern wütend an, bis dieser schockiert weiterstolperte. Fünf Minuten später kam er mit einem Glas Milch zurück, näherte sich mutig dem Waggon und hielt es Anka hin.

Sie sah ihn ungläubig an. »Ich mag überhaupt keine Milch … Nie zuvor in meinem Leben hatte ich Milch getrunken, und ich habe es auch danach nie wieder getan. Aber dieses Glas nahm ich.« Als sie es tat, hob der Unterscharführer seine Peitsche über die Schulter, als wollte er sie schlagen. »Der Bauer war so fassungslos, dass er fast tot umfiel. Er sagte kein Wort, aber ich sah es ihm an. Sein Gesicht sprach Bände, als er sah, was passieren würde. Ich weiß nicht, warum, aber der Kommandant senkte die Peitsche wieder, und ich trank die Milch, als wäre sie ein Lebenselixier. Ich genoss dieses Glas wie sonst nichts auf der Welt. Wie Nektar. Vielleicht hat sie mir das Leben gerettet. Nachdem ich die Milch getrunken hatte, war ich stark wie ein Ochse. Sie hat mich wieder zu einem Menschen gemacht.«

Anka wischte sich mit dem Handrücken den Mund ab und gab ihrem fassungslosen Samariter das Glas zurück. Dann dankte sie ihm in ihrer tschechischen Muttersprache, bevor sie sich in den Kohlenstaub ihres Gefängnisses zurückzog.

Priska hatte von allen Müttern das meiste Glück. Sie bekam die Babyausstattung, Herr Pavlíček fütterte sie persönlich mit Marmeladenbrot – »das Beste, was ich je gegessen habe!« Die Leute standen Schlange, um zu helfen, und als die Wachen aus Freiberg sahen, was passierte, fragten sie, ob es etwas Neues von der Mutter und dem Baby gab, das dort geboren worden war.

»Sie lebt! Sie lebt!«, rief jemand, als könnte er es kaum glauben.

Aber so ging es nicht allen. Neunzehn Männer und neunzehn Frauen starben an diesem Tag im Zug in Horní Bříza, und ihre gewichtslosen Leichen wurden auf die Schienen geworfen. Als Herr Pavlíček sah, dass man sie entsorgte wie Müll, bestand er darauf, dass sie anständig begraben würden. »Ich bat den Kommandanten, mir die Namen und Nummern der Toten zu geben, weil sie auf dem Gelände der Eisenbahn verstorben waren«, sagte er später. »Doch er lehnte ab und erklärte mir, diese Leute würden der Welt nichts bedeuten.«

Entsetzt über die Haltung des Kommandanten, alarmierte der Bahnhofsvorsteher die örtliche Polizei, die den uniformierten Beamten Josef Šefl schickte, um die Angelegenheit zu untersuchen. Der Beamte zeigte dem Transportkommandanten ein offizielles Schreiben des Rathauses, in dem bestätigt wurde, dass die Leichen von achtunddreißig Gefangenen aus dem Zug entfernt worden waren. Er und Herr Pavlíček erreichten tatsächlich ein wenig Würde für die Toten: Später in dieser Nacht, im

Schutz der Dunkelheit, schaufelten die Deutschen Gräber und betteten sie im Wald zur letzten Ruhe.

Als es dunkel wurde, genehmigte der Kommandant schließlich, dass die großen Mengen Essen, die die Bewohner der Stadt so liebevoll vorbereitet hatten, aus dem Wirtshaus zum Zug gebracht werden konnten. Sie hatten geplant, jedem und jeder Gefangenen eine Schüssel traditionelle tschechische Kartoffelsuppe zu bringen, einen Laib echtes Weißbrot, etwas Kaffee, Gebäck und Obst. Der Unterscharführer war außer sich vor Wut, als der Stationsvorsteher darauf bestand, dass er und seine Leute das Essen auf dem Bahnsteig an die Häftlinge ausgeben

*Denkmal für die Toten aus dem Zug auf dem Friedhof von Horní Bříza*

und es nicht den Wachen überlassen würden. Nach weiteren Verhandlungen, ständig mit dem Risiko, dass das heiße Essen abgelehnt oder verderben würde, stimmte der Kommandant schließlich zu, ordnete aber an, dass nur Herr Pavlíček und Herr Wirth die Erlaubnis bekämen, das Essen zu bringen und die Gefangenen aus der Nähe zu sehen. Alle anderen sollten sich fernhalten.

Hana Fischerová, die Tochter des Zahnarztes aus Plzeň, und ihre Mutter gehörten zu denen, die Essen bekamen. »Der Bahnhofsvorsteher und alle anderen versuchten ihr Möglichstes, um uns zu helfen. Die Leute waren so nett! Sie kochten Suppe für uns, und ich bin sicher, ich werde in meinem ganzen Leben nie etwas Besseres zu essen bekommen als diese Suppe.« Andere Gefangene stimmten ihr zu. Eine sagte später: »Ich werde nie das Brot und die Kartoffelsuppe vergessen, die wir unter Tränen aßen. Niemand von uns wird das je vergessen. Es ist eine jener kleinen, schönen Erinnerungen, die bleiben.« Eine andere Überlebende sagte, sie hätte kaum glauben können, dass es auf dieser Erde noch Weißbrot gab, und sie hätte gar nicht aufhören können zu weinen angesichts dieses »Grußes aus einer anderen Welt«. Sie waren so von aller Welt abgeschnitten gewesen, dass sie geglaubt hatten, man hätte sie aufgegeben – bis dieser Bahnhofsvorsteher und seine Nachbarn ihr Leben riskierten, um ihnen zu helfen. Es war wie ein Lichtstrahl in der Finsternis.

Liška Rudolf erinnerte sich später: »An diesem Abend bekamen fast alle Suppe und Brot. Wir weinten vor Glück und sagten: ›Wir sind durch die Ukraine, durch Polen, Ungarn, Österreich, Deutschland und Frankreich gefahren, und niemand hat uns gesehen. Nur hier in der Tschechoslowakei haben die Menschen ein Herz ... Wir werden Horní Bříza nie vergessen.« Klara Löffová sagte: »Das ganze Dorf kam mit Suppe und Brot ... es war wie ein Wunder. Wir dachten, wir wären zu Hause. Diese Leute gehörten zu uns und wir zu ihnen.«

Jaroslav Lang und sein Bruder Milan versteckten sich im

Wald, um zu beobachten, wie die Gefangenen Wagen für Wagen ihr Essen bekamen. »Wir hielten uns in einiger Entfernung und konnten nicht so gut sehen, aber man erkannte doch, dass die Gefangenen, die kamen, um sich ihr Essen zu holen, traurig und erschöpft waren. Sie mussten sich gegenseitig stützen, um laufen zu können. Einige trugen Uniformen und Mützen, und sie bedankten sich ständig bei allen.« Die beiden Jungen konnten nicht erkennen, ob es sich um weibliche oder männliche Gefangene handelte. »Sie wurden aus den Waggons geholt und mussten sich in Reihen aufstellen, mit Wachen auf beiden Seiten, damit niemand flüchtete. Sie hatten keine Schüsseln, also mussten sie einer nach dem anderen essen. Einige aßen mit den Händen. Es dauerte sehr lange, und es haben wohl auch nicht alle etwas bekommen.«

Tatsächlich konnte Herr Pavlíček seinen Plan nicht verwirklichen, allen etwas zu essen zu geben. Obwohl die Gefangenen getrennt von den Wachen ihr Essen bekamen, wurde viel von der SS gestohlen und die letzten Wagen gingen leer aus. Lisa Miková sagte später: »In dem Ort, wo wir Halt machten, wollten die Leute uns etwas zu essen bringen. Der Kommandant sagte: Wir geben es ihnen und verteilen es, aber das meiste nahmen sie selbst und gaben uns nur ein paar Kartoffeln.«

Jaroslav Lang, der den Zug mit seinem Bruder vom Wald aus beobachtete, sagte: »Wir sahen, wie einer der Gefangenen um etwas zu essen bat, und ein Deutscher ging hin, um ihm einen Peitschenhieb zu geben, aber er duckte sich schnell weg. Als wir das sahen, bekamen wir große Angst. Dann fing es wieder an zu regnen und wurde dunkel, und wir konnten Flakfeuer sehen und Flugzeuge hören. Die Deutschen fingen an zu schreien und zu schießen; da liefen wir weg. Am nächsten Tag hörten wir, dass einige Gefangene aus ihrer Essensschlange oder aus den Waggons entkommen waren.« Leise fügte er hinzu: »So etwas vergisst man sein Leben lang nicht.«

Die dreiundzwanzigjährige Hana Selzarová aus Prag, die noch gerade 38 Kilo wog, gehörte zu den Frauen, die in dieser

Regennacht aus dem Zug flohen. Zerlumpt, wie sie war, schlich sie an einem SS-Aufseher vorbei, der in seinem Regencape Wache stand, und rannte in den Wald. Sie hörte Schüsse, aber dann sah sie ein Licht etwas weiter entfernt und lief darauf zu. Es war die Polizeiwache. Als sie hineinging, sagte man ihr: »Mein Gott, gehen Sie! Wir müssen Sie sonst verhaften.« Sie zeigten ihr den Weg zu einem der Häuser, wo sie Hilfe finden würde. »Dort gab man mir andere Kleider und ein Kopftuch, ich hatte ja nicht viel Haar. Außerdem gaben sie mir etwas zu essen und Geld für die Fahrt und sagten mir, wo ich in den Zug steigen könnte.« Sie übernachtete dort und fuhr am nächsten Morgen nach Prag, wo eine Freundin sie bei sich aufnahm.

Vaclav Stepanek aus Horní Bříza war siebzehn Jahre alt, als zwei Frauen, die ihren Wachen entkommen waren, an die Tür seines Elternhauses klopften, im Wald 300 Meter vom Bahnhof entfernt. Die Frauen – eine davon mag wohl Hana Selzarová gewesen sein – sagten, sie seien aus Plzeň und Prag, und wollten wissen, wie weit es bis Plzeň sei. »Sie hatten Häftlingskleidung an und waren sehr hungrig«, berichtete Vaclav später. »Meine Eltern gaben ihnen etwas zu essen und zum Anziehen. Inzwischen wussten alle bei uns von dem Transport, und die Leute taten uns sehr leid.«

Sein Vater, der Waldarbeiter war, versteckte die Frauen in seiner Scheune. »Sie waren nicht die ersten, die meine Eltern dort versteckten«, sagte Vaclav. »Meine Mutter hatte große Angst, aber wir hofften, wenn man sie fände, könnten wir behaupten, wir hätten nicht gewusst, dass sie da waren. Sie verschwanden am nächsten Morgen, und wir haben nie wieder von ihnen gehört. Ich habe mich immer gefragt, was wohl aus ihnen geworden ist.«

Nachdem sie so viele Häftlinge wie möglich mit Essen versorgt hatten – darunter auch Priska und Rachel –, blieb Herrn Pavlíček nicht mehr viel zu tun. Das restliche Essen bekam der Kommandant, der sie anlog und ihnen sagte, es würde später unter den Häftlingen verteilt. Als der Bahnhofsvorsteher Nachricht aus Plzeň bekam, dass die Strecke vor ihnen repariert sei, wusste er, er hatte keine Ausrede mehr, um den Zug noch länger aufzuhalten. Er sprach noch ein letztes Mal mit dem Kommandanten und versuchte ihn zu überreden, die Häftlinge auf dem Nebengleis zu lassen und sich mit seinen Leuten davonzumachen, aber der Unterscharführer war nicht zu überzeugen und entschlossen, bis zuletzt seine Pflicht zu erfüllen. Er fragte Herrn Pavlíček sogar, wie man am besten nach Bayern käme, und hörte ihm nicht zu, als er ihm sagte, so weit würde er wohl kaum lebend kommen.

»Wir hörten das Gespräch mit dem Stationsvorsteher, der versuchte, ihn zu überzeugen, dass er uns dort laufen lassen sollte«, berichtete die tschechische Überlebende Helga Weiss später, die damals vierzehn Jahre alt war. »Der Stationsvorsteher versicherte ihm, seine Leute würden sich um uns kümmern, um Essen und alles … aber er wollte nichts davon wissen. Er wollte unbedingt weiterfahren.«

Herr Pavlíček und die Leute von Horní Bříza konnten nichts mehr tun, um die Gefangenen vor dem Tod zu retten. Um 18.21 am Montag, dem 21. April, verließ der Transport aus Freiberg mit der neuen Zugnummer 90124 den Zufluchtsort Horní Bříza und fuhr in einer großen Dampfwolke südwärts. Verzweifelt beobachtete der Stationsvorsteher, wie der letzte Waggon um die Kurve fuhr, und betete, dass der Krieg rechtzeitig enden möge, um die unglücklichen Insassen zu retten.

Die Menschen im Zug 90124 ließen alle Freundlichkeit hinter sich, fuhren durch Plzeň, eine Stadt, die vielen von ihnen herzlich vertraut war. »Ein unvergesslicher, schrecklicher Moment«, sagte eine Frau, die von hier stammte, »unsere Heimatstadt zu sehen und an ihr vorbeizufahren.« Zwei Tage später wurde die Škoda-Fabrik, an der sie vorbeigefahren waren, dem Erdboden gleichgemacht. 70 Prozent wurden mit Brand- und Sprengbomben zerstört. Auch die Eisenbahnstrecke wurde schwer beschädigt. Um ein Haar waren die Häftlinge den Luftangriffen entgangen, die sie entweder hätten töten oder retten können. Es gab noch viele weitere Verzögerungen, weil die Pläne der Nazis durch immer neue Angriffe und die wachsende Gefahr zwischen zwei Fronten durchkreuzt wurden. Die Rote Armee kam näher – die Deutschen fürchteten sie mehr als die Amerikaner.

Immer noch nicht sicher, wohin der Zug fahren sollte und welches Konzentrationslager fast dreitausend Häftlinge aufnehmen würde, leitete die Reichsbahn den Transport weiter nach Süden. Bei jedem Bahnhof wuchs die Angst, jeder Ortsname wurde laut ausgerufen, damit es alle hören konnten: »Plana! Tachov! Bor! Domažlice! Nýsko!« Und die Frauen, die noch die Kraft dazu hatten, antworteten: »Das ist meine Heimatstadt!« Oder: »Da wohnt meine Familie!« Diejenigen, die hinaussehen konnten, fielen in sehnsüchtiges Schweigen, als die schmerzhaft schöne Landschaft vorbeizog, mit wohlgenährten Tieren auf den Weiden und Menschen, die tun und lassen konnten, was sie wollten.

Der neueste deutsche Befehl an den Lokomotivführer und die SS-Aufseher lautete, nach Železná Ruda weiterzufahren, aber dann wurde bekannt, dass General Pattons Dritte Armee bereits dort war, und sie mussten nach Nýrsko zurückfahren. Um den 27. April erreichte der Transport die Stadt Běšiny, wo fünfzig männliche Gefangene, die noch Kraft zum Laufen hatten, zwangsverpflichtet wurden, die zerstörte Strecke nach Klatovy zu reparieren, damit der Zug weiterfahren konnte. Die übrigen durften den Zug kurz verlassen, um sich zu erleichtern, Ruß, Urin und Fäkalien aus den Wagen zu schwemmen und die Toten hinauszuwerfen. Einige rissen Halme aus dem Boden, um sie zu essen, oder stürzten sich auf ein Rinnsal, um ihre trockene Kehle zu befeuchten, während die Wachen das restliche Gebäck aus Horní Bříza verschlangen.

Als das Arbeitskommando zurückkehrte, erzählten die Männer, die Bewohner von Klatovy hätten bei ihrem Anblick geweint und versucht, ihnen etwas zu essen zu geben, seien aber von der SS weggedrängt worden. »Am Abend kamen die Leute aus Běšiny und anderen Orten mit Kisten voller Brot, Brötchen, Salami und Suppe. Aber sie mussten alles in der SS-Küche abgeben. Wir beobachteten sie durchs Fenster und sangen tschechische Lieder. Diesmal ging es gut, wir bekamen nur ein paar Peitschenhiebe dafür. Aber von den Spenden erhielten wir nichts«, berichtete Liška Rudolf.

Nach weiterem Warten erfuhren die Nazis, dass der Zug Richtung Südwesten weiterfahren konnte, durch Horaždovice und Strakonice. Ziel war jetzt das Konzentrationslager Dachau. Doch inzwischen herrschte vollkommenes Chaos im deutschen Oberkommando, die Nazis hatten die Kontrolle über Europa verloren. Die Sowjets hatten Berlin erreicht, Mussolini war gefangen genommen und wurde am 28. April gehängt, die deutschen Truppen im Ruhrgebiet hatten kapituliert. Am 28. April stand der Zug auf einem Nebengleis in der Nähe von České Budějovice (Budweis), einer Stadt voller deutscher Flüchtlinge. Am nächsten Tag befreite die Siebte US-Armee das KZ Dachau, sodass den Frauen dieses Lager erspart blieb. Von Heinrich Himmler eingerichtet und als Prototyp aller späteren Lager bekannt, war Dachau eine »Schule der Gewalt« für die SS, die dort auch ein Ausbildungslager betrieb. Etwa zweihunderttausend Menschen waren in diesem Lager gefangen gewesen, mehr als vierzigtausend waren umgekommen.

Während eines nächtlichen Aufenthalts unter einem Himmel voller Luftabwehr und Artilleriefeuer hörten die Frauen plötzlich ein lautes Knirschen in ihrem Wagen. Noch erschrockener waren sie, als sie das Gesicht eines tschechischen Partisanen sahen, der ein Loch in die Wand gehebelt hatte, um ihnen die Flucht zu ermöglichen. Die meisten waren jedoch viel zu schwach, krank oder verängstigt, um die Flucht zu wagen. Einige taten es dennoch, darunter die Ärztin Edita Mautnerová, die der schwangeren Anka mit ihrem verletzten Bein geholfen und bei Priska und Rachel Geburtshilfe geleistet hatte. Sie ergriff die Chance und überlebte den Krieg tatsächlich. Als die Flucht entdeckt wurde, schlugen die SS-Leute auf die verbleibenden Frauen im Wagen ein, um zu erfahren, wer den Flüchtigen geholfen hatte und wohin sie gelaufen waren. Den meisten Frauen war es inzwischen schon fast gleichgültig, was mit ihnen passierte. Sie waren kaum noch bei Bewusstsein, viele starben einfach, wo sie lagen. Andere wurden verrückt.

Liška Rudolf berichtete später: »Die Gefangenen heulten vor Hunger … einige wurden wahnsinnig, ihre Augen funkelten im Dunkeln, als wären sie Tiere.« Für viele von ihnen war dies der schlimmste Moment ihrer gesamten Haftzeit: als die Lokomotive wieder Fahrt aufnahm und auf den Gleisen der altehrwürdigen Summerauer Bahn nach Österreich fuhr. Die langen, dunklen Nächte im Zug waren immer fürchterlich gewesen, aber diese Nacht – die letzte, dunkelste Nacht, die sie in dem Zug verbrachten – war sicher die längste von allen.

Lisa Miková sagte: »Als wir wieder die Richtung änderten, sagten wir: ›Mein Gott, sie werden uns an einen ganz schrecklichen Ort bringen.‹ Das erschütterte uns sehr. Jede hing ihren eigenen Gedanken nach, es wurden keine Geschichten mehr erzählt, es gab keine Gespräche mehr. Wie alle anderen wollte ich es nicht glauben, aber ich wusste, meine Angehörigen waren tot. Ich dachte, wenn wir auch in die Gaskammer müssen, dann soll es so sein. Wir waren viel zu müde, um noch zu kämpfen.« Dieses Gefühl der Selbstaufgabe nach so vielen Jahren des Überlebens durchlief den ganzen Zug, als sie feststellen mussten, dass der Zug nur noch eine Möglichkeit hatte: über die Grenze nach Österreich, nach Linz. Und in der Nähe von Linz gab es ein Lager, dass viele Häftlinge fast so sehr fürchteten wie Auschwitz.

»Als wir losfuhren, gab es nur noch ein mögliches Ziel, alle anderen fielen aus«, sagte Anka später. »Wir fuhren nach Mauthausen.«

Jetzt schien alles verloren.

Viele wussten, was dieser Name zu bedeuten hatte, und der bloße Gedanke erschreckte sie fast zu Tode. Das KZ Mauthausen war selbst in den Ghettos berüchtigt gewesen. Als Anka in Theresienstadt gewesen war, hatte sich die Nachricht verbreitet, dass der berühmte tschechische Sänger, Schauspieler und Kabarettist Karel Hašler in Mauthausen ermordet worden war. Vermutlich hatten die beiden Häftlinge davon berichtet, die aus Auschwitz geflüchtet und eine Weile in Theresienstadt versteckt worden waren. Hašler war kein Jude, und er war mit einer Deutschen verheiratet. Die Gestapo hatte ihn wegen seiner patriotischen Lieder verhaftet und in das österreichische Lager geschickt, wo er im Dezember 1941 nach schwerer Folter in eine »Eis-Statue« verwandelt wurde: Man brachte ihn nach draußen, zog ihn aus, übergoss ihn immer wieder mit eiskaltem Wasser und ließ ihn stehen, bis er steif gefroren war. Er starb wenige Tage später.

So schockierend diese Geschichte war – das Lager war vor allem wegen der Methode gefürchtet, die Häftlinge dem »Tod durch Arbeit« zu überantworten. »Mauthausen betrieb das Geschäft des Todes durch einen Steinbruch«, berichtete Anka. »In Theresienstadt war das allgemein bekannt … Die Menschen wurden zur Arbeit im Steinbruch gezwungen und mussten dann eine Treppe mit mehr als einhundertfünfzig Stufen hochsteigen. Wenn sie das nicht schafften, wurden sie getötet. Ein schreckliches Ende.«

Diese Frauen hatten alles durchgemacht: Sie hatten Jahre unter der Nazi-Tyrannei verbracht, hatten in den Ghettos überlebt, waren Mengele und dem Zyklon B entkommen, dem Hungertod, den Krankheiten, der Erschöpfung und den alliierten Bombern. Und nun saßen sie in diesem Zug, klammerten sich mit letzter Kraft ans Leben – und waren doch dem Ende auf einmal erschreckend nahe.

Mauthausen. Noch eine Nacht.

Das große steinerne Lager unweit der Stadt Linz war nur noch eine kurze Zugfahrt durch das Donautal entfernt. Es schien, als käme jede Rettung zu spät. Sie und ihre Babys – die schon geborenen und die noch nicht geborenen – würden mit dem Zug in einen der berüchtigtsten Endbahnhöfe des gesamten nationalsozialistischen Systems hineinfahren.

Mauthausen war das Ende aller Schienenstränge.

7

## Mauthausen

*Das malerische Städtchen Mauthausen an der Donau*

Das Konzentrationslager Mauthausen hatte zwar einen schrecklichen Ruf, aber es lag in einer wunderschönen Gegend. Mit herrlichem Ausblick über Oberösterreich bis hinüber nach Salzburg thronte es auf einem Hügel in herrlicher Landschaft.

Nahe der deutschen und der tschechischen Grenze, hatte Mauthausen an der Donau direkten Zugang zum zweitlängsten Fluss Europas und zu einem gut ausgebauten Straßen- und Schienennetz. Wien war nicht mehr als 200 Kilometer entfernt, Linz lag 20 Kilometer westlich der Stadt. Adolf Hitler war in Linz aufgewachsen, er betrachtete es als seine Heimatstadt und hatte große Pläne mit dieser Stadt, die er als »die deutscheste aller Städte in Österreich« betrachtete. Neben Berlin, München, Nürnberg und Hamburg galt sie als eine seiner »Führerstädte«.

Hier sollte das »Führermuseum« errichtet werden, eine riesige Kunstgalerie, von Albert Speer geplant, größer als die Uffizien oder der Louvre. Das Gebäude mit der 150 Meter langen Säulenfassade sollte mit Kunstwerken gefüllt werden, die aus Museen und Privatsammlungen vor allem jüdischer Besitzer geraubt wurden. Und der helle Granit bester Qualität, den man brauchte, um dieses dauerhafte Monument zu Ehren Hitlers zu bauen, sollte ebenso wie der Stein für ein neues Opernhaus und Theater aus dem Steinbruch »Wiener Graben« in Mauthausen kommen. Dort wurde er von den »Feinden des Reichs« aus dem Fels gesprengt und in Blöcke gehauen.

Der Steinbruch gehörte schon seit Jahrzehnten der Stadt Wien, die mit Stein aus Mauthausen ihre Straßen pflasterte. Nach dem Anschluss 1938 wurde der Steinbruch an die Deutsche Erd- und Steinwerke GmbH verpachtet, eine Firma im Besitz der SS, die ihre Waren bis 1945 nicht nur in Hochglanzbroschüren bewarb, sondern auch exportierte. Mit den Steinen wurden Denkmäler, Bauprojekte, Industrieanlagen und die Autobahnen gebaut. Kriminelle, die im KZ Dachau inhaftiert waren, errichteten das Lager, in dem die Zwangsarbeiter für den Steinbruch untergebracht werden sollten, auf einem nahe gelegenen Hügel. Dieses Denkmal der Nazi-Überlegenheit mit Torhaus, Wachtürmen und einer undurchdringlichen Granitmauer wurde im Jahr 1939 eröffnet. Es war weithin sichtbar.

Viele der ersten Insassen waren politische Häftlinge und gehörten der Intelligenz an, darunter auch Professoren. Sie alle waren zum Tod durch harte Arbeit verurteilt. Es gab Häftlinge jeder Glaubensrichtung, aus allen besetzten Ländern, darunter Mitglieder der Zeugen Jehovas, Priester und spanische Republikaner. Auch nach der Evakuierung von Auschwitz und anderen Lagern Anfang 1945 waren die Juden in Mauthausen in der Minderheit, und bis 1945 gab es auch nur wenige Frauen im Lager (abgesehen von den Zwangsprostituierten im Lagerbordell). Am brutalsten wurden die sowjetischen Kriegsgefangenen behandelt – von etwa viertausend überlebten weniger als zweihundert. Diese Männer wurden nicht nur im Steinbruch zu Tode geschunden, sie bekamen auch nur halbe Essensrationen und mussten nackt in fensterlosen Hütten schlafen. Als sie mit der Errichtung des angeblich für sie bestimmten »Russenlagers« fertig waren, hatte sich ihre Zahl so dramatisch verringert, dass die Baracken stattdessen als Krankenstation genutzt wurden. Der Name blieb jedoch.

Mauthausen war eines von zwei Lagern der Kategorie III und

*Die Todesstiege im Steinbruch von Mauthausen*

hatte auch den Beinamen »Knochenmühle«. Es bekam bald den Ruf, eines der härtesten Lager mit der höchsten Todesrate zu sein. Ein hoher Nazi-Beamter erklärte 1941: »Aus Mauthausen kommt niemand lebend heraus«, und die Akten vieler Häftlinge waren mit dem Kürzel RU (»Rückkehr unerwünscht«) markiert. Mauthausen und seine mehr als vierzig Nebenlager, darunter das nahe gelegene Gusen, waren darauf ausgelegt, der SS hohe Profite zu erwirtschaften. Sie hatten Zugang zu einer unbegrenzten Zahl von Häftlingen. 1944 war das Lager mit einem Umsatz von elf Millionen Reichsmark das profitabelste im gesamten Einflussbereich der Nationalsozialisten.

Die Arbeit im Steinbruch war besonders hart. Die großen Granitblöcke mussten ausgegraben, gesprengt und weiterverarbeitet werden, oft mit dem Meißel. Dann wurde jeder Block – mit einem Durchschnittsgewicht von 45 Kilo – auf dem Rücken eine steile Felswand hinaufgetragen. Mit blutenden Füßen rutschten viele Häftlinge dort aus und stürzten in den Tod. Später wurden einhundertsechsundachtzig grobe Treppenstufen in die Wand geschlagen: die sogenannte »Todesstiege«. Bewaffnete Aufseher standen oft am Rand der Stufen, um die Männer zu bedrängen, zu schlagen und anzurempeln, wenn sie unter ihrer Last taumelten oder über Tote hinwegstiegen.

Außerdem konnte es jederzeit passieren, dass ein Häftling von einem der SS-Leute über den Rand der Felswand getrieben wurde, die »Fallschirmspringerwand« genannt wurde. Unter dem Gelächter der Aufseher und dem Ruf »Achtung! Fallschirmspringer!« wurden sie über den Rand geworfen, sodass sie entweder am Fuß der Wand zerschmettert liegen blieben oder in dem Regenwasserteich ertranken. Wer nicht sofort starb, wurde liegen gelassen, bis er nach Tagen den Tod fand. Viele sprangen lieber freiwillig, statt sich den grausamen Elf-Stunden-Schichten bei Hungerrationen und der täglichen Brutalität der Wachen zu unterwerfen. Abgesehen von der Vernichtung durch Arbeit gab es noch sechzig weitere Mordmethoden in Mauthausen, darunter Schläge, Erschießungen, Erhängungen, medizinische Experimente, Injektionen und verschiedene Formen der Folter. Die Gesamtzahl der Toten ist unbekannt, denn viele Gefangene wurden in mobilen Gaswagen getötet oder in ein nahe gelegenes Schloss geschickt und dort vergast. 1941 bekamen sie den Befehl, ihre eigene Gaskammer auf dem Lagergelände zu bauen. Schätzungen gehen von etwa hunderttausend Toten aus, darunter mehr als dreißigtausend Juden.

Zu Beginn wurden die Leichen mit Lastwagen nach Steyr oder Linz gebracht und dort verbrannt, aber bald sah man das Risiko als zu groß an und baute ein Krematorium auf dem Lagergelände. Die Asche wurde im Wald hinter dem Lager oder in der Donau verstreut. Im Herbst 1944, als man die Evakuierung von Auschwitz II-Birkenau plante, wurden dort zehn große »Müllverbrennungsanlagen« abgebaut mit der Absicht, sie in Mauthausen wiederaufzubauen. Der Plan wurde nie in die Tat umgesetzt, obwohl eine örtliche Baufirma noch im Februar 1945 den Auftrag dazu bekam.

Der Völkermord fand ein paar Kilometer abseits der hübschen Stadt am Fluss statt, nach der das Lager benannt war. Viele der eintausendachthundert Einwohner, die meisten von ihnen Katholiken, sahen, wie neue Häftlinge vom Bahnhof durch die Stadt marschierten und niemals zurückkehrten. Sie wurden Zeuge, wie Leute an eine Wand gestellt und erschossen wurden, und wuschen hinterher das Blut ab. Sie hörten davon, dass die Häftlinge im Steinbruch gequält und ermordet wurden, und sie versammelten sich bei der Donaufähre und starrten die fremd aussehenden Männer in den gestreiften Uniformen an, die flussabwärts zu den Nebenlagern transportiert wurden. Jedenfalls standen sie da, bis die SS drohte, »neugierige Gaffer« zu erschießen, und die Menschen zum Weitergehen aufforderte.

Trotz einer Verlautbarung des Deutschen Reichs von 1938, die Errichtung eines Konzentrationslagers in Mauthausen stelle eine »besondere Auszeichnung« dar, haben wohl die wenigsten Einwohner das Lager gutgeheißen. Andererseits führte die Anwesenheit von etwa vierhundert SS-Leuten dazu, dass die Stadt gut versorgt wurde. Die lokale Wirtschaft profitierte davon, Kneipen, Läden und Restaurants machten gute Geschäfte, und vor allem das Gasthaus in der Nähe des Lagers wurde zu einem beliebten Treffpunkt der SS. Viele Menschen im Ort profitierten von dem Geld, das die Aufseher bereitwillig ausgaben, für Apfelwein, Speck und Fisch. Außerdem gab es einen blühenden Schwarzmarkt mit Seife, Lebensmitteln, Kleidern und Schmuck aus dem Lager, und einige Frauen ließen sich mit Aufsehern ein, in manchen Fällen kam es sogar zu einer Heirat. Die Zivilarbeiter und Steinmetze wurden gut bezahlt, wenn sie als Aufseher im Steinbruch arbeiteten, und die Sklavenarbeiter aus dem Lager wurden auch für Zivilaufträge der Stadt »ausgeliehen«, unter anderem für Maler-, Gärtner- und Bauarbeiten oder in der Landwirtschaft. 1943 wurde der polnische Künstler Stanislav Krzykowski, ein Häftling aus dem nahe gelegenen Gusen, beauftragt, für den Garten eines SS-Mannes eine Statue anzufertigen.

Oft schlossen sich die Aufseher den örtlichen Jägern an, und sie bildeten eine eigene Fußballmannschaft, die auf einem von Gefangenen gebauten Platz oberhalb des Russenlagers spielte. Der Platz lag unmittelbar vor der Hauptmauer des Lagers und hatte sogar Zuschauerplätze auf einem Grashang. Die Mannschaft Mauthausen 1 stieg in die Regionalliga auf, und ihre Heimspiele fanden auf diesem Platz statt. Die jubelnden Zuschauer aus dem Ort müssen gesehen, gerochen und gehört haben, was im Lager vor sich ging. In der Zeitung wurde über die Spiele berichtet, und dort wurden auch die Häftlinge erwähnt, die manchmal auf dem Dach der Krankenstation saßen, um das Spiel zu beobachten.

In der Nähe des Fußballplatzes gab es ein tiefes Löschwasserreservoir aus Beton, das von Häftlingen erbaut worden war. Später wurde es von der SS als Schwimmbad benutzt. Einige Einheimische bekamen die Einladung, dort zu schwimmen und auch das Kino im Lager zu besuchen, allerdings nicht an Tagen, wenn das Krematorium auf Volllast arbeitete. Außerdem gab es einen mit einer Mauer umgebenen Gemüsegarten und einen

Obstgarten, in dem die Häftlinge zur Arbeit gezwungen wurden. Zu essen bekamen sie das, was sie dort anbauten, nicht.

Die Stadtbewohner machten sich keine Illusionen über die mörderischen Absichten der Uniformierten, die das Lager auf dem Hügel bewachten. Überall in der Stadt waren Warnungen angeschlagen. Wer versuchte, den Häftlingen zu helfen, würde erschossen, hieß es da; Zivilarbeiter im Steinbruch mussten mit Haftstrafen rechnen, wenn sie über die Verhältnisse im Lager sprachen. Ein Steinmetz wurde entlassen, weil er sich über die Unmenschlichkeit beklagte. Später wurde er nach Buchenwald geschickt. So lernten die Menschen schnell, sich ruhig zu verhalten.

Die Historiker haben trotzdem einige Hinweise auf Stadtbewohner gefunden, die über die Verhältnisse klagten oder versuchten zu helfen. Eine Frau namens Anna Pointner, Mitglied des österreichischen Widerstandes, versteckte Dokumente und Fotos, die spanische Häftlinge heimlich aufgenommen hatten. Eine andere junge Frau, Anna Strasser, die in der Buchhaltung eines Lagerhauses gegenüber vom Bahnhof arbeitete, beobachtete immer wieder die ankommenden Transporte. Sie war so entsetzt über den Zustand der Häftlinge, dass sie nicht mehr schlafen konnte, und bald machte sie jeden Tag in ihrer Mittagspause einen Spaziergang und ließ durch einen Schnitt in ihrer Manteltasche Brot, Säckchen mit Salz und Zucker, Nadeln, Faden und Knöpfe fallen in der Hoffnung, der nächste Transport würde etwas davon finden. Sie fand auch Personalausweise und verzweifelte Botschaften in den Holzwänden der Waggons, auf denen die Häftlinge baten, man möge ihre Familien warnen. Dann wurde ihr Chef, ein österreichischer Familienvater, verhaftet, nachdem ein Aufseher beobachtet hatte, wie er einigen Gefangenen Brot zuwarf. Daraufhin stellte auch Anna Strasser ihre heimliche Hilfe ein.

Ihr Chef wurde später nach Dachau geschickt, wo er starb. Anna Strasser wurde in eine Panzerfabrik versetzt, dort ertappt, als sie Häftlingen half, von der Gestapo verhaftet und ins Konzentrationslager Ravensbrück geschickt. Um ein Haar wäre sie dort umgekommen, aber ein Arzt aus dem Widerstand rettete sie, und sie überlebte den Krieg.

Im Februar 1945 gab es einen Massenausbruch von russischen Häftlingen aus dem KZ Mauthausen. Unter Lebensgefahr versteckten die Bauern im Ort einige von ihnen. Die meisten Einheimischen jedoch nahmen an der »Hasenjagd« auf die Flüchtigen teil und erschossen sie, nachdem man ihnen erklärt hatte, es handele sich um Schwerverbrecher, die ihre Familien umbringen würden. Von den mehr als vierhundert entflohenen Russen wurden viele erschossen oder erfroren in der Nacht. Zwei wurden im Haus des Bürgermeisters von seinen Angestellten versteckt. Siebenundfünfzig wurden lebend gefangen – von ihnen überlebten den Krieg nur elf.

Eine Nonne, die als Krankenschwester vor Ort arbeitete, berichtete später über die Frustration derjenigen in der Stadt, die helfen wollten, sich dazu aber nicht in der Lage sahen. »Man würde diesen Leuten so gerne helfen, aber die harten Bestimmungen der SS erlauben es leider nicht, und jedes kleine bisschen Hilfe bringt das eigene Leben in große Gefahr.« Andere Einheimische trafen sich heimlich, um zu diskutieren, was sie tun könnten, um den Häftlingen zu helfen, aber die meisten hatten zu viel Angst, um wirklich etwas zu unternehmen. Viele waren auch gar nicht bereit oder fähig, die Wahrheit über das, was auf dem Hügel passierte, ganz zu begreifen. Oder sie hatten tödliche Angst, ihnen würde ein ähnliches Schicksal drohen wie den Häftlingen. Manche beschwerten sich über den Geruch des Lagers, den Rauch und die Asche aus dem Krematorium. Um sie zu beschwichtigen, befahlen die SS-Verantwortlichen, die Öfen nur noch nachts »anzuheizen«. Um Sorgen wegen möglicher ansteckender Krankheiten zu zerstreuen, wurde ein Sonderrevier eingerichtet, eine spezielle Krankenstation mit Häftlingsärzten, die die Epidemien begrenzen sollten, bevor sie die Gesundheit der Stadtbevölkerung bedrohten.

Die einzige erhaltene Aufzeichnung über eine förmliche Beschwerde bei der Ortsgruppe der Partei über die schlechte Behandlung der Mauthausener Gefangenen stammt aus dem Jahr 1941 und von einer Bäuerin namens Eleonore Gusenbauer. Von ihrem Hof aus konnte man den Steinbruch überblicken, und sie war Zeugin einiger Erschießungen geworden. Sie schrieb:

»Im Konzentrationslager Mauthausen werden auf der Arbeitsstätte im Wiener Graben wiederholt Häftlinge erschossen, von denen die schlecht getroffenen noch längere Zeit leben und so neben den Toten Stunden oder sogar Halbtage lang liegen bleiben. Mein Anwesen liegt auf einer Anhöhe nächst dem Wiener Graben, und man ist oft ungewollt Zeuge von solchen Untaten. Ich bin ohnehin kränklich und solches Ansehen nimmt meine Nerven derart in Anspruch, dass ich dies nicht auf Dauer ertragen kann. Ich bitte um Veranlassung, dass solche unmenschlichen Handlungen unterbleiben bzw. dort gemacht werden, wo man es nicht sieht.«

In dieser Stadt, in diesem Lager kamen die menschlichen Wracks aus dem KZ Freiberg nach einer sechzehn Tage dauernden Reise durch Europa endlich an. Unter ihnen Priska und ihre siebzehn Tage alte Tochter Hana, Rachel und der neun Tage alte Mark und die hochschwangere Anka. Sie wussten immer noch nichts voneinander und waren nach wie vor damit beschäftigt, irgendwie zu überleben.

Ein paar Minuten nachdem Zug Nr. 90124 seine lange Reise auf dem Bahnhof von Mauthausen beendet hatte, öffneten erfahrene Hände die Riegel und Türen der Eisenbahnwaggons. Viele der Insassen hatten die letzten paar Tage nicht überlebt. Die Überlebenden waren benommen vom Schock und geblendet vom Licht, dass in ihre Waggons strömte. Wild aussehend, mit kleinen Augen und halb im Delirium kletterten sie aus den Wagen. Bevor sie auch nur richtig durchatmen konnten, wurden sie von SS-Leuten in zerlumpten Reihen auf eine Laderampe getrieben. Sie befanden sich nur ein paar Hundert Meter vom glitzernden Wasser der Donau entfernt.

In der vollkommen unpassenden Schönheit des Ortes am Nordufer des Flusses sah Anka nur die großen schwarzen Buchstaben: MAUTHAUSEN. Als sie das Wort an diesem bitterkalten Frühlingsmorgen, dem 29. April 1945, las, wurde ihr die Wahrheit bewusst, und der Schock löste die erste Wehe aus. Nicht einmal der Optimismus einer Scarlett O'Hara konnte ihr jetzt noch helfen.

»Als ich das Wort las, das ich nicht sehen wollte, fingen die Wehen an«, sagte sie. »Ich hatte es mir nicht vorstellen können, aber so war es. Vor lauter Angst bekam ich Wehen. Mauthausen – das war dasselbe wie Auschwitz. Gaskammern, Selektionen: ein Vernichtungslager.«

Lisa Miková ging es genauso. »Als wir den Namen des Bahnhofs lasen, wussten wir, es war wie in Auschwitz. ›Das war's‹, sagten wir. ›Das ist das Ende.‹ Wir starrten uns an. Wir sahen entsetzlich aus, nur noch Haut und Knochen und voller Läuse. Im Grunde genommen sahen wir aus, als wären wir schon tot.«

Anka überstand die erste Wehe, die durch ihren Körper raste. Wie gelähmt von Schreck und Schmerz, versuchte sie immer noch zu verbergen, dass ihr Kind kam, und hielt sich für ein paar Momente an der Waggontür fest, um Luft zu holen. Fast auf den Tag genau neun Monate zuvor, im heißen Sommer 1944, als vermutlich all ihre Lieben in Birkenau in Rauch aufgegangen waren, hatten sie und Bernd sich in ihrem kleinen Versteck in Theresienstadt gegenseitig getröstet. Voller Trotz hatten sie geplant, noch einmal ein Kind zu bekommen, nachdem der Tod des kleinen Dan ihnen vier Monate zuvor fast das Herz gebrochen hatte. Ein paar Wochen nach der Empfängnis war auch Bernd Nathan nach Osten geschickt worden. Anka hatte keine Ahnung, ob er noch lebte, und sie versuchte, die Hoffnung nicht aufzugeben, aber nach ihren eigenen Erfahrungen in Birkenau befürchtete sie das Schlimmste. Und das hieß: Möglicherweise war dieses Kind, dessen Existenz sie so lange geheim gehalten und dessen Zähigkeit sie nur bewundern konnte, das Einzige, was sie auf dieser Welt noch hatte.

Sie war entsetzt gewesen angesichts der Vorstellung, in der Fabrik in Freiberg ihr Kind zu bekommen. Sie hatte sich dagegen gewehrt, in einem offenen Kohlewagen zu gebären. Wie sehr hätte es sie verblüfft und demütig gemacht, hätte sie gewusst, dass zwei Müttern und zwei Kindern in diesem Zug genau dieses Schicksal widerfahren war. Jetzt war sie an der Reihe, und sie konnte nur daran denken, dass sie ein Kind zur Welt brachte, dass höchstwahrscheinlich unmittelbar nach seiner Geburt in einer Gaskammer enden würde, ebenso wie seine Mutter.

Umgeben von groben Aufsehern kletterte Anka aus dem Wagen, hielt sich den Bauch und rang nach Luft. Dann gaben ihre Beine unter ihr nach, und sie brach zusammen. Mit anderen, die ebenfalls zu schwach waren, lag sie vornübergebeugt da und bekam nur halb mit, dass ein Bauernwagen herbeigeschafft wurde. Die Kranken und Sterbenden wurden als wilder Haufen von Körpern und Gliedmaßen auf den Wagen geworfen, sie landete als letzte ganz oben. »Diejenigen, die gehen konnten, wurden zur Festung getrieben«, sagte sie später. »Die Kranken und Sterbenden kamen auf einen Wagen, weil das Lager auf dem Hügel oberhalb der Stadt lag.«

Der Wagen bewegte sich knarrend vorwärts. Anka lag fiebernd und verwirrt zwischen den verschwitzten Leibern und starrte den Hügel hinunter auf die atemberaubende Aussicht. Obwohl sie zwischen so vielen stinkenden Frauen eingezwängt war, die an Typus starben, und obwohl sie inmitten all des Schmutzes und Ungeziefers das Fruchtwasser verlor, staunte sie unwillkürlich über den Anblick. »Ich war hungrig wie ein Wolf, wog noch ungefähr fünfunddreißig Kilo und hatte keine Ahnung, was mich oben erwartete … Und da lag ich und bewunderte die Landschaft, als hätte ich keine anderen Sorgen.«

Es war gegen acht Uhr abends, die Sonne ging über dem Tal unter, und sie lag auf dem Wagen, überwältigt von einer fantastischen Aussicht nach mehr als zwei Wochen in einem rußgeschwärzten Wagen ohne alle Schönheit. »Die Sonne schien, und es war entsetzlich kalt, aber eben auch so ein schöner Frühlingsabend. Wir fuhren den Hügel hinauf, ich sah die Donau dort unten und die Felder mit dem ersten Grün … Ich dachte, ich hätte im Leben noch nicht so etwas Schönes gesehen. Und gleichzeitig dachte ich, es wäre vielleicht das letzte Schöne, das ich auf dieser Erde zu sehen bekäme.«

Als der Wagen die zweieinhalb Kilometer auf den Hügel hinter sich gebracht hatte, wurden ihre Wehen schlimmer, und die Postkartenansicht von Oberösterreich mit Kirchtürmen, Schlössern und den schneebedeckten Alpen in der Ferne konnte sie nicht länger ablenken. Die schockierende Wirklichkeit raubte ihr den Atem. »Der Wagen war voller Schlamm und stank, und ich lag da mit diesen Gestalten, ohne Haare, in Lumpen. Sterbende Frauen, Millionen von Läusen überall. Die armen Frauen waren bewusstlos, lehnten an mir oder lagen über meine Beine ausgestreckt. Ich saß aufrecht, und mein Kind kam«, sagte sie. »Ich hatte nur eine Sorge – dass mein Baby nicht überleben würde.«

Als sie sich dem KZ Mauthausen näherten, drehte sie sich um und sah die riesige Festung vor sich, Stein für Stein von den unglücklichen Insassen selbst gebaut. Ihr Kind war schon fast da, und sie sah die riesigen Holztore mit den geduckten steinernen Wachtürmen an, von denen man bis zu den Alpen sehen konnte. Aus diesen Mauern, so fürchtete sie, würde es kein Entkommen geben.

Gerade als ihr klar wurde, dass sie jetzt wirklich dringend Hilfe benötigte, sah sie die russische Häftlingsärztin neben dem Wagen herschlurfen, die mit Dr. Mautnerová in der Freiberger Krankenstation gearbeitet hatte. »Ich bat sie, mir zu helfen, aber sie winkte nur ab, zog die Schultern hoch und ging weg. Sie sah mich nicht mal an oder sagte: ›Tut mir leid. Alles wird gut.‹«

Anka, die immer noch ihren Bauch hielt und versuchte, das Unvermeidliche zu verhindern, wurde im Schatten des Haupttores vom Wagen geholt und aus unerfindlichen Gründen auf eine Art Kohlenwagen geladen. Wieder war sie zwischen anderen Frauen eingezwängt, darunter einige, die offenbar den Ver-

*Das Haupttor von Mauthausen, wo Ankas Kind geboren wurde*

stand verloren hatten. Sie schloss die Augen, während der Wagen losfuhr, weg von dem schrecklichen Tor und hinunter zum Sanitätslager, der Krankenstation gleich neben dem Fußballplatz.

Als das Baby kam, schrie Anka, hielt dann aber inne, weil die SS so nahe war. Zumindest ein Aufseher begleitete den Wagen, ein anderer lenkte ihn und fungierte als menschliche Bremse. Der SS-Mann neben ihr sagte: »Du kannst weiterschreien.« Sie hatte keine Ahnung, ob er das mitfühlend oder sarkastisch meinte. Verkrümmt vor Schmerzen und überzeugt, es handele sich ohnehin um ihre letzten Minuten auf Erden, schrie sie hemmungslos.

Später sagte sie: »Ich habe die ganze Zeit an meine Mutter Ida gedacht. Nicht, dass ich ihr leidgetan hätte. Nein, sie hätte zu mir gesagt: ›Wie kannst du denn auch unter solchen Umständen ein Kind bekommen?‹ Sie wäre wirklich wütend auf mich gewesen.« Als die Sonne unterging, bekam Anka unter genau diesen grauenhaften Umständen, die ihrer Mutter so missfallen hätten, ihr Kind. Das Neugeborene schlüpfte mit Blut und Schleim aus ihrem Körper, überraschend schnell nach der langen, schweren Geburt von Dan, aber es war ja auch sehr klein.

»Plötzlich war mein Baby da, auf einmal war es draußen.« Der winzige Säugling atmete nicht und bewegte sich nicht. »Sieben bis zehn Minuten lang rührte sich das Kind nicht und schrie auch nicht. Ich saß da, die Frauen lagen auf mir drauf, das Baby war da – es war unbeschreiblich.«

Kurz darauf hielt der Wagen vor der Krankenstation und jemand holte einen Häftlingsarzt, der, wie Anka später erfuhr, Leiter der Geburtshilfe in einem Belgrader Krankenhaus gewesen war. »Er kam angerannt und trennte die Nabelschnur durch, dann gab er ihm einen Klaps auf den Hintern, und alles war gut. Das Kind fing an zu schreien, und er sagte mir: ›Es ist ein Junge.‹ Jemand wickelte es in Papier, und auf einmal war ich sehr, sehr glücklich.«

Insgeheim hatte Anka sich eine Tochter gewünscht, aber sie wiegte ihr kleines Wunder in den Armen und beschloss, ihren Sohn Martin zu nennen. Sie fragte jemanden nach Uhrzeit und Datum und nahm sich vor, sich zu merken, dass ihr Kind genau um halb neun am Abend des 29. April 1945 geboren worden war. Dann wurde sie ins Haus gebracht und zu ihrem großen Erstaunen in ein Stockbett gelegt, dass sie allein benutzen durfte. Es stank zwar überall nach Fäkalien, und die Station sah alles andere als hygienisch aus, aber sie wusste, die anderen Häftlinge hatten mit Sicherheit weniger Glück.

Ihr verschrumpeltes Kind mit dem dunklen Haarschopf lag auf ihrer Brust wie vor einem Jahr der kleine Dan. Ein so kleines Baby hätte unter anderen Umständen sicher in den Brustkasten gemusst, aber Anka versorgte es mit dem lebenswichtigen Hautkontakt und war »der beste Brutkasten der Welt«.

»Ich war unheimlich glücklich – unter diesen Bedingungen«, sagte sie später. »Ich war der glücklichste Mensch von der Welt.«

Für Rachel und den kleinen Mark sah es nicht so gut aus. Sie wurden am Bahnhof auf einen ähnlichen Wagen geladen und direkt zum Haupttor gefahren, das weit offen stand. Sobald sie die Schwelle überquert hatten, über die so wenige wieder zurückgekommen waren, wurden sie in einer Reihe aufgestellt und mussten auf dem lang gestreckten Appellplatz warten, der aus quadratischen Blöcken mit kleinen Granitsteinchen dazwischen bestand. Um sie herum befand sich das Lager in höchster Verwirrung. Überall rauchte es, Dokumente wurden in die Öfen geworfen und verbrannt, dazu die Leichen der kürzlich vergasten Menschen. Deutsche Soldaten liefen herum und wedelten mit Papier, als würden sie sich auf ein Großereignis vorbereiten.

Die Frauen aus Freiberg konnten nicht ahnen, dass die Zahl der Häftlinge sich in den letzten Monaten verdoppelt hatte, weil so viele Evakuierte nach den Todesmärschen hier gelandet waren. Die Lage war vollkommen außer Kontrolle. Es gab praktisch nichts mehr zu essen, Krankheiten grassierten, und selbst das provisorische Zeltlager war überfüllt. Täglich starben etwa achthundert Gefangene in Mauthausen und seinen Nebenlagern, sodass trotz der zahlreichen Neuankömmlinge die Zahl im letzten Monat wieder auf zwanzigtausend gesunken war. Die deutschen Wachen wollten keine Spuren ihrer Verbrechen hinterlassen, vor allem nachdem Churchill, Stalin und Truman am 23. April Flugblätter in allen Sprachen abgeworfen hatten, in denen sie drohten, jeden erbarmungslos zu verfolgen und zu bestrafen, der sich eine Misshandlung von Gefangenen hatte zuschulden kommen lassen. Dies und die Tatsache, dass die Rote Armee wie auch die Amerikaner vor den Toren der Stadt standen, konnte nur eines heißen: Die Welt würde bald erfahren, was in dieser schönen Gegend Österreichs in den letzten sechs Jahren tatsächlich passiert war.

Für die Lagerleitung stellten die Frauen aus dem Zug nur noch ein zusätzliches Problem dar. Aber nachdem sie entschieden hatten, was sie mit ihnen anfangen sollten, wurden Rachel und ihre traurige Gruppe aus ihrer Erschöpfung gerüttelt und zu je fünfzig Frauen eine Treppe hinuntergetrieben. Sie sollten duschen, hieß es. Rachel, die den kleinen Mark unter ihrem schmutzigen Kleid versteckte, war so schwach, dass sie kaum noch mitbekam, was um sie herum vor sich ging, aber ihre Erinnerungen an Auschwitz waren frisch genug, dass sie sich erinnerte, was »Duschen« bedeuten konnte. Auch Mauthausen hatte eine Gaskammer, sechzehn Quadratmeter groß und als Dusche getarnt. Tausende von Menschen waren darin ermordet worden, allein in den letzten Wochen nach Auskunft der Listen vierzehnhundert Häftlinge. Am 28. April, am Tag bevor der Zug aus Freiberg ankam, waren dreiunddreißig österreichische Kommunisten als »Staatsfeinde« hingerichtet worden, dazu fünf polnische Gefangene, vier Kroaten und ein Brite, der in Österreich gelebt hatte. Die Hinrichtungen hatten trotz der Anwesenheit von Vertretern des Roten Kreuzes stattgefunden, die sich im Lager aufhielten, um über die Evakuierung von mehreren Hundert Franzosen und Belgiern zu verhandeln.

Die Gaskammer war etwas anders konstruiert als die in Auschwitz, arbeitete aber ebenfalls mit Zyklon B. Die tödlichen Kristalle wurden in eine große Metallkiste geschüttet, die über einen dünnen Schlauch mit der Kammer verbunden war. Ein heißer Ziegelstein wurde in die Kiste gelegt, die Kristalle reagierten mit der Hitze und das Gas wurde mithilfe eines elektrischen Ventilators in die Kammer geblasen.

*Die Gaskammer in Mauthausen*

Rachel wusste von alldem nichts. Sie hatte keine Ahnung, wo ihre Schwestern waren und ob sie die Zugfahrt überlebt hatten. Sie hatte sich praktisch damit abgefunden, dass ihr Mann Monik wohl ermordet worden war. Ihren tapferen Bruder Moniek würde sie nie wiedersehen, und was ihre Eltern und ihre jüngeren Geschwister anging, hatte sie wenig Hoffnung angesichts dessen, was sie mit Dr. Mengele und seinen Komplizen erlebt hatte. Sie wusste nur, dass sie und ihr kleiner Sohn in eine große, geflieste Kammer mit verdächtigen Rohren geschickt wurden, und ging davon aus, dass sie beide jetzt und hier sterben würden. Ein elendes Ende, passend zu der elenden Existenz, die die Nazis ihr und ihrer Familie seit dem Einmarsch in Polen vor sechs Jahren zugemutet hatten.

»Sie brachten uns weg, um uns zu vergasen«, sagte sie später. »Aber die Häftlinge hatten die Gaskammer abgebaut, nur deshalb wurde nichts daraus.« Es ist nicht klar, ob Rachel und die anderen Frauen aus dem Zug an diesem Tag tatsächlich in die Gaskammer oder in die richtige Dusche in Mauthausen getrieben wurden, die in der Nähe des Appellplatzes lag. Die Berichte unterscheiden sich in diesem Punkt, und in der Verwirrung der letzten Kriegstage gab es nur wenige authentische Aufzeichnungen. Verschiedene Aussagen von Gefangenen, Angestellten und SS-Leuten weisen darauf hin, dass die letzten Vergasungen am 28. April stattfanden und danach gestoppt wurden, weil man die Morde nicht mehr vertuschen konnte. Mehrere Häftlinge aus dem Zug schwören allerdings, man habe sie am Tag ihrer Ankunft vergasen wollen. Wir wissen nicht, ob die SS-Leute ihre Gefangenen damit zusätzlich quälen wollten oder ob sie tatsächlich die Absicht hatten, ihre Befehle auszuführen und alle zu ermorden.

Gerty Taussig, die möglicherweise zur gleichen Gruppe gehörte wie Rachel, war sich sicher, dass die Gefangenen vergast werden sollten. »Sie schickten uns immer fünfzig auf einmal in die ›Duschen‹, aber in Wirklichkeit war es eine Gaskammer. Es gab aber kein Gas mehr, also warfen sie uns wieder raus. Vermutlich war ihnen das Gas ausgegangen. Die Kammer war nicht abgebaut, sie funktionierte nur nicht mehr.«

Rachel berichtete weiter, dass das Chaos noch größer geworden war, als sie trocken, mit ihren Kleidern und immer noch am Leben aus der Kammer herauskamen. »Die Deutschen rannten durcheinander und schrien, und einer sagte: ›Wir stecken sie einfach ins Russenlager, da fressen sie die Läuse auf.‹« Bei Sonnenuntergang wurden die Frauen zurück zum Appellplatz gedrängt, es begann zu regnen und sie bekamen ein wenig Suppe und Wasser, Vorräte aus den Rotkreuzpaketen. Dann befahl man ihnen, in der Kälte sitzen zu bleiben und zu warten, bis die erste Gruppe von zerlumpten Skeletten, die noch laufen konnten, den Hügel hinaufgekommen war.

»Sie mussten vom Bahnhof bergauf gehen, das dauerte Stunden«, sagte Rachel später. Erst als sie endlich da waren, befahl man allen, wieder aufzustehen und sich den Hügel hinunter zum Russenlager zu schleppen. Dort, ein paar Hundert Meter von der Krankenstation entfernt, wo Anka mit ihrem Baby lag, wurden sie durch ein Tor im elektrisch geladenen Stacheldrahtzaun geschoben und in einer der Hütten eingeschlossen.

Gerty Taussig: »Es gab nichts da drin, nur Stroh und Wanzen. Ich hatte Typhus, ich habe keine Ahnung, wie ich das überlebt habe. Vermutlich hatte ich einfach Glück.« Andere Gefangene beschrieben die Bedingungen genauer: »Wir waren sehr krank … Manche Frauen starben in den Armen der anderen … Wir fühlten nichts mehr, waren wie Eisen … Wir lagen halb tot in unserem eigenen Dreck … Wir warteten nur noch auf den Tod.«

Andere, darunter Priska, die die kleine Hana und die Babyausstattung der Mütter aus Horní Bříza bei sich hatte, schleppten sich immer noch den Hügel hinauf. Priska bekam kaum noch Luft, sie brauchte zwei Stunden für den Weg ins Lager. Ihr Baby, das entsetzlich wunde Haut hatte, wimmerte bemitleidenswert in seinem schmutzigen Hemdchen und der Mütze und lag schlapp an den trockenen, leeren Brüsten der Mutter.

*Der steile Anstieg zur Festung Mauthausen*

Trotz ihres geschwächten Zustands und ihrer offensichtlich wunden Füße wurden Priska und die anderen Überlebenden gedrängt und geschlagen. Die Aufseher, die sie von Deutschland bis hierher begleitet hatten, wurden ihrerseits von aufgebrachten SS-Leuten aus dem Lager angetrieben. In Fünferreihen und halb nackt schleppten sich die Gefangenen durch das malerische Städtchen mit den hübschen Fenstern und Fachwerkhäusern. Die meisten Einwohner ignorierten sie, einige spuckten sie an oder erklärten ihnen eiskalt, sie würden alle sterben, wenn sie oben angekommen wären.

Ab und zu durften sie stehen bleiben, um wieder zu Atem zu

kommen. Fassungslos nahmen sie auf, was sie von der freien Welt zu sehen bekamen, vor allem die unglaubliche Aussicht. Für Priska war es doppelt schlimm, denn die Donau floss ja auch durch ihr schönes Bratislava. »Denk nur an schöne Dinge«, hatte Tibor ihr geraten, und so versuchte sie, nicht an ihren brennenden Durst oder ihre lähmende Angst zu denken, sondern an die unglaublich grünen Hecken, die Wiesen mit den Wildblumen und das fast vergessene Vogelgezwitscher.

Die Erfahrungen der Gefangenen bei der Ankunft in Mauthausen waren sehr unterschiedlich, je nachdem, ob sie auf Wagen geladen wurden oder den Hügel zu Fuß hinaufsteigen mussten, was auf zwei verschiedenen Wegen vor sich ging. Diejenigen, die mitten durch die Stadt getrieben wurden, hatten das Gefühl, sie wären vollkommen unsichtbar für die Einheimischen, die den Wachen zuwinkten und Grüße zuriefen, sie zu irgendwelchen Veranstaltungen einluden oder fragten, welcher Film oben im Kino lief. Einige Häftlinge, die es vor Durst nicht mehr aushielten, brachen aus dem Zug aus, als sie den alten steinernen Brunnen auf dem Marktplatz entdeckten. Lisa Miková sagte: »Halb verhungert schleppten wir uns durch die Stadt, und der Durst quälte uns so sehr. In der Stadtmitte gab es einen wunderbaren Brunnen, und wir liefen alle hin, um zu trinken, aber die Einheimischen verjagten uns und warfen mit Steinen nach uns … Es gab ein Handgemenge mit der SS, die uns schlug und zurück in den Zug zerrte.«

Diejenigen, die eher über Feldwege getrieben wurden, wo sie weniger auffielen, stürzten sich auf die Pflanzen am Wegesrand und saugten mit aufgesprungenen Lippen daran. Einige pflückten Kirschblüten von den Bäumen und aßen sie auf, andere fielen auf ihre verschorften Knie, um Wasser aus einer Quelle aufzulecken, das am steilsten Stück des Weges aus dem Boden sprudelte.

Priska drückte die kleine Hana an sich, während sie den Hügel hinaufstieg, und fragte sich in ihren fiebrigen Hungerträumen, ob Tibor wohl jemals erfahren würde, dass er eine Tochter hatte. Würde die Kleine den ersten Monat überleben? Am 12. Mai war es so weit. »Ich wünschte mir verzweifelt, mein Kind zu retten«, sagte sie später. »Das war so wichtig für mich, mehr als alles andere auf der Welt.« Immer noch benommen kam sie in der Abenddämmerung endlich bei der Festung an und stellte sich, noch ganz außer Atem, mit den übrigen Frauen auf, die zu einem Knäuel des Elends zusammengeschoben wurden. »Nach all dem fürchterlichen Hunger erkannte ich meine Freundinnen nicht mehr«, sagte sie. Aber ihnen stand noch eine Überraschung bevor. »Auf dem Hof gab es Pakete vom Roten Kreuz. Und wir bekamen Kaffee und Kuchen!«

Ausgehungert und so durstig, dass sie kaum schlucken konnten, nahmen die Frauen so viel zu sich, wie sie schaffen. Sie waren ohnehin überzeugt, dass man sie jetzt gleich in die Gaskammer schicken würde. Ein hoher Ziegelschornstein ragte über

*Von dem Brunnen in der Stadtmitte von Mauthausen wurden die Frauen vertrieben.*

ihnen auf und löschte alle Hoffnung aus. Zwei Stunden lang mussten sie nach der kleinen Mahlzeit warten. Das Unvermeidliche würde bald geschehen. Sie waren zu müde, um zu kämpfen oder wegzulaufen. Tatsächlich schafften sie es kaum noch, den Kopf zu heben, um denen ins Gesicht zu schauen, die sie vernichten wollten.

Lisa Miková sagte: »Wir standen oder saßen auf dem Hof und warteten auf das Ende. Einige männliche Häftlinge kamen zu uns und fragten uns, woher wir kämen. Sie sagten uns, wir hätten Glück, die Gaskammer würde nicht mehr funktionieren. Einer meinte: ›Hilfe ist nicht fern, sie werden euch nichts mehr tun. Das interessiert sie alles nicht mehr, sie wollen nur noch weg hier.‹ Wir wagten nicht, ihnen zu glauben. Selbst wenn die Hilfe nur einen Tag entfernt war, konnte man uns immer noch umbringen.«

Priska saß zusammengesunken auf dem Pflaster, während der kalte Wind durch sie hindurchpfiff. Sie erwachte aus ihrem Delirium, als sie die kalte Stimme eines unbekannten SS-Mannes hörte, der in der Sprache, die sie nur allzu gut kannte, seinen Kollegen erklärte, sie hätten kein Gas mehr und die Neuankömmlinge sollten in die »Zigeunerbaracke« gesperrt werden, wo bis vor Kurzem die Häftlinge aus Ravensbrück gehaust hatten. »Bringt sie erst mal dahin.« Dann ging es wieder los: »Schnell!« Plötzlich kreisten Wachen und Kapos sie ein, sodass die Frauen sich schützend zusammendrängten. Als sie losgehen wollten, rührte sich die kleine Hana und stöhnte. Eine der Kapos entdeckte das winzige Bündel an Priskas Brust und kreischte: »Ein Baby! Ein Baby!« Eine andere lief mit ausgestreckten Händen auf Priska zu und wollte ihr Hana entreißen. »Keine Kinder hier!«

Mit ungeahnten Kräften wehrte Priska die beiden ab, spuckte und krallte nach ihren Gesichtern, während die beiden Frauen je eines von Hanas mageren Beinchen packten und ein tödliches Tauziehen begann. »Nein! Nein!«, schrie sie und kämpfte wie eine Löwin. Ihre kostbare Babyausstattung fiel auf den Boden und wurde zertreten. Minutenlang hing der Kampf um Hanas Leben in der Schwebe, die drei Frauen und das Baby schrien um die Wette. Dann hörte das Handgemenge so schnell auf, wie es angefangen hatte, und es passierte etwas vollkommen Unerwartetes. Eine ältere Frau, Kapo wie die anderen, legte eine Hand auf Priskas Schulter und hob die andere, sodass ihre Untergebenen sofort losließen. Dann streichelte sie Hana über den Kopf und sagte: »Ich habe nicht ein Baby in sechs Jahren gesehen.« Und sie fügte hinzu: »Ich würde sie gern ein bisschen halten.«

Priska drängte den aufsteigenden Protestschrei zurück in ihre Kehle und starrte die altgediente Gefangene staunend an. Die anderen Kapos zogen sich ohne ein Wort zurück und Priska mit ihrem zerrissenen Kleid begriff, dass dies ihre einzige Chance sein konnte, ihr Kind zu retten. Als ihr fremder Schutzengel die Hand ausstreckte, um ihr Hana abzunehmen, zögerte sie einen Moment, aber dann reichte sie ihr die Kleine. »Komm mit«, sagte die Frau mit polnischem Akzent.

Was nun folgte, war vollkommen surreal. Priska musste vor dem Wachlokal warten, während die Fremde mit Hana ins Haus ging. Durch ein Fenster mit hübschen karierten Gardinen beobachtete die junge Mutter besorgt, wie die Fremde ihr Baby auszog und auf einen Tisch legte. Dann stand sie lächelnd da und gurrte vor sich hin, offenbar vollkommen unbeeindruckt von Hanas erbärmlichem Zustand. Sie ging zu einem Schrank und holte ein Stück Schnur und einen Riegel Schokolade heraus – ein Luxus, den Priska fast vergessen hatte. Sie brach ein Stück ab, knotete die Schnur darum und ließ es verlockend vor dem Mund des Babys kreisen. Hana genoss dieses erste Spiel in ihrem Leben und strampelte entzückt mit ihren wunden Beinchen. Ihre kleine Zunge schoss hungrig aus dem Mund. Priska, die draußen in der Kälte stand, schaute durch die beschlagene Fensterscheibe zu.

Nach fast einer Stunde zog die Frau Hana das schmutzige Hemdchen und die Mütze wieder an und brachte sie zurück. »Hier«, sagte sie grob und gab der zitternden Priska das Baby zurück. Dann befahl sie einer anderen Frau, Mutter und Kind in die Zigeunerbaracke zu den anderen zu bringen, und drehte sich auf dem Absatz um, als ginge sie das Weitere nichts mehr an.

Um zu ihrem Quartier zu kommen, einem Gebäude, wo früher Teile für Messerschmitt-Flugzeuge gefertigt worden waren – daher auch der Name »Messerschmitt-Lager« –, musste Priska die Todesstiege in den Steinbruch hinuntersteigen, in dem jetzt zum Glück nicht mehr gearbeitet wurde. Der Weg hinunter war schon bei Tageslicht schwierig genug, die Stufen gefährlich und unterschiedlich hoch. Aber bei Nacht, mit einem Baby auf dem Arm und Beinen, die vor Erschöpfung zitterten, rutschte sie ein paar Mal fast aus. Als sie endlich unten angekommen war und an der Felswand vorbeistolperte, wo so viele Menschen gestorben waren, wurden sie und Hana zum letzten der etwa dreißig Blocks gebracht. Er war kaum mehr als ein feuchter Verschlag am Rand des Steinbruchs. Drinnen stritten sich Frauen, die aussahen wie Prostituierte, lautstark in einer Ecke. Sie schauten nicht einmal zu ihr hinüber. Ein paar Hände voll Stroh und ein paar kaputte Holzpaletten lagen auf dem Lehmboden, der mit Urin getränkt war. Die erschöpften Frauen aus dem Zug lagen dort, wo sie zusammengeklappt waren.

Dies war kein Ort, an dem es irgendetwas Schönes gab. Dies war ein Ort, an dem Menschen verrotteten.

Andere Frauen aus dem Freiberg-Transport waren früher an diesem Abend, während die Kapo-Frau mit Hana spielte, auf demselben Weg ins Lager gekommen wie Priska. Sie konnten keinen Schritt mehr gehen, und viele stürzten auf der Stiege und mussten hinuntergetragen werden. Unten in den Baracken angekommen, setzten sie sich irgendwohin und sackten in sich zusammen, »zu erschöpft zum Leben«. Einige Glücklichere, darunter Lisa Miková, hatten etwas bessere Unterkünfte im Hauptlager oben auf dem Hügel bekommen, wo sie zwar zu viert in den Stockbetten liegen mussten, aber von männlichen Häftlingen versorgt wurden, die ihr Leben riskierten, indem sie ihnen Essen und Wasser brachten, um sie noch ein wenig am

Leben zu halten. Aber keine dieser Frauen hatte ein Neugeborenes bei sich.

Anka und ihr Baby lagen im schmutzigen Sanitätslager, Rachel war mit Mark auf dem Arm in der von Läusen verseuchten Baracke in der Nähe zusammengebrochen, und Priska und Hana lagen erschöpft auf dem Fußboden einer entsetzlich schmutzigen Hütte. Der endlose Todesmarsch der Frauen war endlich zu Ende. Doch nach wie vor waren sie auf Gedeih und Verderb einem mörderischen Regime ausgeliefert, und ihr Krieg war noch lange nicht vorbei. In Mauthausen konnte man auf vielerlei Weise umkommen, am ehesten durch Hunger, Erschöpfung und Krankheit, unter denen sie ohnehin schon litten. Alle drei Babys waren durch Unterkühlung, Unterzuckerung und eine drohende Gelbsucht gefährdet.

Keine der Mütter wusste, was der nächste Tag bringen würde – und sie waren auch zu erschöpft, um noch darüber nachzudenken. Als der Morgen des 30. April 1945 graute, merkten sie davon nichts. Und noch weniger war ihnen bewusst, was für ein wichtiger Tag es war.

Am Nachmittag des 30. April 1945, während die Sowjets sich dem unterirdischen Führerbunker in Berlin näherten, saßen Adolf Hitler und seine frisch angetraute Frau Eva Braun nebeneinander auf der Couch im Arbeitszimmer des Bunkers und nahmen Abschied. Als sie die Blausäurekapseln zerbissen, schoss Hitler sich mit der Pistole in die rechte Schläfe. Ihre Leichen wurden nach draußen gebracht, mit Benzin übergossen und verbrannt. In seinem Testament, verfasst an dem Tag, an dem Ankas Baby geboren wurde, erklärte Hitler, er habe den Tod »dem feigen Absetzen oder gar einer Kapitulation vorgezogen. Er befahl seinen Nachfolgern, die Rassengesetze unbedingt aufrechtzuerhalten, »zum unbarmherzigen Widerstand gegen den Weltvergifter aller Völker, das internationale Judentum«.

Die Nachricht von Hitlers Selbstmord verbreitete sich vermutlich sehr rasch im schwindenden Nazi-Kommando, aber die sterbenden Männer und Frauen, die sich an diesen letzten, verzweifelten Kriegstagen immer noch unter ihrer Kontrolle befanden, erfuhren nichts davon. Wenn die Gefangenen irgendetwas mitbekamen, dann das ständige Schießen und Schreien. Es erinnerte sie lediglich daran, dass sie immer noch im Herzen eines der letzten noch existierenden Lager der Nazis gefangen waren.

»Die Deutschen waren hysterisch und brüllten jeden an«, sagte Lisa Miková, die im Hauptteil des Lagers oben auf dem Hügel untergebracht war. »Niemand wollte mehr hinausgehen, weil alle Angst hatten, erschossen zu werden.« Sie war in der Baracke auf eine stinkende Matratze auf dem Fußboden gesunken, und als eine tschechische Gefangene ihr etwas Brot brachte, dachte sie: »Jetzt muss ich wohl doch leben.« Das Brot war aus Sägemehl und zermahlenen Kastanien gebacken. Es sah unappetitlich aus und roch auch so. Aber das war es gar nicht, was sie vom Essen abhielt. »Ich war so müde, dass ich nichts mehr essen konnte. Ich hatte Fieber, und alles erschien mir wie ein böser Traum. Dann kam eine Frau und bog meine Finger auseinander, um mir das Brot wegzunehmen. Ich sah ihr regungslos dabei zu. Ich war einfach zu müde, um mich zu bewegen oder Widerstand zu leisten.«

Nur Anka und ihr Neugeborenes in der Krankenstation wurden irgendwie versorgt. Die medizinischen Möglichkeiten waren begrenzt, und im Grunde genommen warteten die Häftlinge auch hier nur auf den Tod. Aber nach allem, was sie im Zug erlebt hatte, hatte Anka das Gefühl, die Deutschen überschlugen sich förmlich, um ihr zu helfen. Das Kind war zwar nach wie vor ungewaschen und nur in Zeitungspapier gewickelt, und auch sie war schmutzig und schwach, um sie herum starben die Menschen an Typhus und Schlimmerem, aber trotzdem: »Als wir ankamen, waren die Deutschen schon außer sich vor Angst und fingen an, uns etwas zu essen zu geben.« Sie empfand den Sinneswandel als »widerlich und furchtbar«. »Am Tag zuvor hätten sie uns noch umgebracht. Jetzt war alles wunderbar und wir waren das auserwählte Volk.«

Bei Dans Geburt hatte man ihr gesagt, in den ersten zwölf Stunden sollte ein Neugeborenes nichts zu trinken bekommen, also ruhte sie sich aus und ließ den kleinen Martin schlafen, bevor sie versuchte, ihn zu stillen. Zu ihrer großen Überraschung hatte sie so viel Milch, dass sie »fünf Babys hätte stillen können. Wenn ich an so etwas glauben würde, hätte ich gesagt, es war ein Wunder.« Ihr Baby, dessen Ärmchen nicht dicker waren als ihr kleiner Finger, trank gierig.

Nachdem sie wochenlang nicht viel mehr zu essen bekommen hatte als ein paar Brocken schimmeliges Brot, servierte man ihr jetzt Nudeln, die in Fett schwammen. »Ich war so hungrig, dass ich alles aufaß. Ich kann Ihnen gar nicht sagen, wie hungrig ich war … Aber ich hätte auf der Stelle daran sterben können. Meine Eingeweide kamen überhaupt nicht damit zurecht.« Fast augenblicklich bekam sie Durchfall und ihr wurde entsetzlich übel. »Ich hatte nicht mehr viel zum Zusetzen und hätte die Milch für mein Kind vergiften können, aber wie soll man einem solchen Angebot widerstehen, wenn man kurz vor dem Verhungern ist?«

Irgendwie überlebte sie auch diesmal, aber sie wusste immer noch nicht, ob sie nicht den einen Tag überlebte, um am nächsten Tag von den Nazis ermordet zu werden. Die anderen Häftlinge versicherten ihr, sie müsse sich wegen der Gaskammer keine Sorgen mehr machen, die sei inzwischen gesprengt worden. Aber sie traute niemandem mehr. Sie konnte nur hoffen, dass die Leute die Wahrheit sagten.

In den Baracken neben dem Sanitätslager hatten die Frauen aus Freiberg nur noch wenig Hoffnung. Die Unterkunft war von Ungeziefer und Krankheitserregern verseucht, die Läuse quälten sie, und sie waren inzwischen noch schmutziger als bei ihrer Ankunft. Man konnte kaum atmen, so durchdringend war der Gestank von Fäkalien und Verwesung. Die Leichen einiger Gefangener hatte man im Wald aufgestapelt. Gerty Taussig, die irgendwann aus der Hütte stolperte, um sich zu erleichtern, ließ sich schockiert auf einen Baumstamm fallen. Ein männlicher

Mitgefangener saß neben ihr und sagte in verschwörerischem Ton: »Ich sage dir ein Geheimnis – das Beste sind die Oberschenkel.«

Zum ersten Mal seit Menschengedenken kam am nächsten Morgen niemand, um sie zu wecken. Es gab auch keinen wässrigen Kaffee. Auf dem Hügel hörten sie Schüsse und die zunehmende Gewalt der panischen Deutschen. Das Geräusch einer fernen Explosion klang wie Musik in ihren Ohren. Im Steinbruch wurde offenbar immer noch gearbeitet, aber dann wurde es unheimlich still, und die Frauen fragten sich, ob man sie jetzt endgültig dem Tod überlassen hatte.

In den Tagen unmittelbar nach Hitlers Selbstmord bemerkten die altgedienten Häftlinge, die ihre Häftlingskomitees und Widerstandsgruppen gegründet hatten, eine deutliche Veränderung in der Atmosphäre des Lagers. Es gab immer noch Appelle, aber die Arbeit im Steinbruch hörte praktisch auf, obwohl die stärksten Männer immer noch Befehl hatten, Steine zu schlagen und nach oben zu tragen. Dann stellten sie fest, dass immer weniger Deutsche im Lager waren. Sie konnten sich plötzlich frei bewegen, konnten den schwächeren Häftlingen Essen und Wasser bringen und ihnen Mut machen, durchzuhalten. Ständig hörte man die Dieselmotoren brummen, Fahrzeuge verließen das Lager, und das Rote Kreuz durfte mit seinen Wagen endlich herein, um die Franzosen und Belgier mitzunehmen, über die man mit der Lagerleitung verhandelt hatte. Die Häftlinge unten im Steinbruch spürten jedoch nichts von der nahen Rettung. Und die meisten Lebensmittelpakete des Roten Kreuzes wurden von den flüchtenden Nazis mitgenommen.

Anka schlief zum ersten Mal seit Monaten tief und fest. Rachel und Priska versuchten ebenfalls, ein wenig auszuruhen und Kraft zu sammeln, während ihre Kinder die letzten Tropfen Milch aus ihnen heraussaugten. Sie alle merkten nichts davon, dass der neununddreißigjährige Frank Ziereis, der während der letzten sechs Jahre Lagerkommandant gewesen war, seinen Männern den Befehl zum Abrücken gab. Die Zyklon-B-Kiste, mit der die Gaskammer bestückt gewesen war, hatten sie abgebaut, und das Lager wurde einer Einheit der Feuerschutzpolizei aus Wien und einigen älteren deutschen Wehrmachtssoldaten übergeben. Standartenführer Ziereis flüchtete mit seiner Frau in seine Jagdhütte, wurde aber wenig später gefangen genommen und getötet. Seine SS-Offiziere wurden in alle Winde zerstreut.

Am selben Tag gelang es einem französischen Offizier, der in der Woche zuvor vom Roten Kreuz aus dem Lager befreit worden war, eine Botschaft an die Alliierten abzusetzen. Darin warnte er sie, Zehntausende von Häftlingen in Mauthausen und den Nebenlagern würden vermutlich getötet, nachdem Himmler in einem Brief angeordnet hatte, alles zu zerstören, was als Beweismittel gegen die Nazis verwendet werden könnte. »Der Offizier erklärte, die Deutschen planten die Vernichtung sämtlicher Häftlinge«, fuhr die Geheimbotschaft fort. »Gas, Dynamit und Frachtkähne für Massenertränkungen seien angefordert und geliefert worden. Die Massaker hätten begonnen, als er das Lager verließ.«

Zwei Tage später, am 5. Mai 1945, patrouillierte eine Aufklärungseinheit der »Thunderbolts«, der 11. US-Panzerdivision der 3. US-Armee, in der Gegend und überprüfte die Sicherheit der Brücken. Ein aufgeregter Vertreter des Roten Kreuzes überredete die Amerikaner, ihn nach Gusen und dann nach Mauthausen zu begleiten. Das Kommando über die Einheit hatte Sergeant Albert J. Kosiek, ein Unteroffizier, dessen Lieutenant vor Kurzem gefallen war, der aber eine Beförderung abgelehnt hatte, um bei seinen Leuten bleiben zu können. Er war der Sohn polnischer Einwanderer, sprach polnisch und hatte die Verantwortung für dreiundzwanzig Soldaten und sechs Fahrzeuge, darunter ein Panzer und der Aufklärungswagen. Als er die Festung auf dem Hügel von Mauthausen sah, hielt er sie zunächst für eine große Industrieanlage.

Als er den »üblen Geruch« aus dem Lager wahrnahm, wurde ihm klar, was für eine Fabrik er da vor sich hatte – einen Ort des Todes und des Mordens in bisher unvorstellbarem Ausmaß.

*US-Sergeant Albert J. Kosiek, der Befreier von Mauthausen*

Wie so viele alliierte Soldaten, die in den letzten Kriegsmonaten über eine der Mordstätten der Nazis »gestolpert« waren, machten auch Kosiek und seine Leute eine Erfahrung, die sie im Leben nicht vergessen sollten. Hinter den hohen Steinmauern und dem doppelten elektrischen Zaun lebten Tausende von Häftlingen mit riesigen Augen, viele mit vollkommen verkrampften Gliedmaßen oder am Rand des Zusammenbruchs. Eine große Zahl stand schamlos nackt da, nachdem man sie jahrelang gezwungen hatte, Tag für Tag ohne Kleider auf dem Appellplatz zu stehen. Gegen Ende des Krieges waren ihnen die letzten Fetzen entweder vom Leib gefallen, oder sie waren ihnen von anderen, kräftigeren Gefangenen weggerissen worden. Wind und Wetter ausgesetzt, war ihre Haut voller Wunden oder von Krankheit zerfressen.

»Ich werde diesen Anblick nie vergessen«, sagte Sergeant Kosiek. »Einige hatten nur eine Decke, andere waren ganz nackt,

Frauen und Männer, eine riesige Menge von vollkommen ausgezehrten Menschen, wie ich sie noch nie hatte sehen müssen ... Sie hatten kaum noch Ähnlichkeit mit menschlichen Wesen. Einige wogen kaum zwanzig Kilo ... Ich fragte mich wirklich, was sie am Leben erhielt.« Doch trotz ihres furchtbaren körperlichen und seelischen Zustands tobten einige Häftlinge, und viele waren »außer sich vor Freude«. Sie schrien, johlten und weinten in einer Vielzahl von Sprachen, als die Amerikaner durchs Tor gefahren kamen.

Sergeant Kosiek beschwor die Gefangenen, ruhig zu bleiben, und setzte dann einen Funkspruch an sein Hauptquartier ab, um zu berichten, was er entdeckt hatte. Aber er konnte gar nicht recht erklären, was er da eigentlich vor sich hatte. Er und seine Soldaten hatten schon Hunderte von Häftlingen am Straßenrand gefunden, Menschen, die erschossen worden waren oder auf den Todesmärschen an Erschöpfung gestorben waren, während die Nazis flüchteten. Aber auf den Anblick ihres ersten Konzentrationslagers waren die Männer nicht vorbereitet. Fassungslos nahm Sergeant Kosiek die förmliche Kapitulation der österreichischen und deutschen Wachen entgegen, die keinen Widerstand leisteten und ihre Waffen übergaben. Allerdings waren sie nicht nur erleichtert, dass die Amerikaner und nicht die Sowjets gekommen waren, sondern sie hatten wohl das rote Abzeichen auf der Uniform der »Thunderbolts« gesehen. Es hatte die Form eines Blitzes und ähnelte ein wenig dem Symbol der SS – die Deutschen hatten offenbar angenommen, es handele sich um eine ähnliche Einheit.

Die restlichen deutschen Wachen waren entweder geflohen oder versuchten sich mit gestreiften Uniformen zu tarnen, aber man fand sie bald, und viele wurden von den aufgebrachten Häftlingen getötet. Vor allem die überlebenden Russen dürsteten nach Rache und brachten ihre Peiniger mit bloßen Händen um. Einige wurden erschlagen, aufgehängt oder in den elektrischen Zaun geworfen, wo ihre Leichen noch tagelang hingen. Andere wurden mit Messern abgeschlachtet. Und schließlich wurden einige mit den Holzpantinen totgetrampelt, die sie den Häftlingen gegeben hatten.

Im Lager Gusen, 4 Kilometer von Mauthausen entfernt, hatten Sergeant Kosiek und seine Männer schon ähnliche Szenen erlebt. Dort hatte der Hass auf die Aufseher dazu geführt, dass die Kapos und viele andere gelyncht wurden. Mehr als fünfhundert der vierundzwanzigtausend Häftlinge waren dort gestorben. In Mauthausen wurden auch die wenigen amerikanischen Soldaten angegriffen, und sie mussten machtlos zusehen, wie die Häftlinge die Kommandantur stürmten und sich holten, was sie tragen konnten. Zwei Frauen warfen sich in den elektrischen Zaun. Später hieß es, sie seien Prostituierte für die SS-Leute gewesen und hätten nicht lebend in die Hände der Häftlinge fallen wollen. In den Küchen gab es einen Aufstand, als Hunderte dort einbrachen und »wie eine Horde Wilder« die Vorräte plünderten. Die hungernden Männer holten händeweise Mehl aus den Säcken und schluckten es herunter. Abgemagerte Gefangene kämpften bis aufs Blut um ein paar Bissen. In einem verzweifelten Versuch, Ordnung zu schaffen, feuerte Sergeant Kosiek drei Mal in die Luft und sprach auf Polnisch mit den Häftlingen, damit sie sich beruhigten.

Mitten in all dem Chaos wurde ihnen dann von einigen Gefangenen, darunter ein Professor, der perfekt Englisch sprach, eine Führung durch das Lager angeboten. Man zeigte den Soldaten die verschiedenen Bereiche des Lagers einschließlich des Krematoriums, in dem die Öfen »auf vollen Touren« liefen und rauchten. Sie enthielten fünf Leichen statt einer, und auf dem Boden lagen stapelweise frisch abgeschlachtete Gefangene, viele mit gespaltenen Schädeln, aus denen noch das Blut tropfte. Ratten nagten an Leichen, die überall im Lager herumlagen. Die meisten Toten waren kaum noch als Menschen zu erkennen. Man sprach von Kannibalismus, und sie sahen Tote, die aufgestapelt waren »wie Bauholz«. In der angrenzenden Gaskammer lagen weitere tote Häftlinge, zum Teil noch voll bekleidet.

Sergeant Kosiek wusste, dass er und seine Männer sich in Gefahr brachten, wenn sie über Nacht im Lager blieben. Er sorgte dafür, dass ein Häftlingskomitee die Verantwortung übernahm und weitere Aufstände und Racheakte an Kapos und Prostituierten unterband. Außerdem sollte das Komitee die Verteilung der letzten Lebensmittelvorräte organisieren. Wenn dieser Befehl nicht befolgt würde, so drohte er, würden die Amerikaner abziehen und das Lager den Nazis überlassen.

Den Gestank von Mauthausen noch in den Nasen, verließ die US-Einheit das Lager und nahm die meisten deutschen und österreichischen Wachen mit, da diese um Schutz gebeten hatten. Sie versprachen, am nächsten Tag mit mehr Männern wiederzukommen. Viele Häftlinge waren entsetzt, dass man sie allein ließ, und fürchteten, die Nazis würden zurückkehren. Diejenigen, die noch die Kraft dazu hatten, bewaffneten sich und organisierten Patrouillen. Sie schworen, sich bis zum letzten Mann zu verteidigen.

Klara Löffová berichtete später: »Plötzlich fuhren die Amerikaner ab, und wir hatten wieder Angst. Entweder, dass uns niemand etwas zu essen geben würde (und Sie können sich vorstellen, dass einem das Angst macht) oder dass die Deutschen zurückkämen. Wir verstanden auch nicht, warum sie uns verließen. Tatsächlich war die Grenze zwischen den Sowjets und den Amerikanern so nah, dass niemand wusste, zu welchem Verantwortungsbereich wir gehörten.«

Doch als dieser 5. Mai 1945 zu Ende ging, waren sie offiziell freie Menschen. Sergeant Kosiek, siebenundzwanzig Jahre alt und Sohn polnischer Eltern, hatte höchstpersönlich etwa vierzigtausend Häftlinge aus den Konzentrationslagern Mauthausen und Gusen befreit und achtzehnhundert deutsche Kriegsgefangene gemacht.

Im Jahr 1975 kehrte Kosiek noch einmal nach Mauthausen zurück, diesmal in Begleitung seiner Frau Gloria und an der Spitze eines Zuges von Befreiern, die durch das Haupttor des Lagers gingen, um den dreißigsten Jahrestag der Befreiung zu feiern. Er hielt die Verbindung zu vielen Kameraden aufrecht und blieb auch in Kontakt mit einigen Überlebenden, darunter der ungarische Jugendliche Tibor Rubin, der in die USA auswanderte und für seine Tapferkeit als Infanterist und Kriegsgefangener in Korea später die Medal of Honor erhielt. Auch zwei polnische Überlebende besuchten Jahre später Sergeant Kosiek und seine Familie in Chicago, um ihm persönlich für seinen Einsatz zu danken. Er starb 1984 im Alter von sechsundsechzig Jahren.

Sein Sohn Larry sagte: »Es fiel meinem Vater ein Leben lang schwer, über seine Erlebnisse dort zu sprechen, aber er hat mir seinen schriftlichen Bericht zu lesen gegeben, als ich dreizehn war und wir in der Schule über den Krieg sprachen. Er wusste von den Babys im Lager und hat immer darüber gestaunt, aber vor allem war er sehr stolz auf das, was seine Einheit dort geleistet hat.«

8

## Befreiung

*Überlebende erholen sich nach der Befreiung in Mauthausen.*

Das erste, was Priska auf die Ankunft der Amerikaner in Mauthausen aufmerksam machte, war ein Geräusch, das sie seit Jahren nicht gehört hatte: Lachen. »So etwas Schönes!« Irgendwo in der Ferne glaubte sie sogar Musik zu hören.

Unsicher stand sie aus dem zusammengedrückten, schmutzigen Stroh auf und schaute aus dem Fenster. Die Mittagssonne war so grell, dass sie blinzeln musste. Draußen entdeckte sie drei fremde Militärfahrzeuge mit weißen Sternen und darin junge Soldaten, die keine deutschen Uniformen trugen. So sahen also Amerikaner aus. Sie hatte so lange von ihren alliierten Befreiern geträumt, dass es ihr vorkam wie ein Trugbild, als sie sie leibhaftig vor sich sah. Sie sahen so anders aus, von den Uniformen bis hin zu den Helmen. Sie gingen anders, redeten anders, rochen anders …

Viele Häftlinge waren ganz außer sich vor Begeisterung und riefen: »Frieden! Willkommen! Wir sind frei!« Eine babylonische Sprachenverwirrung hing über dem Lager. Andere waren zusammengebrochen und lagen apathisch und gleichgültig da. Wieder andere saßen vollkommen überwältigt irgendwo, ließen die Tränen fließen und beteten, dass die lächelnden Männer in Uniform nicht nur eine grausame Halluzination sein mögen. Einige jüngere Frauen, die ein Leben lang davon geträumt hatten, einmal einen GI zu sehen, dachten plötzlich an ihre äußere Erscheinung. Abgestoßen von ihrem eigenen Geruch, kniffen sie sich in die Wangen oder versuchten vergeblich, ihre Haare zurechtzustreichen, die vor Dreck standen und in denen es vor Ungeziefer wimmelte.

Einer der amerikanischen Soldaten war ein junger Sanitäter, Technician Fifth Grade LeRoy Petersohn. Er war erst zweiundzwanzig Jahre alt und arbeitete im Zivilberuf als Angestellter bei einer Zeitung in Aurora, Illinois. Petersohn gehörte zu General Pattons Headquarters Combat Command B (CCB) Er trug ein großes rotes Kreuz auf dem Helm und ein zweites auf einer Armbinde. Pete, wie er von seinen Kameraden genannt wurde, hatte während der Kämpfe schon viele Männer »zusammengeflickt« und war Träger des hoch angesehenen Verwundetenabzeichens »Purple Heart«, nachdem er während der Ardennenoffensive bei einem Granatenangriff verwundet worden war. Als seine Division Mauthausen erreichte, verbrachte er fast zwei Wochen bei den Kranken und Sterbenden. Gleich zu Anfang schickte man ihn hinunter zu den Baracken im Steinbruch, um nachzusehen, wo seine Hilfe am dringendsten gebraucht wurde.

»Ich hatte schon viel gesehen, bevor ich in dieses Lager kam«, sagte er später. »Aber die Hungernden, die nur noch Haut und Knochen waren, berührten mich sehr.« Er kam in eine Hütte, in der die Männer zu fünft in den Stockbetten schliefen, und fand dort ein »Skelett« mit sehr schwachem Puls. Der Mann starb ihm unter den Händen weg. »Es war eine Riesenschweinerei und kostete unglaublich viel Kraft.« Man hatte dem jungen, unbewaffneten Sanitäter geraten, den Häftlingen nicht zu nahe zu kommen und sich vor allem nicht umarmen zu lassen, weil es so viel Ungeziefer und ansteckende Krankheiten im Lager gab, aber sie »waren einfach überall«, wie er später sagte. Während er weiter durch die Baracken ging und die Kranken und Sterbenden untersuchte, musste er hilflos mit ansehen, wie einige SS-Leute, die sich als Häftlinge getarnt hatten, entdeckt und erschlagen wurden.

Priska, die sich unsicher aus dem Fenster ihrer Baracke lehnte, hörte die Stimmen der Soldaten und erkannte ihre Sprache. Die junge Lehrerin, die schon als Mädchen zu Hause im Garten Englischunterricht gegeben hatte, suchte in ihrem Gedächtnis nach ein paar Wörtern und rief dann um Hilfe. »Ich rief ihnen auf Englisch zu, sie sollten in die Baracke kommen. Einer der Soldaten war zum Glück ein Sanitäter. Er schaute sich das Bün-

*LeRoy Petersohn, der Sanitäter, der Hana rettete*

del an, das ich im Arm hielt, öffnete es und sah mein viel zu kleines, unterernährtes Baby mit den eitrigen Furunkeln.«

Pete konnte gar nicht glauben, dass er in diesen verseuchten, unhygienischen Baracken eine Mutter und ein Neugeborenes gefunden hatte. Beide waren stark unterernährt und dehydriert, und das Baby hatte eine »massive Infektion« und Massen von Läusen, »größer als es selbst«. Als er genug gesehen hatte, eilte er zu seinem Vorgesetzten Major Harold G. Stacy, um ihm Bericht zu erstatten. Mit dem Stabsarzt war er in den Granatenbeschuss geraten, als sie während der Ardennenoffensive zwei gefallene Sanitäter ersetzen wollten.

»Ich sagte, Doc, könnten Sie mal mitkommen? Ich muss Ihnen etwas zeigen.« Also gingen wir zusammen zu den Baracken und da lag dieses kleine Mädchen, dieses kleine Baby, gerade ein paar Wochen alt. Sie war in einem Lager geboren worden.« Pete fragte nach dem Namen des Kindes, und jemand sagte ihm: »Hana, sie heißt Hana.« Später erzählte er: »Diese Leute waren nach Mauthausen gekommen, weil man sie dort töten wollte. Es war reiner Zufall, dass es an dem Tag, als sie ankamen, kein Gas mehr gab.«

Die Männer wussten, dass Hanas Überlebenschancen extrem dünn waren. Sie war stark unterernährt und von der Infektion geschwächt. Außerdem waren sie ohnehin überfordert mit Tausenden von Häftlingen, die dringend medizinisch versorgt werden mussten, und sie wussten, sie hatten es hier mit einer Massenepidemie von Typhus und anderen Krankheiten zu tun. Aber das Kind tat dem Major und seinem jungen Sanitäter leid, und sie beschlossen, sofort zu handeln.

Pete bat Priska um Erlaubnis, das Kind mitnehmen zu dürfen, und versicherte der besorgten Mutter, sie würden alles tun, um das Leben der Kleinen zu retten. Zum zweiten Mal in weniger als einer Woche wurde Priska von einem fremden Menschen gebeten, ihr Kind herzugeben, und sie zögerte sehr, Hana noch einmal aus den Augen zu lassen. Ihr Englisch schien wie weggeblasen, und sie flehte, man sollte sie mitnehmen, bis Major

Stacy, der deutsch sprach, sie ein wenig beruhigen konnte. »Die Mutter wollte unbedingt mit«, berichtete Pete. »Mein Offizier … erklärte ihr, wir würden die Kleine zurückbringen und wir würden sie gesund machen, das beruhigte sie.« Priska war auch einfach zu schwach für eine Diskussion. Sie sah den beiden Männern und Hana nach und fragte sich, ob sie ihre kleine Hanička mit den blauen Augen und der hübschen Stupsnase jemals wiedersehen würde.

Die beiden Sanitäter sprangen in ihren Jeep, Major Stacy mit Hana im Arm, während Pete sie geradewegs ins 131st Evac Hospital im nahe gelegenen Gusen fuhr. Nur hier verfügten sie über die nötige medizinische Ausrüstung, um die Infektion zu behandeln. Major Stacy schickte Pete dann ein Stück donauabwärts, wo das 81. Medizinische Bataillon stationiert war. Er hatte Anweisung, Penicillin zu besorgen, jene rätselhafte neue »Wundermedizin«, die gerade erst entwickelt worden war und in Kühltaschen transportiert werden musste.

Als Pete zurückkam, operierte Major Stacy bereits im Feldlazarett und öffnete Hanas zahlreiche Abszesse. In einer langsamen, komplizierten Prozedur öffnete er jede Pustel einzeln und schnitt die infizierte Haut weg, wo es nötig war. Pete assistierte ihm, wischte den Eiter weg und betupfte jede Wunde mit Penicillin. Dann mussten einige Wunden genäht werden. Hana würde ein Leben lang Narben tragen.

Priska wartete auf Nachricht von ihrem Kind, doch die Stunden vergingen, ohne dass man ihr die Sorgen nahm. Als eine Krankenschwester der US Army am nächsten Tag das fest verbundene Bündel zurückbrachte, liefen der Frau die Tränen über die Wangen. Priska, die in eine provisorische Krankenstation mit nur drei Frauen im Zimmer verlegt worden war und zum ersten Mal seit Monaten in einem eigenen Bett lag, sah ihr ins Gesicht und rief: »Ist sie tot?«

»Nein, nein, sie lebt. Sie ist gesund«, versicherte ihr die Krankenschwester. Priska nahm die kleine Hana in die Arme und schwor ihr, sie würde sie nie wieder aus den Augen lassen.

Pete Petersohn beobachtete Hanas Fortschritte genau und besuchte Mutter und Kind regelmäßig. Sein Major erklärte ihm, dass die Wochen in dem Kohlewaggon das Kind fast umgebracht hätten. »Sie hatte sich dort eine Infektion zugezogen, die sich durch den gesamten Körper zog.« Beide Männer versuchten Priska zu überzeugen, sie solle sich in die USA ausfliegen lassen, sobald sie und ihr Kind reisefähig wären. »Mein Offizier wollte, dass sie das Kind nach Amerika bringt«, sagte Pete. »Er wollte alles vorbereiten, weil er davon ausging, dass sie eine bessere medizinische Behandlung brauchte, als sie hier möglich war. Aber die Frau wollte nichts davon wissen. Sie wollte zurück in die Tschechoslowakei, um ihren Mann zu suchen ... sie hoffte so sehr, er würde zurückkommen.« Priska lehnte das freundliche Angebot dankend ab, legte sorgfältig die Sachen zusammen, die ihr von ihrem Kind blieben – das weiße Hemdchen und die Mütze, die die Frauen in Freiberg ihr genäht hatten –, und betete, die Kleine werde schnell wieder gesund und sie könnte sie nach Hause bringen.

Ein paar Baracken weiter, blieb Ankas Baby noch drei Wochen lang in die Zeitung eingewickelt, die es nach seiner Geburt bekommen hatte. Es gab keine Windeln und keine weichen Sachen, nur Zeitungen. Sie hatte immer noch nichts von Priska und Hana oder von Rachel und Mark gehört – alle drei Mütter glaubten, ihr Kind sei das einzige »Wunderbaby«. Die Reaktionen ihrer Befreier sprachen ja auch Bände. »Als die Amerikaner kamen, schauten sie uns an, als wären wir eines der sieben Weltwunder«, sagte Anka. »Ich wurde sogar für die Nachrichten gefilmt. Sie kamen gar nicht darüber hinweg. Eine Frau mit fünfunddreißig Kilo und ein Baby mit anderthalb Kilo, und beide quicklebendig. So etwas hatten sie an einem solchen Ort noch nicht zu sehen bekommen.«

Abgesehen von all der Aufmerksamkeit war das Beste die Schokolade, die die amerikanischen Soldaten ihr schenkten. »Das war nett, obwohl – erst sagten sie, ich könnte sie haben, aber dann hieß es, lieber doch nicht. Welche Folter!« Am Ende durften sie immer wieder mal ein Stückchen essen. Nach ein paar Tagen rief Anka eine der amerikanischen Schwestern an ihr Bett. Ich fragte sie, ob sie meinen kleinen Sohn wohl bitte baden könnte, er sei noch nie gewaschen worden. Sie sah mich an, als wäre ich verrückt geworden, und sagte. ›Wovon reden Sie denn? Sie haben eine Tochter!‹ … Da bekam ich einen hysterischen Anfall, den ersten in der ganzen Zeit. Wie konnte das sein? Alle hatten gesagt, es wäre ein Junge … Ich wusste nicht, was ich davon halten sollte. So etwas hatte ich noch nie gehört.«

Anka machte eine solche Szene, dass die Ärzte an ihr Bett eilten. Auf ihre Bitte hin untersuchten sie nacheinander das Kind, dem sie den Namen Martin gegeben hatte, und bestätigten ihr, dass sie eine kleine Tochter zur Welt gebracht hatte und auf keinen Fall einen Sohn. Ein Arzt erklärte ihr schließlich, dass solche Verwechslungen bei Frühgeborenen häufiger vorkamen, weil sie oft mit vergrößerten, geschwollenen Genitalien zur Welt kamen. »Ich war entzückt«, sagte Anka. »Ich hatte mir doch immer eine Tochter gewünscht … Sie war ein kleiner Engel. Ich wärmte ihre kleinen Füße mit meinen Händen.«

Nach dem ersten Bad nahm sie ihre Tochter noch fester in den Arm und beschloss, ihr den Namen Eva zu geben, weil er in keiner Sprache abgekürzt oder verändert werden konnte. Das war ihr wichtig, denn sie hatte eine Zeit erlebt, in der die Namen von Menschen und ihre Sprache eine so schreckliche Bedeutung angenommen hatten. Und obwohl das Kind am 29. April auf einem Wagen direkt vor dem Eingang des Lagers geboren worden war, beschloss sie, es würde immer zwei Geburtstage feiern: den zweiten am 5. Mai, dem Tag, als sie befreit und als Eva Nathanová wiedergeboren worden war, als ein freier Mensch. Ähnliche Pläne hatten auch die anderen beiden Mütter, ohne voneinander zu wissen.

Rachels Schwester Sala war die erste der Abramczyk-Schwestern, die begriff, dass die Amerikaner Mauthausen offiziell befreit hatten. Sie hörte am 6. Mai die Artillerie, am Tag nachdem Sergeant Kosiek die Kapitulation der Deutschen angenommen hatte. Und dann sah sie die GIs durch das Lager gehen und hörte sie reden. »US-Jeeps mit Soldaten kamen hereingefahren, und ich fing an zu weinen und alle schrien, und die Leute lagen auf ihren Holzpritschen und klatschten Beifall. So starben sie – klatschend und dankbar, dass sie gekommen waren. Immerhin haben sie das noch mitbekommen, aber es sind so viele gestorben! Sie waren zu krank und zu erschöpft, und viele gaben einfach auf.«

Sala war so begeistert, die Neuigkeiten mit ihrer ältesten Schwester zu teilen, dass sie in die Baracke rannte. »›Rachel! Rachel! Der Krieg ist aus!‹, rief ich, und sie knallte mir eine, weil sie dachte, ich wäre verrückt geworden. An diesem Tag wurden wir alle neu geboren, vor allem der kleine Mark. Die US-Soldaten waren so gut zu uns. Gott segne Amerika!«

Irgendwann sah Rachel ein, dass ihre jüngere Schwester die Wahrheit sagte, aber sie war zu schwach, um aufzustehen und die Befreier mit eigenen Augen zu sehen. Auf jeden Fall war das Lager ein einziges Irrenhaus. Die Menschen waren so erleichtert, endlich frei zu sein, und die weiße Fahne über dem Tor machte sie unbeschreiblich glücklich, aber sie waren auch unglaublich wütend über das, was man ihnen angetan hatte. Erwachsene Männer weinten und wurden wild. Der riesige hölzerne Reichsadler über den Garagen der SS wurde heruntergerissen und von wütenden Häftlingen zerstört. Die wenigen verbleibenden Wachen wurden geschlagen oder getötet, und überall zogen Häftlinge in zerlumpten Uniformen herum, spielten auf verstimmten Instrumenten und sangen wilde Versionen ihrer patriotischsten Lieder.

Einer der US-Soldaten, die in dieser Woche im Lager Dienst taten, war Captain Alexander Gotz, ein Arzt, der mit den Sanitätern der 41st Armored Cavalry Reconnaissance Squadron gekommen war. Er beschrieb den Tag als eine »makabre, groteske Oper, deren Darsteller kaum noch Ähnlichkeit mit Menschen hatten«. Doch auch als die Lage sich wieder etwas beruhigte und die Amerikaner alles unter Kontrolle hatten, waren die

Überlebenden noch nicht außer Gefahr. Jetzt waren sie mit einem neuen, unerwarteten Feind konfrontiert – dem Mitgefühl.

Die US-Soldaten hatten strikte Anweisung, den Überlebenden nichts zu essen zu geben, solange die Mediziner ihren Zustand nicht überprüft hatten. Bei der Befreiung einiger früherer Konzentrationslager hatten die Alliierten auf schlimme Weise lernen müssen, dass es tödliche Folgen hatte, wenn die Verhungernden unkontrolliert mit Essen versorgt wurden. Aber die jungen Amerikaner der 11th Armored Division hatten noch keine solchen Erfahrungen gemacht und schafften es nicht, den hungrigen Massen die Nahrung zu verweigern – mit tragischen Folgen. Nur zu gern überließen sie ihnen ihre Rationen einschließlich Süßigkeiten und Zigaretten, ohne die Konsequenzen zu bedenken. Männer und Frauen, die seit langer Zeit nur von flüssiger Nahrung lebten und gelegentlich die Borke von den Bäumen und ein paar Grashalme dazu gegessen hatten, aßen die Zigaretten, statt sie zu rauchen. Wer noch nie Kaugummi gesehen hatte, verschluckte es im Ganzen. Andere benutzten scharfkantige Steine und hämmerten fieberhaft auf eine Dose Bohnen ein, um sie dann in einem Zug hinunterzustürzen, begleitet von ungesunden Mengen Bacon, Käse und Schokoriegeln. Sie konnten einfach nicht aufhören.

Aber nach Jahren des Mangels und aufgrund der Gifte, die der eigene Verfall in ihrem Körper angehäuft hatte, konnten sie feste Nahrung nicht mehr verdauen. Man schätzt, dass dreizehnhundert geschwächte, dehydrierte Gefangene in den Tagen nach der Befreiung an Erbrechen und Durchfall starben, ausgelöst durch das Essen, das man ihnen gab. Weitere zweitausend starben an Krankheiten, vor allem an Typhus und Darminfektionen.

Auch die drei Mütter und ihre Babys waren gefährdet. Nachdem man sie aus ihren verseuchten Baracken gerettet hatte, brachte man sie in bessere Quartiere und gab ihnen zu essen und zu trinken. Aber die Frauen um sie herum starben wie die Fliegen. »Die Amerikaner wussten nicht, wie sie damit umgehen sollten«, sagte Rachel später. »Sie hatten nie zuvor Verhungernde gesehen und gaben ihnen, was sie hatten.«

Ein GI bot Rachel seine Ration Schokolade an, die in braunes Papier gewickelt war. Sie konnte sich gar nicht erinnern, wann sie das letzte Mal Schokolade oder etwas Ähnliches gesehen hatte, und so saß sie ein paar Minuten einfach da und starrte sie sprachlos an. Dann hielt sie sie an ihre Nase, schloss die Augen und atmete den Duft ein. Der Soldat, der dachte, sie wüsste nicht, was sie da vor sich hatte, sprach langsam auf sie ein. »Sie können das kauen und schlucken.« Er machte sogar entsprechende Bewegungen. Rachel brach in Tränen aus. »Er fragte mich: ›Warum weinen Sie denn?‹ Als ich es ihm nicht sagen konnte, ging er weg. Als er zurückkam, fragte er mich wieder. ›Weil Sie mir erklärt haben, was Schokolade ist‹, erwiderte sie. Peinlich berührt entschuldigte er sich. ›Wann haben Sie das letzte Mal in einen Spiegel geschaut?‹« Das war wohl ein Jahr her, im Mai 1944, noch im Ghetto von Łódź, als sie noch mit Monik und ihrer geliebten Familie zusammen gewesen war. »Der Soldat erklärte: ›Als wir hierherkamen, dachten wir, hier sind lauter Wilde. Wir haben nicht verstanden, dass Sie normale Menschen sind.‹«

Sie waren nur noch verzweifelte Schatten. Was »normale Menschen« waren, hatten sie vergessen. Einige waren so erschöpft, dass sie nicht einmal mehr die Freiheit zu schätzen wussten. Eine Überlebende erzählte später, zuerst hätten sie gar nicht verstanden, was das bedeutete, obwohl sie doch so lange auf die Rettung gewartet hätten. »Wir waren zu schwach und zu leer, um Glück zu empfinden.«

Viele wollten sofort weg, weil sie fürchteten, die Nazis könnten wiederkommen. Wie Betrunkene stolperten sie aus den Toren, die sich plötzlich öffneten. Aber für viele war schon diese Anstrengung zu viel, sodass sie tot zusammenbrachen, kaum dass sie das Lager verlassen hatten. Andere kamen bis in die Stadt oder zu einem der umliegenden Bauernhöfe, wo sie um Nahrung und Kleidung bettelten und fast immer auch etwas bekamen. Die verwirrtesten Häftlinge ließen sich einfach zu Boden fallen, unfähig, die Vorstellung von Freiheit oder das Wunder der Natur zu fassen.

Ihr Kampf war noch lange nicht vorbei – die nächsten Wochen und Monate würden nur die Stärksten überleben. Nur wenige nahmen die bedingungslose Kapitulation der Deutschen zur Kenntnis, die am 7. Mai 1945 in einem kleinen roten Schulhaus im französischen Reims unterzeichnet wurde. Weltweit wurde am nächsten Tag gefeiert, Millionen von Menschen gingen auf die Straße. Doch in den überfüllten Baracken von Mauthausen, wo die Menschen an Leib und Seele zerbrochen waren und wussten, ihre Lieben waren höchstwahrscheinlich tot, gab es wenig Grund zum Feiern.

In den Wochen nach der Kapitulation teilten die Alliierten das ehemalige Deutsche Reich unter sich auf. Gerüchte kamen auf, dass die Sowjets diesen Teil von Österreich übernehmen würden, obwohl die US-Armee Mauthausen befreit hatte. Übergabetermin war der 28. Juli 1945. An diesem Tag würden sich die Amerikaner in das Gebiet südlich der Donau zurückziehen. Die Rote Armee würde die Verantwortung für das Lager und alle verbleibenden Insassen bekommen. Viele Juden fürchteten die Russen fast ebenso sehr wie die Nazis. Für sie war klar, dass sie bis zu diesem Datum ins amerikanisch kontrollierte Gebiet flüchten mussten.

Doch die Amerikaner stemmten sich mit aller Macht gegen die Flut von kranken Überlebenden, die in bemitleidenswertem Zustand aus dem Lager wankten. Sie schlossen die Tore wieder und versicherten den Menschen, sie könnten gehen, sobald sie niemanden mehr ansteckten. »Wir wollten nur noch nach Hause«, sagte Sala, die besser dran war als die meisten anderen. »Aber sie erklärten uns, wir könnten noch nicht gehen, weil noch SS in der Gegend war. Viele konnten das nicht verstehen oder akzeptieren, und schließlich stellten sie uns kurzerhand unter Quarantäne.« Sala wollte helfen, wo sie konnte, und meldete sich freiwillig als Pflegekraft in der provisorischen Krankenstation, die die Amerikaner für gut sechshundert Patienten aufgebaut hatten, zusätzlich zu dem Feldlazarett in Zelten, das mehr als tausend Menschen aufnehmen konnte. Sie verabreichte den Patienten Vitamin- und andere Spritzen und kümmerte sich zehn Tage lang um die Kranken und Sterbenden. »So hatte ich doch etwas zu tun, und wenn es nur die letzte Mahlzeit war, die ich jemandem gab.«

Dann steckte sie sich mit Typhus an. »Ich kann mich kaum daran erinnern, weil ich so hohes Fieber hatte und in Quarantäne war. Ich weiß noch, dass ein italienischer Arzt meinte, ich würde es wohl nicht schaffen. Aber meine Schwester Ester hielt mich am Leben. Sie öffnete das Fenster und kletterte zu mir herein, um mich zu füttern, ihr war es egal, ob sie sich ansteckte. Eine Woche lang war ich fast tot, aber sie blieb bei mir, weil ich weder gehen, noch sehen konnte. Einmal bat ich sie, mir Erdbeeren zu bringen, und irgendwie – kein Ahnung, wie sie das geschafft hat – trieb sie tatsächlich welche auf, aber im Fieber sagte ich, ich wollte sie nicht. Arme Ester. Sie hat mir das Leben gerettet.«

Auch Rachel half, wo sie konnte. Mithilfe des Roten Kreuzes und anderer Hilfsorganisationen hatten die Amerikaner eine Versorgungseinheit aufgestellt, die kochte, den Nährwert des Essens kontrollierte und die Portionsgrößen sorgfältig beobachtete. Bald waren sie mit der Vielzahl von Menschen überfordert und mussten bewaffnete Soldaten zum Schutz der Vorräte abstellen. Nach einer Weile beschlossen sie, es wäre besser, in jeder Baracke einen Herd zu installieren und dort drei oder vier Mal am Tag Essen auszugeben. Rachel übernahm die Verantwortung für ihre Baracke, kochte Suppe und bemutterte ihre Mitüberlebenden. »Ich musste mein Kind stillen und meine Schwestern waren krank, also besorgte ich mir einen Topf und kochte«, sagte sie später. Wieder einmal übernahm sie die Mutterrolle, die sie seit ihrer Kindheit in Pabianice bei ihren Geschwistern gespielt hatte.

Sala ging es immer schlechter. Es dauerte Wochen, bis sie außer Gefahr war. »Ich war so krank«, sagte sie später. »Ich rannte zur Toilette, aber da war überall besetzt, und es sah schlimm aus … Überall Tote. Leichen, wohin man schaute.« Eines Tages kam ein Arzt in ihr Zimmer und sagte ihr, es wäre Juni. »›Jetzt machen wir das Fenster auf‹, sagte er. Der Sommer ist da, und wir werden alle gesund.‹ Und ich wurde tatsächlich gesund. Ich habe es geschafft.«

In den folgenden Wochen sammelten die drei jungen Mütter und ihre Babys allmählich etwas mehr Kraft und nahmen sogar zu. Sie waren in einem eigenen Bereich des Lagers untergebracht, das jetzt offiziell unter Quarantäne stand. Unter den Zehntausenden von Überlebenden herrschte »organisiertes Chaos«, wie die Amerikaner es nannten, nur ein wenig gemildert durch die Tatsache, dass die meisten zu schwach waren, um ihre Betten zu verlassen.

Abgesehen von Rachel, die gerüchteweise von anderen Babys im Lager gehört hatte, aber noch keins von ihnen mit eigenen Augen gesehen hatte, wussten die Mütter nichts voneinander. Sie hätten sich gegenseitig unterstützen und über ihre Erlebnisse in Auschwitz, Freiberg und im Zug sprechen können, aber sie glaubten alle drei, ihr Schicksal sei einzigartig. Wie konnten andere Frauen und ihre Kinder überstanden haben, was sie durchgemacht hatten? Außerdem hatten sie den Kopf voll mit anderen Dingen. Sie mussten Kräfte sammeln und versuchen, sich innerlich und äußerlich auf den Tag ihrer Entlassung vorzubereiten. Auf den Tag, an dem sie hofften, ihre Männer wiederzusehen: Tibor, Monik und Bernd.

»Sie ließen uns immer noch nicht gehen, weil sie Angst hatten, wir würden die Stadtbewohner anstecken. Also mussten wir noch vier Wochen dableiben«, erzählte Rachel. »Aber nach ein paar Tagen gingen ein paar Frauen runter in die Stadt und die Leute gaben ihnen Kleider. Wir wuschen unsere Gesichter und sahen fast schon wieder aus wie Menschen.« Diejenigen unter ihnen, die nähen konnten, zerrissen Decken und machten Wickelröcke daraus. Sie änderten Männerunterwäsche und

Oberhemden aus den Unterkünften der Wachen oder Kleidung, die sie den Toten ausgezogen hatten. Andere holten die bunten Gardinen von den Fenstern oder schnappten sich die karierten Bettbezüge der SS-Leute und Kapos und nähten sich Röcke und Blusen daraus. Die Glücklichsten plünderten die Unterkünfte der weiblichen SS-Vorgesetzten und suchten sich dort etwas zum Anziehen aus. Die Überlebende Ester Bauer sagte: »Ich bekam ein dunkelgrünes Wollkostüm mit Fellkragen. War ich glücklich!«

Als die alliierten Kommandanten ins Lager kamen, um die Schrecken mit eigenen Augen zu sehen, bestanden sie darauf, das KZ Mauthausen für die Öffentlichkeit zu öffnen. Die Menschen in der Stadt wurden hinaufgebracht, um zu sehen, welche Verbrechen die Nazis ganz in ihrer Nähe begangen hatten. Sie weinten, drückten sich Taschentücher an die Nasen und schworen, sie hätten keine Ahnung gehabt, was im Lager vor sich gegangen sei, trotz des Gestanks und des Rauchs, der ständig über ihnen gehangen hatte. Die Alliierten befahlen, dass die Stadtbevölkerung »freiwillig« an der Versorgung der Überlebenden teilnahm. Das bedeutete auch, Überlebende mit Seife und Wasser aus der Donau zu waschen, Kleidung und Bettwäsche zu sterilisieren oder zu verbrennen und die Menschen mit DDT einzusprühen, um die Läuse abzutöten.

Der berühmte Sportplatz, auf dem die Österreicher die SS-Mannschaft angefeuert hatten, wurde zum Massengrab für fast tausend Opfer. Sie waren nackt, fast nicht mehr zu identifizieren und viele bereits im Zustand der Verwesung. Armeeeinheiten kamen mit Bulldozern und an Panzern befestigten Baggerschaufeln, um Gräben auszuheben: 30 Meter lang, 2 Meter tief und 3 Meter breit. Unter ihnen war auch Sergeant Ray Buch, der am 10. Mai nach Mauthausen kam. »Wir arbeiteten an den Gräben … auf dem Fußballplatz, wo die SS eine Plattform aus Steinen gebaut hatte … Mit einem Bulldozer kam man da kaum durch. Die größeren Brocken mussten von Hand ausgegraben werden … Sie versuchten, die Leute senkrecht zu bestatten, damit sie mehr hineinbekamen, ohne sie aufeinanderzustapeln. Aber es waren jedes Mal fünfhundert. Eine Wagenladung enthielt zweihundert Leichen. Sie wurden so dicht hineingepackt, dass man nicht mehr erkennen konnte, wie viele es waren.«

Deutsche Kriegsgefangene, darunter auch frühere KZ-Aufseher und SS-Offiziere, wurden gezwungen, mitzuhelfen, damit die Toten mit etwas Würde ihre letzte Ruhe fanden. Die Zivilisten von Mauthausen, die von der Gegenwart der SS so sehr profitiert hatten, wurden in Sonntagskleidung ins Lager befohlen. Unter Weinen und Schluchzen wurden wie gezwungen, weitere Gräber zu schaufeln, die Leichen aus den Baracken auf Wagen zu laden und in Reihen zu hundertfünfzig Toten nebeneinander in die Gräber zu legen. Dann wurden die Gräber mit Steinen und Erde aufgefüllt, und jeder Tote bekam ein weißes Kreuz oder einen Davidstern. Auf vielen standen Name und Todesdatum, aber die meisten trugen die Aufschrift »Unbekannt«. Man sprach ein Gebet für die Toten, und die Einheimischen wurden verpflichtet, mit ihren Kindern an den Massenbegräbnissen teilzunehmen.

Nach der Erleichterung, die die Befreiung gebracht hatte, und dem Staunen, dass sie immer noch am Leben waren, wo doch so viele gestorben waren, kam jetzt bei den Überlebenden der Zorn auf die Täter zurück. Wenn die deutschen Kriegsgefangenen keine Gräber schaufelten, mussten sie Latrinen reinigen oder die am schlimmsten verseuchten Baracken im Steinbruch verbrennen – oder andere demütigende Arbeiten erledigen, zu denen sie vorher die Häftlinge gezwungen hatten.

Trotz aller Versuche, das Lager von der Außenwelt abzutrennen, wurden Häuser, Bauernhöfe und Läden in und um Mauthausen häufig überfallen. Sei es aus Angst, Scham oder Schuldgefühl: Die Menschen in der Stadt übergaben Lebensmittel, Getränke und Kleidung an jeden Elenden und Kranken, der sie darum bat.

Der Mai ging vorüber, die Sommersonne vertrieb die Kälte

*Mauthausen: Gräber und Krankenstation*

aus den Knochen der Überlebenden, und die Situation im Lager verbesserte sich erheblich. Hunderte vom Tod gezeichnete, durchscheinend blasse Menschen krochen aus den Stockbetten, um auf der Wiese oder sonst irgendwo im Freien zu liegen, wo sie sofort wieder einschliefen. Der Sonnenschein milderte die unfreundliche Umgebung ein wenig, das Vogelgezwitscher besänftigte die bösen Erinnerungen. Die meisten wollten unbedingt weg von diesem Ort, der eine Hölle auf Erden gewesen war, aber viele fürchteten sich auch vor dem Leben außerhalb der Lagermauern. Die Alliierten hatten versprochen, jeden befreiten Überlebenden wieder nach Hause zu bringen, aber viele wollten gar nicht mehr in Länder wie Deutschland, Polen oder die Sowjetunion zurück, wo ganze Gemeinden ausgerottet worden waren und wo der Hass auf die Juden immer noch weit verbreitet war. Nach wie vor peinigte sie die bange Frage, was wohl aus ihren Lieben geworden war, und sie sehnten sich danach, die Überlebenden aus ihrer Familie wiederzusehen. Aber was würde passieren, wenn sie nach Hause kamen und enteigneten Besitz für sich beanspruchten? Hatten sie überhaupt noch ein Zuhause?

Alte und Junge gleichermaßen waren von ihren Erfahrungen so traumatisiert, dass sie gar nicht mehr wussten, was sie eigentlich wollten. Die seelischen Wunden waren tief und die Narben würden ein Leben lang bleiben. Unzählige Überlebende brachten sich um, weil sie die Kluft zwischen ihrer Hoffnung und der Realität da draußen nicht ertrugen. Andere waren so lange eingesperrt gewesen, dass ihnen die Freiheit regelrecht zu Kopf stieg, und wollten ganz neu anfangen. Tausende planten einen Exodus ins »gelobte Land«, ins britische Mandatsgebiet Palästina, »Eretz Israel«. Oder sie wollten nach Amerika, Kanada und Australien auswandern, ein neues Leben aufbauen und hoffentlich in Sicherheit leben. Aber ein solcher Neuanfang aus dem Nichts würde große Härten mit sich bringen, und sie waren sich schmerzlich der Tatsache bewusst, dass Länder mit strengen Einwanderungsbestimmungen nicht unbedingt auf Massen von bettelarmen Flüchtlingen gewartet hatten.

Die Unsicherheit, wohin sie gehen und was sie tun sollten, führte zu einer massiven Flüchtlingskrise, die zunächst vom alliierten Militär gemeistert werden musste. Zwischen acht und neun Millionen Überlebende mussten in Lagern für sogenannte »Displaced Persons« (DP) untergebracht werden, die vom Militär oder von Freiwilligenorganisationen wie dem Quaker Relief Team, den Vereinten Nationen (UNRRA), dem Roten Kreuz und der Internationalen Flüchtlingsorganisation geleitet wurden. Einige kleinere DP-Lager wurden in Schulen, Hotels und Krankenhäusern eingerichtet, aber am leichtesten brachte man so viele Menschen natürlich in ehemaligen Kasernen, Arbeitslagern oder eben in den ehemaligen Konzentrationslagern unter. So wurde auch Mauthausen in den Wochen bis Ende Juli 1945 eine Art DP-Lager, eines von zweitausendfünfhundert in Deutschland, Italien, Frankreich, der Schweiz, England und Österreich. Hier wurden die Menschen mit Kleidung und Nahrung versorgt, hatten ein Dach über dem Kopf, wurden registriert, medizinisch behandelt und irgendwann entlassen, wenn man der Ansicht war, sie seien bereit, nach Hause zurückzukehren.

Dann mussten sie darauf warten, dass ein Land sie aufnahm oder dass Verwandte im Ausland eine Einladung aussprachen. Bei einigen dauerte es Jahre, bis es so weit war, und die Art, wie diese entwurzelten, verunsicherten Menschen behandelt wurden, war nicht immer vom nötigen Mitgefühl gekennzeichnet.

Das Rote Kreuz arbeitete fieberhaft daran, den Prozess zu beschleunigen, das UNRRA richtete ein Büro ein, das Überlebenden half, ihre Angehörigen zu finden. Listen der Überlebenden wurden in den Zeitungen veröffentlicht und täglich im Radio verlesen. Freiwillige befragten jeden Überlebenden und füllten entsprechende Formulare aus. Sechs bis sieben Millionen Menschen wurden in ihre Heimat zurückgeführt, anderthalb Millionen konnten auswandern, aber es war ein großes, langwieriges und oft auch umstrittenes Unterfangen.

Es war ein logistischer Albtraum für diejenigen, die mit der Rückführung der mehr als vierzigtausend Mauthausener Flüchtlinge beschäftigt waren: Menschen aus vierundzwanzig Ländern, die nach Hause zurück oder an einen anderen Ort gebracht werden mussten, an dem sie künftig leben wollten. Die meisten dieser Menschen waren körperlich und seelisch schwer belastet, hatten kaum Kleidung, kein Geld und keine Papiere. Europa war ein Schmelztiegel. Die meisten Züge, Schiffe und Motorfahrzeuge wurden gebraucht, um Nahrungsmittel zu verteilen oder Truppen und Maschinen nach Hause zu bringen. Es gab einfach nicht genug Transportmittel für die riesige Zahl von Menschen, die in alle Himmelsrichtungen fahren wollten. Natürlich sollten die Menschen für ihre Rückführung nichts bezahlen, aber wer sollte ihre Heimkehr finanzieren: die Alliierten oder die Regierungen, die ihre Deportation zu verantworten hatten? Am Ende wurden die Kosten geteilt.

Ein weiteres großes Problem bestand darin, dass niemand beweisen konnte, wer er eigentlich war. Alle Überlebenden der Konzentrations- und Vernichtungslager brauchten Papiere, aber die meisten hatten nur noch die Nummer, die man ihnen auf den Arm tätowiert hatte oder die sie bei den täglichen Appellen auswendig gelernt hatten. Viele Aufzeichnungen der Nazis waren verbrannt oder versteckt worden. Niemand wusste, wohin die Überlebenden offiziell gehörten.

Und selbst mit den neuen Papieren wuchs die Unsicherheit, was wohl jene erwartete, deren gesamte Gemeinde vom Erdboden verschwunden war. Schon gingen Berichte durch die Nachrichten von Leuten, die man bei ihrer Rückkehr vertrieben oder ermordet hatte. Witwen und Waisen waren in einer besonders prekären Situation. Die Soldaten überzeugten viele, dass es ihnen in Amerika besser gehen würde.

Die Überlebende Klara Löffová, die sich mit einem neunzehnjährigen GI namens Max aus dem New Yorker Stadtteil Brooklyn angefreundet hatte, war sehr in Versuchung. Max kümmerte sich rührend um sie, brachte ihr Extraportionen Essen und ein paar amerikanische Zigaretten, die als Währung im Lager so wichtig waren. Als sie sich verabschiedeten, stellte sich Max förmlich vor und streckte die Hand aus. Sie wollte ihm die Hand geben, zog sie dann aber wieder zurück, weil sie immer noch schmutzig und voller Läuse war. Doch er nahm ihre Hand und gab ihr sogar einen Handkuss. Diese Freundlichkeit vergaß sie ihm nie. Tatsächlich wanderte sie später nach Amerika aus, und die Geschichte von dem freundlichen jungen Soldaten war ein so fester Bestandteil ihrer Familienerinnerungen, dass ihr Enkel ihm zu Ehren Max genannt wurde.

Priska warf sehnsüchtige Blicke auf die Wasser der Donau unterhalb des Lagers. Sie hatte schreckliches Heimweh nach Bratislava und wollte mit ihrer kleinen Tochter Hana so schnell wie möglich dorthin zurück. Sie war überzeugt, Tibor würde in ihrer gemeinsamen Wohnung auf sie warten, umgeben von seinen Notizbüchern und den Pfeifen. Es war Monate her, dass sie ihn zuletzt durch den Zaun in Auschwitz gesehen hatte, aber sie hatte seinen Rat befolgt, immer nur an schöne Dinge gedacht und gestattete sich einfach nicht die Vorstellung, er könnte nicht überlebt haben.

Für Rachel und ihre Schwestern, die alle noch keine dreißig

Jahre alt waren, gab es nur einen Ort, an den sie gehen wollten. »Unser Vater hatte immer gesagt, wenn wir getrennt würden, sollten wir alle gleich nach dem Krieg zurück nach Pabianice kommen und uns dort treffen«, erzählte Sala später. »Als wir wieder bei Kräften waren, beschlossen wir also, dorthin zu gehen.« Rachel hoffte, wenn Monik noch lebte, würde er sie dort finden und endlich seinen Sohn kennenlernen, von dessen Existenz er nie erfahren hatte. Sie wusste nicht, ob die Fabrik noch ihrer Familie gehörte, aber sie würden ohnehin ganz von vorn anfangen müssen und ein neues Leben beginnen.

Anka mit der kleinen Eva konnte nur zurück in die Tschechoslowakei, aber sie war »wie betäubt«, weil sie keine Ahnung hatte, was sie dort vorfinden würde. »Ich wusste, dass meine Eltern und meine Schwestern nicht mehr lebten, das konnte ich mir leicht ausrechnen. Aber von meinem Ehemann Bernd wusste ich nichts.« Würde es in Třebechovice pod Orebem noch irgendetwas für sie geben? Gehörte ihrer Familie die Lederfabrik des Vaters noch? Die Villa ihrer Schwester Ruzena? Oder war alles beschlagnahmt, am Ende sogar niedergebrannt worden? Wollte sie überhaupt in Europa bleiben, wenn ihr dort nichts und niemand mehr blieb?

Es gab so viel Unsicherheit und Verwirrung um sie herum. Kein Land in Europa war vom Krieg unberührt geblieben, der gesamte Kontinent war in Aufruhr. Bei ihrer Verfolgung der Nazis entdeckten die Alliierten immer mehr Gräuel. Tausende von Deutschen waren auf der Flucht oder wurden vertrieben. Hunderte von SS-Offizieren und höheren Wehrmachtsangehörigen wurden verhaftet, es gab Prozesse und Hinrichtungen, aber viele schlüpften auch durch die Maschen, darunter Unterscharführer Richard »Šára« Beck, der nie vor Gericht gestellt wurde.

Heinrich Himmler, Hitlers Vertrauter und Stellvertreter und einer der Hauptverantwortlichen für den Holocaust, wurde am 23. Mai 1945 gefangen genommen. Der Reichsführer SS, der die Konzentrationslager unter seiner Kontrolle hatte und Auschwitz und Mauthausen persönlich besucht hatte, um die Fortschritte der »Endlösung« in Augenschein zu nehmen, biss auf eine Blausäurekapsel, die er im Mund versteckt hatte, und brachte sich um, bevor man ihm den Prozess machen konnte.

Im Juni 1945 wurde der »Todesengel« Dr. Josef Mengele von den Amerikanern gefangen genommen, dann aber einen Monat später irrtümlich entlassen. Er lebte unter falschem Namen als

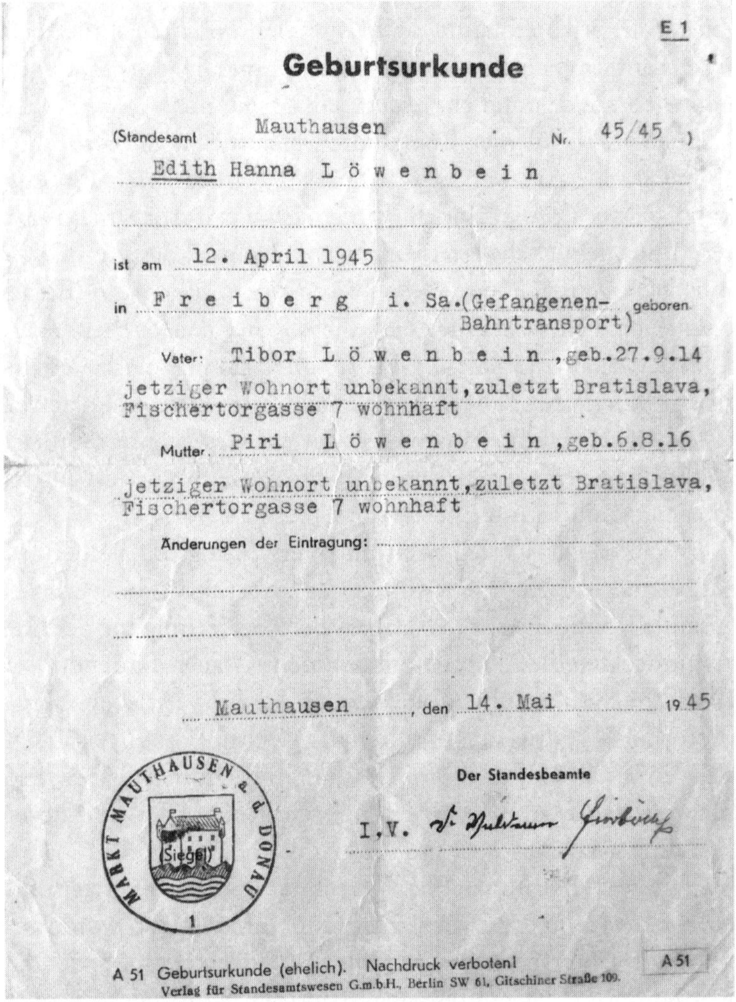

E 1

**Geburtsurkunde**

(Standesamt Mauthausen Nr. 45/45)

Edith Hanna L ö w e n b e i n

ist am 12. April 1945

in F r e i b e r g i. Sa.(Gefangenen-Bahntransport) geboren

Vater: Tibor L ö w e n b e i n ,geb.27.9.14
jetziger Wohnort unbekannt,zuletzt Bratislava, Fischertorgasse 7 wohnhaft

Mutter: Piri L ö w e n b e i n ,geb.6.8.16
jetziger Wohnort unbekannt,zuletzt Bratislava, Fischertorgasse 7 wohnhaft

Änderungen der Eintragung:

Mauthausen, den 14. Mai 1945

MARKT MAUTHAUSEN a. d. DONAU
(Siegel)
1

Der Standesbeamte
I.V.

A 51 Geburtsurkunde (ehelich). Nachdruck verboten! A 51
Verlag für Standesamtswesen G.m.b.H., Berlin SW 61, Gitschiner Straße 109.

*Hanas Geburtsurkunde*

Knecht auf einem bayerischen Bauernhof und blieb ein Leben lang auf der Flucht, bis er 1979 in Brasilien ertrank. Seine Frau ließ sich von ihm scheiden, sein Sohn sagte sich kurz nach dem Krieg von ihm los. Mengele blieb bis zu seinem Tod ohne Reue und erklärte stets, er habe lediglich Befehle befolgt. Von Priska, Rachel und Anka und ihren Kindern, die ihm in Auschwitz durch die sorgfältig manikürten Hände geschlüpft waren, hat er wohl nie erfahren.

Mit Glück, Mut und Entschlossenheit hatten die drei Frauen den Krieg überstanden. Und all das würden sie auch für ihr Leben »danach« brauchen. Alles hatte sich verändert. Sie hatten nichts mehr außer Fragen, auf die es keine Antwort gab. Wo waren ihre Angehörigen? Wie würde ihr Leben aussehen? Wie eine Überlebende später sagte: »Körperlich und seelisch war ich nur noch ein Fragezeichen.«

Bevor sie auch nur daran denken konnten, sich für einen Transport nach Hause anzumelden, gab es eine rechtliche Formalität, die sie alle erledigen mussten: Sie brauchten Geburtsurkunden für ihre Babys. Jedes Kind musste im Rathaus von Mauthausen angemeldet werden, und so geschah es auch in den Tagen vom 14. bis 17. Mai 1945. Sobald sie die Kraft dazu hatten, machten sich Rachel und Anka auf den Weg den Hügel hinunter in die Stadt, bezahlten die entsprechende Gebühr und füllten die Formulare aus. Priska, die es nicht ertrug, die Menschen in der Stadt anzusehen, bat den Mann ihrer Freundin Magda Gregorová, den Schauspieler Martin Gregor – der seine Frau im Lager wiedergefunden hatte –, diesen Gang für sie zu erledigen.

Jede Mutter bekam daraufhin eine offizielle österreichische Geburtsurkunde ausgehändigt. Hana wurde nicht ganz richtig als Edith Hanna Löwenbein eingetragen, geboren am 12. April 1945 in Freiberg mit dem Zusatz »Gefangenen-Bahntransport«. Dass sie auf einem Holzbrett in einer deutschen Fabrik geboren war, die auf Sklavenarbeit beruhte, ohne jede medizinische Versorgung und einen Tag, bevor sie und ihre Mutter mit dem Zug zwangsevakuiert wurden – all das stand nicht in dieser Urkunde.

Als Vater wurde Tibor eingetragen, als Mutter »Piri Löwenbein«. Beide wurden mit dem Zusatz »jetziger Wohnort unbekannt« versehen, als früherer Wohnort wurde Bratislava angegeben.

Bei Mark und Eva wurde »Mauthausen« bzw. »Mauthausen, früheres Konzentrationslager« als Geburtsort eingetragen, als Geburtsdaten der 20. bzw. 29. April. Auch hier kein fester Wohnort. Der Beamte, der Marks Geburtsurkunde abstempelte, hat sich wohl kaum vorstellen können, dass dieses Kind

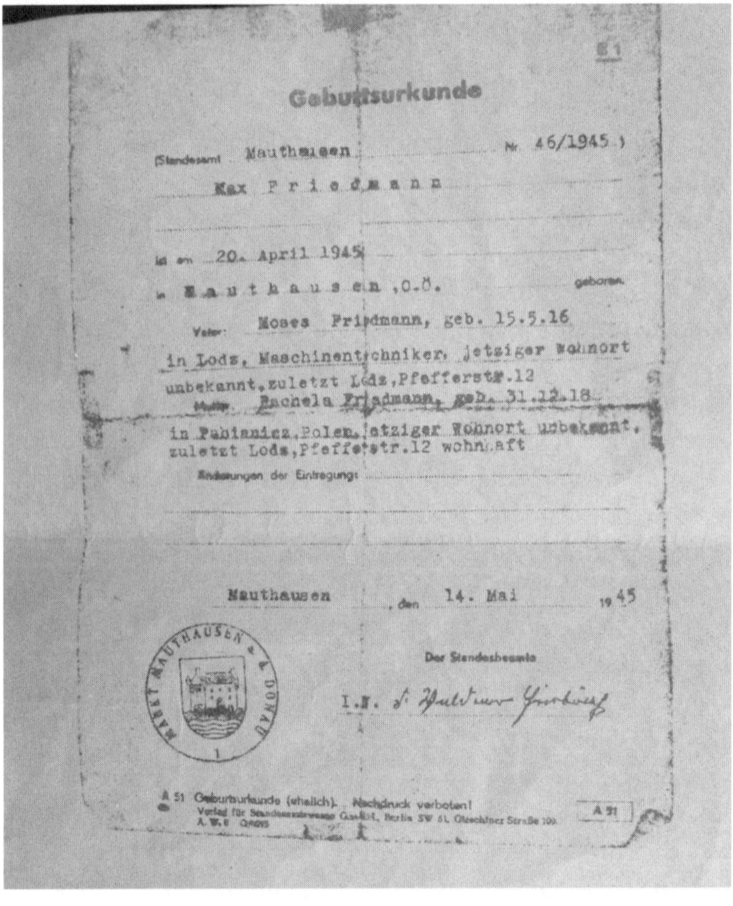

Geburtsurkunde

(Standesamt Mauthausen Nr. 46/1945 )

Max Friedmann

ist am 20. April 1945

in Mauthausen, O.Ö. geboren.

Vater: Moses Friedmann, geb. 15.5.16 in Lodz, Maschinentechniker, jetziger Wohnort unbekannt, zuletzt Lodz, Pfefferstr.12

Mutter: Rachela Friedmann, geb. 31.12.18 in Pabianicz, Polen, jetziger Wohnort unbekannt, zuletzt Lodz, Pfefferstr.12 wohnhaft

Änderungen der Eintragung:

Mauthausen, den 14. Mai 1945

Der Standesbeamte

I.V. [signature]

MARKT MAUTHAUSEN a. d. DONAU

A 51 Geburtsurkunde (ehelich). Nachdruck verboten!
Verlag für Standesamtswesen GmbH., Berlin SW 61, Gitschiner Straße 109.

A 51

*Marks Geburtsurkunde*

in einem offenen Kohlewaggon im strömenden Regen irgendwo in der Nähe von Most auf die Welt gekommen war. Bei der kleinen Eva, die auf einem schmutzigen Karren vor dem Haupttor des Konzentrationslagers geboren worden war, war die Uhrzeit »20 Uhr 30 Minuten« angegeben, aber von den grauenvollen Begleitumständen war natürlich auch hier nicht die Rede.

Mit diesen wichtigen Papieren und einem provisorischen Personalausweis versehen, der ihre Namen und Geburtsdaten angab, sowie einem Dokument des Internationalen Roten

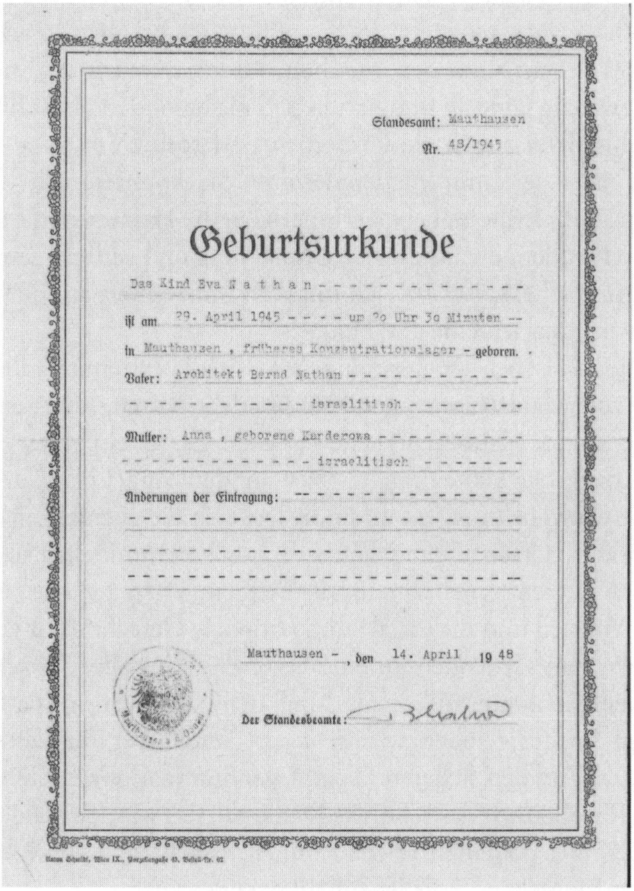

Standesamt: Mauthausen
Nr. 48/1945

Geburtsurkunde

Das Kind Eva Nathan

ist am 29. April 1945 um 20 Uhr 30 Minuten

in Mauthausen, früheres Konzentrationslager geboren.

Vater: Architekt Bernd Nathan

israelitisch

Mutter: Anna, geborene Karderowa

israelitisch

Änderungen der Eintragung:

Mauthausen, den 14. April 1948

Der Standesbeamte:

*Evas Geburtsurkunde*

Kreuzes, das ihren Status als ehemalige Lagerinsassen bestätigte, konnten die Frauen schließlich auf die Reise gehen. Sie bekamen außerdem ein datiertes Papier, auf dem die Lagerleitung bestätigte, dass sie keine ansteckenden Krankheiten hatten. Das Rote Kreuz verteilte Kleider und Mützen – einige Frauen hatten immer noch die Lumpen an, die man ihnen vor Jahren zugeworfen hatte. Pullover mit einem Etikett »Made in the USA« waren besonders begehrt. Dann mussten sie mit den anderen DPs nur noch auf einen Transport nach Hause warten.

Zwischen acht Monaten und fast vier Jahren hatte die Haftzeit der Frauen gedauert, doch es fühlte sich bei allen an wie ein ganzes Leben. Sie waren zwischen sechsundzwanzig und neunundzwanzig Jahre alt und hatten sich nie besonders als Jüdinnen gefühlt. Jetzt waren sie körperlich und seelisch so verändert, dass man sie kaum wiedererkannte. Sie konnten sich kaum noch an ihr früheres Leben erinnern, an die Freiheiten, die sorglosen Freuden, daran, dass sie einmal jung und verliebt gewesen waren. Rachel sagte: »Als ich mit sechsundzwanzig aus dem Lager kam, war ich eine alte Frau.«

Die russischen Kriegsgefangenen, die die extreme Grausamkeit von Mauthausen irgendwie überlebt hatten, konnten das Lager am 16. Mai 1945 als erste verlassen. Es war ein bewegender Abschied. Die Leute drängten sich auf dem Appellplatz, um ihnen Lebewohl zu sagen, und dort leisteten die ehemaligen sowjetischen Häftlinge den Mauthausen-Schwur, mit dem sie versprachen, sich gemeinsam für die Freiheit, gegen den Hass unter den Völkern und für soziale und nationale Gerechtigkeit einzusetzen. »Im Gedenken an das vergossene Blut aller Völker, im Gedenken an die Millionen, durch den Nazifaschismus ermordeten Brüder geloben wir, dass wir diesen Weg nie verlassen werden. Auf den sicheren Grundlagen internationaler Gemeinschaft wollen wir das schönste Denkmal, das wir den gefallenen Soldaten der Freiheit setzen können, errichten: Die Welt des freien Menschen … Es lebe die Freiheit!«

Die Amerikaner und das Rote Kreuz verteilten Pakete mit Zigaretten, Toilettenartikeln und Lebensmitteln für die Reise. Während die Zurückbleibenden den Russen nachblickten, dachten auch sie an ihre bevorstehende Rückkehr in die Heimat. Irgendwo da draußen jenseits der Granitmauer gab es ein Leben, das ihnen jetzt vorkam wie eine ferne Erinnerung. Diejenigen, die der Nazi-Maschinerie entgangen waren, führten ihr Leben fort, bauten ihre Häuser und die Infrastruktur ihrer Städte wieder auf, zeugten und erzogen Kinder. Ganz normale Menschen, die an ihre ganz normalen Arbeitsstellen zurückkehrten und versuchten, den Krieg zu vergessen. Und all das würden sie auch tun müssen.

Viele Verwandte und Freunde würden nie mehr nach Hause zurückkehren, aber sie hofften, es würde doch noch ein paar Menschen geben, auf die sie sich verlassen könnten. Priska fragte sich, ob ihre Schulfreundin Gizka wohl noch in Zlaté Moracve lebte und ob es ihr gelungen war, die Wertsachen zu retten, die man ihr zur Aufbewahrung gegeben hatte. Die Stromversorgung und die Kommunikationsmittel in ganz Europa waren schwer beschädigt, sie konnte sie also nicht einfach anrufen. Außerdem hätte sie die Nummer ohnehin nicht gewusst. Als sie sich auf die Abreise vorbereitete, versprach sie Edita, die sie so lange beschützt hatte, in Kontakt zu bleiben, was auch immer ihnen auf dem Heimweg passieren würde.

Rachel hatte einen Großteil ihrer Familie in Auschwitz verloren, aber sie wusste, sie hatte immer noch ihre drei jüngeren Schwestern an ihrer Seite. So viele standen wirklich ganz allein da. Rachel, Sala, Ester und Bala hatten immer noch einander.

Anka hatte die treue Mitzka. Vier Jahre lang hatten die beiden zusammen gelebt und waren um ein Haar zusammen gestorben. Dieses Band würde ein Leben lang halten. Und sie hatte noch mehr gute Freundinnen: die Frauen, die mit ihr um den kleinen Dan getrauert hatten und die sie umsorgt hatten, als Eva geboren wurde.

Keine der jungen Mütter hatte jedoch Nachricht von ihrem Mann. Niemand wusste, was aus Tibor, Monik und Bernd geworden war. Der blitzgescheite Journalist, der treue Fabrikbesitzer und der gut aussehende Architekt: drei anständige junge Männer mit Hoffnungen und Träumen, drei hinreißende Männer, die ihre Frauen kurz vor dem Erdbeben geheiratet hatten, das ihrer aller Leben zerstört hatte. Hatten sie überlebt? Gab es eine Chance auf ein Happy End, auf ein Wiedersehen, auf einen letzten Triumph über alle bösen Pläne der Nazis? Oder waren ihre Träume zu Asche zerfallen? Es gab nur eine Möglichkeit, das herauszufinden. Um zu sehen, was aus ihren Ländern und ihren Träumen geworden war, mussten die Frauen ganz unterschiedliche Schicksale auf sich nehmen.

Die Slowakei war im April 1945 von sowjetischen Truppen befreit worden. Von ehemals neunzigtausend Juden hatten nur zwanzigtausend überlebt. Drei Jahre nach dem Einmarsch der Roten Armee wurde das Land von der Kommunistischen Partei übernommen und für die nächsten vierzig Jahre Teil des »Ostblocks«. In den Jahren unmittelbar nach dem Krieg vertrieben die Slowaken jedoch zunächst alle Deutschen und holten ihre deportierten Landsleute zurück. Die slowakischen Häftlinge aus Mauthausen wurden mit Schiffen von dem nahe gelegenen österreichischen Hafen Enns über die Donau nach Hause gebracht. Priska fuhr mit etwa zweihundert anderen auf einem solchen Schiff mit und kam nach weniger als einer Woche in Bratislava an, der Stadt, die sie so sehr liebte. Die Ausstiegsstelle lag nur einen kleinen Spaziergang von der Wohnung entfernt, in der sie und Tibor gleich nach Jom Kippur im September 1944 verhaftet worden waren. Die unverheiratete Edita wollte in ihre zerstörte ungarische Heimat zurückkehren, um herauszufinden, wer von ihren Lieben noch übrig war. Aber die Frauen blieben einander ein Leben lang verbunden.

Polen war bis zur Unkenntlichkeit zerstört. Das Land mit der größten jüdischen Bevölkerung in ganz Europa war zum Epizentrum des Holocaust geworden. Es hatte nicht nur entsetzlich unter den Bombenangriffen gelitten, sondern auch und vor allem Millionen von Einwohnern verloren. Nun stand es unter sowjetischer Verwaltung, die Rote Armee herrschte im ganzen Land, die Minderheiten waren praktisch ausgelöscht und die Deutschen waren geflüchtet oder wurden vertrieben. Viele Polen weigerten sich, nach Hause zurückzukehren, und machten sich stattdessen auf den Weg in den amerikanisch kontrollierten Teil Deutschlands. Auch Rachel und ihre Schwestern zogen diese Möglichkeit in Erwägung, aber das Versprechen, das sie ihrem Vater gegeben hatten, wog zu schwer.

Die polnischen und alliierten Behörden organisierten Viehtransporter für die Überlebenden, die von Mauthausen nach Polen zurückkehren wollten. Die Wagen waren gründlich gereinigt worden und die Türen blieben offen, sodass die Menschen nicht zu sehr an die schrecklichen Fahrten in die Lager erinnert wurden. Rachel, der kleine Mark und ihre drei Schwestern bekamen Lebensmittel und Wasser und konnten einigermaßen bequem auf Bänken sitzen. Und so begann ihre 800 Kilometer lange Reise in das Land, das fast alle seine Juden verloren hatte und unfreiwillig die schlimmsten Todeslager in seinen Grenzen gehabt hatte.

Anka hatte den kürzesten Heimweg, aber auch sie kehrte nicht einfach in das Land zurück, das sie kannte. Ihr Ziel war Prag, 200 Kilometer entfernt. Die Stadt hatte einen blutigen, drei Tage dauernden Aufstand erlebt, der am 5. Mai begonnen hatte, dem Tag, an dem auch Mauthausen befreit worden war. Zwei Tage vor der offiziellen Kapitulation Deutschlands hatten die tschechischen und sowjetischen Soldaten der Revolutionsgarde die Nazis besiegt und dann im tschechischen Rundfunk die Parole »Tod allen Deutschen!« ausgegeben. Rachedurstige Menschen gingen auf die Straßen, Hunderte von deutschen Soldaten und Zivilisten wurden getötet, oft auf besonders brutale Weise. Die Milizen verwandelten Mitglieder der SS und Wehrmacht in »menschliche Fackeln«, und der Mob machte Jagd auf Männer, Frauen und Kinder, unabhängig von ihrer Haltung während des Krieges. Auch einige angesehene Professoren und Ärzte wurden verstümmelt, erschossen oder gelyncht.

Der Aufstand endete am 8. Mai. Am nächsten Tag übernahm die Rote Armee die Stadt, und damit begann die Vertreibung von etwa drei Millionen Deutschen aus der Tschechoslowakei. Tausende wurden ermordet. Anka war mit einem Deutschen verheiratet, was ihre Situation nicht einfacher machte. Als Jude hatte Bernd nach den Nürnberger Rassengesetzen seine deutsche Staatsangehörigkeit verloren, und auch seine junge Frau war davon natürlich betroffen. Aber für die tschechischen Behörden war sie mit einem Deutschen verheiratet und damit offiziell Deutsche. Sie hatte ihre tschechische Staatsangehörigkeit nie aufgegeben, aber in dieser Lage war klar, dass man sie ihr aberkennen würde. Und damit war sie nicht nur heimatlos, sondern auch staatenlos. Außerdem war sie möglicherweise Witwe und hatte ein kränkliches Baby zu versorgen. Ihre Lage war also alles andere als beneidenswert. Der Krieg war zu Ende und sie wusste nur eins: Nach vier Jahren in Ghettos und Lagern wollte sie nur noch nach Hause.

Die Tschechen hatten große Treibstoffprobleme und konnten zunächst keine Züge nach Österreich schicken; Hunderte von Landsleuten steckten also im Lager fest. Um die Dinge zu beschleunigen, schickten sie ihren prominentesten Vertreter nach Prag, Dr. Vratislav Busek, Professor für Rechtswissenschaft an der Karls-Universität. Er war aus politischen Gründen vor fünf Jahren verhaftet worden. Nach weniger als einer Woche war der Professor zurück in Österreich und brachte Neuigkeiten. Es gab einen Zug. Er wartete in České Budějovice (Budweis), geschmückt mit Blumen und einem riesigen Banner mit der Aufschrift: *Z pekla Mauthausen – domú* – »Aus der Hölle von Mauthausen – nach Hause«. Anka und ihr Baby würden zusammen mit ihren Freundinnen aus Theresienstadt mit Bussen und LKWs bis dorthin fahren und dann mit dem Zug nach Prag reisen, um gemeinsam herauszufinden, was aus ihren Männern und ihren Familien geworden war.

In schäbigen Kleidern, die kaum zusammenpassten, gingen die drei jungen Mütter mit ihren winzigen Babys in dem Massenexodus auf, der im Sommer 1945 Mauthausen verließ. Grobkörnige Schwarz-Weiß-Fotos von amerikanischen Soldaten zeigen den endlosen Zug der Entrechteten, der wie ein Fluss aus Menschen aus dem Lager strömte, den Hügel hinunter und Richtung Stadt. Geduldig standen die Menschen mit ihren Nummern da und warteten auf die LKWs des Roten Kreuzes, die sie zum Bahnhof brachten, zum nächsten Sammelpunkt oder zu einem Schiffsanleger. Bevor man sie aus ihrem Leben gerissen hatte, waren sie Menschen mit einer viel versprechenden Zukunft gewesen. Jetzt waren sie nur noch mittellose Flüchtlinge.

Die wenigsten von ihnen hatten wohl Gelegenheit, die schöne Umgebung dieses Ortes anzuschauen, wo die Bosheit alles durchdrungen hatte. Kaum einer schaute zurück auf die Mauern ihres letzten Gefängnisses oder dachte darüber nach, wie das Leben hätte verlaufen können, hätten sie nicht den Makel

*Überlebende verlassen das KZ Mauthausen.*

gehabt – in den Augen der Nazis –, von einer jüdischen Mutter geboren zu sein. Jetzt war nicht die Zeit, um zurückzuschauen. Sie richteten den Blick nach vorn. Einer von ihnen sagte: »Wir konnten endlich anfangen zu leben.«

Jeden Tag hätte das Leben der drei Kinder zu Ende sein können, seit dem Moment, da ihre kleinen Herzen angefangen hatten zu schlagen. Tausende von Kindern, die während des Zweiten Weltkrieges geboren wurden, schafften es nicht. Ungezählte Millionen hatten nie eine Chance, es auch nur zu versuchen.

In sechs Jahren hatten die Nazis etwa zwei Drittel der neuneinhalb Millionen europäischen Juden ermordet, und Millionen von Nicht-Juden dazu. Von den etwa tausend Frauen, die in Freiberg in den Zug getrieben worden waren, und von denen, die später noch zu dem Konvoi stießen, lebte am Ende des Krieges nur noch die Hälfte.

Durch eine ganze Reihe von Wundern standen diese drei jungen Frauen, die über die Jahre hin von den Nazis bei jedem Appell wieder gezählt worden waren, am Ende immer noch bei den Lebenden.

Mut, Hoffnung und Glück hatten dazu geführt, dass ihre Kinder die ersten Lagerhäftlinge waren, die Namen bekamen und keine Nummern. Sie haben einer finsteren Zeit getrotzt, und sie werden zu den letzten Überlebenden des Holocaust gehören.

Für sie alle ging 1945 eine Zeit zu Ende, die ihnen noch lange zu schaffen machen würde. Aber damit begann auch etwas, was zahllose Generationen nicht erlebt hatten und nie erleben würden: ein neuer Anfang und die Chance, ganz neu zu leben und zu lieben.

9

## Zu Hause

### *Priska*

Das erste Passagierschiff, das nach dem Krieg die Donau befahren durfte, verließ den Hafen von Enns am 19. Mai 1945 in östlicher Richtung, drei Wochen nach der Befreiung des Lagers Mauthausen. Es lag tief im Wasser, beladen mit einer großen Zahl von Menschen, die nur eins wollten: weg von hier und nach Hause. An Bord dieses Schiffs war auch Priska Löwenbeinová.

Es war eine lange, schwierige und gefährliche Reise. Bis Wien wurde das Schiff von einem Minensuchboot begleitet, das vorausfuhr, um Blindgänger aufzuspüren. Die Nazis hatten die Donau für sich in Anspruch genommen, ganze Flotten von Kriegsschiffen aus dem Schwarzen Meer hatten die wichtigste europäische Wasserstraße befahren, wichtige Häfen bewacht und auf alliierte Flugzeuge geschossen. Gegen Ende des Krieges waren Hunderte von Schiffen mit Sprengstoff beladen und absichtlich in der Donau versenkt worden, um den Vormarsch der Sowjets aufzuhalten. Diese instabilen Wracks stellten noch Jahrzehnte lang eine große Gefahr für die Schifffahrt dar.

150 Kilometer von Mauthausen, in der Nähe der historischen Stadt Tulln, die wegen ihres Flugplatzes, einer Raffinerie und einer Eisenbahnbrücke schwer bombardiert worden war, musste Priskas Schiff anhalten. Der Schutt der zusammengebrochenen Brücke machte den Fluss zeitweise unpassierbar und musste erst weggeräumt werden. Zwei Tage lang hatte das Schiff mit seinen zerzausten, auf Stroh schlafenden Passagieren am Ufer auf der Westseite der Stadt festgemacht. Die unerwartete Verzögerung zerrte an den Nerven. Niemand wollte länger als unbedingt nö-

tig in Hitlers Geburtsland bleiben. Einige hielten die Warterei nicht mehr aus und bestanden darauf, das Schiff zu verlassen. Sie gingen mit kleinem Gepäck Richtung Osten in die Stadt und kauften sich Zugfahrkarten nach Wien, die sie mit der neuen Währung bezahlten: amerikanischen Zigaretten.

Priska konnte mit dem Kind nicht so leicht umdisponieren. Sie blieb und wartete, bis die Fahrrinne ausgebaggert war und das Schiff seine Reise fortsetzen konnte. Als sie schließlich am 22. Mai im Winterhafen von Bratislava von Bord ging, stellte sie fest, dass das historische Zentrum der Stadt trotz der heftigen Luftangriffe ziemlich unbeschädigt geblieben war. Sie wünschte sich nichts mehr, als sofort zu ihrer Wohnung zu gehen um festzustellen, ob Tibor schon da war, aber ihre erste Sorge galt Hana, die wieder einmal dringend einen Arzt brauchte. Ihre Wunden waren auf der Reise aufgebrochen; die Verbände waren voller Blut.

Voller Sorge, dass sie wohl doch auf Major Stacys Rat hätte hören sollen, eilte Priska mit ihrer Tochter ins Kinderkrankenhaus in der Duklianska Straße, wo der Kinderarzt Professor Chura nach einem Blick auf das stark unterernährte Baby mit den offenen Wunden sofort erklärte, er müsse operieren. Das zweite Mal in wenigen Wochen wurden Hanas Abszesse geöffnet und gereinigt. Der Grund für diese Infektionen war ein schwerer Vitaminmangel. Dann nähte der Arzt die Wunden wieder zu und übergab die Kleine der Spezialpflege.

Priska wartete voller Sorge auf Nachricht und betete, Hana möge überleben. »Ich war voller Hoffnung, weil sie so viel Lebenswillen hatte«, sagte sie später. Professor Chura bestätigte ihr das, als er aus dem OP kam. Als klar war, dass die Operation erfolgreich verlaufen und Hana außer Gefahr war, wurde ihre halb verhungerte Mutter von zweien der Ordensfrauen, die das Krankenhaus führten, in die Küche gebracht. Mit hungrigem Blick erspähte sie einen Topf auf dem Herd, in dem ein Bohneneintopf vor sich hin köchelte. Bevor irgendjemand etwas sagen konnte, schnappte sie sich den Topf und trank den gesamten Inhalt aus. Die Leute in der Küche sahen ihr mit entsetztem Schweigen zu. »Niemand hielt mich auf oder sagte etwas. Ich hatte solchen Hunger!«

Als sie begriffen, dass auch Priska ihre Hilfe brauchte, boten ihr die Nonnen an zu bleiben, bis Hana entlassen werden konnte und sie selbst zu Kräften gekommen war. Sie nahm das Angebot dankbar an und blieb zwei Wochen lang in der Obhut der Frauen.

Nachdem sie sich ausgeruht hatte und noch einmal nach der schlafenden Hana geschaut hatte, kehrte sie schließlich an den Ort zurück, von dem sie glaubte, auch Tibor würde sich dort einfinden: ihre alte Wohnung am Fischertor. Zu ihrem Entsetzen musste sie feststellen, dass gerade ihr Haus eines der wenigen in der Altstadt war, das einen Volltreffer abbekommen hatte. Es war vollkommen zerstört. Verzweifelt stocherte sie im Schutt herum und konnte es kaum glauben, als sie dort eines der kostbaren Notizbücher ihres Mannes fand, voll mit seiner charakteristischen Handschrift, verschmiert und verstaubt. Sie nahm es mit und bewahrte es bis zu ihrem Tod auf wie einen Talisman.

In der Stadtmitte von Bratislava hatten die jüdische Gemeinde und andere große Anschlagtafeln errichtet, auf denen man Nachrichten für seine Angehörigen anheften konnte. Priska schrieb auf einen Zettel, dass sie und ihr Baby überlebt hatten, und gab die Adresse des Krankenhauses an. Dann ging sie zurück, um auf Tibor zu warten, oder auf irgendjemanden, der vielleicht doch überlebt hatte. Die Tage und Wochen vergingen, Freunde und Verwandte kamen zurück in die Stadt, darunter auch ihre Schwester Anna, genannt »Anička«, und ihr Onkel Dr. Gejza Friedman, bei dem in der Tatra Anna Zuflucht gefunden hatte. Ihr Großvater hatte die Razzien der Nazis überlebt, war dann aber nach einem Unfall gestorben. Onkel Gejza schlug vor, sich gemeinsam eine Wohnung zu suchen. Hana liebte bald ihren Onkel »Apu«, die einzige Vaterfigur in ihrem Leben, und auch Priska fand in ihm einen Ersatzvater.

Ihr Bruder Bandi schrieb aus Palästina, es ginge ihm gut, er sei verheiratet und habe eine Stieftochter. Auch ihr Bruder Janko tauchte wundersamerweise bald wieder auf. Er hatte tapfer bei den Partisanen gekämpft. Seine Haare waren jetzt schulterlang; aus dem Jungen war ein Mann geworden. Sein Kriegseinsatz verschaffte ihm alle möglichen Privilegien, auch bei der Wohnungssuche. Und so drückte er Priska bald die Schlüssel zu vier großen Wohnungen in die Hand, unter denen sich die Familie eine aussuchen konnte. Die Wohnungen hatten mit ziemlicher Sicherheit jüdischen Familien gehört, die nicht zurückgekommen waren. Priska weigerte sich jedoch, »die Schuhe eines Toten anzuziehen«. Sie war entschlossen, in der Nähe ihrer alten Wohnung zu bleiben, damit Tibor sie finden konnte, wenn er kam.

Die Wochen vergingen ohne Nachricht von ihren Eltern Emanuel und Paula Rona, den stolzen Kaffeehausbesitzern aus Zlaté Moravce, die man im Juli 1942 nach Auschwitz deportiert hatte. Von Freunden der Familie erfuhr Priska viel später, dass ihre Mutter und ihr Vater einen Monat nach ihrer Ankunft in Birkenau vergast worden waren. Auch ihre vierunddreißigjährige Schwester Boežka kam nicht zurück, die unverheiratete Schwester, die sie vor dem Transport hatte retten wollen. Jahre später erfuhr sie, dass Boežka wegen ihres Schneidertalents zunächst gerettet worden war. Sie hatte die Näherei in Auschwitz geleitet. Drei Jahre lang schneiderte und reparierte sie Uniformen und andere Sachen für die SS und riskierte ihr Leben, indem sie freundlich zu den anderen Näherinnen war und wegschaute, wenn sie ihre eigenen Sachen flickten. Einem unbestätigten Bericht zufolge hatte Boežka sich im Dezember 1944, einen Monat vor der Befreiung, in den elektrischen Zaun gestürzt. Priska brach das Herz, als sie davon hörte. Später berichtete ihr aber eine Frau, die Boežka im Lager gut gekannt hatte, dass die Selbstmordgerüchte nicht zutrafen. Boežka hatte sich mit Typhus angesteckt und war daran gestorben. Priska beschloss, die zweite Version zu glauben.

Die Wochen wurden zu Monaten, und immer noch gab es

keine Nachricht von Tibor. Sie hatte ihn auch nicht auf der Straße gesehen, wie sie es sich manchmal erträumte. Es war, als säße sie in einer Unterwelt, aus der sie sich nicht befreien konnte. Sie wagte nicht einmal nach Zlaté Moravce zu fahren, um dort nach dem Rechten zu sehen, so viel Angst hatte sie, ihn zu verpassen. Mit dem kranken Baby konnte sie nicht arbeiten und hatte kein Geld. Und was mit ihrem Land passieren würde ... Die Tschechoslowakei war wiederhergestellt, der ehemalige slowakische Präsident Monsignore Jozef Tiso war wegen seiner Kollaboration mit den Nazis gehängt worden. Aber 80

*Hana und ihre Mutter Priska 1946*

Prozent der jüdischen Bevölkerung waren ermordet worden, und die Zukunft des Landes unter kommunistischer Herrschaft war mehr als unsicher.

Nach einigen Wochen im Krankenhaus und mit dem kleinen Taschengeld, das sie vom Roten Kreuz bekommen hatte – aufgestockt durch etwas Geld von ihrem Onkel –, mietete sie sich eine kleine Wohnung in der Nähe ihrer alten Wohnung, um jeden Tag mindestens einmal dorthin zu gehen und nachzusehen, ob ihr Mann auf sie wartete. Das neue Quartier lag im zweiten Stock eines Hinterhauses am Hviezdoslav-Platz. Es war feucht und rattenverseucht, aber es bestand immerhin aus einem kleinen Schlafzimmer, einem Wohnzimmer und einer Küche, in der man eine Badewanne aufstellen konnte.

Eines Tages ging sie mit Hana im Kinderwagen zu der öffentlichen Anschlagtafel, um zu sehen, ob es neue Nachrichten gab. Dort traf sie einen Mann namens Szüsz, den sie aus der Zeit vor dem Krieg kannte. Er begrüßte sie freundlich und erzählte ihr dann, dass er mit Tibor in den Lagern gewesen sei. Von Auschwitz, so berichtete er, waren sie mit dreizehnhundert anderen Männern in das Außenlager Gleiwitz gebracht worden, etwa 20 Kilometer von Auschwitz entfernt. Dort hatten sie als Zwangsarbeiter in der Ziegelei, beim Bau oder in der Reparaturwerkstatt für Güterwaggons, dem sogenannten Reichsbahnausbesserungswerk, geschuftet. Von Herrn Szüsz erfuhr Priska dann auch, dass ihr Mann nicht zurückkommen würde. »Er hat nicht geglaubt, dass Sie und das Baby überleben würden«, sagte er, während sie verzweifelt versuchte zu begreifen, was er ihr da erzählte. »Er hat nichts mehr gegessen und wurde so schwach, dass ihn nichts mehr kümmerte. ›Ich will nicht mehr leben‹, sagte er immer wieder. ›Was soll ich noch ohne meine Frau und mein Kind?‹«

Priska, die immer noch nicht begriff, taumelte schließlich wie blind davon, um allein um ihren Mann zu trauern. Die genauen Umstände seines Todes hat sie nie erfahren, doch durch Berichte anderer Überlebender und von Menschen, die ihn gekannt hatten, hörte sie, was sie hören musste. Im bitterkalten Januar 1945, bei Temperaturen unter minus zwanzig Grad, waren die etwa dreizehnhundert halb verhungerten Häftlinge aus Gleiwitz in ihren Häftlingsanzügen und Holzpantinen auf einen Todesmarsch getrieben worden. Ziel war die große Treibstofffabrik Blechhammer, 40 Kilometer entfernt. Sie marschierten in engen Reihen, und man hatte ihnen gedroht, wer aus der Reihe fiele oder stolpere, würde sofort erschossen. Sie liefen durch Schnee und Eis und schlossen sich schließlich einem Zug von viertausend Gestalten an, die auf dem Weg nach Groß-Rosen gingen, einem der letzten verbleibenden Konzentrationslager. Es lag 200 Kilometer entfernt. Auf diesem Zug, der zum berüchtigtsten aller Todesmärsche werden sollte, wurden Hunderte von Häftlingen in ihren dünnen gestreiften Uniformen erschossen, wenn sie nicht mehr weiterkonnten. Ihre Leichen wurden von der Straße gezerrt und in Gräben geworfen, wo man sie nicht gleich bemerkte.

»Tibor hat einfach aufgegeben«, erzählte einer der Überlebenden Priska später. »Ende Januar 1945 hat ihn der Hunger umgebracht … Er brach am Straßenrand zusammen, und da blieb er liegen. Wahrscheinlich haben sie ihn erschossen.«

Tibor Löwenbein, der lächelnde, pfeiferauchende Journalist, Bankangestellte, Ehemann und Vater, starb an einem unbekannten Ort, irgendwo an einem eisigen Straßenrand in Schlesien, ein paar Monate vor Ende des Krieges. Er wurde neunundzwanzig Jahre alt. Es gab keinen Leichnam, über dem Priska weinen oder das Totengebet Kaddish hätte sprechen können. Kein Begräbnis, keinen Grabstein, auf den man Steine legen konnte oder wo man an seinem Todestag eine »Yahrzeit«-Kerze hätte anzünden können. Kein Ritual zum Abschied – weder ein jüdisches, noch sonst irgendetwas.

Priska kam über seinen Tod nie hinweg. Sie weigerte sich auch, wieder zu heiraten. »Ich hatte eine wunderbare Ehe«, sagte sie. »Und ich bin allein geblieben, weil ich nicht mit einem anderen Mann leben konnte. Einen wie ihn hätte ich ja nie wieder gefunden.«

Ein wenig Trost spendeten die Wertsachen ihrer Familie, die sie von ihrer Schulfreundin Gizka und anderen zurückbekam. Darunter waren auch ihre geliebten Hochzeitsfotos, ein paar Briefe von Tibor und Bilder ihrer ermordeten Angehörigen. Auch die Lieblingsohrringe ihrer Mutter und ein Medaillon, das Paula Ronová an einem Goldkettchen getragen hatte, bekam sie zurück, und die Taschenuhr ihres Großvaters samt Kette.

Entschlossen, ihr Studium fortzusetzen, stellte Priska ein Kindermädchen für Hana ein und machte ihren Magister in Französisch und Englisch. Wie sie es immer schon vorgehabt hatte, wurde sie Lehrerin in Bratislava. Sie unterrichtete an der Grundschule in der Karpatská Straße. 1947 änderte sie ihren Namen, nachdem sich der Schulinspektor beschwert hatte, an Löwenbeinová bräche man sich die Zunge. »Eine meiner Kolleginnen erklärte dem Inspektor, ich würde mir einen ›slowakischeren‹ Namen suchen, und das tat ich dann auch.« Da ihr das französische Wort *l'homme,* »der Mann«, gut gefiel, wurde das slowakische Lomová daraus. Als sie erfuhr, dass es einen berühmten tschechischen Schauspieler mit Namen Herbert Lom gab, gefiel ihr der Name noch besser.

Ihre Tochter wuchs als Hana Lomová auf und wurde in einer evangelischen Kirche getauft. Ihr war es vor allem wichtig, ihrer Hanka eine gute Erziehung angedeihen zu lassen. »Ich war ihre Mutter, ihre Ratgeberin und Freundin«, sagte sie. »Wir haben immer füreinander gelebt, und sie hat mich nicht enttäuscht.«

Fünf Jahre lang blieb sie in Bratislava, dann akzeptierte sie, dass Tibor wirklich nicht zurückkommen würde. Ihre Schwester Anička heiratete wieder und lebte bis zu ihrem Tod in der Stadt. Ihr Bruder Janko wanderte 1948 nach Israel aus, um seinem Bruder Bandi nahe zu sein. 1950 überredete Onkel Gejza sie zum Umzug nach Prešov im Osten der Tschechoslowakei, wo er an einem neuen Krankenhaus Leiter der Lungenklinik wurde.

*Hana und Priska 1949*

Da Hana viel kränkelte und immer wieder unter heftigem Nasenbluten, Mandelentzündungen und Verdauungsproblemen litt, hatten alle das Gefühl, sie wäre in der guten Bergluft und bei ständiger medizinischer Versorgung besser aufgehoben.

Priska wurde Gymnasiallehrerin für Sprachen in Prešov und unterrichtete jahrelang Englisch, Deutsch und Französisch. Später gründete sie die Abteilung für Englische Literatur und Sprache an der dortigen Universität und arbeitet als Dozentin an der Philosophischen Fakultät. 1965, als Hana zum Studium in Bratislava war, beging Gejza, Hanas geliebter Onkel Apu, Selbstmord, weil er glaubte, er habe Lungenkrebs. Er wurde fünfundsechzig Jahre alt. Priska fand ihn in der gemeinsamen Wohnung, und sie ging daran fast zugrunde. Plötzlich wieder allein, zog sie zurück nach Bratislava, um in der Nähe ihres einzigen Kindes zu leben.

Hana hatte ihre religiösen Wurzeln erst entdeckt, als sie sechs

Jahre alt war und jemand »Drecksjude« zu ihr sagte. Sie lief nach Hause und erzählte ihrer Mutter davon, die ihr sagte: »Komm, ich zeige dir Bilder von meiner Mutter und meinem Vater. Die waren auch Juden.« Hana schaute sich die Bilder an und sagte: »Okay, dann will ich auch Jude sein. Kann ich jetzt wieder spielen gehen?« Ansonsten belastete sie das Thema nicht, und sie erzählt normalerweise auch nicht von ihrer Geburt in einem Konzentrationslager. »Das Thema taucht eigentlich nicht auf.«

Als Hana größer wurde, sorgte Priska dafür, dass sie die unglaubliche Geschichte hörte, und sie zeigte ihrer Tochter auch oft Fotos von Tibor und erzählte ihr von ihm oder las Briefe vor. Außerdem besaß sie ja das Notizbuch, und auch seine kostbare Briefmarkensammlung hatte den Krieg bei einem Freund überstanden. »Ich wollte, dass sie über ihren Vater und über das, was wir durchgemacht haben, Bescheid weiß, aber ich wollte auch, dass sie schöne Erinnerungen hat und nicht über schreckliche Dinge nachgrübelt«, sagte ihre Mutter. »Ich wollte, dass sie sich ihrem Vater nahe fühlte und einiges über sein Leben erfuhr … ich erinnere mich an alles, und ich habe ihr alles erzählt.«

Hana beschreibt ihre Mutter als »Hitzkopf«. Mit unerbittlicher Energie habe sie um ihr Kind gekämpft. Jahrelang glaubte Hana, ihr Vater hätte das Lager doch überlebt, und schaute jeden großen blonden Mann mit blauen Augen und Schnurrbart hoffnungsvoll an. Erst als sie Anfang zwanzig war, akzeptierte sie, dass er tot war.

Sie und ihre Mutter hielten die Verbindung zu Priskas Schutzengel Edita immer aufrecht. Sie lebte in Wien und besuchte die beiden, als Hana neunzehn Jahre alt war. »Ich wollte sie gar nicht wieder loslassen«, sagt Hana. »Damals, 1944 im Zug, hatte Edita es für ihre *Mitzvah,* ihre moralische Pflicht gehalten, Tibor zu versprechen, dass sie auf seine schwangere Frau aufpassen würde. Sie hatte gehofft, sie würde ebenfalls gerettet und eines Tages noch einen Mann finden. Ihre Gebete wurden erhört: Nach dem Krieg heiratete sie einen Rabbi. Hana erinnert sich an ihren Besuch: »Ihr Mann war sehr zurückhaltend, sie hatten zwei kleine Söhne. Und sie sagte immer wieder, wie tapfer meine Mutter gewesen war.«

Priska versuchte auch, die andere Edita in ihrem Leben wiederzufinden: Dr. Edita Mautnerová, die ihr bei der Geburt in der Freiberger Fabrik geholfen hatte und aus dem Zug geflüchtet war. »Wir waren sehr traurig, zu hören, dass sie nach dem Krieg gestorben war«, sagt Hana. »Ich habe mich leider nie bei ihr bedanken können.« Priska arrangierte aber ein Treffen mit einigen Frauen, die dasselbe erlebt hatten wie sie, darunter Chara Livni und ihre Freundin Magda, damit Hana diese Frauen kennenlernen konnte. Auch Magdas Ehemann Martin Gregor war dabei, der Schauspieler, der ihre Geburt im Rathaus von Mauthausen angemeldet hatte. »Du siehst jetzt viel besser aus«, sagte er zu ihr. Und später lernte sie auch einen Kollegen ihres Vaters kennen, der vor dem Krieg mit ihm bei der Zeitung gearbeitet hatte. »Du bist Tibors Tochter?«, fragte er, und dann brach er in Tränen aus, weil er so schöne Erinnerungen an ihn hatte.

Im Jahr 1960, zu Hanas fünfzehntem Geburtstag, nahm ihre Mutter sie mit nach Horní Bříza, um den Menschen dort persönlich für ihre Hilfe zu danken. Herr Pavliček war inzwischen verstorben, aber sie konnten mit vielen sprechen, die gute Erinnerungen an ihn hatten. Sie legten Steine an den Eisenbahnschienen nieder, wo die achtunddreißig Toten aus dem Zug zuerst bestattet worden waren, und besuchten den Friedhof der Stadt, wo sie später ihre endgültige letzte Ruhestätte gefunden hatten. Im November 1945 hatten die Sowjets einige SS-Leute dorthin gebracht und sie gezwungen, die verwesenden Leichen mit bloßen Händen wieder auszugraben. Die Jungen Jaroslav Lang und Vaclav Stepanek hatten das Ganze beobachtet, gemeinsam mit vielen Bewohnern der Stadt. »Es war eine Genugtuung«, sagte Jaroslav Lang leise. »Eine Wiedergutmachung. Die Deutschen mussten für das, was sie getan hatten, bezahlen.«

Die Toten wurden dann bei einer Zeremonie mit vielen Teilnehmern respektvoll zur Ruhe gelegt. Ihr Grabstein ist ein beeindruckendes Mahnmal mit einer großen Bronzestatue eines sterbenden Mannes in einem Stacheldrahtzaun, gestaltet von dem bekannten tschechischen Künstler J. Matějů und von der Stadt finanziert. In einem Brief an die Behörden, in dem um Spenden gebeten wurde, schrieben die Einwohner der Stadt: »Wir kennen ihre Namen und ihre Nationalität nicht. Wir wissen nur, dass sie unter den groben Stiefeln der Nazis starben, damit wir leben können.«

Priskas und Hanas Besuch in der Stadt wurde liebevoll aufgezeichnet und fotografiert. Bis heute ist er Thema im Museum der Stadt und auf einer Tafel am Bahnhof, wo Herr Pavliček gelebt hatte. Später schrieb Priska noch einmal an die Menschen in der Stadt, um ihnen zu danken:

Heute wie damals bin ich sicher, dass wir ohne die Hilfe der tapferen Menschen in Westböhmen nicht überlebt hät-

*1960: Priska zeigt Hana, wo der Zug in Horní Bříza stand.*

ten. Meine Tochter hätte jedenfalls nicht überlebt. Wir sind Horní Bříza sehr dankbar … für die unvergesslichen Augenblicke, die wir bei Ihnen verbringen durften. Wir werden in Interviews nie versäumen darauf hinzuweisen, was die Menschen in diesem Ort für uns während unserer traurigen Haftzeit getan haben.

Priska fuhr mit der jungen Hana auch nach Mauthausen, und zwar im Rahmen einer Gruppenreise, die von einer antifaschistischen Organisation durchgeführt wurde. Aber das Erlebnis belastete ihre Tochter sehr, vor allem die Fotos der Menschen, die am Tag vor der Ankunft ihrer Mutter in den Gaskammern ermordet worden waren. »Für mich war es ein sehr schlimmes Erlebnis, aber meiner Mutter schien es nicht so viel auszumachen«, sagt Hana. »Sie sprach mit allen möglichen Leuten, und sie tauschten Erfahrungen aus.« Erst mehr als vierzig Jahre später sah sich Hana in der Lage, an diesen Ort zurückzukehren. Priska tat es nie mehr.

*Priska und Hana im Urlaub in der Slowakei, 1965*

Im Jahr 1965 schrieb Priska auch einen Brief an die Menschen in Freiberg, die sie als Ehrengäste zu einer Gedenkfeier für die Zwangsarbeiterinnen eingeladen hatten. Sie nahm die »freundliche Einladung«, wie sie schrieb, dankend an und fügte hinzu: »Hana war das hübscheste Kind, das ich je gesehen hatte. Sie hatte ein rundes Köpfchen, blonde Haare und blaue Augen, genau wie die Freiberger Kinder, die mich jeden Tag mit ihren großen Augen faszinierten, wenn wir zur Fabrik und wieder zurückgebracht wurden.« Man würde wohl kaum einen Unterschied zwischen einer zwanzigjährigen Freibergerin und ihrer Tochter erkennen. »Für mich ist sie meine beste Freundin, meine Tochter, mein Leben.« Sie besichtigten die Fabrik, aber das ernste Denkmal auf dem Friedhof der Stadt mit der Inschrift KZ Freiberg und dem kurzen Text über die Opfer des Faschismus zeigte man ihnen nicht.

Abgesehen von den etwa dreißig kleinen Narben am Körper, den die gefährlichen Abszesse hinterlassen hatten, hatte Hana in ihrem weiteren Leben keine ernsthaften Gesundheitsprobleme. Nachdem sie als Baby so sehr unter Läusen gelitten hatte, entwickelte sie eine Allergie gegen Insektenstiche, aber die Hauptfolge der ungewöhnlichen Umstände ihrer Geburt war eine geradezu »pathologische Aversion« gegen jede Art von Rufen oder Schreien, die wohl auf vorgeburtliche Erlebnisse zurückzuführen sind. »Wenn mich jemand aggressiv anspricht, will ich nur weglaufen und mich verstecken«, sagt sie. »Nicht zu vergessen: Ich habe mir schon bei meiner Geburt mit zwei Fäusten die Ohren zugehalten.«

Als Hana dreiundzwanzig Jahre alt und frisch verheiratet war, erwartete sie ihr einziges Kind – 1968. Während das Kind in ihr heranwuchs, beobachtete sie voller Spannung die Ereignisse des Prager Frühlings. Im August 1968, als eine halbe Million Soldaten des Warschauer Paktes in die Tschechoslowakei einmarschierten, beschloss sie, ihr Land für immer zu verlassen. »Vielleicht lag es an meinen frühen Erlebnissen, aber als ich die Panzer sah und die Schüsse hörte, wusste ich, dort wollte ich mein Kind auf keinen Fall zur Welt bringen«, sagt sie. Sie zog nach Israel, wo im Dezember ihr Sohn Thomas, genannt Tommy, geboren wurde. 1972 machte sie ihren Doktor in organischer Chemie, und elf Jahre später zog sie nach Chicago, ins Land ihrer Befreier. Sie war zwei Mal verheiratet, beide Male mit jüdischen Ehemännern, und hat inzwischen zwei Enkelkinder: Jack und Sasha. Ihr dritter Mann Mark, mit dem sie seit vierundzwanzig Jahren verheiratet ist, ist Nicht-Jude, Arzt und Nierenspezialist. Gemeinsam arbeiten sie in der Pharmaindustrie und leben in der Nähe von San Francisco.

Priska behielt aus ihrer Zeit in den Lagern ein schwieriges Verhältnis zum Essen und einen echten Abscheu vor Kälte. »Ständig schaute sie in den Kühlschrank und in den Vorratsschrank und fragte: ›Haben wir genug zu essen im Haus? Wird uns auch nichts ausgehen?‹«, erzählt Hana. »Zum Glück war unsere Wohnung ziemlich klein, sie konnte also nicht so viel

*Hana mit ihrem Sohn Tommy, der Schwiegertochter Julie und den Enkeln Sasha und Jack*

horten.« Außerdem liebte Priska den Luxus, viel zu schlafen. Ihr Bett, ihre Decken und Kissen wurden zum Mittelpunkt ihres Lebens, vor allem im Alter.

Gegen Ende ihres Lebens sagte Priska einmal: »Ich hatte ein schönes Leben mit meinem Kind, nachdem ich … es im Konzentrationslager geboren hatte … Meine Tochter ist mir sehr kostbar … Ich danke Gott, dass er mir dieses Kind geschenkt hat, und ich wünsche allen Müttern so viel Liebe, wie ich für meine Tochter empfinde. Sie ist eine sehr gute Mutter und eine gute Tochter. Sie liebt ihren Sohn, und sie ist ein guter Mensch.« Optimistin bis zum Schluss und immer darauf bedacht, an etwas Schönes zu denken, fügte sie hinzu: »Ich habe überlebt. Wir sind hier. Ich habe ein Kind mit nach Hause gebracht. Das ist das Wichtigste.«

Hana sagt: »Meine Mutter hatte immer sehr viel Antrieb und Kraft. Ihr Lieblingswort auf Slowakisch war ›presadit'‹, was so viel heißt wie: weitermachen, Dinge voranzutreiben. Ich glaube, sie hatte auch während der ganzen Zeit in den Lagern das Ziel, etwas zu machen: zu überleben und mich am Leben zu erhalten.«

Im Alter litt Priska unter Demenz, aber sie hat ihren einzigen Enkel Tommy noch kennengelernt und liebte ihn sehr. Als ihr Zustand sich verschlechterte, bat sie ihre Tochter immer wieder: »Bitte vergib mir.« Hana wusste gar nicht, was sie ihr vergeben sollte. Sie wusste nur, dass sich im Kopf ihrer Mutter wieder alles um die Vergangenheit drehte.

Kurz nach ihrem neunzigsten Geburtstag im August 2006 musste Priska Löwenbeinová in ein Pflegeheim. Dort wurde sie von einer eigenen Pflegerin betreut, die Hana jeden Tag über den Gesundheitszustand ihrer Mutter berichtete. Drei Wochen später kam Priska wegen Dehydrierung und anderer Gesundheitsprobleme ins Krankenhaus. Hana flog nach Europa und blieb einige Wochen bei ihr, bis sie wieder arbeiten musste. Nach der Rückkehr ins Pflegeheim, wo sie zwei Wochen lang

*Priska im Alter zwischen achtzig und neunzig in Bratislava*

fast nur schlief, starb Priska friedlich im Schlaf. Ihr Todestag war der 12. Oktober 2006.

Die Frau, die im Krieg drei Babys und ihren Ehemann Tibor ebenso verloren hatte wie einen Großteil ihrer Familie, widmete den Rest ihres Lebens diesem »vollkommenen Baby«, das während eines Luftangriffs auf einem Holzbrett in einer SS-Fabrik geboren wurde. 1996, zehn Jahre vor Priskas Tod, übergab Hana das winzige Hemdchen und die Mütze, die die überlebenden Frauen von Freiberg für sie genäht und bestickt hatten, an das United States Holocaust Memorial Museum in Washington. Ihre Mutter hatte die Sachen mehr als fünfzig Jahre lang aufbewahrt.

Priskas Asche wurde auf dem Friedhof in Bratislava beigesetzt, der den Namen Slávičie Údolie (Lerchental) trägt. Er liegt

*Das Familiengrab in Bratislava, in dem auch Priskas Asche beigesetzt wurde*

auf einem mit Bäumen bewachsenen Hügel, keinen Kilometer von der Donau entfernt. Dort ist sie für alle Ewigkeit von Schönheit umgeben.

### *Rachel*

Die Abramczyk-Schwestern hatten ihrem Vater Shaiah zwar versprochen, sofort nach Ende des Krieges nach Polen zu kommen, aber sie mussten warten, bis Sala wieder reisefähig war. So machten sie sich erst Mitte Juni auf den Weg. »Als es so aussah, als könnte ich durchkommen, beschlossen wir, nach Hause zu fahren, sobald ich genug Kraft dazu hatte«, berichtete Sala später.

Sie fühlten sich zwar wie von einem unsichtbaren Faden gezogen, aber die Zukunft der vier jungen Frauen war dennoch mehr als unsicher. Nur dreihunderttausend der ehemals 3,3 Millionen polnischen Juden hatten den Krieg überlebt, und in den Jahren nach der Rückkehr wurden etwa fünfzehnhundert ermordet, die meisten aus antisemitischen Motiven. Hätten sie davon gewusst, dann wären Rachel und ihre Schwestern zutiefst erschrocken gewesen, und ihre Lage wäre noch schwieriger gewesen. Aber sie hatten ohnehin kaum eine Wahl. So viele Flüchtlinge suchten im Ausland Schutz, dass sich viele Türen bereits wieder schlossen. Großbritannien, Frankreich und Kanada nahmen Tausende auf, aber die Briten beschränkten die Zahl der möglichen Einwanderer nach Palästina, wohin viele wollten. Die USA nahmen schließlich etwa vierhunderttausend Flüchtlinge auf, aber die Zahl der Ablehnungen war größer als die der Genehmigungen, sodass die Möglichkeiten, dort ein neues Leben anzufangen, ebenfalls begrenzt waren. Die polnischen Juden, die niemand auf der Welt haben wollte, mussten wohl oder übel in ihr Heimatland zurückkehren, das inzwischen ein sowjetischer Marionettenstaat war.

Mit ihren sechsundzwanzig Jahren war Rachel die älteste und hatte die Mutterrolle wieder übernommen. Sie musste entscheiden, was das Beste war, nicht nur für sich selbst und ihr Baby, sondern auch für ihre drei Schwestern. Sala war bei Kriegsende dreiundzwanzig, Ester zwanzig und Bala neunzehn. Die Jahre, die die besten in ihrem jungen Leben hätten werden sollen, hatten sie in Ghettos und Lagern verbracht, und nun blieben ihnen nur die Reste ihres alten Lebens in Pabianice oder Łódź. Die einzigen ermutigenden Nachrichten, die sie erhielten, stammten von zwei polnischen Freundinnen, die sie in Mauthausen getroffen hatten und die ihnen versicherten, ihr Vater und ihr Bruder Berek seien noch am Leben gewesen, als sie sie zwei Wochen zuvor zuletzt gesehen hätten. Das war in Bergen-Belsen gewesen, aber dort waren sie getrennt worden. Wenn das stimmte, dann war klar, dass die Männer sich ebenfalls nach Pabianice begeben würden, sobald sie könnten. Vielleicht warteten sie dort schon auf sie.

Die vier jungen Frauen, die »nicht besonders gepflegt« aussahen, bestiegen den Bus und dann einen Vieh-LKW, der sie auf eine weitere endlose Reise mitnahm, immer wieder unterbrochen wegen Bombenschäden, Treibstoffmangel und zerstörter Strecken. Warschau war nach der brutalen Niederschlagung des Aufstandes nicht mehr wiederzuerkennen, aber sie blieben ohnehin nicht lange, sondern nahmen den nächsten überfüllten Zug und schließlich die Straßenbahn nach Pabianice.

In ihrer Heimatstadt angekommen, stellten sie fest, dass sich alles verändert hatte. Die meisten Juden, die sie von klein auf gekannt hatten, waren verschwunden. Die einst so schöne Wohnung ihrer Eltern und alle ihre geliebten Sachen waren gestohlen. Ein früherer Angestellter lebte jetzt in der Wohnung und weigerte sich, sie aufzugeben. Er erklärte ihnen rundheraus, sie gehöre ihnen nicht mehr, und er sei von der kommunistischen Partei dazu ausersehen, im Auftrag der Behörden das Haus zu betreuen.

Freunde und Nachbarn, mit denen sie aufgewachsen waren, hatten sich genommen, was ihnen gefiel. Das elegante, mit Blumen geschmückte Zuhause ihrer Kindheit, das ihre Mutter Fajga immer als »Burg« bezeichnet hatte, existierte nur noch in der Erinnerung. Keine Spur von den sorgfältig ausgewählten Kunstwerken, dem feinen Porzellan. Die Musik und das Lachen ihrer frühen Jahre war nur noch ein leises Echo. Die Schwestern konnten nur ein paar Wertgegenstände retten, die ihre Eltern bei den treuesten Angestellten deponiert hatten und die ihnen freundlich zurückgegeben wurden. Schockiert und obdachlos, appellierten die Schwestern an die örtlichen Behörden, die mit der Rückführung der Häftlinge betraut waren. Sie bekamen eine kleine Wohnung zugewiesen, in der sie warteten, immer noch voller Hoffnung, ihren Vater und ihren Bruder bald wieder zu sehen. Sie mussten doch jetzt jeden Tag kommen! Doch die Wochen vergingen, und sie waren gezwungen, ihre wenigen

Habseligkeiten zu verkaufen, um überhaupt zu existieren. Und die Hoffnung schwand dahin. Sala nahm Näharbeiten an, um etwas Geld zu verdienen, aber die kleine Familie musste zu ihrem tiefsten Schrecken feststellen, dass sie fast alles und auch fast alle Menschen aus ihrer Vergangenheit verloren hatte.

Von den vierzigtausend Juden, die während des Krieges aus Pabianice deportiert wurden, waren nur noch fünfhundert am Leben. Der kleine Mark war das einzige Baby. Jedes Mal, wenn die Schwestern in die Stadt gingen, mit der sie so viele glückliche Erinnerungen verbanden, trafen sie nur abfällige Blicke. Niemand hieß sie willkommen. Rachel hörte einmal sogar, wie sich eine Frau beklagte: »Sie haben doch so viele verbrannt, und jetzt sind immer noch welche am Leben.«

Sala sagte später: »Unser Zuhause war kein Zuhause mehr. Die ganze Stadt sah schlimm aus. Sie war wie ein Friedhof, auf dem keine Bekannten liegen.« Die hübsche blonde junge Frau, die in der Schule immer so beliebt gewesen war, fand keine vertrauten Gesichter mehr. Ratlos eilte sie zu ihrer früheren Kunstlehrerin, um sie wissen zu lassen, dass sie noch am Leben war. »Meine Lehrerin hatte mich so gern gehabt, dass sie mich sogar gemalt hatte. ›Sie wird sich freuen mich zu sehen! Ich gehe und erzähle ihr, was mit uns passiert ist‹, sagte ich zu meinen Schwestern. Aber sie machte nur die Tür auf und fragte: ›Ach, du lebst noch? Ich habe nichts für dich.‹ Sie fragte nicht einmal, wie es mir ging, und machte einfach die Tür wieder zu. Es war wie ein Schlag ins Gesicht.«

Einen Monat nach ihrer Heimkehr bekamen die Schwestern einen Brief von einem Onkel in New York, der sich an die polnischen Behörden gewandt hatte. Er war darüber informiert worden, dass sich ihr Bruder Berek in einem schwedischen Krankenhaus befand. Dorthin hatte ihn das Rote Kreuz vermittelt, damit er sich vom Verlust eines Auges und anderen Verletzungen erholen konnte, die er im Lager erlitten hatte. Die Schwestern waren außer sich vor Freude und nahmen Kontakt mit ihrem Bruder auf, der ihnen ein Foto von sich schickte, auf dem er mit einem dicken Kopfverband zu sehen war. »Papa erwähnte er nicht, und da war uns klar, er hatte es nicht geschafft«, sagte Sala später.

Auch von ihrem jungen Bruder Moniek, der sich so tapfer gemeldet hatte, um die kleinen Kinder aus dem Ghetto in Pabianice zu begleiten, hörten sie nichts, doch die Erzählungen über Chełmno ließen das Schlimmste befürchten. Was aus ihrer Mutter Fajga und den Kleinen – den vierzehnjährigen Zwillingen Dora und Heniek und dem geliebten Nesthäkchen Maniusia geworden war, konnte ihnen niemand sagen. Nach allem, was sie inzwischen über Auschwitz erfahren hatten, mussten sie wohl davon ausgehen, dass sie die fröhlichen Stimmen ihrer Mutter, ihres Bruders und ihrer Schwestern nie mehr hören würden. Sie konnten nur hoffen, dass sie bis zum Schluss zusammengeblieben waren und nicht zu viel hatten leiden müssen. Sala sagte einmal: »Sie waren jung und schön, und so hätte auch ihr Leben sein sollen.«

Angesichts des Verlustes von Eltern und Geschwistern beschloss Bala, die Berek immer am nächsten gestanden hatte, nach Schweden zu fahren, um sich um ihn zu kümmern. »Er braucht mich«, sagte sie. Und irgendwie schaffte sie es tatsächlich, nach Schweden zu kommen und viele Jahre bei ihm zu bleiben. Von ihr erfuhren die Schwestern auch, dass er sein Auge verloren hatte, als ihn ein Aufseher in Bergen-Belsen zu Boden schlug. Er hatte versucht, seinen Vater zu retten. »Die ganze Zeit hatte er seinen Vater beschützt, der alt und schwach war und nicht mehr viel arbeiten konnte. Aber dann verboten sie ihm bei irgendeiner Sache, dem Vater zu helfen. Und als er es doch versuchte, trat ihm der Aufseher ins Gesicht und schlug ihm das Auge aus.« Ihr Vater Shaiah war drei Tage vor der Befreiung des Lagers erschossen worden.

Von Monik gab es ebenfalls keine Nachricht. Rachel fragte sich schon, ob ihr Mann womöglich in Łódź auf sie wartete und gleichzeitig versuchte, seine Fabrik wieder in Gang zu bringen. Mit größten Schwierigkeiten in diesem Land, dessen Verkehrs-

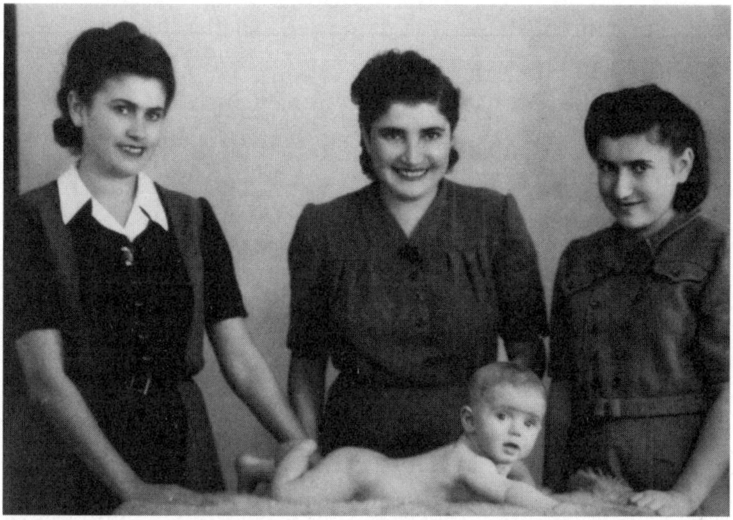

*Der kleine Mark mit Sala, Rachel und Ester, 1946*

system und Infrastruktur praktisch vollkommen zerstört war, reiste sie mit ein paar Freunden als Schutz dorthin – und musste feststellen, dass auch die Fabrik enteignet worden war. Die jüdische Bevölkerung von Łódź, vor dem Krieg mehr als zweihunderttausend Menschen, war auf weniger als vierzigtausend gesunken, und die meisten waren auf dem Sprung in die Emigration. Die Familie hatte wirklich alles verloren.

»Da war uns klar, dass wir nicht in Polen bleiben wollten«, sagte Sala. »Uns war dort nichts geblieben.« Im Tumult der ersten Nachkriegszeit reisten die Schwestern nach München in die amerikanische Zone, weil sie gehört hatten, von dort aus könnten sie überallhin weiterziehen. Sie kamen in eine ausgebombte Stadt, mit nichts als den Kleidern, die sie am Leibe trugen und einem oder zwei Koffern mit den wenigen Habseligkeiten, die ihnen geblieben waren. Als sich die Nachricht verbreitete, dass Überlebende aus ihrer Region nach München gezogen waren, kamen weitere Freunde und Nachbarn, und bald konnten sie sich gegenseitig unterstützen. Rachel fragte weiterhin jeden Rückkehrer nach ihrem Mann und erwartete immer, Schreckliches zu erfahren, aber es gab keine verlässlichen Informationen und er tauchte nie wieder auf.

Nach einigen Monaten akzeptierte sie seinen Tod, obwohl sie nie irgendwelche Einzelheiten herausfand oder auch nur erfuhr, wo er gestorben war. Lange Zeit vermutete sie, er sei nach Auschwitz gebracht und dort vergast worden, aber ein Bekannter ihres Bruders aus Łódź versicherte, Monik sei dem letzten Transport aus dem Ghetto entgangen und hätte versucht, in der Gegend zu bleiben. Irgendwann sei er von einem Deutschen in Łódź auf der Straße erschossen worden.

Wie auch immer er gestorben ist: Er hat nie erfahren, dass seine treue junge Frau überlebte und einen Sohn bekam. Sein Grab existierte nur in ihrer Phantasie – kein Ort, an dem sie Steine niederlegen konnte, kein Ort, den sie ihrem Sohn zeigen konnte.

An Trauer gewöhnt und entschlossen, weiterzuleben und ihrem Kind eine bessere Zukunft aufzubauen, blieb Rachel noch vier Jahre in München. Ihr Sohn Mark ging dort zur Schule, die erste Sprache, die er lernte, war Deutsch. Seine Mutter und seine Tanten sprachen nur polnisch, wenn sie nicht wollten, dass er sie verstand. Am 19. März 1946 heiratete Rachel wieder. Sol Orviesky, der seinen Namen später zu Olsky verkürzte, war ein begabter jüdischer Goldschmied, den sie schon vor dem Krieg kennengelernt hatte. Sie wusste, er würde ihrem Sohn ein guter Vater sein. Trotzdem quälte sie jahrelang das schlechte Gewissen, weil sie so bald wieder geheiratet hatte, und manchmal fragte sie sich, was wohl passieren würde, wenn Monik plötzlich vor ihrer Tür stände. »Ich habe wieder geheiratet, weil das Leben für eine alleinstehende Frau sehr schwer war und weil ein Kind einen Vater braucht«, sagte sie.

Sol, der aus einer orthodoxen jüdischen Familie in Pabianice stammte, war vor dem Krieg ebenfalls verheiratet gewesen und hatte einen Sohn gehabt. Ein deutscher Soldat hatte ihm wäh-

*Rachel und Mark, 1949*

rend einer Razzia das Baby aus den Armen gerissen, und ein Leben lang machte er sich Vorwürfe, weil er sich nicht mehr gewehrt hatte. Abgesehen von einem Neffen namens Henrike und zwei Brüdern, die nach Amerika geflohen waren, hatte er seine ganze Familie verloren, auch seine Frau. Er selbst hatte den Krieg in einem Lager verbracht, wo er damit beschäftigt gewesen war, die Habseligkeiten der Toten zu verarbeiten. Bei der Befreiung hatte er nicht einmal mehr 35 Kilo gewogen, mit vierzig hatte er keinen einzigen Zahn mehr, und für den Rest seines Lebens litt er unter erheblichen Gesundheitsproblemen.

Aber Sol war es auch, der nach dem Krieg für den Unterhalt der Abramczyk-Schwestern und seiner eigenen wenigen Verwandten sorgte. Gemeinsam mit einem deutschen Chemiker hatte er ein Verfahren entwickelt, mit dessen Hilfe man europäische Goldbarren auf den niedrigeren Karatwert einstellen konnte, der in Amerika Standard war. Und dieses Verfahren sicherte ihm einen Vertrag zur Verarbeitung von Gold, das aus den deutschen Banken ins Ausland transferiert wurde. Rachel und ihre Schwestern arbeiteten in seiner Firma mit, die schon deshalb gut lief, weil die Amerikaner lieber mit Holocaust-Überlebenden Geschäfte machten als mit den Deutschen. Gezahlt wurde in Dollar – das deutsche Geld war praktisch wertlos. Auf diese Weise war ein vernünftiger Lebensunterhalt gesichert, während um sie herum mit großer Mühe die Stadt wiederaufgebaut wurde. Sie waren sogar in der Lage, weitere Überlebende aus Pabianice aufzunehmen.

Drei Jahre nach der Hochzeit von Rachel und Sol, sobald es auf legalem Wege möglich war, wanderten sie in den neu gegründeten Staat Israel aus. Rachel, die seit ihrer Jugend Zionistin war, hatte ihren Mann dazu überredet. Die Familie nahm das erste Schiff von Marseille und ließ sich in Petach Tivka in der Nähe von Tel Aviv nieder. Dort lebten sie zehn Jahre lang. Nachdem Sol dort vom Goldhandel nicht leben konnte, gab er sein Geschäft auf und suchte sich eine Stelle als Stahlarbeiter.

Rachel hatte alle ihre alten Hochzeitsfotos und auch alle Bilder von Monik verloren. Aber in Israel lernte sie eine ehemalige Freundin von ihm kennen, die ein kleines Foto aus der Studentenzeit besaß, und sie konnte die Frau überreden, es ihr zu schenken. Dieses Foto war ihr kostbarster Besitz, solange sie lebte. Sie vererbte es sogar ihrem Sohn.

Rachel hatte geschworen, Mark zu beschützen, solange sie lebte. Das ging so weit, dass sie mit Sol kein zweites Kind haben wollte, weil sie befürchtete, er würde ein eigenes Kind ihrem Sohn vorziehen. 1958 sorgte sie, obwohl sie kein Wort englisch sprach, für einen Umzug in die USA, um zu verhindern, dass er in Israel zum Wehrdienst eingezogen wurde. Sol arbeitete wieder als Juwelier und Uhrmacher, aber nach mehreren Herzinfarkten starb er 1967 im Alter von einundsechzig Jahren. Rachel arbeitete »wie ein Pferd«, um die Firma zu erhalten und damit es ihrem Sohn an nichts fehlte.

Noch in München hatte ihre kleine Schwester Ester Abe Freeman geheiratet, einen Mann aus Pabianice, der ein Freund ihres Bruders Berek gewesen war. Abe hatte fast vier Jahre in Auschwitz verbracht und trug eine tätowierte Nummer am Arm. Die beiden zogen nach Nashville, Tennessee, nachdem man ihnen am Stand einer jüdischen Hilfsorganisation auf einer Messe in München weisgemacht hatte, die Stadt läge »ganz in der Nähe« von New York. Erst als sie dort ankamen, stellten sie fest, wie abgelegen Nashville war, aber sie waren glücklich dort und hatten Erfolg und blieben bis zu ihrem Lebensende im Land ihrer Befreier. Sie hatten zwei Töchter, Shirley und Faye, und fünf Enkel. Ester starb 2003.

Sala hatte ihren zukünftigen Ehemann Henrike, der sich später Henry nannte, schon im Ghetto von Pabianice kennengelernt. Er war der Neffe von Sol Olsky, Rachels zweitem Ehemann. Sala und Henry waren auch in Łódź noch zusammen, aber er war von Auschwitz aus direkt nach Mauthausen und von dort aus in die Stollen des Nebenlagers Ebensee gekommen, wo die Todesrate besonders hoch war. Nach dem Krieg suchte sie ihn überall. »Ich wusste immer, dass wir zusammen sein würden … Und er kam tatsächlich zurück und nach acht Wochen fragte er mich: ›Willst du mich heiraten?‹, und ich sagte Ja und wir hatten noch vierundsechzig wunderbare Jahre zusammen.« Henry der genau wie Sala fast an Typhus gestorben war, hatte einen Onkel in Amerika, der für sie bürgte. Vor ihrer Auswanderung gingen sie in München zur Abendschule, um Englisch zu lernen. Sie lebten zuerst in New York, später in Chicago, und schließlich zogen sie zu Ester und Abe nach Nashville. Sala änderte ihren Namen in das amerikanischere »Sally«. Sie und Henry hatten zwei Töchter Ruth und Deborah, und drei Enkel.

Bala blieb in Schweden, heiratete einen polnischen Juden namens Jakob Feder und hatte zwei Söhne, David und Mikael, und vier Enkel. Sie starb 1986 an Brustkrebs und sprach mit ihren Söhnen nie über ihre Erfahrungen während des Krieges. Die beiden wanderten nach ihrem Tod nach Israel aus.

Berek verließ Schweden 1956 und emigrierte in die USA. Er

fand Arbeit in San Francisco und blieb für den Rest seines Lebens dort. Er heiratete die Holocaust-Überlebende Pola Nirenberg und hatte zwei Kinder mit ihr, Leif und Steven, der heute als Neurochirurg in Nashville lebt und vier Kinder hat. Berek lernte Rachels »Wunderbaby« erst kennen, als Mark sechzehn Jahre alt war. Die beiden waren sehr gute Freunde. Insgesamt hatten die überlebenden Kinder der Familie Abramczyk neun Kinder und zwanzig Enkel – ihr Happy End, wie sie selbst sagten.

Wie so viele Überlebende, versuchten die Geschwister, alle Erinnerungen an die barbarische Zeit zu löschen, und sprachen selten darüber. Es war einfach zu schwer für sie. Gesprächstherapien waren noch relativ neu, und viele Überlebende litten unter enormen Schuldgefühlen, gerade weil sie überlebt hatten, während so viele andere hatten sterben müssen. Viele suchten Erleichterung durch harte Arbeit oder Alkohol, verkrochen sich in ihre Familien oder begingen Selbstmord. Die Überlebende Esther Bauer sagte einmal: »Die ersten zwanzig Jahre konnten wir nicht darüber sprechen. Die nächsten zwanzig Jahre wollte niemand etwas davon hören. Erst danach fingen die Leute an, Fragen zu stellen.«

Wie die Dinge lagen, versuchte jeder für sich mit den Erfahrungen fertig zu werden, die sich in die Erinnerung eingebrannt hatten. Sie gingen so gut sie konnten mit den schlimmen Momenten um, wenn irgendeine Kleinigkeit alles wieder zurückbrachte. Der Auslöser konnte ein Presslufthammer oder eine Fehlzündung an einem Auto sein, eine hohe Steinmauer oder ein vorbeifahrender Güterzug. Es konnte passieren, wenn sie jemanden deutsch sprechen hörten oder wenn sie angesengte Haare rochen, wenn irgendwo ein Haufen Kleider lag oder Hunde bellten. Ein Überlebender brach zusammen, als sein Friseur eine elektrische Schneidemaschine benutzte. Andere entwickelten eine wahre Paranoia vor Insekten und Schmeißfliegen oder bekamen Panikattacken in überfüllten U-Bahn-Waggons. Die Proportionen hatten sich verschoben und machten es den Überlebenden schwer, sich an ein Leben ohne Angst zu gewöhnen.

Und doch machten sie irgendwie weiter, wie sie es ja auch in den Lagern getan hatten. Sala sagte einmal: »Wir wussten voneinander, und wir ließen es hinter uns.« Es brauchte ein wenig Überredung, aber schließlich willigte sie doch ein, im August 2010 mit ihrem Neffen Mark und anderen Familienmitgliedern nach Louisville, Kentucky zu fahren, wo sich noch einmal die Männer der 11th Armored Division Association trafen, die »Thunderbolts«, die Mauthausen befreit hatten. Mehr als vierhundert Menschen nahmen an diesem Treffen teil, darunter einundachtzig Veteranen und einige Überlebende. Nach einer bewegenden Zeremonie im Patton Museum, an der auch junge Soldaten aus Fort Knox teilnahmen, gab es ein Abendessen mit Tanz, bei dem Big-Band-Musik aus den Vierzigerjahren gespielt wurde. Mark sagte, es sei ein sehr bewegendes Ereignis gewesen und seine Tante, die nie an irgendeiner Gedenkfeier teilgenommen hatte, sei sehr gerührt gewesen. Nachdem sie einige Veteranen getroffen hatte, sagte Sally danach: »Wir haben diese Hölle nur mit sehr viel Glück überlebt. Wir hatten einfach Glück und sind wieder nach Hause gekommen. Mehr kann man dazu nicht sagen.«

Ihre Schwester Rachel sah das ähnlich. »Es war wie ein Lottogewinn«, sagte sie einmal zu ihrem Sohn. »Wir waren Leuten ausgeliefert, die den einen Moment freundlich und dann wieder unglaublich grausam sein konnten. Einige Überlebende glauben, sie seien schlauer oder stärker gewesen als die anderen und hätten es deshalb geschafft. Aber viele sind gestorben, obwohl sie noch viel schlauer und stärker waren. Es war reine Glücksache.«

Obwohl sie immer behauptete, sie hätte ihre Erfahrungen hinter sich gelassen, bekam Rachel schon mit gut dreißig Jahren weiße Haare und verlor fast alle ihre Zähne. Ihr Zahnarzt sagte ihr, das Kind hätte während der Schwangerschaft allen Kalk aus ihrem Körper verbraucht, und der Rest sei mit der Muttermilch verloren gegangen. Auch nach vielen Jahren waren die Erinnerungen immer noch da, und Rachel litt, ebenso wie Sol, ein Le-

*Rachel (links) mit ihren Geschwistern Sala, Berek, Bala und Ester in den Achtzigerjahren in Israel*

ben lang unter Schlafstörungen. Mark hat immer wieder gehört, wie sie im Schlaf schrien oder im Haus herumliefen, wenn wieder einmal eine solche dunkle Nacht der Seele über sie hereinbrach.

Er wusste, seit er sprechen konnte, wo er geboren worden war, aber nachdem er in Israel unter so vielen Kindern von Holocaust-Überlebenden groß wurde, kam ihm der Beginn seines Lebens ziemlich normal vor. Seine Eltern lehnten es kategorisch ab, irgendetwas aus Deutschland zu besitzen oder beispielsweise ein deutsches Auto zu fahren. So mag es vielleicht nicht sehr überraschen, dass Mark als Kind auf die Frage, was er tun wollte, wenn er erwachsen sei, antwortete: »Ich will so viele Deutsche umbringen wie möglich.« Rachel schimpfte ihn aus, wenn er so etwas sagte. »Wir haben alles verloren, auch alle unsere Lieben. Wenn wir jetzt auch noch unsere Menschlichkeit verlieren, dann ist wirklich alles verloren.« Erst in den letzten Jahren ihres Lebens sah sie ein, dass die Generation, die verantwortlich für das Grauen gewesen war, nicht mehr lebte.

Als Mark sie einmal nach ihren Erfahrungen fragte, sagte sie:

»Man kann nichts daraus lernen. Es war einfach nur schrecklich. Vielleicht kann man lernen, dass man sich schützen muss. Wenn es so aussieht, als sollte man weglaufen, dann muss man es tun.« Und dann wurde sie sehr aufgeregt und sagte ihm: »Du kannst dir nicht vorstellen, wie schlimm es war, es hat also keinen Sinn, es zu versuchen.« Ein paar Wochen später beschwerte sie sich, er würde sie nie nach dem Krieg fragen. Sie hat nie eine der Gedenkstätten von Ghettos und Lagern besucht und war auch nie in Freiberg. Sie sah sich nie einen Film über den Holocaust an und las auch keine Bücher darüber, mit einer Ausnahme: Den Film Schindlers Liste fand sie »nicht schlecht«, wie sie sagte.

Mark, der bis heute unter den verschiedensten Allergien, einschließlich Asthma und Heuschnupfen, leidet, wusste nicht, dass Sol nicht sein richtiger Vater war, bis er irgendwann mit vierzehn Jahren seine Geburtsurkunde zu sehen bekam. Aber auch danach sprach er mit seiner Mutter kaum darüber. »Irgendetwas ist bei meiner Mutter angesprungen, als ich geboren wurde. Und sie hat mich beschützt, gegen alles und jeden. Ich habe einfach angenommen, mein Vater sei im Krieg gestorben.« Von seiner Mutter sagt er, sie sei eine »Getriebene« gewesen, ein »unermüdlicher Workaholic«, und sie habe auch ihn immer gedrängt, viel zu lernen und etwas aus sich zu machen. Von Sol sagt er, er sei »ein fantastischer Vater« gewesen. Beide waren sehr stolz, dass er ein angesehener Notarzt wurde. Mark und seine Frau Mary, die keine Jüdin ist, heirateten 1969. Sie haben vier Kinder und vier Enkel und leben heute in Wisconsin und Arizona.

Wie Anka und viele andere Frauen ihrer Generation, war Rachel ein großer Fan des Romans *Vom Winde verweht.* Sie hatte das Buch schon in Polen mit Begeisterung gelesen. Nach dem Krieg zitierte sie oft Scarlett O'Haras Ausruf: »Gott ist mein Zeuge, sie werden mich nicht unterkriegen. Ich werde dies überleben, und wenn es vorbei ist, dann will ich nie wieder Hunger leiden.« Sie war entschlossen, sich nie wieder in eine

*Rachel (rechts, sitzend) im Jahr 2002 mit (von links nach rechts) ihrem Enkel David, ihrer Schwiegertochter Mary, ihrem Sohn Mark, Enkel Charlie und Enkelin Margaret*

Lage bringen zu lassen, in der sie nicht die Kontrolle hatte oder in der sie ihre Familie nicht ernähren konnte. Vor allem sorgte sie dafür, dass die beiden Männer in ihrem Leben nie Hunger leiden mussten, und bestand darauf, selbst zu kochen und die Hausarbeit zu erledigen, auch wenn sie einen Vierzehn-Stunden-Arbeitstag hinter sich hatte. Das war einfach ihr »angestammtes Recht«.

Als sie einmal den Film *Vom Winde verweht* zusammen mit ihrem Enkel Charlie sah, vor allem die Szenen über die Leiden im amerikanischen Bürgerkrieg, sagte sie zu ihm: »Und das nennen die schlimm?« Später im Leben nahm sie Charlie und ihre anderen Enkelkinder mit ins Yad Vashem-Museum in Jerusalem. Dort beantwortete sie ihnen mehr Fragen, als sie ihrem Sohn Mark je beantwortet hatte.

Am Ende ihres Lebens litt Rachel unter verschiedenen Gesundheitsproblemen, darunter Diabetes, Bluthochdruck und

Herzprobleme. Außerdem hatte sie eine Nervenschädigung in den Beinen, wurde schwerhörig und litt unter Osteoporose, sodass ihr mehrere Wirbel einbrachen. Über ihre nachlassende Mobilität sagte sie: »Ich sage meinen Beinen, wohin sie gehen sollen, aber sie hören nicht auf mich!« Mark berichtet, als sie über achtzig war, sei sie »schwach und müde geworden nach vielen kräftigen, gesunden Jahren … Sie hatte keine Freude mehr am Leben und wartete auf das Ende.« Zu Silvester 2002 feierte sie noch mit ihrer ganzen Familie ihren vierundachtzigsten Geburtstag, nachdem sie gerade eine ehrenamtliche Tätigkeit im Krankenhaus aufgegeben hatte. Zwei Monate später musste sie sich einer kleinen Operation an der Blase unterziehen und bestand darauf, das zu erledigen, während ihre Schwestern Ester und Sala Urlaub auf Hawaii machten, damit sie »nicht so ein Theater« machten.

*Rachels Grab in Nashville, Tennessee in den USA*

Mark flog von Wisconsin nach Nashville, um bei ihr zu sein, und war an ihrer Seite, als unmittelbar nach der Operation ihr Herz versagte. »Sie schlug kurz die Augen auf und sah mich an«, berichtet der Junge, der in einem Kohlewaggon geboren wurde. Rachel Olsky starb am 19. Februar 2003.

Im Alter von siebenundfünfzig Jahren, nachdem er ein Leben lang versucht hatte, den außergewöhnlichen Umständen seiner Geburt gerecht zu werden, stand Mark ohne Eltern da. Seine unbezähmbare Mutter, die sechzig Jahre zuvor fast gestorben wäre und in ihrem Leben so viel durchgemacht hatte – nicht zuletzt den Tod zweier Ehemänner – spielte immer herunter, was sie und Mark erlebt hatten. »Du machst eine viel zu große Geschichte aus einer so einfachen Sache«, sagte sie immer wieder zu ihrem Sohn.

Rachel ist in einer friedlichen Ecke eines jüdischen Friedhofs in Nashville, Tennessee beerdigt, umgeben von schönen Hartriegel-Bäumen.

### *Anka*

Nach drei Wochen Ruhe und Erholung in der Krankenstation von Mauthausen waren Anka und Eva endlich kräftig genug, um nach Hause zurückzukehren. Anka bereitete sich auf die Reise nach Prag vor, und sie und ihre Tochter wurden geradezu überschwemmt mit Babysachen und Geschenken: von den Soldaten und von anderen wohlmeinenden Menschen. So war Eva »sehr gut ausgestattet«, als sie das Lager verließen.

Mit Evas wichtiger Geburtsurkunde und Ankas neuen Papieren – endlich ohne das eingestempelte J – bestiegen Mutter und Tochter am 20. Mai 1945 den Bus nach České Budějovice (Budweis) und verabschiedeten sich zärtlich von ihren Rettern.

Wie die anderen beiden Mütter, erlebte auch Anka eine quälende, immer wieder verzögerte Reise. Die meisten Bahnhöfe waren nicht besetzt, aber überall drängten sich die Menschen, die endlich nach Hause wollten und versuchten, irgendwie mitzufahren, notfalls auf dem Dach. So kamen die immer noch elenden ehemaligen tschechischen Häftlinge von Mauthausen in einer trostlosen Nacht im Hauptbahnhof von Prag an. Anka kannte ihn nur zu gut aus der Zeit, als sie zu ihrer Tante nach Třebechovice gefahren war und aus ihrer Studienzeit in der Stadt. Das alles schien jetzt eine Ewigkeit her zu sein.

Die Rückkehr in das Nachkriegs-Prag, das außerdem eine Revolution hinter sich hatte, war einer der deprimierendsten Augenblicke in Ankas eigenem Krieg. »So viele Jahre musste man irgendwie durchhalten und kämpfen und versuchen, sich nicht zu viele Sorgen zu machen und zu viel zu denken«, sagte sie einmal. »Dabei hatte ich ganz vergessen, dass am Ende niemand mehr auf mich warten würde … meine Eltern und Schwestern … es war niemand mehr da, kein Zuhause, in das ich zurückkehren konnte … Eine schreckliche Erkenntnis … der schlimmste Moment in diesem ganzen schlimmen Krieg.«

Abgesehen von den Schäden, die während der Revolution angerichtet worden waren, hatte die Stadt auch ein Flächenbombardement von amerikanischen Piloten erlebt, die bei den Februar-Angriffen gedacht hatten, sie hätten Dresden unter sich liegen. Die Energieversorgung und der öffentliche Nahverkehr waren ein einziges Chaos, in großen Teilen der Stadt funktionierte gar nichts. Die emotional und körperlich noch sehr zerbrechliche Anka hatte kein Geld und nur den einen Plan, sich früh am Morgen irgendwie zu ihrer Cousine Olga durchzuschlagen. Gegen alle Logik war sie sicher, dass Olga überlebt haben musste, weil sie mit einem Nicht-Juden verheiratet war. Bis zum Morgen musste sie mit ihren Freundinnen im Dunkeln warten, bis irgendwann Vertreter des Roten Kreuzes auftauchten und ihnen eine Unterkunft im nahe gelegenen Hotel Graaf organisierten.

Am nächsten Morgen ging sie mit Eva los zur nächsten Straßenbahnhaltestelle. Als eine der ersten Überlebenden, die nach dem Krieg nach Prag zurückkehrten, erregte ihr Erscheinungsbild einiges Aufsehen. Natürlich waren in den Kino-Wochenschauen überall auf der Welt die schrecklichen Bilder der befreiten Lager und der Überlebenden zu sehen gewesen, aber die Menschen waren trotzdem schockiert, diese magere Frau mit den struppigen Haaren und den abgetragenen Kleidern zu sehen. Viele zeigten Mitleid und boten ihr Geld an – viel zu viel Geld.

»Ich brauche nur das Fahrgeld für die Straßenbahn«, erklärte sie immer wieder und nahm tatsächlich nur so viel an, wie sie brauchte. Bei Tageslicht sah die Stadt erstaunlich unverändert aus, aber die desorientierte Anka erkannte trotzdem kaum noch etwas wieder. Als sie sich zu der Wohnung im zweiten Stock des Hauses in der Schnirchova Straße durchgefragt hatte, nicht weit vom Ausstellungsgelände der Stadt mit seinen Jugendstilgebäuden, fand sie zu ihrem Erstaunen vor der Tür Brot und Salz vor, die Grundbedürfnisse des Lebens und das traditionelle tschechische Willkommen. Kurz nach zehn Uhr am Vormittag klopfte sie an der Tür und stand tatsächlich vor ihrer Cousine Olga Šroňková, deren Mann Ivan und den zwei Kindern. Sie hatten schon erfahren, dass sie am Leben war, und warteten auf ihre Heimkehr. »Wir haben keine Läuse!«, sagte Anka, bevor sie ihre Verwandten umarmte und zum ersten Mal seit Jahren in Tränen ausbrach. Tatsächlich hatten Eva und sie noch jede Menge Läuse, aber das kümmerte keinen, so erleichtert waren alle, sie zu sehen.

»Können wir ein paar Tage bleiben, um uns zu erholen?«, fragte Anka. Am Ende wurden dreieinhalb Jahre daraus, denn Olga und ihre Familie nahmen sie liebevoll auf und halfen ihnen beim Start in ein neues Leben. »Sie waren echte Engel. In dieser kleinen Wohnung mit den großen Kindern, und sie nahmen uns trotzdem bei sich auf, und so lange!«

In den ersten Tagen nach ihrer Heimkehr tat Anka nicht viel mehr als schlafen und essen. Sie konnte sich gar nicht darüber beruhigen, dass sie endlich wieder genug zu essen hatte, und stand nachts manchmal heimlich auf, um so viel Wasser zu trinken, wie sie wollte, oder den großen Vorratsschrank zu plündern. Vor allem Brot konnte sie gar nicht genug bekommen und

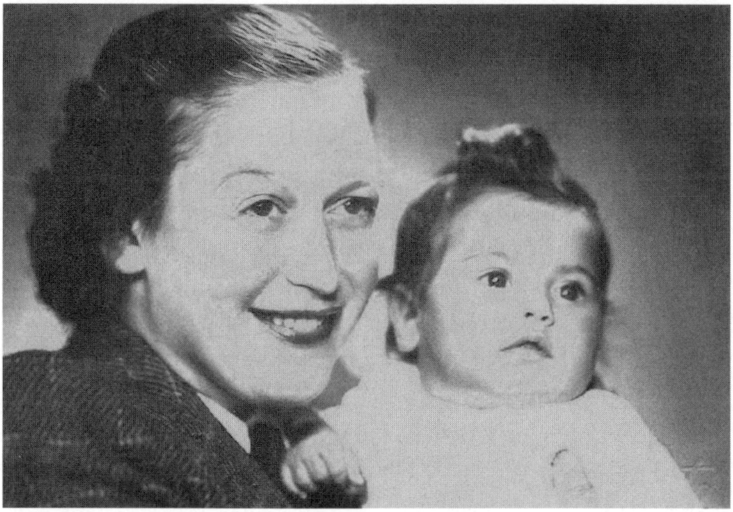

*Anka und Eva in Prag, 1945*

buk sogar mitten in der Nacht mit Olga frische Vorräte, wenn es Strom gab.

Als klar war, dass sie und Eva tatsächlich Läuse mitgebracht hatten und außerdem auch noch an Krätze litten, die von Milben verursacht wurde, wurden sie für ein paar Tage ins Krankenhaus gebracht, um dort mit insektenvertilgenden Mitteln und Antibiotika versorgt zu werden. Olga, die zwanzig Jahre älter war als Anka, besuchte ihre Cousine oft und hatte eine Engelsgeduld mit ihr. Ganz vorsichtig begann sie, ihre Fragen zu beantworten und zu erzählen, was während ihrer Abwesenheit in Prag passiert war. Olga und ihre Schwester Hana, die ebenfalls mit einem Nicht-Juden verheiratet war, waren lange Zeit der Verhaftung entgangen, doch die letzten sechs Monate des Krieges hatten sie in Theresienstadt verbracht. Ihre Männer waren in einem eigenen Lager für Nicht-Juden eingesperrt gewesen. Alle hatten überlebt.

Olga sagte Anka auch, dass sich außer ihr noch niemand aus der Familie gemeldet hatte. Keine Nachricht von Ankas stolzen Eltern Stanislav und Ida, von der armen Ruzena und ihrem hübschen blonden Sohn Peter, von ihrer lustigen Schwester Zdena, die aus Birkenau eine Karte hatte schreiben müssen und mit dem Codewort »lechem« – Brot einen letzten tapferen Versuch unternommen hatte, ihre Angehörigen wissen zu lassen, dass die Menschen dort verhungerten. Zdena, diese lebhafte, schöne Frau, die ihren Mann und das Leben so sehr geliebt hatte, war ausgelöscht worden wie eine Kerze.

Olga hatte auch nichts von ihren eigenen Eltern gehört, die Anka zuletzt in Theresienstadt gesehen hatte. Und auch von Bernd gab es keine Nachricht. Die Familie hatte alle Namen ihrer vermissten Angehörigen bei den Behörden gemeldet, aber die Tage wurden zu Wochen, und allmählich wuchs die Gewissheit, dass sie die einzigen Überlebenden ihrer großen Familie waren.

Zu allem Übel versiegte nun auch noch Ankas reichliche Muttermilch, als sie in Prag ankamen. »Es war, als hätte ihr Körper gesagt: Jetzt ist es genug, sobald klar war, dass es jetzt Flaschenmilch und andere Babynahrung für mich gab«, sagte Eva. »Verrückterweise schickte Peters Vater eine ganze Ladung Ostermilk-Säuglingsnahrung aus England, aber meine Mutter ging mit mir zum Kinderarzt, um mich untersuchen zu lassen, und er sagte ihr, das Zeug tauge nichts. Da warf sie sie weg.«

Danach endete jeder Versuch, die kleine Eva zu füttern, in schmerzlichem, frustriertem Weinen. Anka hatte keine Milch mehr, und ihre Brüste waren sehr empfindlich geworden. Als ein Kinderarzt ihr sagte, Eva müsse »essen, essen, essen«, blieb Anka nichts anderes übrig als sie zu zwingen. Eva war noch sehr schwach und konnte nur saugen, aber jetzt wurde sie mit dem Kopf nach unten aufs Sofa gelegt und bekam Suppe mit dem Löffel, bis sie schluckte, um wieder Luft zu bekommen. Es war eine traumatische Erfahrung für alle Beteiligten.

Das waren aber nicht Ankas einzige Sorgen. Durch ihre Heirat mit einem Deutschen hatte sie die tschechische Staatsbürgerschaft verloren, und inzwischen wurden alle Deutschen aus ihrem Heimatland ausgewiesen. Sie befürchtete, dass auch sie davon betroffen sein könnte, obwohl sie Jüdin war. Jeden Tag ging sie mit Eva im Kinderwagen zu irgendwelchen Behörden, füllte Formulare aus und sprach mit Beamten, um ihre Staatsangehörigkeit zurückzubekommen.

Nach wie vor gab es keine Nachricht von Bernd oder ihren Verwandten, obwohl sie jeden fragte, der sie gesehen haben konnte. Sie gab die Hoffnung immer noch nicht auf und sagte sich, Bernd sei sicher auf dem Weg zu ihr. Doch dann erfuhr sie über verschiedene Bekannte ihrer Familie allmählich, was ihren Angehörigen widerfahren war. Ihre Eltern und Schwestern, Peter und ihr Schwager waren in dem tschechischen Familienlager in Birkenau gelandet, das man errichtet hatte, um das Rote Kreuz zu beschwichtigen. Ihr einst so stolzer Vater Stanislav, dessen Mut in Theresienstadt ebenso zerbrochen worden war wie seine Brille, war nach wenigen Wochen an einer Lungenentzündung gestorben. Die immer lächelnde Zdena und ihr gut aussehender Mann Herbert wurden gemeinsam mit Ruzena vergast, als man das Familienlager auflöste. Ankas gerade einmal acht Jahre alter Neffe Peter war von den Aufsehern sexuell missbraucht worden, bevor man ihn ebenfalls ins Gas schickte. Ankas Mutter Ida, die freundliche, vollbusige Matrone, die in der Lederfabrik immer an der Kasse gestanden und die Kundinnen unterhalten hatte, war wahnsinnig geworden, als ihre Familie verschwand, und wohl bald ebenfalls in die Gaskammer geschickt worden. »Vielleicht hatte der Mann, der mir von meiner Mutter erzählte, Mitleid mit mir, ich weiß also nicht, ob es so ist. Aber es wäre ein Segen für sie gewesen.«

Während Anka noch versuchte, all diese Informationen zu verdauen, traf sie zufällig jemanden auf der Straße. »Ich sah ihn auf einer sehr vornehmen Straße namens Na Přikopech … ich weiß gar nicht, was ich da gemacht habe. Aber da stand er. Ich kannte ihn aus der Zeit vor dem Krieg und hatte gar nicht gewusst, dass er im selben Lager gewesen war wie Bernd … Er sah mich und freute sich und sagte: ›Weißt du es schon? Warte nicht auf deinen Mann. Er ist ganz kurz vor der Befreiung ermordet worden. Ich war dabei, als sie ihn erschossen haben.‹ Ich bin ihm ungeheuer dankbar, dass er nicht lange um den heißen Brei herumredete, sondern es mir einfach sagte. So musste ich wenigstens nicht mehr warten.«

Später fand Anka heraus, dass Bernd im September 1944 nach Auschwitz II-Birkenau gekommen war und zur Arbeit in der Munitionsfabrik eines Außenlagers namens Bismarckhütte ausgesucht worden war. Das Lager lag in Chorzów Batory in Schlesien. Dort waren in der Nähe des Stahlwerks, das von der Firma Berghütte betrieben wurde, etwa zweihundert jüdische Häftlinge untergebracht, die als Zwangsarbeiter Waffen herstellen mussten. Bernd überlebte den harten Winter, aber am 18. Januar 1945 wurden alle Gefangenen ins 30 Kilometer entfernte Gleiwitz evakuiert und durch den Tiefschnee auf einen Todesmarsch geschickt. Möglicherweise war Bernd sogar in einer Marschkolonne mit Priskas Ehemann Tibor unterwegs, aber wir werden nie erfahren, ob die beiden Männer sich kannten.

Wer auf diesem Marsch zurückblieb oder stürzte, bekam einen Schuss in den Hinterkopf und wurde am Straßenrand liegen gelassen. So war es Tibor ergangen. Die übrigen, halb tot vor Kälte und Erschöpfung, wurden auf Viehwagen geladen und dann mit der Bahn nach Nordhausen-Dora oder Buchenwald gebracht. Auf diesem letzten Teil der Reise wurde Bernd vor dem Zug von einem SS-Mann erschossen. Monate später konnte niemand seiner trauernden Witwe sagen, was mit seinen sterblichen Überresten passiert war, die vermutlich irgendwo in der eisigen Landschaft liegen geblieben waren. Sie hatte keine Ahnung, ob er noch beerdigt worden war. Jedenfalls gab es kein Grab, an dem sie ihm die letzte Ehre hätte erweisen können.

Auch den Grund, warum er erschossen worden war, erfuhr sie nicht, aber nachdem sie selbst fünf Jahre in verschiedenen Lagern gelebt hatte, war ihr klar, dass es wahrscheinlich gar keinen Grund gab. Wenige Tage nach Bernds Tod war die Rote Armee in der Gegend um Gleiwitz angekommen. Das hätte seine Befreiung bedeutet.

An der Nachricht, dass er nicht zurückkommen würde, zerbrach Anka fast, auch wenn sie nach allem, was sie durchgemacht hatte, gar nicht recht verstand, was man ihr da sagte. Ihr Herz war bleischwer, aber sie weigerte sich, der Verzweiflung nachzugeben. Sie musste um so viele Menschen trauern, und sie musste so vieles bedenken. Vor allem aber musste sie sich um Eva kümmern. Irgendwie riss sie sich zusammen, setzte einen Fuß vor den anderen und lebte weiter. »Ich hatte keine Zeit zum Trauern. Irgendjemand fragte mich: ›Wie kommst du zurecht?‹, und ich sagte: ›Ich habe keine Zeit zum Zurechtkommen, ich muss mich ums Überleben kümmern.‹ Und damit hatte ich genug zu tun, denn ich wusste ja nicht, woher ich das Geld für meinen Lebensunterhalt bekommen sollte.«

Damit nicht genug: Die Hausangestellte, der sie ihre Wertsachen anvertraut hatte, kam verlegen zu ihr, um ihr Bernds Uhr und andere Gegenstände zurückzubringen. Sie gestand aber auch, dass sie die grünen Seidenvorhänge verkauft und Ankas geliebte Fotos verbrannt hatte, aus Angst, sie würde in Schwierigkeiten geraten, wenn sie bei ihr gefunden würden. »Ich hätte sie umbringen können! Wenn ich irgendetwas zurückhaben wollte, dann diese Fotos.« Die Menschen, die aus den Lagern kamen, hatten so viel verloren, dass materielle Güter ihnen nicht viel bedeuteten. Aber sie brauchten ihre Erinnerungen! Dinge, die sie an ihre Angehörigen erinnerten, bedeuteten ihnen plötzlich ungeheuer viel. Das war auch bei Anka so, und jetzt sagte ihr diese Hausangestellte, dass alles weg war. Aber sie ließ sich nicht entmutigen und ging zu dem jüdischen Fotografen, der ihre Hochzeitsfotos aufgenommen hatte. Er war umgekommen wie so viele, aber die Negative waren noch da, und sie konnte sich neue Abzüge machen lassen.

Das Wichtigste war und blieb jedoch Eva. »Ich musste doch an sie denken, das hielt mich aufrecht. Sie ist das Einzige, was wirklich mir gehört. Alle Mütter lieben ihre Töchter, aber ich hatte immer das Gefühl, die Nabelschnur war nie wirklich durchtrennt worden … Ich musste für sie da sein, wenn sie überleben sollte. Ich musste sie mit allem versorgen, was Leib und Seele nötig hatten.«

Als Olga und ihre Familie in diesem ersten Sommer nach dem Krieg in die Ferien fuhren, beschloss Anka, nach Třebechovice pod Orebem zu fahren und nachzusehen, was aus dem Zuhause und dem Geschäft der Familie geworden war. Sie wusste nur, dass alles beschlagnahmt worden war. Mit ihrer kleinen Tochter ging sie zum Hauptbahnhof und nahm den Zug an den Ort ihrer liebsten Kindheitserinnerungen. »Ich hatte kein Geld und konnte nicht arbeiten gehen, weil Eva mich so sehr brauchte. Und ich beschloss, nachdem ich die einzige überlebende Erbberechtigte war und die Fabrik noch arbeitete – auch wenn sie jetzt Eigentum der Kommunisten war –, würde ich ihnen sagen, dass ich ein kleines Kind hatte und irgendeine Entschädigung brauchte.«

Als sie ankam, überwältigten sie die Erinnerungen an die Sommer ihrer Kindheit, an Mahlzeiten auf der Terrasse und an die Tage, an denen sie mit einem Kissen in einer Ecke im Garten gelegen und gelesen hatte. Der hohe Schornstein, vor dem sie sich immer so gefürchtet hatte, erinnerte sie jetzt an andere, viel schlimmere Schornsteine. Sie wagte sich kaum in seinen Schatten.

Sie sprach mit den kommunistischen Fabrikdirektoren, und zu ihrer großen Überraschung erklärten sie sich bereit, ihr eine kleine monatliche Zuwendung zu zahlen. »Es war nicht viel, aber besser als nichts.« Die Bauhaus-Villa ihrer Schwester war ebenfalls beschlagnahmt worden und wurde jetzt von einem der Arbeiter – einem eingefleischten Kommunisten – bewohnt. Sie und Eva wurden in der Ecke eines kleinen Zimmers untergebracht, ohne Zugang zur Küche oder zum Bad und praktisch ohne Möbel. »Sie haben mich behandelt wie einen Hund.«

Zuerst genoss sie den fast vergessenen Luxus, nicht von Hunderten von Menschen umgeben zu sein, und auch die frische Luft, aber bald fühlte sie sich einsam. Die Stimmen ihrer schweigenden Familie bedrängten sie. Ihr Traum, an einen Ort voller

Lachen, Wärme und Schönheit zurückzukehren, von liebevollen Umarmungen begrüßt zu werden, hatte sich in einen Albtraum verwandelt, aus dem es kein Erwachen gab. Die Vergangenheit war endgültig verschwunden, und sie lebte wieder in einem Lager, fast so grausam wie alles, was sie bisher erlebt hatte.

Sie lebte wie eingesperrt in ihrem kleinen Gefängnis, durfte sich in dem riesigen Garten, in dem sie als Kind so fröhlich herumgetobt war, nicht mal eine Tomate pflücken. Und es kam noch schlimmer: Als sie eines Tages mit Eva in einem geschenkten Kinderwagen spazieren ging, blieb eine ältere Tschechin, die sie kannte, stehen und sagte grausam: »Das muss ein Nazi-Kind sein.« Anka brach vor lauter Entsetzen in Tränen aus und lief weg. »Die Tschechen behandelten mich sehr schlecht, und das tat weh. Ich war mit diesen Leuten aufgewachsen! Von den Deutschen hatte ich nichts anderes erwartet, aber die Tschechen und das Kommunistenpack gaben mir das Gefühl, ich hätte auch sterben sollen. Es war furchtbar.«

Andererseits gab es auch unerwartete Freundlichkeiten. Als Freunde ihrer Eltern hörten, dass Anka überlebt hatte, kamen sie sie alle besuchen. Sie hatte keine Ahnung gehabt, dass Stanislav und Ida diesen Leuten ihr Silber, ihr Porzellan, ihre Teppiche und den Schmuck anvertraut hatten und dass sie alles tapfer versteckt hatten. Jetzt brachten sie diese Wertsachen zurück, und Anka war sehr gerührt und dankte ihnen für ihre Ehrlichkeit. »Ich bekam fast alles zurück.« Doch so schön diese Zeichen des Anstandes auch waren, ihr Zuhause fühlte sich nicht mehr an wie früher. Als ihre Cousine Olga erfuhr, wie und wo sie lebte, bestand sie darauf, dass Anka und Eva nach Prag zurückkehrten. Wenig später bekamen sie Besuch von einem Freund ihres Schwagers Tom Mautner, der mit Lebensmitteln und Kleidung aus England kam. Sein Name war Karel Bergman, ein jüdischer Fabrikant von Perücken und Haarnetzen, dessen Vater eine Fabrik besessen hatte. Anka kannte ihn aus der Zeit vor dem Krieg, aber er war wie Tom nach England geflüchtet und arbeitete dort als Dolmetscher für das Militär.

Ohne eigene Wohnung und fast ohne Geld, war Anka in einer unerträglichen Lage. Sie konnte nicht ewig bei Olga wohnen und wusste, sie musste ihren eigenen Weg gehen. Als Karel mehr Interesse zeigte, freute sie sich, aber sie brauchte drei Jahre, bis er sie endlich heiratete. »Ich wusste, er war der Richtige, nicht nur für mich – das war nicht so wichtig –, sondern auch als Vater für Eva. Und ich sollte Recht behalten.« Sie verlobten sich, konnten aber nicht gleich heiraten, weil sie immer noch auf ihre tschechische Staatsangehörigkeit wartete.

Fast jeden Tag ging Anka mit Eva auf die Ämter, um in ihrer Angelegenheit vorzusprechen. Sie ließ Evas Kinderwagen draußen stehen, wenn sie hineinging, um mit den Beamten zu sprechen, und wenn sie zurückkam, drängten sich die Leute um ihr hübsches Baby. Bald wurde ihr klar, dass ihr Antrag vor allem deshalb verschleppt wurde, weil man ihr, solange sie keine Tschechin war, weder die Fabrik zurückgeben noch eine Entschädigung zahlen musste. Ein Beamter, mit dem sie drei Jahre lang fast jeden Tag zu tun hatte, fragte sie irgendwann: »Sprechen Sie denn eigentlich Tschechisch?« Sie hatte die ganze Zeit in ihrer Muttersprache mit ihm verhandelt.

Als sie die Behörden überredet hatte, sie wieder als tschechische Bürgerin anzuerkennen, konnte sie endlich Karel Bergman heiraten. Am 20. Februar 1948, im Alter von dreißig Jahren, wurde sie Frau Bergmanová. Ihr frischgebackener Ehemann war fünfzehn Jahre älter als sie. Im Jahr 1939 war er nach Großbritannien geflüchtet und hatte sich der Royal Air Force angeschlossen, aber da er zu alt war, um Flieger zu werden, hatte er als Dolmetscher gearbeitet. Ihre Hochzeit fand am gleichen Tag statt wie der kommunistische Staatsstreich, der eine neue politische Ordnung in der Tschechoslowakei errichtete.

Sobald die beiden Frischvermählten das Land auf legalem Wege verlassen konnten, packten sie Eva und ihre wenigen Habseligkeiten und fuhren mit dem Zug durch Deutschland in die Niederlande. Ihr Plan war, sich anderen tschechischen Flüchtlingen

*Ankas Hochzeit mit Karel Bergman, 1948*

anzuschließen, die nach Kanada ausgewandert waren. Aber in den Niederlanden (wo es zu einem kurzen Treffen mit Bernds blindem Vater Louis kam, der den Krieg überlebt hatte) erfuhr Karel von einer Arbeitsmöglichkeit in Wales: Er sollte dort eine Handschuhfabrik leiten. Nach fünf Jahren kaufte er die Fabrik, und sie blieben dort. Von Anfang an, schon als sie in einer kleinen möblierten Wohnung im ersten Stock eines Hauses in der Cathedral Road in Cardiff wohnten, liebte Anka ihr neues Zuhause und ihr neues Leben in einem Land, in dem sie sich endlich frei und sicher fühlte. »Es war eine sehr einfache Wohnung, im Grunde genommen entsetzlich schäbig, aber ich war nie so glücklich wie dort. Ich besaß keinen Penny, und ich habe keine Ahnung, wie wir zurechtkamen. Aber ich dachte immer an meine Mutter, die sich so sehr gefreut hätte, dass doch noch alles gut geworden war.«

Was ihr besonders gut gefiel, war ihre wiedererwachte Liebe zum Kino. Wenn Eva im Kindergarten oder später in der Schule war, ging sie allein ins Kino, fast jeden Tag. »Es ist egal, was sie spielen«, pflegte sie zu sagen. »Hauptsache, ich kann hinein.«

Eva war klein, unterernährt und schwächlich. Sie entwickelte sich langsam und konnte mit fast zwei Jahren immer noch nicht laufen. Anka lief mit ihr von einem Kinderarzt zum anderen, weil sie befürchtete, das Kind hätte einen bleibenden Schaden erlitten. Besonders belastend fand sie die Vergleiche mit der Tochter einer Freundin, die Eva mindestens ein halbes Jahr voraus war. Doch ihre zähe Kleine wurde immer kräftiger und holte bald bewundernswert auf. Sie ging in einen Kindergarten, in dem sie kein Wort verstand, aber mit fünf Jahren sprach sie fließend Englisch und gewann sogar Preise. Was ihre Gesundheit anging, so schien sie unversehrt, und sie entwickelte bald einen normalen Appetit, vor allem, wenn ihre Mutter tschechische Gerichte zubereitete, was sie meisterhaft verstand. Viele Rezepte hatte sie bei den imaginären Festgelagen in den Baracken gelernt.

Eva wurde allerdings immer hysterisch, wenn sie einen Presslufthammer hörte. Anka musste dann die Arbeiter bitten aufzuhören oder ihrer Tochter die Ohren zuhalten, damit sie sich wieder beruhigte. Diese Angst war wohl ein Erbe der Zeit im Lager, denn im Mutterleib hatte Eva die pneumatischen Niethämmer gehört, die im KZ Freiberg benutzt wurden.

Sie hörte von frühester Kindheit an ihre Familiengeschichte, erfuhr aber erst mit vier Jahren, dass Karel nicht ihr leiblicher Vater war. Hinter der Küchentür hing eine Einkaufstasche, die jemand ihrer Mutter in Prag geschenkt hatte. Sie trug das Monogramm AN: Anka Nathanová. Ihre Mutter erzählte später: »Wir standen in der Küche, und sie fragte mich: ›Mummy, was bedeutet A.N.? Es müsste doch A.B. heißen, oder?‹ Da dachte ich mir, jetzt ist der richtige Augenblick gekommen, und ich sagte zu ihr: ›Ich habe dir doch vom Krieg erzählt.‹ Und als sie nickte: ›Siehst du, dein Vater wurde im Krieg getötet, und sein Nachname war Nathan … Später habe ich dann Daddy geheiratet, und seitdem heiße ich Bergman. Du hast also zwei Väter.‹ Eva ging danach auf die Straße, um mit den anderen Kindern zu spielen, und es dauerte nicht lange, dann hörte ich sie sagen:

›Ich habe zwei Väter und du hast nur einen!‹ Da wusste ich, dass ihr niemand wehtun konnte, was diese Sache anging.«

Als Eva später schon etwas mehr wusste, erzählte sie Leuten oft, dass sie in einem Konzentrationslager geboren worden war, ohne genau zu wissen, was das eigentlich hieß. Erst nachdem sie als Teenager Anne Franks Tagebuch gelesen hatte, begann sie die furchtbare Bedeutung zu begreifen. Manchmal stellte sie sich vor, ihr erster Vater hätte den Krieg in Wirklichkeit doch überlebt und würde irgendwann zurückkommen, aber sie liebte ihren zweiten Vater so innig, dass ihr solche Ideen nur selten kamen.

*Anka und Eva 1952 in Cardiff*

Anka hätte gern noch ein Kind gehabt, aber ihr Mann wollte das nicht. Er bot ihr stattdessen an, Eva zu adoptieren, die er immer als seine Tochter ansah. »Meine Mutter wünschte sich für mich nichts mehr als ein liebevolles Zuhause«, sagt Eva. »Also hat Karel mich adoptiert, und er ist der einzige Vater, den ich je gekannt habe.«

Karel hatte im Krieg seine gesamte Familie verloren, darunter seine Mutter, seine Zwillingsschwester und ihren Sohn. Er sprach fast nie über diesen Verlust. Anka jedoch war wie besessen von dem Thema und schaute sich jeden Film, jede Dokumentation über den Holocaust an. Als *Schindlers Liste* in die Kinos kam, sah sie ihn sofort und beurteilte die Szenen aus den Lagern als »mehr oder weniger perfekt«. Vor allem eine Episode bewegte sie sehr: Als die Juden in den verschlossenen Viehwaggons eingepfercht sind und die Nazis darüber lachen, dass sie die Hände durch die Ritzen strecken und um Wasser flehen, schnappt sich Schindler einen Wasserschlauch und bespritzt die Wagen. Er tut so, als wäre es nur ein grausamer Scherz. In Wirklichkeit lindert er damit den Durst der Menschen.

Anka besaß Regale voller Bücher über den Holocaust, darunter mehrere mit Fotos von Josef Mengele, in dem sie – wie Rachel und Priska – sofort den ungewöhnlich höflichen, lächelnden Arzt mit den Handschuhen und der kleinen Zahnlücke erkannte, der in den entscheidenden Wochen in der zweiten Hälfte des Jahres 1944 in Auschwitz die Selektionen durchgeführt hatte. In ihrem Regal fanden sich auch zahlreiche Biografien wichtiger Nazis. Manche Leute überraschte das. Aber sie sagte: »Ich versuche immer noch herauszufinden, warum.« Sie studierte auch die Listen der Menschen, die in Theresienstadt und Auschwitz ermordet worden waren, und fuhr mit dem Finger über die Seiten, um herauszufinden, wie und wann die Menschen, die sie gekannt hatte, gestorben waren.

Nach dem Ende der kommunistischen Herrschaft 1989 bekam Anka endlich die Fabrik ihrer Familie in Třebechovice zurück. »Ich habe sie sofort – und zu einem sehr schlechten Preis –

verkauft, weil ich keine Ahnung hatte, wie man eine Fabrik leitet und irgendwie auch nichts mehr damit zu tun haben wollte.« Trotzdem hatte sie ein schlechtes Gewissen und fragte sich, was ihr Vater wohl dazu gesagt hätte. »Erst haben die Deutschen sie uns weggenommen, dann die Kommunisten. Und du verkaufst sie aus freien Stücken? Wie kannst du so etwas tun?« Bis zu ihrem Tod beschäftigte sie diese Frage.

Anka kehrte nie mehr nach Auschwitz zurück und wollte auch mit Deutschen nichts zu tun haben. Wie Rachel, hatte sie nichts im Haus, was aus Deutschland kam, und sie sprach sich vehement gegen den Bau des Tunnels unter dem Ärmelkanal aus: »Die Deutschen könnten kommen.« Als viele Jahre nach dem Krieg in der Fabrik ihres Mannes neue Maschinen installiert wurden, kam ein Ingenieur ins Haus, um die Angestellten einzuweisen. Karel lud den Mann, der Deutscher war, zum Abendessen ein. Anka servierte das Essen, aber als ihr Mann fragte, woher sein Gast käme und er antwortete: »Au Freiberg in Sachsen«, verließ sie das Zimmer und sprach nie wieder ein Wort mit ihm.

Wenn Anka mit Eva im Zug nach London fuhr, mussten sie an dem riesigen Stahlwerk in Newport mit den hohen Schornsteinen vorbei, aus denen Rauch und Flammen aufstiegen. Anka schaute jedes Mal weg.

Später litt sie unter einer Erkrankung des Innenohrs, die Ménière genannt wird. Ein Spezialist sagte ihr, diese Krankheit würde besonders oft Stahlarbeiter, Bergleute und Musiker treffen, also Leute, die sehr viel Lärm ertragen müssten. Er konnte sich nicht vorstellen, wie sie sich diese Krankheit zugezogen hatte – bis sie ihn aufklärte.

1968, im Alter von dreiundzwanzig Jahren, heiratete Eva Malcolm Clarke, einen Nicht-Juden, der später Juraprofessor an der Universität in Cambridge wurde. Sie hatten zwei Söhne, Tim und Nick, und drei Enkel: Matilda, Imogen und Theo. Anka lernte sie alle noch kennen und liebte sie sehr. »Es war wunderbar für meine Mutter«, sagt Eva. »Sie konnte gar nicht glauben, dass sie überlebt hatte und dass ich überlebt hatte und dass ich Kinder bekam und dass sie am Ende sogar Urenkel hatte. Ein Wunder.«

Als Anka Evas Schwiegervater Kenneth Clarke kennenlernte, stellte sich heraus, dass er im Krieg Navigator bei der Royal Air Force gewesen war. Er zeigte ihr sein Logbuch mit dem Eintrag, dass er am 13. Februar 1945 um 17.40 Uhr – während sie und die anderen Häftlinge im obersten Stockwerk der Freiberger Fabrik eingesperrt gewesen waren – über ihre Köpfe hinweggeflogen war auf dem Weg nach Dresden. Am nächsten Vormittag um 10.10 Uhr war er wieder auf seinem Stützpunkt gewesen. Unter Tränen sagte er zu ihr: ›Ich hätte euch beide umbringen können!‹ Doch Anka beruhigte ihn lächelnd: »Du hast es ja nicht getan, Kenneth.«

Als Eva Ende der Sechzigerjahre eine Weile mit ihrem Mann in Singapur lebte, schrieb sie an ihre Mutter und bat sie, ihre Geschichte aufzuschreiben. Sie wünschte sich einen Bericht für ihre Kinder. Anka willigte ein. Als ihr Mann Karel den Bericht zufällig las, erfuhr er zum ersten Mal genau, was ihr während des Krieges passiert war. Er war sehr bewegt.

Viel später unternahm Anka gemeinsam mit Eva eine Erinnerungsreise nach Theresienstadt und zeigte ihrer Tochter, wo sie gelebt hatte und beinahe gestorben wäre. Als Eva Jahre später noch einmal dorthin zurückkehrte, fand sie den Namen ihres Bruders Dan auf der Erinnerungswand – die einzige Spur des Kindes, das gestorben war, damit sie leben konnte.

Ankas Cousine Hana, die den Krieg wohl nur deshalb überlebte, weil sie mit einem Nicht-Juden verheiratet war, gab später ein Buch mit Kindergedichten und Zeichnungen aus Theresienstadt heraus. Es trägt den Titel *Hier fliegen keine Schmetterlinge* nach einem Gedicht des jungen Pavel Friedman, der ebenfalls ermordet wurde. Hana wurde Kuratorin des Jüdischen Museums in Prag und wirkte an der Aufzeichnung der Namen aller Ermordeten – darunter auch Bernd und alle fünfzehn Mitglieder ihrer Familie – an der Wand der Pinka-Synagoge mit.

Eva, die immer im Bildungsbereich gearbeitet hatte, entschloss sich nach ihrer Pensionierung, die Geschichte ihrer Mutter öffentlich zu erzählen, hauptsächlich in Schulen. Unterstützt durch den britischen Holocaust Educational Trust reiste sie durchs ganze Land. Ihre Arbeit war Inspiration für ein Ballett mit den Titel *Anka's Story*, das eine Tanzkompanie aus Cambridge ins Leben rief und das unter anderem beim Edinburgh Festival Fringe aufgeführt wurde. Eva hat Auschwitz mehrere Male mit Gruppen von Schülern und Lehrern besucht, und wenn sie in die Nähe der »Sauna« von Birkenau kommt, ist sie jedes Mal versucht, den Boden nach dem Trauring und dem Verlobungsring ihrer Mutter abzusuchen. Beide wurden nie gefunden.

Im Jahr 1985, anlässlich ihres vierzigsten Geburtstags, fuhr sie mit ihren beiden Söhnen und Malcolm nach Mauthausen. Das ehemalige Lager ist jetzt eine gut eingerichtete Gedenkstätte, die für Besucher aus aller Welt ohne Eintrittsgeld zugänglich ist. 1985 war der Eintritt nur für Überlebende frei, und als Eva versuchte, dem Mann an der Kasse ihre Berechtigung zu erklären, lachte er sie aus und brachte sie damit zum Weinen: Sie sei zu jung.

Anka blieb ihr Leben lang eine überzeugte Atheistin. »Die Frage ›Wo war Er?‹ kann niemand beantworten«, sagte sie. »Niemand kann das wissen, niemand kann begreifen, warum gerade wir so behandelt wurden.« Optimistisch, wie sie immer gewesen war, fügte sie hinzu: »Ich habe diese Erfahrung machen müssen, weil ich gerade im richtigen Alter war, körperlich und seelisch. Ich war jung und stark ... Indem ich meiner Tochter schon früh davon erzählte, konnte ich ein Stück weit loslassen ... Ich bin wohl ganz gut damit fertig geworden, und mein Kind ist gesund und klar im Kopf. Für mich persönlich – leider nicht für meine Familie – ist es ganz gut ausgegangen ... Eva war mein Lebensanker. Sie hat mich durchhalten lassen und mir geholfen, nicht verrückt zu werden.«

Ankas Ehemann Karel starb im Jahr 1983 im Alter von ein-

*Anka mit Eva, ihren Enkeln Tim und Nick und den Urenkeln Matilda, Imogen und Theo*

undachtzig Jahren an einem Herzinfarkt. Bei seiner Einäscherung sah sie schwarzen Rauch aus dem Schornstein kommen, schauderte und rief: »Warum habe ich da hingeschaut?« Seine Asche wurde auf dem jüdischen Friedhof in der Nähe seines Heimatortes auf dem Land in der Tschechoslowakei verstreut. Dort gibt es auch ein beeindruckendes steinernes Denkmal für ihn und alle Menschen aus dem Ort, die das Land verließen, um vom Ausland aus gegen die Nazis zu kämpfen oder in den Lagern umkamen. Nachdem Anka die Asche ihres Mannes verstreut hatte, schlug sie vor, dass Eva sie nach ihrem Tod ebenfalls einäschern lassen sollte, obwohl das nicht der jüdischen Tradition entspricht. »In meiner Familie haben alle so geendet«, sagte sie sarkastisch.

Die letzten drei Jahre ihres Lebens verbrachte Anka bei Eva und ihrem Mann in Cambridge. Sie starb im Alter von sechsundneunzig Jahren, war bis zum Schluss geistig vollkommen frisch und legte immer großen Wert auf ihre äußere Erschei-

*2013: Anka an ihrem fünfundneunzigsten Geburtstag mit ihrer Urenkelin Matilda*

nung. Selbst in den letzten Tagen ihres Lebens legte die Frau, die sich auf dem Weg ins Ghetto die Wimpern hochgebogen hatte, um gut auszusehen, wenn sie ihrem Mann begegnete, noch Make-up auf, um ihren ältesten Enkel zu begrüßen. Sie war sehr stolz auf die Bildungs- und Erinnerungsarbeit ihrer Tochter, und es hätte ihr sicher gut gefallen, dass man in einem Buch an sie erinnert. »Je mehr Leute wissen, was passiert ist, desto geringer die Wahrscheinlichkeit, dass es noch einmal passiert, hoffe ich«, sagte sie. »Diese Geschichte sollte den Menschen sagen, dass so etwas nicht noch einmal passieren *darf.*«

Eva stimmt ihr zu: »Es ist sehr wichtig, an die Millionen von Menschen zu erinnern, die ermordet wurden. Vor allem die, an die sich niemand mehr persönlich erinnert, weil ihre gesamte Familie und ihr ganzes Umfeld vernichtet wurden. Es ist unsere Pflicht, diese Geschichte zu erzählen und mitzuhelfen, dass sich solche Gräuel nicht wiederholen.«

*Ankas Grab in der Tschechischen Republik*

Anka Nathan Bergman starb am 17. Juli 2013 zu Hause. Eva war an ihrer Seite. Wie sie es gewünscht hatte, wurde ihre Asche am selben Ort verstreut wie die ihres zweiten Ehemannes Karel: auf dem schönen Friedhof im Wald von Drevnikov in der Tschechischen Republik.

Nach fünfundsechzig Jahren in Großbritannien, das sie immer geliebt hatte, wo sie sich aber immer als Außenseiterin und Flüchtling fühlte, war Anka endlich in ihre so sehr geliebte Heimat zurückgekehrt.

# 10

## Das Treffen

*Die Kinder und einige ihrer Befreier*
*von der »Thunderbolts«-Einheit*

»Die Thunderbolts haben uns befreit, und sie haben uns auch wieder zusammengebracht«, sagt Hana Berger Moran, die im Land ihrer Befreier lebt. Und sie hat recht. Priskas Tochter beschloss im Sommer 2003, sich auf die Suche nach den Ärzten zu machen, die ihr achtundfünfzig Jahre zuvor in Mauthausen das Leben gerettet hatten.

»Meine Mutter lebte noch in Bratislava, und ich wollte wissen, ob Pete noch am Leben war, damit wir ihn treffen und ihm danken konnten.« Sie suchte im Internet nach ihm und gelangte auf die Website der Veteranenorganisation 11th Armored Division Association. Dort stellte sie fest, dass es in Kürze ein Treffen in Illinois geben sollte. Sie schrieb einen Brief, der auf der Website der Organisation und in der vierteljährlich erscheinenden Zeitschrift *Thunderbolt* erschien. Nachdem sie über die Umstände ihrer Geburt berichtet hatte, schrieb sie:

> Bei der Befreiung von Mauthausen war ich gerade drei Wochen alt. Meine liebe Mutter pflegte zu erzählen, die Panzer hätten weiße Sterne getragen und sie sei fassungslos gewesen, wie jung die Soldaten waren. Sie erinnerte sich, dass das Lied »Roll Out the Barrell« gespielt wurde … Die Ärzte, die mich operierten, glaubten, ich würde nur mit einer guten Behandlung überleben, und baten meine Mutter, mit mir in die USA zu gehen. Aber sie weigerte sich mit der Begründung, sie müsse nach Bratislava und dort auf ihren Mann warten, meinen Vater … Ich würde sehr gern die Namen der Ärzte erfahren und Kontakt zu den Leuten aufnehmen, die den Häftlingen nach der Befreiung halfen … Ich möchte allen Befreiern des Konzentrationslagers Mauthausen meinen tief empfundenen Dank aussprechen.

Hana, die von sich sagte, sie sei bei ihrer Geburt ein »untergewichtiger kleiner Wurm« gewesen, hielt sich selbst nie für die Heldin dieser Geschichte. »Meine Mutter war einfach unglaublich.« Es dauerte einige Zeit, aber 2005 bekam sie Nachricht von einem Mann, der als Neunzehnjähriger an der Befreiung des Außenlagers Ebensee teilgenommen hatte und inzwischen US-Vertreter im Internationalen Mauthausen-Komitee war. Max Rodrigues Garcia, der gar nicht weit von Hana in San Francisco lebte, hatte ihren Brief gelesen und lud sie ein, zum sechzigsten Jahrestag der Befreiung mit nach Mauthausen zu fahren. Er hoffte, der inzwischen zweiundachtzigjährige Pete Petersohn würde ebenfalls dort sein.

Im Mai 2005 flogen Hana und ihr Mann Mark von San Francisco aus nach Österreich; Pete und sein Sohn Brian kamen aus Chicago. Im Hotel Wolfinger am großartigen Hauptplatz von Linz versammelten sich die Befreier und ihre Familien sowie einige Überlebende, um Erfahrungen auszutauschen, nachdem man sich viele Jahre nicht gesehen hatte. Hana war schon in dem vollen Speisesaal, als eine Gruppe Männer mit gelb-weißen Thunderbolt-Mützen hereinkam. Einer von ihnen sah älter und sehr müde aus. Sie wusste sofort, das musste Pete sein. Nachdem er an einem Ecktisch Platz genommen hatte, setzte sie sich leise neben ihn und wartete, bis er sein Gespräch beendet hatte. Plötzlich wurde es ganz still, und Max Garcia, der in der Nähe saß, war so aufgeregt, dass er sich den Mund mit der Hand zuhalten musste.

Wenig später bemerkte Pete Hanas Gegenwart. Er hörte auf zu reden, drehte sich zu der Fremden an seiner Seite um und sagte mit Tränen in den Augen leise: »Hana!«

Dann umarmten sie sich lange, ohne ein Wort zu sprechen.

»Ich dachte, sie bringt mich um, so fest hat sie mich gedrückt«, sagte Pete später.

*2005: Hana trifft den US-Sanitäter, der ihr in Mauthausen das Leben rettete.*

Vor sechzig Jahren hatten sich die beiden zuletzt gesehen. Hana konnte keine Erinnerungen an die damalige Zeit haben, aber sie hielt die Hand dieses Mannes umklammert, der seinen Offizier überredet hatte, wenigstens einen Versuch zu unternehmen, ihr das Leben zu retten, obwohl so viele andere medizinische Hilfe brauchten. Es war eines der bewegendsten Erlebnisse ihres Lebens. Mit tränennassem Gesicht sagte Hana ihm, wie sehr sie ihn liebte, und dankte ihm für alles, was er getan hatte. Sie zeigte ihm die Narben an ihren Armen und am Brustkorb.

Auch Pete war sehr bewegt. Er hatte sich wenige Wochen nach der Befreiung von Mauthausen an die Schreibmaschine gesetzt und seine Erfahrungen aufgeschrieben und mit den Fotos ergänzt, die er aufgenommen hatte. Schon in jungen Jahren war ihm klar gewesen, wie wichtig ein solcher Augenzeugenbericht sein konnte. Seine Erfahrungen hatten ihn sehr belastet. In einem Interview mit dem Historiker Michael Hirsch im Jahr 2008 sagte Pete: »Ich bin in Mauthausen zusammengebrochen … Ich hatte viel zu viel gearbeitet … und brauchte Ruhe … Ich hatte Nasenbluten, Blutungen im Innenohr und konnte nicht mehr schlafen … Mein Offizier befahl mir, mich zwei Tage auszuruhen. Ich habe bis heute Schwierigkeiten … und muss immer noch wegen psychischer Probleme behandelt werden … vor allem wenn ich schlafen gehe. Ich denke immer, jetzt werde ich fest schlafen, aber dann sehe ich die Leichen wieder … die Stapel von Leichen, an denen die Ratten nagen … Ich bin in psychiatrischer Behandlung, aber ich weiß nicht, was sie noch für mich tun könnten … Mit den Jahren ist es eher schlimmer geworden … Ich werde es wohl mit ins Grab nehmen.«

Hana fragte ihn nach Major Stacy, musste aber erfahren, dass er verstorben war. Als sie bei seiner Familie nachfragte, stellte sich heraus, dass er wie so viele Veteranen nie über seine Kriegserlebnisse gesprochen hatte. Auch das Baby, dem er geholfen hatte, erwähnte er nie.

Im Gespräch mit Hana konnte Pete ihr endlich Aufschluss darüber geben, warum ihre Mutter in ihrem verwirrten Zustand immer wieder fragte: »Kannst du mir vergeben?« Er glaubte, es habe damit zu tun, dass Priska ihr Kind zwei Mal »weggegeben« hatte, zuerst an den weiblichen Kapo, als sie im Lager ankam, und später an die Ärzte. Beide Male hatte sie nicht wissen können, wie die Sache ausgehen würde. »Pete sagte mir, meine Mutter sei sehr ›großzügig‹ gewesen und habe gewusst, dass sie nur helfen wollten, und er fügte hinzu: ›Ich war beeindruckt von ihr. Sie legte dich einfach in meine Arme. Sie wusste nicht, ob sie dich jemals wiedersehen würde. Sie vertraute mir, dass wir dich retten und zurückbringen würden.‹ Ich glaube, wegen dieser Sache hatte sie bis zuletzt Schuldgefühle.«

Hana nannte Pete zärtlich »Dad« und »Daddy Pete«, und die beiden hielten jahrelang Kontakt per eMail und Telefon. In einer Mail kurz nach ihrem Treffen 2005 schrieb er über seine Reise nach Europa:

> Insgesamt war es toll, und das Beste war, dass wir zwei uns nach sechzig Jahren noch einmal getroffen haben. Da habe ich mich an die glücklichen Momente erinnert und die Antwort auf eine Frage gefunden, die ich mir oft gestellt habe: Hat es geklappt? Immer habe ich gebetet, dass es sich für Dich gelohnt haben möge. Meine Arbeit als Sanitäter war ja eigentlich zu Ende, als der Krieg endete. Ich habe gebetet, dass alle, die ich behandelt habe, überlebt hatten und dass ich sie richtig behandelt hatte. Und dann kam da dieses Baby in Mauthausen, und ich musste über so viele Dinge nachdenken und so vieles verarbeiten. Aber ich muss gestehen, an das Baby habe ich immer wieder gedacht.

Leider war Priska nicht mehr in der Lage, Pete zu treffen und ihm selbst zu danken. Sie starb im folgenden Jahr. Hana hielt jedoch den Kontakt und besuchte ihn 2010 noch einmal zu

Hause, kurz bevor er mit achtundachtzig Jahren starb. Inzwischen war sie zum lebenslangen Ehrenmitglied der Veteranenorganisation ernannt worden. Pete hinterließ vier Söhne, dreizehn Enkel und zehn Urenkel. Obwohl es ihm nach dem Krieg gar nicht gut gegangen war, sagte LeRoy Petersohn immer, die Tatsache, dass er ein Baby gerettet habe, sei das Beste überhaupt.

Als sich für Hana die eine Tür schloss, öffnete sich eine andere. Im Jahr 2008 stieß auch Eva Clarke, Ankas dreiundsechzigjährige Tochter auf die Website der Veteranen und beschloss, Kontakt aufzunehmen. In einer eMail vom 20. Mai 2008 schrieb sie einen Dank an die US-Soldaten, die sie und ihre Mutter befreit hatten. Sie fügte hinzu:

> Ich wurde am 29. April 1945 in Mauthausen geboren. Meine Mutter, Anka Bergman, meint, es müsse Hunderte von Fotos geben, weil sie von so vielen US-Soldaten fotografiert wurde, aber wir haben nie eins davon zu sehen bekommen. Wir wären sehr dankbar, wenn wir von einigen dieser Fotos erfahren würden. Wir sind Teil der Geschichte der Thunderbolts.

Jenseits des Atlantiks entdeckte Hana diesen Brief und konnte es kaum glauben. Noch ein Baby, das in Mauthausen geboren worden war? Vor der Befreiung? Seit der Veröffentlichung eines deutschen Buchs über die wenigen verbleibenden Aufzeichnungen des KZ Freiberg wusste sie, dass – so unglaublich es erschien – weitere schwangere Frauen in Freiberg und auch in dem Zug gewesen waren, darunter ein polnischer weiblicher Kapo, aber sie hatte immer gedacht, von diesen Müttern und Kindern hätte niemand überlebt. Jahre später erfuhr sie noch von einem Kind, das nach der Befreiung in Mauthausen geboren wurde und zu Ehren des Geburtshelfers den Namen Bernhard bekam. Der Kleine lebte aber nur wenige Wochen, und seine Mutter, Gerty Kompert, eine Cousine der Überlebenden Lisa Miková, starb ebenfalls.

Über die Thunderbolt-Website antwortete Hana auf Evas Brief und die beiden »Babys«, die mehr als 6000 Kilometer voneinander entfernt lebten, lernten sich endlich kennen. Auch Eva war schockiert zu erfahren, dass da draußen noch jemand lebte, dessen Mutter dieselben Qualen durchgemacht hatte. Sie fand Hanas ursprünglichen Brief in einer alten Ausgabe der Thunderbolt-Zeitschrift und konnte sich über die Ähnlichkeit der Erfahrungen gar nicht beruhigen. Priska und Anka waren zwei Häftlinge unter Tausenden gewesen, sie hatten sich nie kennengelernt oder auch nur voneinander gewusst, und doch hatten sie beide auf wundersame Weise ein Kind zur Welt gebracht, das – noch ein größeres Wunder – überlebt hatte.

Nach einer Reihe von eMails zwischen den beiden und den österreichischen Behörden, beschlossen Hana und Eva, an der Gedenkfeier zum fünfundsechzigsten Jahrestag der Befreiung teilzunehmen. Sie fand am 8. Mai 2010 statt. In den Sechzigerjahren war das ehemalige Lager, nicht zuletzt auf Druck der Thunderbolts, zu einer beeindruckenden Gedenkstätte ausgebaut worden. Der Besuch 2010 war der letzte offizielle Besuch der verbleibenden amerikanischen Veteranen – die wenigen, die noch übrig blieben, waren alt und gebrechlich geworden. Auch die Zahl der befreiten ehemaligen Häftlinge schwand allmählich dahin, und aus diesem Grund planten die Verantwortlichen im österreichischen Innenministerium ein Großereignis mit mehreren Staatsmännern.

Als die Website der Veteranen die Einzelheiten und auch Hanas und Evas Teilnahme ankündigte, ging noch eine Tür auf. Auf der anderen Seite der USA, in New York, las ein junger Mann den Bericht: Charlie Olsky, der mehr über die Männer erfahren wollte, die seinen Vater befreit hatten. Er war zweiunddreißig Jahre alt, und er war der jüngste Sohn von Mark und Mary. Charlie arbeitete als PR-Verantwortlicher bei einem Filmverleih in Manhattan und war so etwas wie der inoffizielle Familienhistoriker. Er hatte von seiner Großmutter Rachel mehr Informationen bekommen als irgendjemand sonst in der

Familie, war schon als Junge mit ihr durch die Gedenkstätte Yad Vashem gegangen und hatte nun beschlossen, zum Geburtstag seines Vaters eine Überraschung vorzubereiten.

»Charlie sagte mir: ›Ich fahre zu deinem fünfundsechzigsten Geburtstag nach Mauthausen, und du kommst mit‹, berichtet Mark. ›Ich war nach 1945 nie dort gewesen, hatte nur die Gedenkstätte in Dachau einmal besucht. Ich hatte meine Mutter ein paar Mal gefragt, ob sie eine Reise dorthin machen wollte, aber sie sagte immer, das wäre das letzte, was sie sich wünschte. Sie sagte mir: ›Es war ein bösartiges, schreckliches, hässliches Lager. Aber noch deprimierender als der Ort war die Tatsache, dass es draußen vor seinen Toren so schön war.‹«

Ohne Marks Wissen hatte Charlie die ganze Reise detailliert geplant, einschließlich eines Treffens mit Hana und Eva. Erst ein paar Tage vor der Abreise lüftete er das Geheimnis, auch auf Rat seiner Mutter, die sich Sorgen machte, wie Mark wohl auf eine solche Überraschung reagieren würde.

»Er sagte: ›Ich muss dir etwas erzählen‹, und dann rückte er mit der Geschichte von den zwei anderen Babys heraus, die ebenfalls in den Lagern geboren worden waren. Er sagte, er hätte Kontakt mit ihnen aufgenommen und wir würden sie in Mauthausen treffen. Ich war fassungslos. Meine Mutter hatte zwar von anderen Babys im Lager gehört, aber sie hatte sie nie zu sehen bekommen und wusste nicht, ob sie den Gerüchten Glauben schenken sollte. Als Arzt hatte ich nie auch nur die Möglichkeit in Erwägung gezogen, dass andere Kinder den Transport überlebt haben könnten. Ich war noch gar nicht fertig mit dieser Information, da saßen wir auch schon im Flugzeug.«

Auf dem Flug von New York nach Europa hatte Mark zum ersten Mal Zeit, über das bevorstehende Treffen nachzudenken und sich zu fragen, wie die anderen beiden »Babys« wohl sein würden. »Ich dachte, wahrscheinlich hätten wir nichts gemeinsam außer dem Alter und den Umständen ihrer Geburt, und nahm mir vor, nicht zu hohe Erwartungen an das Treffen zu knüpfen. Ich sagte mir, ja, das wird bestimmt ganz nett, aber vermutlich sind sie nicht unbedingt Leute, die du gern als Nachbarn hättest.«

Die Organisatoren in Mauthausen bereiteten den »Babys« einen freundlichen Empfang in Mauthausen und brachten sie in Hotels in Linz unter, bevor am nächsten Tag die ganztägige Gedenkveranstaltung begann. Wenige Stunden nach ihrer Ankunft verabredeten sich die drei zu einem Treffen in einem der Kaffeehäuser am historischen Hauptplatz, für den Hitler so große Pläne gehabt hatte. Sie waren alle überrascht, wie nervös sie waren.

Eva und ihr Mann Malcolm kamen früh an, setzten sich an einen Tisch und warteten. Dann kam Hana mit ihrem Mann, und wenig später auch Mark und Charlie.

»Wir begrüßten uns, und plötzlich lachten und weinten wir alle zur gleichen Zeit«, sagte Eva. »Es war fantastisch. Als wir uns das erste Mal sahen, das war ein unglaubliches Treffen. Es fühlte sich an, als müsste es so sein, und wir waren uns sofort ganz nahe.«

Die drei blieben den ganzen Nachmittag in dem Café sitzen und plauderten, während Charlie alles filmte. Hanas und Evas Ehemänner zogen sich irgendwann diplomatisch zurück, damit die Kinder von Priska, Eva und Anka in Ruhe über ihre Mütter und das sprechen konnten, was sie über ihre Geburt wussten. Sie trennten sich nur ungern, und ein paar Stunden später trafen sie sich in einem Restaurant wieder zum Abendessen, wo sie weiterredeten wie alte Freunde.

Mark sagt: »Wir trafen uns, und sie waren beide nett und freundlich und hübsch und angenehm und so weiter. Dann fingen wir an, miteinander zu reden, und ich dachte mir: ›Hey, das sind ja richtig interessante, wunderbare Menschen! Das kann kein Zufall sein. Sie haben ein interessantes Leben und, ja, es fühlt sich an, als wären wir verwandt.‹ Sie sind Menschen von der Sorte, die ich mir auch als Freunde ausgesucht hätte. Ich kann das nicht erklären, aber es fühlte sich so an, als würden wir

*Eva, Mark und Hana bei ihrem Treffen in Mauthausen 2010*

uns nach langer Zeit wiedersehen. Es wurde sofort eine richtig schöne, warme Freundschaft daraus. Wie bei einem Familientreffen. Leider wurden wir ja nach dem Krieg so auseinandergerissen, dass wir uns nie treffen konnten.«

Da sie alle drei als Einzelkinder aufgewachsen waren, empfanden sie sofort eine enge Gemeinschaft und wussten, dass sie sich immer nahestehen würden. Mark sagt: »Es ist toll, endlich Leute zu kennen, die die gleiche Geschichte haben. So viele haben es nicht geschafft oder sind ermordet und zu Tode gequält worden. Aber wir haben es geschafft. Es ist ein Gefühl, als hätte man mich irgendwann aus meiner ursprünglichen Familie entführt und ich hätte sie plötzlich wiedergefunden.

Hana sagt: »Der Zufall hat uns zusammengebracht, aber jetzt gibt es eine dauerhafte Bindung zwischen uns, ein Gefühl großer Zusammengehörigkeit. Ich bin sehr glücklich, sie Bruder und Schwester nennen zu können.« Als Älteste (nachdem sie bereits am 12. April 1945 geboren wurde) pocht sie zum Scherz darauf, dass man ihr mehr Respekt entgegenbringen müsste.

Mark, der am 20. April geboren wurde, kontert, indem er als einziger Junge mehr Rechte beansprucht. Und Eva, die am 29. April geboren wurde ist das Nesthäkchen und erinnert die anderen gern daran, wie jung sie noch ist. »Unsere Mütter waren alle sehr starke Frauen, und wir sind ihnen ungeheuer dankbar«, fügt sie hinzu.

Am Tag nach ihrem ersten Treffen fuhren sie zusammen zur Gedenkstätte in Mauthausen, wo sie die Last der Geschichte sehr deutlich spürten. Eva, die als Einzige schon einmal dort gewesen war, empfand den Anblick des abweisenden Haupttores besonders stark – im Schatten dieses Tores war sie geboren worden. Die Baracken unten im Steinbruch, in die Hana und Mark mit ihren Müttern geworfen wurden, um dort zu sterben, existierten nicht mehr, aber der Blick über die Hügellandschaft bis zu den Alpen war noch genauso, wie es ihre Mütter immer beschrieben hatten.

Die sterblichen Überreste der Menschen, die in den Massengräbern auf dem Fußballplatz bestattet worden waren, sind inzwischen exhumiert und auf einem schönen Friedhof in der Mitte des Lagers zur letzten Ruhe gebettet. Und wo früher die Reihen der Häftlingsbaracken standen, ist jetzt ein gepflegter Garten angelegt, der von mehreren sehr eindrucksvollen und bewegenden Denkmälern aus Stein und Metall beherrscht wird, eins für jede Herkunftsnation der Toten.

Die »Babys« gingen zusammen die Stufen bis zur Tür der Gaskammer mit ihren weiß gefliesten Wänden und den drohenden schwarzen Leitungsrohren. Sie brachten fast kein Wort heraus. Wäre es nach dem Willen der Nazis gegangen, dann hätten sie alle drei hier ihren letzten Atemzug getan, vermutlich in den Armen ihrer halb toten Mütter. Aber das Schicksal hatte andere Pläne. Sie kehrten nach Hause zurück, lernten ihre Väter nie kennen und glaubten viele Jahre lang, sie wären die einzigen, die unter so grauenhaften Umständen ihr Leben begonnen und wie durch ein Wunder in dieser Hölle überlebt hätten. Aber da hatten sie sich geirrt.

Ein Jahr nach ihrem Besuch in Mauthausen trafen sich die drei »Herzensgeschwister« wieder, diesmal in England. Im Rathaus von Evas Heimatstadt Cambridge nahmen sie im Januar 2011 an einem Gedenkgottesdienst zum Holocaust-Gedenktag teil. Dort lernten Hana und Mark auch Anka kennen. Dreiundneunzig Jahre war sie alt, körperlich gebrechlich aber geistig immer noch sehr rege. Evas Mutter war sichtlich bewegt, die beiden anderen Babys kennenzulernen, die ebenfalls überlebt hatten. Sie umarmte sie herzlich. Hana sagt dazu: »Es war ein bewegender Moment, Anka kennenzulernen. Ich hätte mir sehr

*Das tschechoslowakische Denkmal und das Haupttor, wo Eva geboren wurde*

gewünscht, sie hätte meine Mutter kennenlernen dürfen. Sie hat zu mir gesagt: ›Du bist auch meine Tochter‹, und es fühlte sich tatsächlich so an.«

Mark bestätigt das. »Es war ein ganz besonderes Gefühl. Sie war eine wunderbare Frau, so fröhlich und klug und eloquent, mit so viel Humor und einem hervorragenden Gedächtnis.«

Wenig später, am 8. Mai 2013, trafen sich die »Babys« wieder, als sie eine neue Ausstellung in Mauthausen eröffneten, in der auch eine bemerkenswert genaue Nachbildung von Hanas Babyhemdchen und ihrer Mütze zu sehen ist. Sie wurde nach dem Original angefertigt, das im United States Holocaust Memorial Museum ausgestellt ist. Anka, die gerade ihren sechsundneunzigsten Geburtstag gefeiert hatte, war aus gesundheitlichen Gründen nicht in der Lage, nach Mauthausen zu reisen. Zwei Monate später starb sie. Ihre Beerdigung in Cambridge wurde im Internet übertragen, damit ihr Enkel und seine Familie in Australien dabei sein konnten. Ankas »Ersatzkinder« Hana und Mark waren ebenfalls online dabei und konnten auf diese Weise ihren je eigenen Abschied von der letzten der überlebenden Mütter nehmen.

Diese bemerkenswerten Frauen hatten nicht nur den Durchhaltewillen, um das Unerträgliche zu überleben, sondern auch die Kraft und Entschlossenheit, ihre Kinder durchzubringen. So hatten ihre Kinder selbst wieder Kinder, und es gibt eine zweite und dritte Generation, Hitlers Plänen zum Trotz, sie aus der Geschichte und dem Gedächtnis der Welt auszulöschen.

Ihre Mütter und die Millionen von Menschen, die während des Krieges gestorben sind, verlangen von uns allen, ihre Geschichten immer wieder zu erzählen und nie zu vergessen. Hana sagt: »Wir alle versuchen, unser Leben so gut wie möglich zu leben und in den Schuhen der Verstorbenen weiterzugehen. In Erinnerung an sie ist jeder neue Tag ein Versprechen.«

Die drei Schicksalskinder von Priska, Rachel und Anka – alle drei geboren, um zu überleben – konnten leider nicht an dem Gedenkprojekt der Stadt Freiberg 2015 teilnehmen. Das Projekt

*Mark, Eva und Hana bei einer Gedenkfeier in Mauthausen*

mit dem Titel »We are still here« umfasst drei Generationen von Stadtbewohnern und Angehörige von KZ-Überlebenden in einem Kulturfestival mit Holocaust-Literatur, Musik, Gedichten und Kunst, in Zusammenarbeit mit den Schulkindern der Stadt und mit Austauschstudenten aus Freibergs Partnerstadt Ness Ziona in Israel.

Aber sie sind dabei, wenn im Mai 2015 auf dem atemberaubend schönen Hügel der Gedenkstätte Mauthausen der siebzigste Jahrestag ihrer Befreiung gefeiert wird. An dem Ort, an dem sie noch in den letzten Tagen der Nazi-Tyrannei sterben sollten, werden sich die drei siebzig Jahre alten Waisenkinder an den Händen fassen und zusammen durch das Lager gehen, auf den Spuren von drei Frauen, die nicht nur unvorstellbare Schrecken überlebten, sondern auch dem Tod trotzten, damit ihre Kinder leben konnten.

## Zum Gedenken

Die drei Frauen, deren Geschichte in diesem Buch erzählt wird, haben mehr als zwanzig direkte Angehörige durch die Verbrechen der Nazis verloren. Dazu kamen Großeltern, Tanten und Onkel, Cousinen und Cousins und angeheiratete Angehörige. Ganze Generationen und Gemeinden wurden vernichtet.

Die Namen und Gesichter dieser Familienmitglieder sind ein kleiner Teil der Millionen von Opfern jener Verbrecher, die sich anmaßten, Herren über Leben und Tod zu sein.

Viele Namen sind ganz verloren gegangen.

Keiner dieser Menschen liegt in geweihter Erde oder hat einen Grabstein.

Es gibt keine letzte Ruhestätte, die an ihren grausamen Tod erinnert. Keinen Ort, an den wir gehen können, um uns an ihre einst so hoffnungsvollen Gesichter zu erinnern.

So soll es denn hier noch einmal geschehen.

***Ehemänner und Väter***

Tibor Löwenbein (1914–1945)
Monik Friedman (1916–1945)
Bernd Nathan (1904–1945)

***Eltern***

Emanuel Rona (1884–1944)
Paula Ronová (1889–1944)
Shaiah Abramczyk (1870–1944)
Fajga Abramczyk (1898–1944)
Stanislav Kauder (1870–1944)
Ida Kauderová (1882–1944)
Selma Nathanová (1880–1944)
Ita Friedman (1899–1944)

***Geschwister***

Boežka Ronová (1910–1944)
Moniek Abramczyk (1923–1943)
Heniek Abramczyk (1931–1944)
Dorcka Abramczyk (1931–1944)
David Friedman (Daten unbekannt)
Avner Friedman (Daten unbekannt)
Anička »Maniusia« Abramczyk (1933–1944)
Zdena Isidorová (1904–1944)
Herbert Isidor (1916–1944)
Ruzena Mautnerová (1906–1944)

***Kinder***

Peter Mautner (1935–1944)
Dan Nathan (Februar bis April 1944)

*»Es soll kein kommender Tag dem Gedächtnis der Zeit euch entreißen.«* (Vergil)

# Bibliografie und Quellen


***Recherchen der Autorin und bisher unveröffentlichte Quellen***

Interviews der Autorin mit Holocaust-Überlebenden: Hana Berger Moran, Mark Olsky, Eva Clarke, Sally Wolkoff, Gerty Meltzer, Esther Bauer, Lisa Miková, Werner Reich, Max R. Garcia und Bronia Snow

Interview der Autorin mit Angehörigen von Überlebenden: Charlie Olsky, Shirley Speyer, Jana Zimmer, Brian K. Petersohn, Jean Gore, Larry Kosiek, Stephanie Sullivan, Julie K. Rosenberg, David Feder, Miki Feder und John Tygier

Recherchereisen der Autorin nach Krakau, Auschwitz I and II, Łódź, Pabianice, Chełmno, Prag, Theresienstadt, Horní Bříza, Třebechovice pod Orebem, Zlaty Moravce, Hradec Králové, Drevikov, Bratislava, Sereď, Freiberg, Linz, Most, Plzeň (Pilsen), Ceské Budejovice (Budweis) und Mauthausen

Dokumente und Fotos des Historikers Dr. Michael Düsing, Interviews der Autorin mit ihm und Cornelia Hünert, Stadtverwaltung Freiberg, Deutschland

Interviews der Autorin mit Pascal Cziborra von der Fakultät für Geschichte, Philosophie und Theologie an der Universität Bielefeld, Deutschland

Interviews der Autorin mit dem stv. Bürgermeister von Horní Bříza, Zdeněk Procházka, seiner Tochter Michaela, der verstorbenen Historikerin Bozena Royová und den Stadtbewohnern Jaroslav Lang und Vaclav Stepanek, Tschechische Republik

Interview der Autorin mit Dita Valentová in Třebechovice pod Orebem, Tschechische Republik

Interview der Autorin mit Martin Winstone, UK National Holocaust Centre and Museum, Nottinghamshire, UK

Interview der Autorin mit der Hebamme Abby Davidson, Bsc (Hons), London.
Unveröffentlichte persönliche Aufzeichnungen von Anka Bergmans Erlebnissen, geschrieben für ihre Tochter Eva Clarke, 2009
Unveröffentlichte Aufzeichungen der Erlebnisse von Klara Löffovás Erlebnissen, geschrieben für ihre Tochter Jana Zimmer, 2000
Unveröffentlichter Brief mit den Erlebnissen von Priska Lomová an die Union of Anti-Fascist Fighters, 1990
Unveröffentlichte Briefe von Tibor Löwenbein und seiner Frau Priska, 1941
Interviews mit Anka Bergman, geführt von Frances Rapport, Professor of Qualitative Health Research Interview, Swansea University, Wales, 2007
Unveröffentlichte Briefe von Überlebenden, Eisenbahndokumente und offizielle Dokumente sowie Fotos mit freundlicher Genehmigung des Museums Horní Bříza, Tschechische Republik
Dokumente und Fotos mit freundlicher Genehmigung der Gedenkstätte Auschwitz, Polen; Interviews mit Wojciech Płosa, Ph.D., Leiter der Archive, Dr. Piotr Setkiewicz, Ph.D., Leiter der Forschungsabteilung, und mit Anna Ren, die die Autorin durch die Gedenkstätte begleitete
Dokumente und Fotos mit freundlicher Genehmigung des Jüdischen Museums, Prag, Tschechische Republik, und Interviews mit den Archivaren Julie Jenšovská and Radana Rutová

### *Zeitzeugenaussagen aus den Archiven*

Lomová, Priska, Interview 15134. Web 2014. *Visual History Archive.* USC Shoah Foundation (sfi.usc.edu)
Olsky, Rachel, Interview 15161. Web 2014. *Visual History Archive.* USC Shoah Foundation (sfi.usc.edu)

Bergman, Anka, Interview 28239. Web 2013. *Visual History Archive.* USC Shoah Foundation (sfi.usc.edu)
Wolkoff, Sally, Interview 12886. Web 2014. *Visual History Archive.* USC Shoah Foundation (sfi.usc.edu)
Meltzer, Gerty, Interview 1686. Web 2014. *Visual History Archive.* USC Shoah Foundation (sfi.usc.edu)
Freeman, Abraham, Interview 16384. Web 2014. *Visual History Archive.* USC Shoah Foundation (sfi.usc.edu)
Film-Interview with Anka Bergman von Jean Laurent Grey and Solomon J. Salat für die Gedenkstätte Mauthausen
*The Baby Born in a Concentration Camp,* BBC documentary, produziert von Emily Davis, 2011
*Defiant Requiem: Voices of Resistance,* PBS documentary director Doug Schultz, 2012
*Nazi Propaganda Film About Theresienstadt/Terezín.* Film ID 2310, Steven Spielberg Film & Video Archive
*Liberation of Mauthausen* (and KZ Gusen I, II & III) by Former Staff Sgt. Albert J. Kosiek. In: *Thunderbolt,* the 11th Armored Division Association, Vol. 8, No. 7, Mai/Juni 1955,
mit freundlicher Erlaubnis seines Sohnes Larry Kosiek
Interview mit Priska Lomová durch Eva Richterová. In *Bojovník,* Sväz Protifašistických Bojovníkov, 1980
Interview with Anka Bergman durch Helga Amesberger für die Gedenkstätte Mauthausen, 2003

### ***Bibliografie***

*A Time to Speak,* Helen Lewis, The Blackstaff Press, 1992
*After the Holocaust,* Marek Jan Chodakiewicz, Columbia University Press, 2003
*Against All Hope: Resistance in the Nazi Concentration Camps 1938–1945,* Hermann Langbein [dt. Original: ... nicht wie die Schafe zur Schlachtbank. Widerstand in den nationalsozialistischen Konzentrationslagern]
*All Hell Let Loose, The World at War 1939–45,* Max Hastings, Harper Press, 2011

*Anus Mundi, 1500 Days in Auschwitz/Birkenau,* Wieslaw Kielar, Times Books, 1972
*Bomber Command,* Max Hastings, Pan, 1979
*Beyond Violence: Jewish Survivors in Poland and Slovakia, 1944–48,* Prof. Anna Cichopek-Gajraj, Cambridge University Press, 2014
*Defying Hitler,* Sebastian Haffner, Weidenfeld & Nicholson, 2002 [dt. Original: *Geschichte eines Deutschen.* Die Erinnerungen 1914–1933]
*Doctor 117641, A Holocaust Memoir,* Louis J. Michels MD, Yale University, 1989
*Dresden,* Frederick Taylor, Bloomsbury, 2004 [dt. Ausgabe: Dresden: Dienstag, 13. Februar 1945]
*Five Chimneys,* Olga Lengyel, Academy Chicago, 1947
*Forgotten Voices of the Holocaust,* Lyn Smith, Avebury Press. 2005
*Fragments, Transcribing the Holocaust,* Francis Rapport mit Anka Bergman, Terry Farago und Edith Salter, Hafan Books, 2013
*Helga's Diary,* Helga Weiss, Penguin, 2013 [dt. Ausgabe: *Und doch ein ganzes Leben. Ein Mädchen, das Auschwitz überlebt hat]*
*Holocaust Poetry,* Hilda Schiff, St Martin's Griffin, 1995
*Holocaust, The Nazi persecution and murder of the Jews,* Peter Longerich, Oxford University Press, 2010 [dt. Original: *Die Ermordung der europäischen Juden]*
*I Escaped from Auschwitz,* Rudolf Vrba, Robson Books Ltd, 2006 [dt. Ausgabe: *Ich kann nicht vergeben. Meine Flucht aus Auschwitz]*
*I Never Saw Another Butterfly,* Shocken Books, 1993
*In the Shadow of Death: Living Outside the Gates of Mauthausen,* Gordon J. Horwitz, The Free Press, 1990
*Jews are Coming Back,* David Bankier, Berghahn Books, 2005
*KZ Freiberg,* Pascal Cziborra, Lorbeer Verlag, 2008

*Kunst und Kultur im Konzentrationslager Mauthausen 1938–1945,* Die Aussteller, 2013
*Landscapes of Memory,* Ruth Klüger, Bloomsbury, 2003
*Landscapes of the Metropolis of Death,* Otto Dov Kulka, Penguin, 2014 [dt. Ausgabe: *Landschaften der Metropole des Todes. Auschwitz und die Grenzen der Erinnerung und Vorstellungskraft]*
*L'homme barbelé,* Beatrice Fontanel, Grasset & Fasquelle, 2009
*Lodz Ghetto Album,* Thomas Weber, Martin Parr, Timothy Prus, Chris Boot, 2005
*Mauthausen, The History of a Death Camp,* Evelyn Le Chêne, Methuen, 1971
*Mengele,* Gerald L. Posner & John Ware, First Cooper Square Press, 2000
*Never Again, A History of the Holocaust,* Martin Gilbert, Harper Collins, 2000 [dt. Ausgabe: *Nie wieder. Die Geschichte des Holocaust]*
*On the Edge of Destruction: Jews of Poland between the Two World Wars,* Celia S. Heller, Wayne State University Press, 1993
*Pearls of Childhood,* Vera Gissing, Pan Books, 1988
*People in Auschwitz,* Hermann Langbein, The University of North Carolina Press, 2004 [dt. Original: *Menschen in Auschwitz]*
*Poetry of the Second World War, An International Anthology,* hg. Desmond Graham, Pimlico, 1998
*Prague in Danger: The Years of German Occupation, 1939–45,* Peter Demetz, Farrar, Straus and Giroux, 2009
*Railways and the Holocaust: The Trains that Shamed the World,* Robin Jones, Mortons Media, 2013
*Shoah,* Claude Lanzmann, Da Capo Press, 1995 [dt. Ausgabe: *Shoah]*
*Singing for Survival: Songs of the Lodz Ghetto, 1940–45,* Gila Flam, 1992

*St. Georgen – Gusen – Mauthausen. Concentration Camp Mauthausen Reconsidered,* BoD, 2008
*Survival, Holocaust Survivors Tell Their Story,* Quill, 2003
*Survival,* hg. The Holocaust Centre
*Survival in Auschwitz,* Primo Levi, Touchstone, 1996 [dt. Ausgabe: *Ist das ein Mensch?]*
*The Cap or the Price of a Life,* Roman Frister, Weidenfeld & Nicholson, 1999 [dt. Ausgabe: *Die Mütze oder Der Preis des Lebens]*
*The Chronicle of the Lodz Ghetto, 1941–44,* hg. Lucjan Dobroszycki, Yale University Press, 1987
*The Concentration Camp Mauthausen 1938–1945,* New Academic Press, 2013
*The Diary of Dawid Sierakowiak: Five Notebooks from the Lodz Ghetto,* hg. Alan Adelson, Bloomsbury, 1997 [dt. Ausgabe: *Das Ghettotagebuch des David Sierakowiak. Aufzeichnungen eines Siebzehnjährigen]*
*The Emperor of Lies,* Steve Sem-Sandberg, Farrar, Straus and Giroux, 2011 [dt. Ausgabe: *Die Elenden von Lódz]*
*The German Trauma, Experiences and Reflections 1938–2000,* Gitta Sereny, Penguin, 2000 [dt. Ausgabe: *Das deutsche Trauma]*
*The Holocaust: A History of the Jews of Europe During the Second World War,* Martin Gilbert, Holt Paperbacks, 1987 [dt. Ausgabe: *Endlösung. Die Vertreibung und Vernichtung der Juden]*
*The Holocaust Sites of Europe: An Historical Guide,* Martin Winstone, I.B. Tauris, 2014
*The Last Album: Eyes from the Ashes of Auschwitz-Birkenau,* Ann Weiss, W.W. Norton & Co, 2001
*The Last Goodbye,* Edith Hofman, Memoirs Publishing, 2012
*The Liberators, America's Witnesses to the Holocaust,* Michael Hirsh, Bantam Books, 2010
*The Righteous,* Martin Gilbert, Doubleday, 2002

*The Terezín Diary of Gonda Redlich,* hg. Saul. S. Friedman, University Press of Kentucky, 2008
*The Terezín Ghetto,* Ludmilla Chladková, Pamatnik Terezín, 2005
*The Tin Ring,* Zdenka Fantlová, Northumbria Press, 2010 [dt. Ausgabe: *In der Ruhe liegt die Kraft, sagte mein Vater]*
*The Trains of the Holocaust,* Hedi Enghelberg, Engpublishing, 2014
*The Visible Part, Photographs of Mauthausen concentration camp,* Mandelbaum, Vienna, 2005
*To the Bitter End, The Diaries of Victor Klemperer,* Trafalgar Square, 1999 [dt. Original: *Ich will Zeugnis ablegen bis zum Letzten. Tagebücher 1933–1945]*
*Triumph of Hope,* Ruth Elias, Wiley & Sons, 1998 [dt. Ausgabe: *Die Hoffnung erhielt mich am Leben. Mein Weg von Theresienstadt und Auschwitz nach Israel]*
*Wir waren zum Tode bestimmt,* Michael Düsing, Forum Verlag Leipzig, 2002
*Witnesses to the Holocaust,* Martin Berenbaum, Harper Collins, 1997

***Other archive sources***

Gedenkstätte und Museum Auschwitz-Birkenau – (http://en.auschwitz.org)
Gedenkstätte Theresienstadt (www.pamatnik-terezin.cz)
KZ-Gedenkstätte Flossenbürg – (www.gedenkstaette-flossenbuerg.de)
Gedenkstätte und Museum Mauthausen – (www.mauthausen-memorial.at)
United States Holocaust Memorial Museum (www.ushmm.org)
Yad Vashem (www.yadvashem.org)
Jewish Virtual Library – (www.jewishvirtuallibrary.org)
The Foundation for Commemorating the Victims of Slave Labour in Auschwitz – (www.fcsla.org)

Janusz Korczak Communication Centre (www.korczak.com)
The Museum of Jewish Heritage (www.jewishgen.org)
Informationsportal für Gedenkstätten in Europa (www.memorialmuseums.com)
The 11th Armored Division (www.11tharmoreddivision.com)
Jüdisches Museum Prag (www.jewishmuseum.cz)
Holocaust Educational Trust (www.het.org.uk)
The National Holocaust Centre and Museum (www.holocaustcentre.net)
The Educational Website Holocaust CZ (www2.holocaust.cz/en/main)
The Imperial War Museum (www.iwm.org.uk)

# Danksagung

Autoren, die sich mit längst vergangenen Ereignissen befassen und nur noch wenige Überlebende nach ihren Erinnerungen fragen können, schulden jenen Dank, die sich irgendwann entschlossen haben, ihre Erlebnisse aufzuschreiben, ebenso wie denen, die ihre Geschichte dokumentiert und historisch aufgearbeitet haben, bevor es zu spät war. Das geht auch mir so. Nur dank der bemerkenswerten Großzügigkeit von Menschen, die diese Zeit erlebt haben, und dank der Sorgfalt der Historiker konnte dieses Buch überhaupt entstehen.

Voller Demut und Dankbarkeit will ich hier vor allem den Mut und die Durchhaltekraft von Priska, Rachel und Anka erwähnen, der drei Mütter, deren unbezähmbarer Lebenswillen im Mittelpunkt dieses Buches steht. Leider habe ich keine von ihnen mehr persönlich kennengelernt, aber nachdem ich mich so lange in ihrem Umfeld bewegt habe, fühlt es sich an, als hätte ich sie gekannt. Ich hatte außerdem das Privileg, unbeschränkten Zugang zu den persönlichen Aufzeichnungen zu bekommen, die sie für ihre Familien angefertigt hatten, mündliche und schriftliche Aufzeichnungen, vieles auch in Form von Filmen, Tonaufnahmen und Interviews, die sie zahlreichen Forschern über die Jahre hinweg gaben. In all diesen Aufzeichnungen schimmert ihre Hoffnung durch.

Ein Großteil meiner eigenen Recherchen wurde aber nur möglich, weil mir die drei »Babys« geholfen haben: Hana, Mark und Eva. Und ich bin stolz, dass sie mich zu ihrer »Schwester ehrenhalber« ernannt haben. Ihre Freundlichkeit, Geduld, Großzügigkeit und Kooperation beim Füllen der Lücken hat dieses Buch sehr bereichert. Ich kann nur hoffen, dass ich ihren unglaublichen Lebensgeschichten einigermaßen gerecht geworden bin. Dankbar bin ich auch ihren nächsten Angehörigen, die mich mit der gleichen Freundlichkeit aufgenommen haben: Mary und Charlie Olsky, Shirley Speyer, Mark Moran, Julie Z. Rosenberg, David und Miki Feder und Professor Malcolm A. Clarke.

Als ich im Jahr 2013 auf die Geschichte der drei Schicksalskinder stieß, war Eva Clarke meine erste Kontaktperson. Damals dachte ich, sie sei das einzige Baby gewesen, das die Holocaust-Tortur seiner Mutter mit überlebt hatte. Als sie mir jedoch von Hana und Mark erzählte und davon, wie sie »Geschwister des Herzens« geworden waren, wusste ich, dass ich alle drei in eine Geschichte einweben musste, die mehr als ein Jahrhundert umfasst. Und so entstand der Plan zu diesem Buch.

In seiner langen Entstehungszeit haben mir viele Einzelpersonen und Institutionen in acht Ländern geholfen, darunter Überlebende, Angehörige, Autorenkollegen, staatliche Behörden und unzählige hilfsbereite Menschen, die in historischen Archiven arbeiten. Sie alle waren bemerkenswert offen und großzügig mit ihrer Zeit und ihrem Wissen. Mein besonderer Dank gilt den Überlebenden Sally Wolkoff in Tennessee, Gerty Meltzer geb. Taussig in Arizona, Lisa Miková in Prag, Esther Bauer in Yonkers, Max R. Garcia in San Francisco, Werner Reich in New York und Bronia Snow in Surrey, die mir ihre heiligsten Erinnerungen anvertraut haben. Dank schulde ich auch Jana Zimmer in Kalifornien für die unschätzbaren Erinnerungen ihrer verstorbenen Mutter Klara Löffová, Brian K. Petersohn in Chicago für die Erinnerungen seines Vaters LeRoy »Pete« Petersohn, Larry Kosiek in Illinois für die Erinnerungen seines Vaters Sergeant Albert J. Kosiek und Jean Gore für die Erinnerungen ihres Vaters Major Harold G. Stacy. Ich danke Stephanie Sullivan für den Zugang zu den Fotos ihres Vaters Paul E. Soldner, der zu den Befreiern von Mauthausen gehörte, und meinem Freund John Tygier in London für die Erinnerungen seiner Familie aus Łódź, Treblinka und Russland.

Die engagierten Mitarbeiter der Gedenkstätte Mauthausen, die unter der Leitung des österreichischen Innenministeriums in Wien arbeiten, waren außerordentlich hilfsbereit und haben mich bereitwillig willkommen geheißen. Ich bin besonders dankbar, dass das Ministerium die Genehmigung erteilt hat, das Buch an dem Ort zu präsentieren, wo die Mütter und Kinder im Mai 1945 befreit und damit ein zweites Mal geboren wurden. Bei den Mitarbeitern im Team des Memorial Project unter der inspirierenden Leitung von Dr. Barbara Glück möchte ich besonders Thomas Zaglmeier herausheben, der mich nicht nur persönlich durch das Lager begleitete, als ich zum ersten Mal dort war, sondern mit seinem dauerhaften, stillen Engagement die Erinnerung an die Überlebenden in besonderer Weise wachhält.

Er und das Bildungsteam in Mauthausen wurden bestens ergänzt durch Christian Angerer, Peter Egger und Helga Amesberger vom Mauthausen Survivors Documentation Project, die sehr großzügig Zeit und Material zur Verfügung gestellt haben. Auch Professor Dr. Albert Lichtblau von der Universität Salzburg möchte ich für seine Ermutigung und für seine Hilfe danken. In der Zentralverwaltung der Gedenkstätte in Wien gebührt Stephan Matyus, Jochen Wollner, Doris Warlitsch und Renate Paschinger besonderer Dank. Robert Vorberg war nicht nur der hilfsbereiteste unter all den Historikern und Archivaren, mit denen ich zusammengearbeitet habe, sondern auch so freundlich, gemeinsam mit seinem Kollegen Christian Dürr die Teile des Buches gegenzulesen, in denen es um Mauthausen ging. Auch nach München geht mein Dank: an Ulrich Fritz von der Stiftung Bayerische Gedenkstätten.

In Freiberg ist es vor allem ein Mann, der unermüdlich daran arbeitet, die Geschichte der weiblichen Häftlinge am Leben zu halten. Dr. Michael Düsing hat viele Überlebende aufgespürt und eine Reihe von Büchern zu dem Thema geschrieben. Außerdem hat er die Kinder der Stadt in Erinnerungsprojekte mit einbezogen und dafür gesorgt, dass eine Gedenktafel für die Menschen angebracht wurde, die unter der Herrschaft der Nationalsozialisten in der Stadt gelebt haben und gestorben sind.

In seiner Entschlossenheit, dafür zu sorgen, dass in seiner Stadt die Lager und ihre versklavten Insassen nie vergessen werden, wird er mit großer Sorgfalt von Cornelia Hünert, Amtsleiterin Kultur-Stadt-Marketing, unterstützt. Die beiden haben viel Zeit und Mühe aufgewendet, um mir bei meinen Recherchen zu helfen, und waren so freundlich, mich an einem Wochenende durch die Stadt zu führen.

Was die Recherche der Ereignisse in Freiberg angeht, war Johannes Ibel, Leiter der historischen Abteilung der Gedenkstätte Flossenbürg, mehr als geduldig mit mir. Das Gleiche gilt auch für den Autor und Historiker Pascal Cziborra von der Fakultät für Geschichte, Philosophie und Theologie der Universität Bielefeld, er meine endlose Frageliste freundlich beantwortet hat. Und schließlich danke ich Dr. Peter Schulze in Hannover für seine Nachforschungen.

Meine erste Reise nach Auschwitz war natürlich ein bewegendes Erlebnis, aber meine großartige Begleiterin Anna Ren hat mir den Schrecken mit so viel Ruhe vermittelt, dass es irgendwie erträglich wurde. Ich danke auch Wojciech Plosa, Ph.D., Leiter der Archive, und Dr. Piotr Setkiewicz, Ph.D., Leiter der Forschungsabteilung, die mich in der Gedenkstätte empfangen haben, um meine Fragen zu beantworten und mir bei der Suche nach wichtigen Fotos und Daten zu helfen. Alicja Bialecka war ebenfalls eine große Hilfe. Meine Reise nach Polen wurde aber überhaupt erst möglich durch meinen großartigen Fahrer, Dolmetscher und Begleiter Łukasz Jaros.

In der Tschechischen Republik geht mein besonderer Dank an Julie Jenšovská und Radana Rutová vom Jüdischen Museum in Prag. In Theresienstadt danke ich Aneta Plzáková vom Terezín Initiative Institut, Tomás Fedorovič, Herausgeber historischer Dokumente und Eva Němcová von der Dokumentation.

Die Menschen von Horní Bříza verdienen eine besondere Erwähnung in diesem Buch, und der Empfang, den mir der stellvertretende Bürgermeister Zdeněk Procházka und seine Tochter Michaela bereiteten, hat mir ein Gefühl für die große Freundlichkeit gegeben, die ihre Vorfahren den Häftlingen gezeigt haben. Ich bin auch der Lokalhistorikerin Frau Bozena Royová sehr zu Dank verpflichtet, ebenso Jaroslav Lang und Vaclav Stepanek für ihre bewegenden Berichte, die hier zum ersten Mal veröffentlicht werden.

Mein Dank geht an Dita Valentová, der Besitzerin der Fabrik in Třebechovice pod Orebem, die früher Ankas Familie gehörte. Sie hat mir freundlicherweise gezeigt, wo Anka aufgewachsen ist. In der Slowakei danke ich Eva Richterová für das sensible Interview, das sie mit Priska geführt hat. Professor Frances Rapport hat mir großzügigerweise die Abschriften der Gesundheitsinterviews mit Anka Bergman überlassen, die an der Swansea University in Wales durchgeführt wurden. Ich möchte auch der Produzentin Emily Davis und dem BBC-Team danken, die die bemerkenswerte Dokumentation *The Baby Born in a Concentration Camp* hergestellt haben, in der ich Anka leibhaftig erleben konnte. Die Elevation Youth Dance Company in Cambridge hat ein wunderbares Ballett mit dem Titel *Anka's Story* produziert, das Eva und ich auf dem Edinburgh Festival Fringe sehen konnten. Es hat uns beide zu Tränen gerührt.

Ich verneige mich vor der Grundlagenarbeit der USC Shoah Foundation und ihrem Archiv mit Zeitzeugendokumenten, das so vielen vorher nie erzählten Geschichten eine Stimme gibt. Und vor dem Mut all derer, die ihre Erinnerungen aufgezeichnet haben, damit wir uns an das erinnern, was wir nach Meinung anderer lieber vergessen sollten. Besonders danke ich der Kuratorin Crispin Brooks und Doug Ballman, dem Manager des External Relations Online Archive, sowie Georgiana Gomez, Access Supervisor am Institute for Visual History and Education der University of Southern California. In Großbritannien wurde ich von Russell Burke unterstützt. Er ist Information Consultant an der Bedford Library, Royal Holloway, University of London, und verschaffte mir Zugang zu den Akten der Shoah Foundation, die der Öffentlichkeit nicht zur Verfügung stehen.

Vom großartigen National Holocaust Centre and Museum in Nottinghamshire, England, danke ich James Cox, Leiter der Öffentlichkeitsabteilung, vor allem aber dem Autor Martin Winstone, der so freundlich war, eine frühe Fassung meines Manuskripts zu lesen. In Yad Vashem möchte ich Maaty Frenkelzon vom Fotoarchiv für seine Hilfe danken. Im Museu d'Història de Catalunya geht mein Dank an Francesca Rosés für die Informationen über die dort archivierten Fotos.

Ich danke Fred M. McCormick, Publicity and Rights Manager der University Press of Kentucky, für die Erlaubnis, Auszüge aus den Tagebüchern von Gonda Redlich zu verwenden. In den USA danke ich Dan O'Brien, dem Herausgeber der Website der 11th Armored Division, und allen Überlebenden und Familien der »Thunderbolts«, von denen viele Kontakt mit mir aufgenommen haben. Mehrere Autorenkollegen waren sehr großzügig mit Zeit und Informationen, darunter Michael Hirsh und Ken Breck, der so freundlich war, mir Kontakt zu den Befreiern zu vermitteln.

Die großartige Hebamme Abby Davidson, Bsc (Hons), vermittelte mir wertvolle Informationen über die Vorgänge bei einer Geburt und über die medizinischen Bedürfnisse unterernährter Mütter und besonders kleiner Babys. Mein Freund Michael Bröllochs hat sich mehrere Biere für seine wertvollen deutschen Übersetzungen verdient, und Anne Gray eine Flasche Montrachet für die französischen Übersetzungen.

Ich war mit einem ganz wunderbaren Verlagsteam gesegnet, angefangen bei dem genialen Adam Strange bei Little, Brown, dessen Begeisterung für dieses Projekt nie nachließ, seit ich ihm die erste Seite vorlas und damit fast zu Tränen rührte. Ich glaube, wir haben das Erinnerungsbuch zustande gebracht, das er sich erhofft hat. Danke auch an die unnachahmliche Ursula Mackenzie bei Little, Brown, mit der ich immer so erfolgreich zusammenarbeite, und an die Lektoren Rhiannon Smith und Steve Gove. Und schließlich danke ich den Champions für Öffentlichkeitsarbeit, Bildrecherche und Marketing: Victoria Gilder, Kirsteen Astor, Zoe Hood, Linda Silverman und Charlie King. Sie haben mir immer Mut gemacht. Sophie Burdess hat das Cover für Großbritannien gestaltet.

Die unermüdliche Rechteabteilung mit Andy Hine, Kate Hibbert und Helena Doree hat mir während der heiklen internationalen Verhandlungen und Auktionen die Hand gehalten. Das rechtliche Minenfeld der Verträge habe ich mithilfe des furchtlosen Duos Sarah Burton und Kate Pool von der Society of Authors in London durchquert. Ich danke allen ausländischen Lektorinnen und Lektoren, die sich auf der London Book Fair 2014 und auch später so sehr für das Buch begeisterten, allen internationalen Sub-Agenten und Übersetzern, Gestaltern, Vertriebs- und Marketingleuten, die so Großartiges geleistet haben, um diese unglaubliche Geschichte ans Licht der Welt zu bringen. Besonders dankbar bin ich meiner polnischen Verlegerin Sonia Draga, die ich in Auschwitz getroffen habe. Im House of Books in den Niederlanden geht mein Dank an Joeska de Wijs; bei RBA Libros in Spanien an Anja Benzenhöfer; an Claudia Coccia bei Edizioni Piemme SpA, Italien; an Henrik Karlsson bei Massolit Forlagsgruppe AB, Schweden; an Kirsten Fasmer bei Rosinante & Co., Dänemark; an Nikolay Naumenko bei AST, Russland; an Markus Strecker und Mauro Palermo bei Globo Editora; an Frédérique Polet bei Presses de la Cité, Frankreich; an Antonín Koči von Milada Fronta in der Tschechischen Republik; an Juhami Korolainen bei Minerva, Finnland; an Gisela Lal Aghighi bei Weltbild, Deutschland; und an Guilherme Pires bei 20/20 Editoria, Portugal.

Bei Harper Collins danke ich der Lektorin Claire Wachtel, selbst Tochter einer Holocaust-Überlebenden, die von der zweiten Lektorin Hannah Wood ebenso unterstützt wurde wie von Leslie Cohen, Öffentlichkeitsarbeit, der leitenden Marketingmanagerin Penny Matras und dem Gestalter des Umschlags für die amerikanische Ausgabe, Mílan Bozic. Ebenfalls in den USA danke ich der begabten Scoutfrau Mary Anne Thompson, die Dinge in Gang setzt wie sonst niemand. Lucy Ferguson, meine

Verlagsheldin und erprobte Freundin, hat mir immer wieder versichert, ich sei auf dem richtigen Weg. Carly Cook gehört zu der Handvoll Lektoren, deren Fähigkeiten ich am meisten bewundere, und sie ist eine großartige Frau mit außerordentlichem Verständnis. Ich bin sehr dankbar, dass sie bereit war, ihren professionellen Blick auf das Manuskript zu richten, bevor andere es lesen durften.

Die Intensität dieses Projekts wurde während der ganzen Zeit durch meinen fast täglichen Kontakt mit meiner besten Freundin Clare Arron ausbalanciert. Ihre Kraft, ihr Mut und ihre unerschöpfliche gute Laune auch in schwierigen Situationen inspirieren mich immer wieder aufs Neue. Zusammen haben wir wieder ein Jahr überstanden.

Am Ende geht mein tief empfundener Dank an Chris, meinen Ehemann und besten Gefährten, den Mann mit dem umwerfenden Lachen, den großen, geschickten Händen und dem noch viel größeren, noch viel geschickteren Herzen. Wie schon so oft, hat er mich monatelang entbehren müssen und sich darüber nicht nur nie beschwert, sondern sich selbst in die Geschichte hineingestürzt, mich begleitet und unterstützt, mir unendlich viele Kannen Tee gebrüht und für Notfälle Gin Tonic bereitgehalten. Ich bitte um Verzeihung für die Albträume.

*Wendy Holden*